国家社科基金重点项目"国家重点生态功能区贫困县整体脱贫的长效机制研究"结项成果

　　本书出版得到"温州大学引进人才科研启动经费""温州大学社科类标志性成果培育项目""温州大学精品文库出版""海南省 A 类学科——海南师范大学马克思主义理论建设经费"资助

国家社科基金丛书
GUOJIA SHEKE JIJIN CONGSHU

国家重点生态功能区贫困县生态与民生协调改善之道

Coordinating Ecological Conservation and Livelihood Development in
Poverty-Stricken Counties of China's Key Ecosystem Service Zones

王习明　著

人民出版社

责任编辑：吴继平　王璐瑶
封面设计：石笑梦
版式设计：胡欣欣
责任校对：田肖肖

图书在版编目（CIP）数据

国家重点生态功能区贫困县生态与民生协调改善之道/王习明 著. —北京：
　人民出版社,2023.5
ISBN 978－7－01－025238－4

Ⅰ.①国…　Ⅱ.①王…　Ⅲ.①扶贫-研究-中国　Ⅳ.①F126

中国版本图书馆 CIP 数据核字（2022）第 204595 号

国家重点生态功能区贫困县生态与民生协调改善之道
GUOJIA ZHONGDIAN SHENGTAI GONGNENGQU PINKUNXIAN
SHENGTAI YU MINSHENG XIETIAO GAISHAN ZHI DAO

王习明　著

人民出版社 出版发行
（100706　北京市东城区隆福寺街 99 号）

北京汇林印务有限公司印刷　新华书店经销

2023 年 5 月第 1 版　2023 年 5 月北京第 1 次印刷
开本:710 毫米×1000 毫米 1/16　印张:24.5
字数:352 千字

ISBN 978－7－01－025238－4　定价:78.00 元

邮购地址　100706　北京市东城区隆福寺街 99 号
人民东方图书销售中心　电话 （010）65250042　65289539

目　　录

导　　论

　　国家重点生态功能区是国家层面的限制进行大规模高强度工业化城镇化开发的重点生态功能区,其主体功能定位为保障国家生态安全,保持并提高生态产品供给能力。2010 年国务院划定了 25 个国家重点生态功能区,覆盖 436 个县,总面积约 386 万平方公里,占全国陆地国土面积的 40.2%[1]。2016 年,国务院进一步扩大了国家重点生态功能区的覆盖范围,将 240 个县(市、区)、87 个重点国有林区林业局纳入[2],面积扩大到全国陆地国土面积的 53%[3]。

　　贫困县是国家扶贫开发工作重点县和集中连片特殊困难地区范围内的县,前者有 592 个[4],后者有 680 个[5],二者重合 440 个,合计有 832 个。

　　国家重点生态功能区覆盖的 676 个县中有 433 个贫困县(参见附录 9)。这些贫困县绝大多数为民族地区和深度贫困县,相当数量为革命老区(参见

---

　　①　《国务院关于印发全国主体功能区规划的通知》,http://www.gov.cn/zwgk/2011-06/08/content_1879180.htm。

　　②　《国务院关于同意新增部分县(市、区、旗)纳入国家重点生态功能区的批复》,http://www.gov.cn/zhengce/content/2016-09-28/content_5112925.htm。

　　③　《国家调整重点生态功能范围　数量增至 676 个》,http://finance.sina.com.cn/roll/2016-09-29/doc-ifxwkvys2285191.shtml。

　　④　《国家扶贫开发工作重点县名单》,《中国农业会计》2012 年第 4 期。

　　⑤　《扶贫办关于公布全国连片特困地区分县名单的说明》,http://www.gov.cn/gzdt/2012-06/14/content_2161045.htm。

附录8）、边疆地区。2015年,党的十八届五中全会提出,"十三五"时期是全面建成小康社会决胜期,必须实现我国现行标准下农村贫困人口全部脱贫和贫困县全部摘帽,解决区域性整体贫困,并让生态环境质量总体改善①。2017年,党的十九大报告提出,在全面建成小康社会后,将开启全面建设社会主义现代化国家新征程,本世纪中叶,我国将成为富强民主文明和谐美丽的社会主义现代化强国,生态文明将全面提升,全体人民共同富裕将基本实现。2020年,全面小康社会如期建成,包括这433个县在内的所有贫困县全部摘帽,区域性整体贫困得到解决,绝对贫困消除,新征程开启②。2022年,党的二十大吹响了奋进新征程的时代号角,明确提出:全面建设社会主义现代化国家,最艰巨最繁重的任务仍然在农村,要坚持农业农村优先发展;内在要求是尊重自然、顺应自然、保护自然,要以国家重点生态功能区等为重点加快实施重要生态系统保护和修复重大工程③。因此,这433个县既是全面建成小康社会决胜期的贫困治理和环境治理的重点难点区域,也是全面建设社会主义现代化国家新征程中的共同富裕和生态文明的重点难点区域。这433个贫困县在小康社会建成的过程中既实现区域性的整体脱贫又实现生态环境的整体改善的经验特别是长效机制,对本世纪中叶的全面现代化目标的实现有重要借鉴作用。

一、基本理念与核心概念

研究国家重点生态功能区贫困县整体脱贫的长效机制,就是要研究生态环境保护与脱贫致富相协调的机制,也就是生态环境改善与人民生活水平提高相互促进机制。本书将运用共同富裕理论和生态文明理论来研究这一问题。

共同富裕理论是中国共产党为实现为中国人民谋幸福、为中华民族谋复

---

① 《十八大以来重要文献选编》(中),中央文献出版社2016年版,第791页。
② 《习近平谈治国理政》第3卷,外文出版社2020年版,第22—23、125页。
③ 习近平:《高举中国特色社会主义伟大旗帜 为全面建设社会主义现代化国家而团结奋斗——在中国共产党第二十次全国代表大会上的报告》,人民出版社2022年版,第30—31、49—51页。

兴的初心和使命,将马克思主义的反贫困思想与中国传统文化中的大同、民生思想及中国国情相结合的产物。

马克思、恩格斯的反贫困思想源于对资本主义贫困问题的研究。贫困问题虽是一个古老问题,但将其纳入理论研究领域进行系统和深入分析始于资本主义工业革命时期,因为资本主义工业革命在创造巨大财富导致商品过剩的经济危机的同时存在大量的绝对贫困。马尔萨斯将贫困归结为人口按几何级数增加、生活资料按算术级数增加、人口的增加超过生活资料的增加这一永恒的自然规律,并主张通过战争、瘟疫和饥饿抑制人口增长消除贫困①。马克思、恩格斯通过大量研究驳斥了这一观点。他们认为,资本主义制度是贫困的根源,只有消灭资本主义的私有制度,建立共产主义,才能彻底消除贫困,实现共同富裕和人的自由全面发展②。大体来说,他们的反贫困思想包括如下几个方面:(1)资本主义的财富积累必然伴随着贫困积累:资产阶级的财富积累,与工人阶级的贫困、劳动折磨、受奴役、无知、粗野和道德堕落的积累是资本主义积累的两极;③在资本主义充分发展基础上建立的共产主义是“生产资料由社会占有”“(消除了)生产力和产品的有形的浪费和破坏”“(消除了)穷奢极欲的挥霍”,“一切社会成员有富足的和一天比一天充裕的物质生活”“体力和智力获得充分的自由的发展和运用”④,“所有的人的可以自由支配的时间(增加)”⑤,即每个人都能按需分配和全面发展,实现了共同富裕。(2)共产主义社会建立的前提条件是工业革命使人的劳动生产力达到相当高的水平

---

①　参见马尔萨斯于 1798 年出版的《人口原理,人口对社会未来进步的影响》和于 1826 年出版的《人口原理,或人口过去和现在对人类幸福的影响》,转引自《马克思恩格斯文集》第 1 卷第 80、82、485、868 页。

②　马克思、恩格斯涉及资本主义社会的贫困问题的研究论著有很多,最主要的有《国民经济学批判大纲》《1844 年经济学哲学手稿》《英国工人阶级状况》《德意志意识形态》《共产党宣言》《共产主义原理》《资本论》《论住宅问题》《哥达纲领批判》《反杜林论》等。

③　《马克思恩格斯文集》第 5 卷,人民出版社 2009 年版,第 743—744 页。

④　《马克思恩格斯文集》第 9 卷,人民出版社 2009 年版,第 299 页。

⑤　《马克思恩格斯文集》第 8 卷,人民出版社 2009 年版,第 200 页。

并让"所有的人实行明智分工",产品能"满足全体社会成员丰裕的消费和造成充足的储备""使每个人都有充分的闲暇时间去获得历史上遗留下来的文化"①;合理地调节人类与自然的物质变换,使这种交换"最无愧于和最适合于人类本性"②。(3)共产主义实现路径是"废除私有制""彻底消灭阶级和阶级对立""社会全体成员的才能得到全面发展",但"不能一下子就把私有制废除",也不能马上消灭阶级,因为只要生产力的发展水平还不能在"满足所有人的需要"的基础上"还有剩余产品去增加社会资本和进一步发展生产力",就总会有阶级;无产阶级应该首先推翻资产阶级的统治,夺取政权,逐步改造社会③。(4)共产主义是逐渐实现的。"按需分配"只能在"个人的全面发展"和"集体财富的一切源泉都充分涌流"的"共产主义社会高级阶段"才能实现,在"刚刚从资本主义社会中产生出来的""共产主义社会第一阶段"只能按劳分配④。可见,马克思、恩格斯的反贫困思想也可称为共同富裕思想,具有丰富的内涵,涉及诸多层面。从最终目标和本质特征来看,共同富裕是生产资料由社会占有,产品能满足所有人的全面发展的需求;从实现条件来看,共同富裕是生产力高度发展的产物,需要废除私有制、合理调节人与自然的关系(建立人与自然的和谐关系)、充分发挥所有人的才能并经过许多代人的长期奋斗;从实现的过程来看,共同富裕是一个无止境的过程,其程度在不断提高,其内容在不断丰富,在共产主义社会第一阶段即社会主义阶段只能按劳分配,基本实现共同富裕。简而言之,共同富裕的内涵包括人的全面发展、人与自然的和谐、私有制的废除,其中最核心的内涵和最本质的特征是人的全面发展,而人的全面发展既需要发展生产力,丰富物质产品,又需要发展文化,丰富精神产品,更需要通过教育提升智力和通过医疗卫

---

① 《马克思恩格斯文集》第3卷,人民出版社2009年版,第258页。
② 《马克思恩格斯文集》第7卷,人民出版社2009年版,第928—929页。
③ 《马克思恩格斯文集》第1卷,人民出版社2009年版,第684—689页。
④ 《马克思恩格斯文集》第3卷,人民出版社2009年版,第434—436页。

生提升体力,最根本的是构建以人为中心的财富利益体系和提升人的财富创造能力①。人的全面发展既是共同富裕的本质特征和根本目标,又是共同富裕的动力和条件。可以说,人的全面发展与共同富裕是相互促进、互为条件的,实现过程和实现程度是一致的,都是生产力发展程度的反映。

　　中国传统文化中,将大同作为一种理想的社会形态提出来,始于《礼记》。大同社会的特征是"选贤与能,讲信修睦""老有所终,壮有所用,幼有所长,鳏寡孤独废疾者皆有所养""男有分,女有归""力恶其不出于身也,不必为己""谋闭而不兴,盗窃乱贼而不作"②。即,精神方面,选贤任能,诚信正义,社会和谐,夜不闭户;物质方面,物尽其用——所有的财富都能共享且不浪费;人的发展方面,每个人在每个生命阶段都可得到社会关爱,都有合适的工作并尽力为社会作贡献。可见,大同社会类似于马克思主义的共产主义社会的高级阶段,其最基本的特征也是共同富裕,只不过大同思想更强调社会的和谐、对弱者的关爱。但《礼记》认为,大同社会只存在于"大道之行""天下为公"的五帝时代,也就是说只存在于没有私有观念、没有私有制的原始共产主义时代,在"大道既隐,天下为家"的时代即私有观念和私有制形成后根本不可能再现。它反映的是一种复古的历史倒退论。康有为虽然用进化论的思想系统阐发了大同社会思想,但他认为大同社会能通过仁人发"不忍"之心实现③,仍带有空想性质,没有也不可能找到一条到达大同的路④。

　　中国传统文化具有丰富的以富民——让人民的生活免于匮乏为目标的民生思想。如先秦的"民生在勤,勤则不匮"(《左传·宣公十二年》)强调,民生的关键就是要让勤劳的人民富裕;汉代的"治国之道,富民为始"(《史记·七十列传·平津侯主父列传》)强调,只有首先让老百姓富起来,国家才能长治

---

　　①　陈新:《马克思主义财富观下的共同富裕:现实图景及实践路径——兼论对福利政治的超越》,《浙江社会科学》2021年第8期。

　　②　《十三经注疏》(全二册),上海古籍出版社1997年版,第1414页。

　　③　参见康有为:《大同书》,古籍出版社1956年版。

　　④　《毛泽东选集》第4卷,人民出版社1991年版,第1471页。

久安;宋朝的"为政之道,以顺民心为本,以厚民生为本"(《二程文集》卷五)强调,为政的基本原则是满足人民增加财富的需求。

中国共产党一直致力于领导群众改善生活和摆脱贫困,逐渐将马克思主义的共产主义理论与中国传统的大同思想和民生思想相结合,不断探索推进共同富裕的道路和丰富共同富裕的理论。1925年,毛泽东提出,大同社会的实现途径是小资产阶级、半无产阶级、无产阶级三个阶级合作的革命①。它揭示了大同理想与阶级革命的联系,引导中国人民通过阶级革命来促进共同富裕。1933年,毛泽东提出,苏维埃是群众生活的组织者,要尽一切努力改良群众的生活,发动广大群众的卫生运动,减少疾病以至消灭疾病②。它说明人民政权即使在革命战争年代也要改善人民的生活,其方法是将群众组织起来,开展卫生运动,首先重点解决严重的分散和体弱的问题。1945年,毛泽东指出,只有实行土地改革,发展现代工业,建立独立、自由、民主、统一和富强的新中国,才能解放中国社会生产力,中国人民才欢迎;新中国应该扫除文盲和发展医药卫生事业③。它比较全面地论述了发展生产力的主要方法,并在生产关系的变革方面突出了土地改革、在产业发展方面突出了现代工业、在人力资源开发方面突出了教育和健康。1949年,毛泽东提出,大同社会的实现要靠努力工作来创造条件,要消灭阶级,建立"工人阶级领导的人民共和国"④。它蕴含了以下思想:建立无产阶级政权是在为建立大同社会创造条件。1953年,党中央文件首次提出"共同富裕"概念⑤。邓小平指出:贫穷不是社会主义,社会主义就是要消灭贫穷,实现共同富裕;落后国家建设社会主义在开始的一段时间内生产力水平不如发达的资本主义国家,不可能完全消灭贫穷;中国要解决十亿人的贫困问题、十亿人的发展问题,只能靠社会主义;我们坚持走社会

① 《毛泽东文集》第1卷,人民出版社1993年版,第25页。
② 《毛泽东文集》第1卷,人民出版社1993年版,第298页。
③ 《毛泽东选集》第3卷,人民出版社1991年版,第931、1079、1083页。
④ 《毛泽东选集》第4卷,人民出版社1991年版,第1432、1437、1469、1471页。
⑤ 《中共中央文件选集》第14册,人民出版社2013年版,第443—444页。

主义道路,根本目标是实现共同富裕,然而平均发展是不可能的,必须让一部分人、一部分地区先富起来,然后带动大部分地区①。江泽民强调,努力解决贫困人口的生产和生活问题,是我国社会主义制度优越性的一个重要体现,是党的为人民服务宗旨的最实际的体现;我国的社会主义制度具有巨大的优越性,是彻底消除贫困的根本制度保障。② 胡锦涛从科学发展与建立和谐社会的角度提出要在 2020 年基本消除绝对贫困,进一步丰富了扶贫开发思想③。习近平不仅提出了"精准扶贫""精准脱贫"思想,而且制定了乡村振兴战略和开启了全体人民共同富裕基本实现的新征程④。他从多个角度对共同富裕进行了论述⑤:从主体看,是全体中国人民,不分区域、城乡、职业、阶层、年龄、性别,包括未出生的下一代,不能以牺牲环境质量、破坏自然资源和后一代人的利益为代价⑥;从内容看,包括物质生活和精神生活,私人或家庭收入和生态

　　① 邓小平关于贫穷不是社会主义、消灭贫困实现共同富裕必须走社会主义道路的相关论述很多,集中在《一心一意搞建设》《建设有中国特色的社会主义》《拿事实来说话》《中国只能走社会主义道路》《社会主义必须摆脱贫困》《在武昌、深圳、珠海、上海等地的谈话要点》等。
　　② 江泽民关于充分发挥社会主义的制度优势进行扶贫开发的重要论述主要集中在《考察京九铁路沿线贫困地区时在江西的讲话》《全党全社会进一步动员起来,夺取八七扶贫攻坚决战阶段的胜利》等。
　　③ 胡锦涛在 2007 年党的十七大报告中首次明确提出 2020 年基本消除绝对贫困这一任务(参见《高举中国特色社会主义伟大旗帜 为夺取全面建设小康社会新胜利而奋斗——在中国共产党第十七次全国代表大会上的报告》),他的扶贫开发新思想主要集中在《探索西部大开发的新思路新办法》《新阶段扶贫开发的总体要求和重点工作》等。
　　④ 习近平的精准扶贫精准脱贫思想主要集中在《谋划好"十三五"时期扶贫开发工作,确保农村贫困人口到 2020 年如期脱贫》《携手消除贫困 促进共同发展——在 2015 减贫与发展高层论坛的主旨演讲》《脱贫攻坚战冲锋号已经吹响 全党全国咬定目标苦干实干》《认清形势聚焦精准深化帮扶确保实效 切实做好新形势下东西部扶贫协作工作》《在深度贫困地区脱贫攻坚座谈会上的讲话》《统一思想一鼓作气顽强作战越战越勇 着力解决"两不愁三保障"突出问题》;习近平对乡村振兴战略的阐述集中在《把乡村振兴战略作为新时代"三农"工作总抓手——2018 年 9 月 21 日在十九届中央政治局第八次集体学习时的讲话》《坚持把解决好"三农"问题作为全党工作之重,举全党全社会之力推动乡村振兴》;习近平有关"全体人民共同富裕基本实现"目标的规划见《决胜全面建成小康社会 夺取新时代中国特色社会主义伟大胜利——在中国共产党第十九次全国代表大会上的报告》《扎实推动共同富裕》。
　　⑤ 习近平:《扎实推动共同富裕》,《求是》2021 年第 20 期。
　　⑥ 陈丽君、郁建兴、徐铱娜:《共同富裕指数模型的构建》,《治理研究》2021 年第 4 期。

环境在内的公共产品、公共服务①，其核心是人的全面发展，因为"真正的财富就是所有个人的发达的生产力"②；从过程看，具有长期性、艰巨性、复杂性，需要在动态中向前发展，要循序渐进、尽力而为、量力而行，本世纪中叶只能基本实现共同富裕——将居民收入和实际消费水平差距缩小到合理区间，要抓好示范区建设，鼓励各地探索；从动力看，要通过完善制度给每个人创造公平的致富机会并促进人的全面发展；从意义看，能提升人力资本，提高全要素生产率，能防止两极分化，实现社会和谐安定。

党在提出与阐发共同富裕的思想过程中，一直坚持了共同富裕与人的全面发展两者统一的思想。毛泽东将共产主义社会视为大同社会，就是因为中国古人的理想社会——大同社会是一个物尽其用、人尽其才、人的合理需要能得到满足、人的才能充分发挥的社会。邓小平用"小康"来描述"中国式的现代化"，强调其优势是社会主义能造就比资本主义国家更多更优秀的人才，能让所有的人日子普遍好过③。江泽民提出，社会主义就是要推进人的全面发展和全体人民共同富裕，两者互为前提和基础，相互结合、相互促进④。胡锦涛认为，两者是一致的⑤。习近平提出，两者是高度统一的⑥，中国式现代化"促进物的全面丰富和人的全面发展"⑦。

综上所述，中国共产党的共同富裕思想的核心理念是人的全面发展。用人的全面发展理念来分析贫困，贫困应是无法满足人的全面发展需要的状态，不能仅限于收入，还应包括健康、教育、生态环境等多个维度。反贫困不仅要通过

---

① 沈满洪：《生态文明视角下的共同富裕观》，《治理研究》2021 年第 5 期。
② 《马克思恩格斯文集》第 8 卷，人民出版社 2009 年版，第 200 页。
③ 参见《邓小平文选》第 2 卷，人民出版社 1994 年版，第 237、322 页和《邓小平文选》第 3 卷，人民出版社 1993 年版，第 161—162 页。
④ 《江泽民文选》第 3 卷，人民出版社 2006 年版，第 295 页。
⑤ 《胡锦涛文选》第 3 卷，人民出版社 2016 年版，第 621 页。
⑥ 《习近平谈治国理政》第 4 卷，外文出版社 2022 年版，第 141—146 页。
⑦ 习近平：《高举中国特色社会主义伟大旗帜　为全面建设社会主义现代化国家而团结奋斗——在中国共产党第二十次全国代表大会上的报告》，人民出版社 2022 年版，第 50 页。

发展经济特别是适合贫困人口的产业来解决收入不足的问题,通过教育和医疗保健来提高其对疾病的抵抗力和适应知识经济发展的能力;而且要通过思想政治教育激发贫困人口勤劳致富的主观能动性,通过制度创新让每个人的才能都能充分发挥;同时改善其生存环境与生产环境,增强其可持续发展的能力。

生态文明理论来源于马克思、恩格斯对资本主义的批判,形成于习近平关于生态文明的系统论述。马克思、恩格斯认为,资本主义私有制彻底消除了人类对自然的敬畏,使"自然界(不管是作为消费品,还是作为生产资料)服从于人的需要"①,导致自然和人的对立②,"破坏着人和土地之间的物质变换"③"造成了地力的浪费,并且这种浪费通过商业而远及国外"④;只有消灭生产资料的私有制才能消除生产力和产品的有形的浪费和破坏,消除统治阶级及其政治代表的穷奢极欲地挥霍而为全社会节省出大量的生产资料和产品⑤,才能合理地调节人和自然之间的物质变换⑥。习近平继承了马克思、恩格斯的人与自然相互依存的思想,吸收了中华传统文化中的人与自然和谐思想,总结了中国共产党关于生态环境保护的经验,形成了系统的生态文明思想⑦。

习近平生态文明思想最形象、最生动、最具有中国风格的原创性表达和最核心的理念就是"绿水青山就是金山银山"。它是习近平任浙江省委书记时提出并系统阐发的,它生动形象地揭示了环境保护("绿水青山")和经济发展("金山银山")的辩证关系。2003 年 8 月 8 日,他从认识论的角度进行了初步的阐发。他认为,人们关于环境保护和经济发展关系的认识发展要经过三个阶段:第一阶段是没有意识到生态环境保护的重要性,只要经济发展("只要

---

① 《马克思恩格斯文集》第 8 卷,人民出版社 2009 年版,第 90—91 页。
② 《马克思恩格斯文集》第 1 卷,人民出版社 2009 年版,第 72 页。
③ 《马克思恩格斯文集》第 5 卷,人民出版社 2009 年版,第 579 页。
④ 《马克思恩格斯文集》第 7 卷,人民出版社 2009 年版,第 918—919 页。
⑤ 《马克思恩格斯文集》第 9 卷,人民出版社 2009 年版,第 299 页。
⑥ 《马克思恩格斯文集》第 7 卷,人民出版社 2009 年版,第 928—929 页。
⑦ 王习明、张现洪、王子愿等:《谱写美丽中国海南篇章——海南生态文明建设研究》,海南出版社 2019 年版,第 29—37 页。

金山银山")而不考虑生态环境("不管绿水青山")、不考虑长远发展("吃了祖宗饭,断了子孙路");第二阶段是虽然认识到了环境保护的重要性但仅限于自己的小环境、小家园,而不愿保护他人的环境,而没有意识到公共的生态环境的重要性;第三阶段是不仅认识到生态环境的重要性,而且"生态建设成为自觉行动"。这三个阶段就是环境保护认识从自发到自为的过程,要加大环境保护的宣传教育力度,促使群众的环保意识尽快从自发转到自为。①2005年8月15日,他在安吉县余村考察时首次明确提出②。同年8月25日,他进行了系统阐发:核心内涵是追求人与自然的和谐、经济与社会的和谐,就是既要创造条件把生态环境优势转化为生态农业、生态工业、生态旅游等生态经济的优势,又要在生态环境保护与经济发展两者不可兼得情况下将生态环境保护放在优先地位。③ 它包括三个方面:一是没有"绿水青山"(良好的生态)就没有"金山银山"(持续的经济发展),"绿水青山"就是"金山银山"(良好的生态环境可带来经济效益)。也就是说,良好的生态环境可以带来经济效益和增进人民福祉,破坏生态环境也会使经济发展不可持续。这是对"为什么要建设生态文明"的形象回答,突出了生态文明建设的重要性。二是既要绿水青山又要金山银山。它强调:既要保护好生态环境又要使良好的生态环境带来经济效益,要做到生态环境的改善与人民生活水平的提高协同共进。这是对"建设什么样的生态文明"的形象回答,概括了生态文明建设的目标。三是变绿水青山为金山银山,宁要绿水青山不要金山银山。它强调:既要通过制度创新让良好的生态环境持续发挥效益,让守护和改善生态环境的人民群众逐渐提高物质文化生活水平;又要通过法律制度和宣传教育引导人民群众在保护生态环境与发展经济不能兼顾时坚持生态环境保护优先的原则,不能以生态环境为代价发展经济。这是对"如何建设生态文明"的形象回答,阐述

---

① 习近平:《之江新语》,浙江人民出版社2007年版,第13页。
② 《习近平在浙江》(下),中共中央党校出版社2021年版,第220—221页。
③ 习近平:《之江新语》,浙江人民出版社2007年版,第153页。

了生态文明建设的方式方法。中央归纳的习近平生态文明思想内容包含了 8 个要点①,除"绿水青山就是金山银山",其他 7 个也可包含在这三个方面:"生态文明兴衰论""良好生态环境是最普惠的民生福祉"属于生态文明的重要性;"人与自然和谐共生"是生态文明建设的目标;其他 4 个要点侧重于讲生态文明建设的方法方式:"山水林田湖草是生命共同体"(后来演变为"山水林田湖草沙是生命共同体"②)强调生态文明建设的系统性,"用最严格制度最严密法治保护生态环境"强调生态文明建设的法治化和制度化,"建设美丽中国全民行动"强调生态文明建设要充分调动人民群众的积极性和生态人培养的重要性,"共谋全球生态文明建设"强调了生态文明建设需要加强国际合作。党的十八大以来,习近平在有关生态文明的重要讲话中多次提到这一理念。2013 年,他首次在国外对这一理念做了较完整表述③。2017 年,他在党的十九大报告中阐述"坚持人与自然和谐共生"的基本方略时明确提出必须树立和践行这一理念④。2018 年,他在全国生态环境保护大会上的讲话中将这一理念称为"重要的发展理念"和"推进现代化建设的重大原则"⑤。此后,他在几乎所有涉及生态文明的重要讲话中都要强调这一理念。他在 2020 年 4 月指出,这一理念已经成为全党全社会的共识和行动,成为新发展理念的重要组成部分⑥。他在党的二十大报告中再次强调:"必须牢固树立和践行"这一理念,"站在人与自然和谐共生的高度谋划发展"⑦。

---

① 《十九大以来重要文献选编》(上),中央文献出版社 2019 年版,第 505—507 页。

② 《习近平在参加内蒙古代表团审议时强调　完整准确全面贯彻新发展理念　铸牢中华民族共同体意识》,《人民日报》2021 年 3 月 6 日。

③ 《习近平在哈萨克斯坦纳扎尔巴耶夫大学发表重要演讲》,《人民日报》2013 年 9 月 8 日。

④ 《习近平谈治国理政》第 3 卷,外文出版社 2020 年版,第 19 页。

⑤ 习近平:《推动我国生态文明建设迈上新台阶》,《奋斗》2019 年第 3 期。

⑥ 《习近平在浙江考察时强调　统筹推进疫情防控和经济社会发展工作　奋力实现今年经济社会发展目标任务》,《人民日报》2020 年 4 月 2 日。

⑦ 习近平:《高举中国特色社会主义伟大旗帜　为全面建设社会主义现代化国家而团结奋斗——在中国共产党第二十次全国代表大会上的报告》,人民出版社 2022 年版,第 23 页。

由于"绿水青山就是金山银山"的核心内涵是追求人与自然的和谐、经济与社会的和谐,因此,本书所使用的"环境保护"是广义的,其含义等同于"生态文明",都含有两个方面:保护自然环境,尽可能让被破坏的生态系统自然恢复,使自然环境不因人的活动而被破坏,使经济发展不超过自然资源的承载力;治理不利于人的生产、生活的自然环境,如绿化荒山、消除利于传染病流行的环境等,使生态环境更能满足人民群众对美好生活的需求。

二、学术史梳理及研究动态

研究国家重点生态功能区贫困县整体脱贫的长效机制,必须借鉴反贫困和生态文明建设的研究成果,重点参考关于国家重点生态功能区建设和贫困县扶贫脱贫的研究成果,特别是关于国家重点生态功能区贫困县民生发展与环境改善的互动机制的研究成果。

(一)反贫困的基本理论研究

国内学者关于贫困与反贫困基本理论的研究成果包括:(1)关于马克思主义反贫困思想的研究。这些成果比较系统地梳理了马克思、毛泽东、邓小平、江泽民、胡锦涛和习近平的反贫困思想,并着重分析了其对反贫困理论的创新及其对反贫困实践的指导意义①。(2)关于我国农村贫困的状况、特征、

---

① 比较重要的成果有博士学位论文《习近平扶贫思想研究》(郝涛,湖南大学,2017年)、《马克思主义贫困理论及当代中国贫困治理实践研究》(仇荀,吉林大学,2016年)、《新中国成立以来中国共产党扶贫思想与实践研究》(苏礼和,福建师范大学,2017年)等,期刊论文《从〈贫困的哲学〉到〈哲学的贫困〉再到〈摆脱贫困〉——马克思主义反贫困理论的探索与实践》(李海星,《马克思主义与现实》2018年第2期)、《从毛泽东到胡锦涛:中国扶贫开发理论的不断深化》(施由明、刘清荣,《农业考古》2007年第6期)、《马克思主义贫困理论的创新与发展》(王朝明,《当代经济研究》2008年第2期)、《习近平对马克思主义反贫困理论的创新》(方堃、吴旦魁,《中南民族大学学报(人文社会科学版)》2019年第3期)等。

成因和农村反贫困的成就、经验及面临问题的研究①。主要观点为能力剥夺
是贫困的根本原因,扶贫的长效机制不能靠临时救济或提供简单工作,应强化
贫困人口能力培养。(3)贫困的动态变化机制和分类应对措施研究②,基本观
点为:从动态来分析,贫困可分为长期贫困(慢性贫困)、暂时贫困两类,造成两类
贫困的原因不同,针对这两类贫困实施的扶贫政策也应有所区别。(4)关于我国
农村扶贫政策、扶贫模式及其成效的研究③,主要观点为,在新形势下探索贫困地
区行之有效的扶贫模式,建立一套高效运转的组织机构,对于提高扶贫资金使
用效益,加快贫困地区、贫困农户脱贫致富有着十分重要的意义;应完善农村公
共服务体系和社会保障体系,大力改善贫困地区住房、医疗和教育条件,并提高
扶贫对象的自我脱贫能力;从绿色减贫效果评价看,依靠内生驱动,实现经济发
展模式的快速转型对于与国家级贫困县有高度重合的国家重点生态功能区而
言,并不具备实现这种转型的资本,也很难达到绿色发展中可持续的要求。

　　国外学者关于贫困和反贫困基本理论的研究最重要的成果是多维贫困理
论。多维贫困理论是关于贫困原因的分析。舒尔茨(Theodore W. Schultz)认

---

①　比较重要的著作有《农村贫困问题研究》(焦国栋,中国经济出版社 2004 年版)、《中国
农村贫困与反贫困问题研究》(王雨林,浙江大学出版社 2008 年版)、《中国农村贫困若干问题研
究》(李文,中国农业出版社 2009 年版)、《当代中国农村贫困与反贫困问题研究》(王俊文,湖南
师范大学出版社 2010 年版)等,比较重要的博士学位论文有《农村反贫困与人口可持续发展研
究》(李嘉岩,中国社会科学院研究生院,2002 年)、《社会治理创新视域下的农村扶贫开发研究》
(卢云辉,武汉大学,2016 年),比较重要的期刊论文有《中国农村反贫困政策的反思——从社会
救助向社会保护转变》(徐月宾、刘凤芹、张秀兰,《中国社会科学》2007 年第 3 期)等。

②　如博士学位论文《生态脆弱地区农村慢性贫困研究:基于 600 个国家扶贫重点县的监测
证据》(陈健生,西南财经大学,2008 年)等,期刊论文《中国农村贫困的动态研究》(洪兴建、邓
倩,《统计研究》2013 年第 5 期)、《家庭特征、村庄特征与新疆农村动态贫困》(李翠锦、李万明,
《新疆大学学报(哲学人文社会科学版)》2015 年第 1 期)等。

③　如博士学位论文《中国农村扶贫模式创新研究》(龚晓宽,四川大学,2006 年)、《中国农
村扶贫政策及成效研究》(吕书奇,中国农业科学院,2008 年)、《农村基本公共服务制度研究:基
于减贫的视角》(鲍曙光,财政部财政科学研究所,2014 年),期刊论文《公共财政扶贫支出绩效
评价研究:基于国家扶贫重点县数据》(张铭洪、施宇、李星,《华东经济管理》2014 年第 9 期)、
《绿色发展视角下国家重点生态功能区绿色减贫效果评价》(李国平、李宏伟,《软科学》2018 年
第 12 期)等。

为,贫困描述了某一特定社会中特定家庭的一个复杂的社会经济状态,不能按照食物和住房测量的最低生活水平来定义,也不能简单地根据低于某一特定收入水平来定义;很多贫穷家庭的贫困主要是长期存在的慢性不均衡的结果,而这种不均衡根源于对特殊阶层的人的不充分投资——对穷人的投资机会受到了对穷人不利的社会、政治和经济的歧视的阻碍。① 森(Amartya Sen)认为:绝对贫困指饥饿、营养不良以及其他可以看得见的贫困,即按照社会的传统行为方式,其收入不足以满足规定的最低需要;②贫困是对基本的可行能力的剥夺,而不仅仅是收入低下;对基本可行能力的剥夺可以表现为过早的死亡、严重的营养不良(特别是儿童营养不良)、长期流行疾病、大量的文盲以及其他一些失败;可行能力(capability)指的是有可能实现的、各种可能的功能性活动组合,就是实现各种可能的功能性活动组合的实质自由;功能性活动(func-tionings)反映了一个人认为值得去做或达到的多种多样的事情或状态,有价值的功能性活动的种类很多,从很初级的要求(如有足够的营养和不受可以避免的疾病之害)到非常复杂的活动或者个人的状态(如参与社区生活和拥有自尊、教育、医疗);更好的教育和医疗保健不仅能直接改善生活,同时也能提高获取收入并摆脱收入贫困的能力。③ 汉森(Hansen,Stein)认为,权利分配不公导致的生态环境的恶化也是贫困的重要原因④。《1997 年人类发展报告》认为,贫困包括收入贫困、权利贫困、人力贫困和知识贫困四个方面,其中权利贫困和知识贫困是核心⑤;《2000 年世界发展报告》提出,贫困不仅包括

---

① [美]西奥多·舒尔茨:《经济增长与农业》,郭熙保译,中国人民大学出版社 2015 年版,第 56、64、67 页。

② [印]阿玛蒂亚·森:《贫困与饥荒》,王宇、王文玉译,商务印书馆 2011 年版,第 22、36 页。

③ [印]阿玛蒂亚·森:《以自由看待发展》,任赜、于真译,中国人民大学出版社 2002 年版,第 15、62、88 页。

④ [挪威]斯泰恩·汉森:《发展中国家的环境与贫困危机:发展经济学的展望》,朱荣法译,商务印书馆国际有限公司 1994 年版。

⑤ 联合国开发计划署:《1997 年人类发展报告》,中国财政经济出版社 1997 年版。

物质匮乏,低水平的教育和健康,还包括风险和面临风险时的脆弱性和无助性等[1];纳拉扬(Deepa Narayan)指出,饥饿、贫困与无权力、尊严受到侵犯、社会孤立、适应力差、资产不足、政府腐败、服务机构提供者的粗鲁无礼和性别歧视联系在一起。[2] 多维贫困理论要求采取多方面的措施反贫困,而不能仅限于提高收入。

近期,国外的多维贫困理论已被国内学界应用和发展。如将贫困分为收入贫困、人类贫困、知识贫困和生态贫困四个方面。其中收入贫困是指物质条件贫困,缺乏最低水平的、足够的收入或支出;人类贫困是指生存状况的贫困,缺乏基本的生存能力,如营养不良、缺乏卫生条件、平均寿命短等;知识贫困是基本发展能力与机会的贫困,是 21 世纪全球进入知识经济、知识社会时代的新贫困;生态贫困是基本生存环境的贫困,指由于生态环境不断恶化,超过其承载能力而造成不能满足生活在这一区域的人们基本生存需要与再生产活动,或因自然条件恶化、自然灾害频发而造成人们基本生活与生产条件被剥夺的贫困现象[3]。

多维贫困理论可视为马克思主义的人的全面发展理论在反贫困领域的应用和学理分析,为本研究提供了重要的理论视角。

(二)生态文明建设的基本理论研究

19 世纪西方工业革命时期,马克思、恩格斯就在剖析资本主义生产方式的过程中形成了比较丰富的关于人与自然关系的思想[4],不仅分析了资本主义工业化所导致的生态危机的不可避免性及其具体过程、表现形式,而且指出

---

[1]　世界银行:《2000 年世界发展报告》,中国财政经济出版社 2000 年版。

[2]　[美]迪帕·纳拉扬等:《谁倾听我们的声音》,付岩梅译,中国人民大学出版社 2001 年版。

[3]　胡鞍钢:《中国减贫之路:从贫困大国到小康社会(1949—2020 年)》,《国情报告(第十一卷 2008 年下)》,清华大学国情研究中心 2012 年版,第 365—366 页。

[4]　主要著作有《1844 年经济学哲学手稿》《资本论》《自然辩证法》等。

了消除生态危机、实现人与自然的和谐的可能性及其途径。这些思想是生态文明的重要理论渊源。

在 20 世纪 60 年代之前,由于生态问题还没有成为影响人们生产、生活和长远发展的重大问题,因此,学者们的研究和关注点仅仅是生态问题的警告①,但还没有上升到生态文明和制度建设的高度来认识生态问题。

伴随着资本主义工业化的脚步,国际社会逐渐认识到工业发展已经给生态环境带来极大的破坏和严峻的危机。20 世纪 60 年代,生态环境危机逐渐成为国外学术界的热门课题。蕾切尔·卡逊(Rachel Carson)从理论和实践两个方面展开了对生态危机的原因探讨和解决途径探索②,向整个人类敲响了工业社会环境危机的警钟,开辟了人类走向生态文明的建设之路。彼得·辛格(Peter Singer)提出有感觉的动物和人类在道德上是平等的理念③,对工业文明时代的人类中心主义提出了挑战。

20 世纪 60 年代以来,西方哲学社会科学各领域纷纷反思现代社会特别是资本主义工业文明发展模式所带来的生态灾难,试图寻求确立人与自然之间的和谐关系和可持续的发展理念、发展模式。其中,生态学马克思主义④的锋芒直指资本主义制度:资本主义生产方式是反生态的,只有社会主义才能消

① 如亨利·戴维·梭罗(Henry David Thoreau)《瓦尔登湖》(李暮译,生活·读书·新知三联书店 2008 年版)、约翰·巴勒斯(John Barles)《醒来的森林》(程虹译,生活·读书·新知三联书店 2012 年版)和奥尔多·利奥波德(Aldo Leopold)《沙乡年鉴》(朱敏译,上海科学普及出版社 2014 年版)等。

② [美]蕾切尔·卡逊:《寂静的春天》,许亮译,北京理工大学出版社 2014 年版。

③ [美]彼得·辛格:《动物解放》,祖述宪译,青岛出版社 2004 年版。

④ 已在国内出版的比较有代表性的中文版译著有:威廉·莱斯(William Leiss)的《自然的控制》(岳长龄译,重庆出版社 2007 年版)、戴维·佩珀(David Pepper)的《生态社会主义:从深生态学到社会正义》(刘颖译,山东大学出版社 2012 年版)、安德列·高兹(Andre Gorz)的《资本主义、社会主义和生态学》(彭姝祎译,商务印书馆 2018 年版)、詹姆斯·奥康纳(James O'Connor)的《自然的理由——生态学马克思主义研究》(唐正东、臧佩洪译,南京大学出版社 2003 年版)、约翰·贝拉米·福斯特(John Bellamy Foster)的《马克思的生态学:唯物主义与自然》(刘仁胜、肖峰译,高等教育出版社 2006 年版)和《反对资本主义的生态学》(耿建新、宋兴无译,上海译文出版社 2006 年版)等。

除生态危机。这些研究成果为本研究提供了重要的理论借鉴和丰富的个案材料。

"生态文明"的概念被提出，并逐渐成为一个全球性论题。1984 年，苏联学者最先使用"生态文明"一词，但作者当时只是将生态文明看作是生态文化、生态学修养的提升，并没有将其视为工业文明之后的新型文明形式。[①] 1995 年，美国学者首次使用英语语境下的"生态文明"（ecological civilization）范畴，并将其作为"工业文明"之后的一种新文明形式，认为"生态民主"是实现"生态文明"的必由之路[②]。

从目前中国知网的检索来看，国内最早提出"生态文明"这一概念的是赵鑫珊。他在 1983 年从人与自然的和平共生、人类的永久幸福这一角度提出了"生态文明"，将其与物质文明、精神文明并列，但没有解释[③]。我国学术界公认最早对"生态文明"这一概念明确界定的是叶谦吉，他在 1987 年将"生态文明"界定为："人类既获得于自然，又还利于自然，在改造自然的同时又保护自然，人与自然之间保持和谐统一的关系。"[④]中国知网（CNKI）以"生态文明"为主题精确匹配检索的最早一篇论文发表于 1990 年，它主要从精神文明建设的角度分析生态文明的构成和建构途径，它认为生态文明包括纯真的生态道德观、崇高的生态理想、科学的生态文化、良好的生态行为。[⑤] 1990 年后，有关生态文明的研究成果逐渐增多，最初的成果集中于理论探讨，特别是生态文明的内涵与外延探讨，主要涉及 4 对关系：生态文明与社会主义的关系[⑥]，生态文

① 　1985 年 2 月 18 日《光明日报》在国外研究动态栏目中，极其简略地介绍了苏联《莫斯科大学学报·科学社会主义》1984 年第 2 期发表的署名文章《在成熟社会主义条件下培养个人生态文明的途径》。转引自王续琨的《从生态文明研究到生态文明学》（《河南大学学报（社会科学版）》2008 年第 6 期）。

② 　罗伊·莫里森：《走向生态社会》，明空译，《中国社会科学报》2010 年 4 月 15 日。

③ 　赵鑫珊：《生态学与文学艺术》，《读书》1983 年第 4 期。

④ 　转引自《刘思华文集》（湖北人民出版社 2003 年版）第 520 页。

⑤ 　李绍东：《论生态意识和生态文明》，《西南民族学院学报（哲学社会科学版）》1990 年第 2 期。

⑥ 　参见谢光前的《社会主义生态文明初探》（《社会主义研究》1992 年第 3 期）和刘俊伟的《马克思主义生态文明理论初探》（《中国特色社会主义研究》1998 年第 6 期）等。

明与可持续发展的关系①,生态文明与物质文明、精神文明的关系②,生态文明与工业文明的关系③。进入 21 世纪后,中国知网以"生态文明"为主题的文献数量迅速增长,直到 2013 年后保持基本稳定。在 2000—2013 年的文献数量迅速增长期间,有 3 个跳跃式增长时段:2002、2003 年的增长速度分别达 24%、68%,2007、2008 年增长速度分别达 64%、319%,2012、2013 年增长速度分别达 71%、133%。这三个时段正好是党的十六大、十七大、十八大召开前后,这三次党代会使生态文明的战略地位越来越突出:2002 年,党的十六大虽没有明确提出"生态文明",但在描述"全面建设小康社会"的目标时已经蕴含了生态文明的内涵;2007 年,党的十七大报告明确提出了"建设生态文明"的目标;2012 年,党的十八大把生态文明建设提高到中国特色社会主义事业总体布局的突出地位(参见附录 2)。学者对生态文明的基本理论与重大实践问题研究也越来越深入,主要集中在以下几个方面:(1)对西方生态思想特别是生态马克思主义研究成果的译介和研究④;(2)对马克思主义生态思想的系统

---

① 参见刘安超的专著《生态文明观与中国可持续发展走向》(中国科学技术出版社 1997 年版)和谢艳红的论文《生态文明与当代中国的可持续发展》(《上海交通大学学报(社会科学版)》1998 年第 2 期)等。

② 参见邱耕田的《三个文明的协调推进:中国可持续发展的基础》(《福建论坛(经济社会版)》1997 年第 3 期)和傅先庆的《略论"生态文明"的理论内涵与实践方向》(《福建论坛(经济社会版)》1997 年第 12 期)等。

③ 参见申曙光的《生态文明:现代社会发展的新文明》(《学术月刊》1994 年第 9 期)和李祖扬、邢子政的《从原始文明到生态文明——关于人与自然关系的回顾和反思》(《南开学报》1999 年第 3 期)等。

④ 中文译著参见第 5 页的注释;研究性的博士学位论文有《资本主义生态批判与新陈代谢断裂理论的构建》(吕春晖,吉林大学,2017 年)、《资本主义生态批判与生态社会主义构想》(张忠跃,吉林大学,2018 年)、《资本主义的生态批判与生态社会主义的理论构建》(丁汉文,吉林大学,2018 年)、《历史唯物主义的生态性维护与生产力的生态化发展》(于天宇,吉林大学,2018 年)、《乔纳森·休斯"生产力的生态良性发展"思想研究》(孙天蕾,山东师范大学,2018 年)、《"控制自然"批判与"和谐共存"构建:威廉·莱斯生态学马克思主义思想研究》(李旭阁,吉林大学,2018 年)等,研究性的期刊论文有《当代西方社会的生态社会主义思潮评析》(徐崇温,《马克思主义研究》2009 年第 2 期)、《超越资本与自然的矛盾:评福斯特的生态社会主义》(陈永森,《福建师范大学学报(哲学社会科学版)》2009 年第 6 期)、《"生态社会主义"的本质定位——析"生态社会主义"与"生态中心主义"的质底差异》(胡建,《浙江社会科学》2011 年第 5 期)、《佩珀批判生态无政府主义思想的几点启示》(乔瑞金、李小红,《哲学动态》2012 年第 5 期)等。

梳理和中国生态文明建设的实践进行宏观总结①；(3)对生态文明的内涵、生态文明与可持续发展、工业文明和社会制度(资本主义制度、社会主义制度)的关系进行了深入探讨②。这些成果丰富了生态文明的研究成果，是本研究的重要理论来源。

(三)关于国家重点生态功能区建设的研究

按主体功能区定位发展、设立国家重点生态功能区是我国生态文明建设的重大战略举措。我国学者对"主体功能区"和"国家重点生态功能区建设"

---

① 专著有《生态文明与马克思主义》(李惠斌、薛晓源等，中央编译出版社 2008 年版)、《生态文明建设的实践与探索》(黄国勤，中国环境科学出版社 2009 年版)等，博士学位论文有《中国社会主义生态文明建设研究》(张剑，中国社会科学院研究生院，2009 年；刘静，中共中央党校，2011 年)、《马克思主义文明思想及当代价值研究》(翟屹潼，哈尔滨师范大学，2017 年)、《中国特色社会主义生态文明建设研究》(唐雄，华中师范大学，2018 年)、《习近平生态文明建设思想研究》(李艳芳，大连海事大学，2018 年)等，期刊论文有《马克思、恩格斯的自然生态观论纲》(林坚，《湖南文理学院学报(社会科学版)》2009 年第 3 期)、《马克思劳动概念的生态意蕴及其当代价值》(曹孟勤、徐海红，《马克思主义与现实》2010 年第 5 期)、《生态权益：马克思恩格斯生态文明思想的一个重大亮点》(方世南，《鄱阳湖学刊》2011 年第 5 期)、《析新中国的生态文明之理路——从毛泽东时期到胡锦涛时期》(胡建、余保玲，《中共浙江省委党校学报》2011 年第 3 期)、《马克思恩格斯生态文明思想的体系性存在及现实启示》(刘希刚，《科学社会主义》2012 年第 1 期)、《可持续发展视野下我国生态文明建设的历史演进》(梁兴印、陈正良，《华北电力大学学报(社会科学版)》2016 年第 3 期)等。

② 比较有代表性的专著有《谁是罪魁祸首：追寻生态危机的根源》(陈学明，人民出版社 2012 年版)、《另一个世界可能吗?》(蔡华杰，社会科学文献出版社 2014 年版)等，代表性的博士学位论文有《中国生态文明建设的非正式制度研究》(杨世迪，西北大学，2017 年)、《社会主义生态文明话语体系研究》(张华丽，中共中央党校，2018 年)等，代表性的期刊论文有《论制度文明与生态文明》(曹新，《社会科学辑刊》2002 年第 2 期)、《"可持续发展"的意涵、误区与生态文明之关系》(钟茂初，《学术月刊》2008 年第 7 期)、《社会主义生态文明：理论与实践向度》(郇庆治，《江汉论坛》2009 年第 9 期)、《理解生态文明不能脱离"后工业"》(巩固，《浙江学刊》2013 年第 3 期)、《社会主义生态文明的"社会主义"意涵》(蔡华杰，《教学与研究》2014 年第 1 期)、《社会主义生态文明的政治哲学基础：方法论视角》(郇庆治，《社会科学辑刊》2017 年第 1 期)、《新时代生态文明体制改革的逻辑理路与推进路径》(张明皓，《社会主义研究》2019 年第 3 期)、《生态文明内涵的解读及其制度保障》(刘燕、薛蓉，《财经问题研究》2019 年第 5 期)、《作为一种转型政治的"社会主义生态文明"》(郇庆治，《马克思主义与现实》2019 年第 2 期)、《"生命共同体"：社会主义生态文明的本体论奠基》(张云飞，《马克思主义与现实》2019 年第 2 期)、《生态文明建设需要协同的十大生态关系》(王有腔，《西安交通大学学报(社会科学版)》2019 年第 3 期)等。

的研究丰富和深化了生态文明建设的理论研究,也为国家重点生态功能区贫困县扶贫脱贫研究提供了理论视角与丰富个案。

有关"主体功能区"的研究开始于2006年,最初5年的研究成果主要集中在主体功能区规划编制的理论和实践问题①、主体功能区建设的政策设计②、类似于主体功能区建设的国外经验③等三个方面。2010年底《国家主体功能区规划》颁布实施后,有关"主体功能区"研究成果在继续关注以上问题的基础上将研究范围扩大到主体功能区的形成机制④和配套政策的实施效果⑤两个方面。

以"国家重点生态功能区"为主题的学术期刊论文最早出现于2009年。现有的与国家重点生态功能区建设相关的研究论文大多局限于某一方面,主要集中在:(1)有关国家重点生态功能区的财政政策特别是中央财政的转移支付政策研究⑥。基本观点为:国家重点生态功能区的财政转移支付具有保

---

① 如《主体功能区区划与建设》(杜黎明,重庆大学出版社2007年版)和《我国主体功能区划分与政策研究》(高国力等,中国计划出版社2008年版)等。

② 如《主体功能区形成机制和分类管理政策研究》(国务院发展研究中心,中国发展出版社2008年版)和《中国主体功能区政策研究》(清华大学中国发展规划研究中心课题组,经济科学出版社2009年版)等。

③ 如《美国区域和城市规划及管理的做法和对我国开展主体功能区划的启示》(高国力,《中国发展观察》2006年第11期)和《国外有关主体功能区划分及其分类政策的研究与启示》(袁朱,《中国发展观察》2007年第2期)等。

④ 如《主体功能区形成机制研究:基于要素适宜度视角的分析》(郝大江,《经济学家》2012年第6期)和《非正式约束与区域经济发展机制研究:主体功能区建设的理论探索》(姜莉,《河北经贸大学学报》2013年第1期)等。

⑤ 如《主体功能区绩效评价的原则和指标体系》(王茹、孟雪,《福建论坛(人文社会科学版)》2012年第9期)、《国家主体功能区整体绩效评价模式研究》(赵景华、李宇环,《中国行政管理》2012年第12期)、《主体功能区建设与"胡焕庸线"破解》(黄成、杜宇、吴传清,《学习与实践》2019年第4期)等。

⑥ 如《国家重点生态功能区转移支付的生态补偿效果分析》(李国平、李潇、汪海洲,《当代经济科学》2013年第5期)、《国家重点生态功能区转移支付的双重目标与绩效评价》(李国平、汪海洲、刘倩,《西北大学学报(哲学社会科学版)》2014年第1期)、《中国生态功能区财政转移支付制度体系重构:基于拓展的能值模型衡量的生态外溢价值》(伏润民、缪小林,《经济研究》2015年第3期)等。

护生态环境和改善民生的双重政策目标,但没有作出对应的分类的具体规定,这导致国家重点生态功能区转移支付资金在实际使用中存在着"重民生轻环保"的问题;应改善中央财政对国家重点生态功能区的转移支付办法,本着从"重民生轻环保转为专项针对环保并提高生态补偿绩效"的路径,即生态补偿视角下的"从正负外部性补偿转为仅针对正外部性的补偿",提高国家重点生态功能区在生态环境保护方面的转移支付,同时针对县级政府在生态修复和生态建设中的资金需求给予配套的专项补助。(2)关于国家重点生态功能区的绩效考评研究①,研究结论为:生态环境绩效对县委书记的晋升有显著的促进作用,而对县长的晋升影响不显著,将生态文明纳入官员政绩考核体系能够起到引导县级官员特别是"一把手"行为的作用;必须在取消对生态功能区GDP考核的同时加大开发区域环境指标的权重,对同时完成经济指标和生态环境指标的开发区域进行财政奖励;应完善国家重点生态功能区县域生态环境质量考核评价指标体系,建立健全有关环境的统计考核监测体系。(3)关于国家重点生态功能区的产业发展研究②。主要观点为:国家重点生态功能区要处理好产业发展与生态保护的关系,因地制宜地发展资源环境可承载的特色产业,如生态旅游、生态农业、生态工业。

关于国家重点生态功能区建设的研究成果为本研究研究国家重点生态功能区贫困县生态补偿政策和生态产业的发展奠定了基础,但这些研究往往忽视农村扶贫政策,因此,本研究将结合生态补偿政策、生态产业发展、生态保护建设与农村扶贫、脱贫两个方面进行研究,并重点关注这两个方面的互动机理。

---

①　如《生态文明建设能够带来官员晋升吗?来自国家重点生态功能区的证据》(吕凯波,《上海财经大学学报》2014年第2期)、《国家重点生态功能区县域生态环境质量考核评价指标体系设计与应用实践》(何立环、刘海江、李宝林、王业耀,《环境保护》2014年第12期)等。

②　如《西部限制开发区域产业政策探析:以国家层面的农产品主产区和重点生态功能区为例》(陈映,《经济体制改革》2013年第5期)、《哑铃型产业发展模式:生态功能区发展的路径创新:以武陵山区的发展模式为例》(解安,《新视野》2014年第3期)等。

(四)关于"精准扶贫、精准脱贫"和具体扶贫政策研究

"精准扶贫、精准脱贫"是党的十八大以来党中央为在 2020 年消灭区域性的贫困而实行的扶贫开发新战略,这一战略内涵及其实施过程中的问题研究迅速成为 2014 年后国内学界的研究热点,研究成果很多,主要有如下几个方面:

(1)关于"精准扶贫、精准脱贫"的内涵、实践困境及其应对策略的研究。关于"精准扶贫、精准脱贫"的内涵研究涉及精准扶贫提出的背景、所针对的问题和工作机制[①],基本观点有:精准扶贫提出的背景是经济增长减贫效应下降,所针对的问题是瞄准目标偏离;精准扶贫的基础是精准识别,关键是因人施策精准帮扶,机制是一体化。关于精准扶贫的实践困境及其应对策略的研究成果很多,最有启示意义的研究成果是关于如何防止开发扶贫偏离贫困人口,将扶贫变成了帮富的研究[②],其研究结论为:政府主导的开发扶贫,虽然能促进区域经济的发展,但如果缺乏村庄社会性参与及村庄公共平台的承接与运作,往往会导致扶贫目标偏移、拉大贫富差距、加速村庄原子化溃败、农民对身边党政工作和形象不认可等后果;贫困陷阱和精英捕获同时作用导致当地贫富分化越来越显著,单纯依靠项目补贴难以实现减贫目标;只有将社会治理纳入开发扶贫全过程,奠定扶贫开发的社会基础,才能达成扶贫与开发有机结合,真正实现脱贫致富;推动政府主导的产业扶贫项目进村体制、机制与村庄

---

① 如《精准扶贫的难点、对策与路径选择》(邓维杰,《农村经济》2014 年第 6 期)、《论中国的精准扶贫》(汪三贵、郭子豪,《贵州社会科学》2015 年第 5 期)、《完善现行精准扶贫体制机制研究》(檀学文,《中国农业大学学报(社会科学版)》2017 年第 5 期)、《我国精准扶贫的阶段特征、现实困境与政策创新》(彭玮,《农村经济》2019 年第 6 期)等。

② 如《贫困陷阱与精英捕获:气候变化影响下内蒙古牧区的贫富分化》(张倩,《学海》2014 年第 5 期)、《脱嵌的产业扶贫:以贵州为案例》(孙兆霞,《中共福建省委党校学报》2015 年第 3 期)、《社会治理视角下的农村开发扶贫问题研究》(王春光,《中共福建省委党校学报》2015 年第 3 期)、《行政吸纳市场:治理情境约束强化下的基层政府行为——基于湖北省武陵山区 W 贫困县产业扶贫的个案研究》(王蒙、李雪萍,《中共福建省委党校学报》2015 年第 10 期)等。

社会的历史文化深层结构相嵌合,并重建经济发展的社会基础,是实现精准扶贫目标的根本而可行的创新探索。

这些成果为研究精准扶贫精准脱贫方略及其实施效果和运行机制奠定了基础,本研究将结合国家重点生态功能区贫困县扶贫实践,着重研究生态环境保护和生态文明建设背景下农村扶贫的精准识别、精准扶持、精准考核的体制机制。

(2)生态建设与农村扶贫的关系研究。这方面的研究主要出现在 2010 年底《国家主体功能区规划》颁布实施后,其成果主要包括四个方面:一是关于国家重点生态功能区与国家贫困县的高度耦合现象及农村贫困与生态环境相互作用的过程和机制研究①。主要共识是,中西部的农村扶贫与生态环境保护相互作用,要协同扶贫与生态环境保护过程,必须注重保护贫困人群的利益,坚持扶贫开发与计划生育工作相结合,建立扶贫部门与生态保护部门统一协调机制。二是关于生态功能区(含生态脆弱区)贫困农民的可持续生计研究②。主要共识是,加强基础设施建设与生态保护,巧借外力或激活内生动力相结合培育扶贫产业,可提高贫困农民可持续生计能力;在引入外来产业时要考虑其与当地生态文化的兼容性;在延续并增强当前基础性与生产性公共产品供给的同时,应通过构建资产社会政策、发展避灾农业、重构乡村社区社会

---

①　如《中国西部地区生态扶贫策略研究》(刘慧等,《中国人口·资源与环境》2013 年第 10 期)、《生态脆弱区贫困与生态环境的博弈分析》(祁新华、叶士琳等,《生态学报》2013 年第 19 期)、《秦巴集中连片特困地区的贫困特征和生态保护与减贫互动模式探析》(李仙娥等,《农业现代化研究》2013 年第 4 期)、《秦巴特困连片区生态资产与经济贫困的耦合关系》(曹诗颂、赵文吉、段福洲,《地理研究》2015 年第 7 期)等。

②　如《多维贫困"行动—结构"分析框架下的生计脆弱——基于武陵山区的实证调查与理论分析》(李雪萍、王蒙,《华中师范大学学报(人文社会科学版)》2014 年第 5 期)、《滇桂黔石漠化片区贫困农民可持续生计优化策略探究》(黄启学、凌经球,《西南民族大学学报(人文社会科学版)》2015 年第 5 期)、《民族地区贫困与外来作物推广失误之间的关联性实证》(吴合显,《云南师范大学学报(哲学社会科学版)》2015 年第 4 期)、《甘肃城郊、山区农户可持续生计比较分析》(赵锋、朱一非、许媛媛,《西北人口》2015 年第 3 期)等。

公共性,有针对性地缓解农户生计脆弱。三是关于生态移民(含避灾移民)的研究①。主要观点有,生态移民要兼顾生态保护和扶贫、脱贫以及城镇化发展等多个方面,还要注重文化的传承与适应、移民生计的变化,尤其要重视移民搬迁政策执行偏差所形成和引发的消极影响。四是关于国家重点生态功能区的旅游扶贫的研究②,其主要观点是,在国家重点生态功能区进行旅游扶贫,应用反规划的方法守住生态环境底线和文化遗产底线,通过协调、协商、协议、协作、协同力求使利益相关者共赢,特别要向当地的贫困农民倾斜并注重提升其素质,保护与传承民族文化。

这些成果为研究国家重点生态功能区贫困县生态环境保护与农村扶贫脱贫的协同关系提供了理论基础和个案材料,但没有系统性的理论梳理和体制机制建设方面的政策设计,本研究将在此基础上系统梳理生态环境保护与农村扶贫协同推进的理论,并结合实证研究,设计出生态环境保护生态文明建设与精准扶贫、精准脱贫相互促进的体制机制和具体路径。

(3)农村教育扶贫问题研究。早在 20 世纪 80 年代,一些学者就开始关注贫困地区的教育问题③。进入 21 世纪以后,伴随城乡教育差距的加大,尤其是贫困地区农村教育事业发展日益滞后,学者们越来越多地将目光聚焦于教育扶贫问题上面。已有研究主要从以下几方面展开:

---

① 如博士学位论文《当代中国生态移民战略研究:以内蒙古草原生态移民为例》(李生,吉林大学,2012 年)等,期刊论文《草原生态移民的文化变迁和文化调适研究:以三江源生态移民为例》(韦仁忠,《西南民族大学学报(人文社会科学版)》2013 年第 4 期)、《移民搬迁农户的贫困类型及影响因素分析——基于陕南安康的抽样调查》(刘伟、黎洁、李聪、李树茁,《中南财经政法大学学报》2015 年第 6 期)等。

② 如《乡村旅游开发中的"五赢模型":以海南毛感景区规划为例》(吴殿廷、朱桃杏、王瑜、张艳平、王欣,《北京第二外国语学院学报》2012 年第 5 期)、《滇桂黔石漠化生态旅游景区扶贫绩效评价》(罗盛锋、黄燕玲,《社会科学家》2015 年第 9 期)、《精准扶贫背景下旅游扶贫精准识别研究》(邓小海、曾亮、罗明义,《生态经济》2015 年第 4 期)等。

③ 如《办好教育是脱贫致富的基础工程》(刘一聪,《教育评论》1988 年第 1 期)、《农村脱贫致富与教育改革:江西泰和县有孚村教育发展调查》(熊金仁,《江西教育科研》1988 年第 2 期)等。

首先,教育与贫困之间的关系研究。受教育程度的差异、教育机会分配不公,将影响社会流动和阶层分化。一些研究揭示出,改革开放以来,我国城乡教育发展水平差距不断加大,教育机会和教育地位获得的不平等趋势加强①。贫困地区农民子女享受高等教育的机会远较富裕地区为少。同时,教育机会在不同阶层之间的分配也呈现出不平等趋势。尤其是处于底层的贫困群体所享受的教育机会较少②。由于农村贫困人口具有很强的脆弱性,一旦缺乏内生发展能力,那么他们很可能再度陷入贫困,形成恶性循环。教育是降低贫困人口脆弱性、使他们摆脱贫困恶性循环的重要通道。教育机会(尤其是高等教育机会)的匮乏却进一步强化了贫困人口的脆弱性,使得贫困地区农民子女和居于下层的贫困家庭更加缺失向上流动的机会,贫困呈现代际传递的特征③。

其次,教育的反贫困功能研究。美国经济学家舒尔茨曾强调了教育文化知识对于穷人摆脱贫困的重要性。他指出:"改善穷人福利的决定性生产要素不是空间、能源和耕地,决定性要素是人口质量的改善和知识的增进。"④国内学者的研究确证了舒尔茨的这一观点。不少学者关注了教育在扶贫脱困中的功能。有人研究发现,教育有利于促进贫困地区移民,使贫困人口摆脱贫困境地,保护生态脆弱地区的环境,可谓之教育移民效应⑤。另有学者研究了教育与扶贫效率之间的关系,其结论为,受教育水平不同的劳动力对农村扶贫的

① 如《高等教育扩张与教育机会不平等》(李春玲,《社会学研究》2010 年第 3 期)、《"80后"的教育经历与机会不平等——兼评〈无声的革命〉》(李春玲,《中国社会科学》2014 年第 4 期)、《"无声的革命":被夸大的修辞 与梁晨、李中清等的商榷》(应星、刘云杉,《社会》2015 年第 2 期)等。

② 刘精明:《能力与出身:高等教育入学机会分配的机制分析》,《中国社会科学》2014 年第 8 期。

③ 唐丽霞、李小云、左停:《社会排斥、脆弱性和可持续生计:贫困的三种分析框架及比较》,《贵州社会科学》2010 年第 12 期。

④ [美]西奥多·舒尔茨:《对人进行投资》,吴珠华译,商务印书馆 2017 年版。

⑤ 何家理:《减轻山区资源环境承载压力与扶贫的途径探讨:安康市教育扶贫模式实证研究》,《山地学报》2013 年第 2 期。

贡献值存在差异,其中,中专文化水平的农村劳动力对提高农村扶贫效率的实际贡献值最大①。

再次,发展贫困地区教育事业的对策研究。研究者从基础教育、职业教育、慈善教育、双证式教育、教育扶贫基金管理、高等学校对口支援贫困地区和民族地区教育跨省协作机制等方面提出了发展贫困地区教育事业的对策建议②。

上述研究视角多样,为国家重点生态功能区贫困县教育扶贫提供了重要的理论基础和思维启迪。本研究将从以下几个方面推进:①加强对教育扶贫政策运行过程和逻辑的研究。目前,学界有关教育扶贫的相关文献多为政府部门的实际工作总结。这些文献多停留在政策研究层面,而对扶贫政策的实践过程和逻辑缺乏关注。目前学界仅见少量的有关贫困地区教育政策实践过程的研究文献。充分了解贫困地区经济社会环境、厘清国家教育扶贫政策的实践过程,是制定和实施教育扶贫战略的基本前提。②推进教育扶贫的社会基础研究。要制定切实可行的教育扶贫政策,必须弄清楚扶贫政策赖以运行的社会基础。唯有如此,才能使国家的教育扶贫政策发挥更好的效果。③深化教育扶贫与相关领域扶贫政策协同机制研究。学界对贫困地区教育发展问题的研究往往只局限于教育问题上,而对教育扶贫与其他领域扶贫政策的协同机制关注不够。

（4）产业扶贫的研究。因地制宜地建立和发展优势产业是扶贫开发的关

---

① 吴睿、王德祥:《教育与农村扶贫效率关系的实证研究》,《中国人力资源开发》2010年第4期。

② 如专著《教育精准扶贫与代际流动》(陈纯,华东师范大学出版社2018年版),期刊论文《教育扶贫模式探究——以吉林省基础教育为例》(纪严,《现代教育科学》2014年第10期)、《论师范院校的教育扶贫》(林闻凯,《高教探索》2014年第5期)、《边疆民族地区实施高等教育精准扶贫的探索与研究》(杨丽宏,《云南民族大学学报(哲学社会科学版)》2019年第4期)、《集中连片特困地区义务教育精准扶贫制度模式探究:基于帕森斯的社会行动理论》(李芳,《华东师范大学学报(教育科学版)》2019年第2期)、《集中连片特困区教育精准扶贫绩效的空间差异研究:以燕山—太行山区8个连片特困县为例》(邢慧斌、刘冉冉,《教育与经济》2019年第1期)等。

键举措,也是国家重点生态功能区贫困县实施精准扶贫战略的重要抓手。20世纪80年代以来,我国取得了显著的扶贫成就,并为全世界所关注,其中,产业扶贫的贡献很大。由此,不少学者都对产业扶贫问题进行了深入的研究,主要体现在以下三个方面:

首先是产业扶贫的模式研究。学者认为,产业扶贫是在贫困地区,通过财政税收的优惠政策,借用企业和合作社等组织力量,充分发挥地方优势资源的开发价值,提高贫困农户的参与度,以此促进贫困农户增加收入,实现脱贫目标①。在贫困地区发展扶贫产业,既要调动民营企业的积极性,又要吸引贫困农户参与,必须借鉴政府和社会资本合作(PPP)的模式,建立起紧密的伙伴关系②。因此,合作型反贫困和参与式治理等模式都受到学界的关注③。

其次是产业扶贫实践机制与实践成效的研究。贫困地区的产业扶贫,需要重视新型农业经营主体的价值。对此,学术界的观点并不完全相同。其中,部分学者倾向于扶持发展龙头企业,认为这是产业扶贫的关键,并分析了"大园区、小片化"等不同的企业带动型产业扶贫模式的实践机制④;另外一些学者则认为发展农民专业合作经济组织是实施产业扶贫战略的关键⑤。此外,发展、优化旅游产业,也被视作是产业扶贫的一项重要举措⑥。在产业扶贫的实践成效方面,有研究指出,由政府主导的产业扶贫项目,往往脱嵌于村落社会,无法与村庄公共平台实现衔接,会带来扶贫目标偏移和拉大贫富差距等意

---

① 李如春、陈绍军:《农民合作社在精准扶贫中的作用机制研究》,《河海大学学报(哲学社会科学版)》2017年第2期。

② 吕辉红:《湖南洞口:借鉴PPP模式发展农村扶贫产业》,《中国财政》2015年第4期。

③ 周爱萍:《合作型反贫困视角下贫困成因及治理——以重庆市武陵山区为例》,《云南民族大学学报(哲学社会科学版)》2013年第2期。

④ 黄承伟、覃志敏:《统筹城乡发展:农业产业扶贫机制创新的契机》,《农村经济》2013年第2期。

⑤ 陈莉、钟玲:《农民合作社参与扶贫的可行路径——以小农为基础的农业产业发展为例》,《农村经济》2017年第5期。

⑥ 覃建雄、张培、陈兴:《旅游产业扶贫开发模式与保障机制研究——以秦巴山区为例》,《西南民族大学学报(人文社会科学版)》2013年第7期。

外后果,使产业扶贫政策在具体实施过程中被扭曲,难以达到期望的效果①。

再次是完善产业扶贫机制的对策研究。有观点认为,贫困地区的产业发展,需要不断完善政策条件,依靠全民创业,使贫困群众成为扶贫开发的主体②。也有研究指出,基层政府在产业扶贫中占据着关键位置,应推动基层扶贫部门采取激励措施吸纳市场主体参与贫困治理,在贫困治理结构再造的基础上重塑政府、市场主体和贫困农户共赢机制③。还有学者运用新结构经济学的理论分析认为,产业扶贫既要从地方资源禀赋的条件出发,挖掘优势,发展有活力的产业;同时,地方政府要不断调整扶持政策,推动技术创新和产业升级④。而在产业选择方面,汪三贵等人认为在贫困地区的产业扶贫中,应优先发展劳动密集型产业⑤。

既有研究取得了显著的成果,也为国家重点生态功能区贫困县产业脱贫研究的展开提供了前提。本研究将在以下几个方面推进研究:①加强对国家重点生态功能区贫困县适用产业选择的研究。已有研究较少关注产业选择与环境保护及生态功能维护之间的关系,这不利于因地制宜地构建适用的产业发展模式;②加强对合作社和龙头企业在精准扶贫中角色定位和作用机制的研究。进一步明确合作社和龙头企业在产业扶贫中的角色定位,以及在实践中的作用机制,使这些新型农业经营主体能够真正成为国家实施扶贫开发战略的组织载体;③加强对科技推广在产业扶贫中价值功能及其作用机制的研究。中西部国家重点生态功能区产业的选择和发展,都需要科技的力量,而已有研究对相关内容的关注较少。

---

① 孙兆霞:《脱嵌的产业扶贫:以贵州为案例》,《中共福建省委党校学报》2015年第3期。
② 曾业松:《抓县域经济实施产业扶贫》,《瞭望新闻周刊》2006年第46期。
③ 王蒙、李雪萍:《行政吸纳市场:治理情境约束强化下的基层政府行为——基于湖北省武陵山区W贫困县产业扶贫的个案研究》,《中共福建省委党校学报》2015年第10期。
④ 张慧君:《赣南苏区产业扶贫的"新结构经济学"思考》,《经济研究参考》2013年第33期。
⑤ 汪三贵、胡联:《产业劳动密集度、产业发展与减贫效应研究》,《财贸研究》2014年第3期。

（5）医疗卫生扶贫的研究。医疗卫生扶贫作为扶贫开发、消除贫困的一项重要政策和措施，各国政府都高度重视，一些国家也已经进行了具体实践。例如，美国实施免费医疗计划，英国实行国家卫生服务制度，澳大利亚开展社区卫生服务，印度在卫生资源配置上向贫困人口倾斜等。国外学者对医疗卫生扶贫的研究集中在两个方面：（1）关于卫生扶贫重要性的研究。研究者们普遍认为，医疗卫生扶贫关系到一个国家公平卫生服务的实现，关系到整个经济社会协调发展，关系到国民素质的提高。（2）关于卫生扶贫的政策和措施的研究。代表性的观点认为，医疗卫生的政策和措施主要包括：①对特困人群实施免费医疗措施，建立优惠的医疗卫生服务项目，完善医疗保险制度，给特困人群更多的照顾；②充分发挥非政府组织在医疗卫生扶贫中的作用，鼓励私人卫生服务机构参与卫生扶贫工作；③加强医疗卫生扶贫领域的国际合作，全面提升卫生扶贫的效果。

近年来，国内学界就我国扶贫地区医疗卫生扶贫问题进行了研究[①]，主要集中在4个方面：（1）关于贫困地区医疗卫生扶贫的必要性和紧迫性。研究者们普遍认为，贫困地区开展医疗卫生扶贫，是扶贫开发工作的一项重要内容，体现了中国共产党全心全意为人民服务的根本宗旨，增强和扩大了党在贫困地区的群众基础，使得贫困人口享受到了基本的医疗卫生保健权利，保证了医疗卫生服务公平，有利于我国总体卫生目标的实现，为贫困地区经济社会持续发展提供了保障。（2）关于贫困地区医疗卫生扶贫的类型。研究者从不同角度对贫困地区医疗卫生扶贫的类型进行研究和归纳。代表性观点认为，贫困地区医疗卫生扶贫分为开发型和救济型两种。（3）关于贫困地区医疗卫生扶贫的形式。绝大多数研究者认为，贫困地区卫生扶贫的形式应多样化，包

---

① 蒋帅、方鹏骞、苏敏：《我国贫困地区医疗卫生服务体系建设探讨》，《中国医院管理》2017年第7期；方鹏骞、苏敏：《论我国健康扶贫的关键问题与体系构建》，《中国卫生政策研究》2017年第6期；张忠朝、袁涛：《医疗保障扶贫实施情况分析研究》，《中国医疗管理科学》2016年第4期。

括：医疗扶贫、医疗设备援助、地方病防治、国家免疫规划、农村改厕、营养干预等。(4)关于贫困地区医疗卫生扶贫的重点。代表性观点认为,医疗卫生扶贫的重点是搞好贫困地区标准化卫生室建设,完善贫困地区医疗卫生人才的机制,加强妇幼卫生和防治传染病、地方病等蔓延。

纵观国内外学界已有研究,取得了积极成果,但仍存在局限:(1)多数研究是在应然、理论层面探讨贫困地区医疗卫生扶贫问题,缺少实证的、经验的调查研究,不清楚国家重点生态功能区贫困县农村医疗卫生扶贫的现状;(2)国家重点生态功能区贫困县农村医疗卫生扶贫深度开展面临的困难以及需要重点解决的问题不明确、研究不深入;(3)对国家重点生态功能区贫困县农村医疗卫生扶贫深度开展需要完善哪些保障机制研究不全面,需要进一步概括和明确;(4)对国家重点生态功能区贫困县农村医疗卫生扶贫深度开展保障机制完善路径缺乏研究。本研究在吸取既有研究成果基础上,将对国家重点生态功能区贫困县农村医疗卫生扶贫情况进行细致考察,在深入调查基础上对上述问题进行深入研究。

(五)关于生态区扶贫的研究

早在 20 世纪 90 年代,国内研究已经注意到环境与贫困的相关性[1]。但国内学界真正认识到环境保护和贫困治理的相关性并达成共识,是在"国家八七扶贫攻坚计划"实施之后,2001 年颁布的《中国农村扶贫开发纲要(2001—2010 年)》表明扶贫开发与资源保护、生态建设相结合的研究共识已经上升到国家政策层面。进入 21 世纪特别是精准扶贫政策实施以来,越来越多的国内研究者开始关注生态区(环境保护区——国家重点生态功能区)生态环境保护与农村扶贫脱贫的互动机制,他们从不同的学科视角根据各自的个案材料为二者的良性互动提供了新的理论视角和具体的政策建议;有的还

---

[1]　郭来喜、姜德华:《中国贫困地区环境类型研究》,《地理研究》1995 年第 2 期。

涉及生态保护、扶贫脱贫与民族团结、民族文化传承的关系。

近几年，国内学者对生态区扶贫脱贫提供的新的理论视角主要有：（1）绿色减贫理论[①]。它借鉴了国外的绿色增长理论和包容性增长理论，主要用来解决我国集中连片特殊困难地区的贫困问题，主张建立以环境保护为核心的生态绿色产业的动力新体系、构建以包容性增长为核心的新型增长模式、形成以培育贫困人口自主发展能力为核心的内源发展机制，并建构了绿色减贫指标来评估各地的扶贫成效。（2）包容性贫困治理理论[②]。它融合了包容性发展理论和公共治理理论，特别注重发展过程中人与自然的和谐、经济增长和环境改善的协调，尤其关注贫困人口经济收入、发展能力、社会权利、身心健康和生活环境等诸多方面的全面脱贫与发展，提倡全社会特别是利益相关者（主要是扶贫对象、社区、政府、社会组织）的广泛参与和协作，主张通过重建村社共同体来预防贫困陷阱和精英捕获。

近几年，国内学者为生态区扶贫达成的主要共识有：（1）农村扶贫与生态环境保护相互作用，要协同扶贫与生态环境保护过程，必须注重保护贫困人群的利益，建立扶贫部门与生态保护部门统一协调机制，统筹基本公共服务均衡化、生态产业发展、生态移民、生态保护等政策，特别是发挥教育在提高人力资本和转移人口方面的作用。（2）加强基础设施建设与生态保护，巧借外力与激活内生动力相结合培育扶贫产业，可提高贫困农民可持续生计能力；在引入外来产业时要考虑其与当地生态文化的兼容性；在延续并增强当前基础性与生产性公共产品供给的同时，应通过构建资产社会政策、发展避灾农业、重构乡村社区社会公共性，有针对性地缓解农户生计脆弱。（3）生态移民要兼顾生态保护、扶贫脱贫、城镇化、民族和谐等多个方面，还要注重地方特色文化特

①　北京师范大学中国扶贫研究中心课题组：《绿色减贫理论综述》，《经济研究参考》2015年第10期。

②　褚光荣：《包容性治理：石漠化地区的减贫与发展的新思路》，《云南师范大学学报（哲学社会科学版）》2015年第4期。

别是民族文化的传承与适应、移民生计的变化,尤其要重视移民搬迁政策执行偏差所形成和引发的消极影响。其中生计指建立在能力、资产(包括储备物、资源、要求权和享有权)和活动基础之上的谋生方式;可持续生计指能够应对并在压力、打击下得到恢复和在未来保持乃至加强其能力和资产又不损坏自然基础的生计。① (4)旅游扶贫应用反规划的方法守住生态环境底线和文化遗产底线,通过协调、协商、协议、协作、协同力求使利益相关者共赢,特别要向当地的贫困农民倾斜并注重提升其素质,保护与传承民族文化。(5)必须激励贫困农民主动参与并让村社组织发挥作用。因为政府主导的开发扶贫,虽然能促进区域经济的发展,但缺乏村庄社会性参与及村庄公共,往往会导致扶贫目标偏移、贫富差距拉大、村庄原子化加速、农民对身边党政工作和形象不认可等后果。

国外的相关研究主要包括以下两个方面:一是环境与贫困的关系研究。最初的研究者将贫困看作环境退化的原因:贫困的农民没有资产和资本,有的只是劳动力,必须主要靠开发自然资源生存而导致生态环境恶化;后来的研究者认识到,贫困与环境之间是一个远比人们想象更为复杂的关系,它们之间可能产生恶性循环,也可能因为穷人太需要环境与自然资源而以可持续的方式利用自然资源,导致穷人与环境恶性循环的结构性原因是权利分配不公,合理地分配权利可以导致贫困的消除和生态的改善良性互动②。二是关于可持续生计的研究。"可持续生计"这一概念是1991年世界环境和发展委员会报告中首次提出并于次年引入行动议程的。这一概念的提出意味着,实现贫困家庭的生计可持续是消除贫困的首要目标。罗伯特·钱伯斯(Robert Chambers)、戈登·康韦(Cordon Conway)等人认为,生计是一种谋生的方式,

---

① 李雪萍、王蒙:《多维贫困"行动—结构"分析框架下的生计脆弱——基于武陵山区的实证调查与理论分析》,《华中师范大学学报(人文社会科学版)》2014年第5期。

② [挪威]斯泰恩·汉森:《发展中国家的环境与贫困危机——发展经济学的展望》,朱荣法译,商务印书馆国际有限公司1994年版;[美]迈克尔·塞尼:《移民与发展:世界银行移民政策与经验研究》,水库移民经济研究中心编译,河海大学出版社1996年版。

建立在能力、资产和行动的基础上。能力包括个体处理打击和冲击的能力、发现和利用机会的能力;资产可分为有形资产(储备物、资源)和无形资产(要求权、可获得权),其中储备物包括食物、存款、黄金、珠宝、收藏等有价值物品,资源包括土地、牲畜、水、动植物和生产工具等,要求权是指能够给人带来物质或精神支持的要求和呼吁,可获得权指实践中使用资源、储备物的机会以及获取信息、就业、物质等的机会;行动指为生存而运用能力和使用资源。可持续生计是个人和家庭为改善长远生产生活状况所获得谋生方式、所拥有资产、可借助的外部支撑条件以及以收入创造为核心的能力。生计资产也称为生计资本,分为自然资本、物质资本、金融资本、人力资本和社会资本等类型。① 其研究共识主要是,给生态区的贫困人口赋予管理和利用自然资源的权利,提供教育机会以提高其人力资本;建立生态补偿机制,生态补偿应该是有利于穷人的,即生态补偿应该促进资源的公平分配,不至于使穷人受损失;生态移民在整体上有利于环境的改善和贫困的消除,但不能仅仅关注移民的经济收入,还应关注移民的资产(经济资产、社会和政治资产、资源和环境资产、人力资产),使其资产增值(给损失的资产足够的补偿)。

总之,现有的研究成果虽然没有统筹国家重点生态功能区的贫困县扶贫、生态建设、民族团结等问题的研究,没有从多角度的视角系统研究三者相互影响的机制,大多分别关注国家重点生态功能区贫困县的生态保护、扶贫和民族工作,但这些分别研究的成果,为统筹研究提供了多个理论视角和丰富的个案资料。

三、研究思路与叙述框架

本书将研究国家重点生态功能区贫困县在保护和改善生态环境的过程中

---

① 转引自《甘肃城郊、山区农户可持续生计比较分析》(赵锋、朱一非、许媛媛,《西北人口》2015 年第 3 期)和《定居与流动:布努瑶作物、生计与文化的共变》(秦红增、唐剑玲,《思想战线》2006 年第 5 期)。

实现区域性整体脱贫的国家政策实施情况和地方经验,并探索建立生态与民生协调改善的长效机制。

本书在研究内容上的特色是:(1)以人的全面发展和绿水青山就是金山银山为研究理念,以多维贫困理论和可持续生计理论为借鉴。系统考察新中国成立以来的减贫工作,重点研究党的十八大以来精准扶贫工作;系统考察新中国成立以来生态环境的保护与改善工作,重点研究国家重点生态功能区建设。将新中国成立以来的减贫工作和环保工作结合起来考察国家重点生态功能区贫困县的民生与生态互动,有利于探索民生与生态协调改善的机制,从而促进贫困治理理论和环境治理理论的结合。(2)系统考察分析精准扶贫政策在国家重点生态功能区贫困县的运行过程及其与生态政策、民族政策的相互作用机制。重点呈现精准扶贫和生态保护在民族地区实施过程中具有的基本特征、具体运行逻辑和遭遇的具体困境,为探讨民族地区的精准扶贫与乡村振兴的衔接机制提供观点和视角。(3)统筹研究国家重点生态功能区贫困县的整体脱贫、环境保护、乡村治理创新等问题,可以丰富自然保护地理论、基层治理理论,促进自然保护地的民生改善和民族团结。

本书在研究方法上的特色是:(1)立足调研,重点调查和研究国家重点生态功能区贫困县的扶贫开发和环境保护的实践逻辑及其困境,将有助于优化乡村发展、生态保护的具体制度和政策,为建立国家重点生态功能区生态与民生协调改善的体制机制提供对策建议。(2)将治理现代化的理念引入国家重点生态功能区生态建设、扶贫开发、民族工作相互促进的体制机制研究中,有助于调动社会组织、地方政府、贫困人口的参与积极性和挖掘少数民族文化中生存智慧,将生态治理、贫困治理和民族工作纳入国家治理体系建设之中,为促进国家重点生态功能区县乡村治理现代化提供建议。(3)将参与观察、深度访谈、微信民族志与数据分析相结合,横向的区域类型比较与纵向的历史比较相结合,力求深入解剖各地探索民生与生态协调发展的创新经验和理论内涵,发现其内在逻辑,而总结出国家重点生态功能区民生与生态相互促进的机理和提出相应的对策建议。

　　本书的研究思路大体如下:首先通过文献资料的研读,了解相关的研究现状,从总体上考察新中国成立以来环保政策与减贫政策的演变过程及其效果,重点研究针对贫困县的扶贫开发政策和针对国家重点生态功能区的环境保护政策及其实施的总体效果;然后选择若干国家重点生态功能区贫困县进行深入系统的实地调查,重点研究脱贫攻坚阶段精准扶贫政策特别是生态补偿扶贫、易地扶贫搬迁、产业发展、教育扶贫、下派第一书记和扶贫工作队等政策在国家重点生态功能区贫困县的实施过程及其与生态文明建设政策、民族政策、农村基层党建政策、治理现代化政策的关系,考察这些政策的运行机制及其互动逻辑;最后总结新中国成立以来反贫困经验特别是国家重点生态功能区贫困县整体脱贫经验及其对促进共同富裕的启示,探索国家重点生态功能区民生与生态协同改善的体制机制。

　　本书实地调研地及调研时间分别为:位于海南岛中部山区热带雨林生态功能区的白沙、琼中、保亭3个县和五指山市,集中调研时间分别为2016年8月、2017年7—9月、2018年1—2月和7月、2019年1月和9月、2020年6月、2021年9—10月;桂黔滇喀斯特石漠化防治生态功能区中的贵州省册亨县和赫章县,调研时间为2015年8月和2019年2月;川滇森林及生物多样性生态功能区中的云南省勐腊县和四川省汶川县,调研时间为2018年1月、2019年9月;武陵山区生物多样性与水土保持生态功能区中的湖北省宣恩县和湖南省凤凰县,调研时间为2017年7—8月、2019年1月;黄土高原丘陵沟壑水土保持生态功能区中的宁夏回族自治区海原县,调研时间为2017年7—8月;南岭山地森林及生物多样性生态功能区中的江西省永新县,调研时间为2021年4月。除了实地调研外,项目负责人还通过电话、微信、邮件咨询相关人员和网上查询资料进行跟踪调查。

　　本书主体分为导论、四章、结语。导论介绍了研究背景和研究方法,梳理了相关理论与已有研究成果,界定了核心概念。第一章从纵向的角度考察新中国成立以来我国反贫困战略和生态环境保护战略演变的历史,分析贫困县和国家重点生态功能区形成的宏观背景、消灭贫困县和建设国家重点生态功能区的重大举措;第二章从国家宏观政策的角度研究国家重点生态功能区贫困县探索生态环境与人民生活协同改善的重要举措;第三章用个案展示国家重点生态功能区贫困县在保护和改善生态环境过程中整体脱贫的历史过程、重要举措、主要成效;第四章是理论总结,分别从宏观、中观和微观探讨国家重点生态功能区贫困县整体脱贫与生态改善的机制。结语是对告别绝对贫困的国家重点生态功能区促进共同富裕的政策建议。书中的重要数据制成表格排在结语后,重要文件的主要内容也以表格方式附录在后,以方便比较。

本书除注明外,其数据、案例(含地方文件)均来源于课题组成员的实地调研。感谢课题组成员和调研地的干部与群众。感谢课题组成员单位给予课题组的支持。

第一章　贫困县与国家重点生态功能区的划定及其耦合

要考察国家重点生态功能区贫困县整体脱贫与环境保护的现状,探索国家重点生态功能区贫困县民生与生态良性互进的体制机制,必须追溯新中国成立以来的反贫困历史,明确贫困县设立与调整的背景及其整体脱贫的战略意义;同时必须梳理新中国成立以来环境保护实践,明确国家重点生态功能区划定与扩大及其在生态文明建设中的战略意义;还应分析国家重点生态功能区与贫困县在地理区域上重合的基本情况。

第一节　新中国的反贫困与贫困县摘帽

消除贫困、改善民生、实现共同富裕,是社会主义的本质要求,是我们党的重要使命。① 新中国成立的前夕,中国人民政治协商会议第一届全体会议的宣言就明确宣告:即将成立的中华人民共和国中央政府"将领导全国人民克服一切困难,进行大规模的经济建设和文化建设,扫除旧中国所遗留下来的贫

---

① 《习近平在部分省区市党委主要负责同志座谈会上强调　谋划好"十三五"时期扶贫开发工作　确保农村贫困人口到 2020 年如期脱贫》,《人民日报》2015 年 6 月 20 日。

困和愚昧,逐步地改善人民的物质生活和提高人民的文化生活"①。这是中国共产党对人民的庄严承诺,充分体现了中国共产党带领人民消除旧中国遗留下来的贫困的决心。

新中国成立后,党和政府一直致力于消除贫困特别是农村贫困的工作,并取得了卓越的成就。新中国成立以来的消除农村贫困的历史,以1986年中央1号文件提出将扶贫的重点放在至今尚未解决温饱的最困难地区并划定贫困县(全称为"国家重点扶持贫困县",又称国定贫困县或国家级贫困县)为界,大体上可分为不分重点区域的普惠式反贫困和针对贫困县的重点扶贫两个大阶段。其中普惠式反贫困又以1978年底的十一届三中全会的召开为界分为集体化的反贫困阶段(1949—1978)、体制改革推动扶贫阶段(1978—1985);重点扶贫以1994年《国家八七扶贫攻坚计划(1994—2000年)》的颁布实施、2001年《中国农村扶贫开发纲要(2001—2010年)》的颁布实施、2013年精准扶贫的提出为界分为大规模开发式扶贫阶段(1986—1993)、综合开发式扶贫阶段(1994—2000)、多元性可持续扶贫阶段(2001—2012)、精准扶贫精准脱贫阶段(2013—2020)②。下面将按6个阶段分析我国农村反贫困政策的演变。

一、集体化的反贫困阶段(1949—1978)

这一时期虽然没有制定专门针对农村贫困人口的扶贫政策,也没有确定扶贫的重点区域,但以毛泽东为领导核心的党和政府一直关注农村的贫穷落

---

① 《毛泽东文集》第5卷,人民出版社1996年版,第348页。
② 本节关于新中国成立以来消除农村贫困的分期及资料的主要参考文献有《70年来中国扶贫政策演变及其优化路径》(唐超、罗明忠、张苇锟,《农林经济管理学报》2019年第3期)、《贫困与反贫困——集体化时代中共对乡村问题的表达与实践》(赵兴胜,《安徽史学》2016年第6期)、《新中国成立初期毛泽东反贫困路径选择探析》(张瑞敏、张晓婵,《中南民族大学学报(人文社会科学版)》2014年第5期)、《毛泽东邓小平江泽民的反贫困战略思想比较》(郑丽箫,《江西社会科学》2004年第8期)、《中国的农村扶贫开发白皮书》(国务院新闻办公室,《人民日报》2001年10月16日)、《中国减贫之路:从贫困大国到小康社会(1949—2020年)》(胡鞍钢,《国情报告(第十一卷2008年下)》,清华大学国情研究中心,2012年,第362—399页)等。

后问题,并采取了一系列措施来解决农村的贫困落后问题。这一时期的农村反贫困的总体思路是通过社会主义化(即将农村个体经济变成农民集体所有制经济)和工业化(提高农业机械化程度)实现共同富裕。新中国成立时,是一个人口众多的农业大国,农民都是以户为单位靠人力畜力耕作,没有化肥和机械,普遍贫穷。党中央根据中国国情和世界发展历史认识到,"中国只有在社会经济制度方面彻底地完成社会主义改造,又在技术方面,在一切能够使用机器操作的部门和地方,统统使用机器操作,才能使社会经济面貌全部改观","在农业国的基础上,是谈不上什么强的,也谈不上什么富的"①。

集体化的反贫困的具体措施主要有以下六个方面:

一是引导个体农民走社会主义道路(合作化、集体化),将农民组织起来走共同富裕道路。毛泽东认为,以一家一户为生产单位的分散的个体生产,是使农民自己陷于永远的穷苦的根本原因;克服这种状况的唯一办法,就是逐渐地集体化,而达到集体化的唯一道路,就是经过合作社。② 他还认为,农业合作化是农业机械化的前提,也是社会主义工业化的前提。③ 相当于中华人民共和国临时宪法的《中国人民政治协商会议共同纲领》明确规定:在一切已彻底实现土地改革的地区,人民政府应组织农民及一切可以从事农业的劳动力以发展农业生产及其副业为中心任务,并应引导农民逐步地按照自愿和互利的原则,组织各种形式的劳动互助和生产合作。④ 为了领导农民通过互助社、合作社走上社会主义道路,毛泽东多次要求各级党委要加强领导和全面规划,并阐述了农业生产互助合作组织建立的原则、步骤和应注意的问题⑤。中共

---

① 《毛泽东文集》第 6 卷,人民出版社 1999 年版,第 438、495 页。

② 《毛泽东选集》第 3 卷,人民出版社 1991 年版,第 931 页。

③ 《毛泽东文集》第 6 卷,人民出版社 1999 年版,第 431 页。

④ 《建国以来重要文献选编》(第 1 册),中央文献出版社 2011 年版,第 7 页。

⑤ 参见毛泽东的文稿《逐步发展农业生产互助合作组织》(1951 年 10 月 17 日)、《把农业互助合作当作一件大事去做》(1951 年 12 月 15 日)、《关于农业互助合作的两次谈话》(1953 年 10 月 15 日、11 月 4 日)、《关于农业合作化问题》(1955 年 7 月 31 日)、《〈中国农村的社会主义高潮〉按语选》(1955 年 9 月、12 月)等。

中央先后通过《关于农业生产互助合作的决议（草案）》（1951 年 12 月 15 日）、《关于发展农业生产合作社的决议》（1953 年 12 月 16 日）、《关于农业合作化问题决议》（1955 年 10 月 11 日）、《关于在农村建立人民公社问题的决议》（1958 年 8 月 29 日）、《农村人民公社工作条例（修正草案）》（1962 年 9 月 27 日），对农业生产互助合作工作和农业合作化工作进行具体部署。除西藏等少数民族地区外，全国农村经互助社、初级社、高级社和人民公社化运动，于 1962 年 9 月确立了以生产队为基本核算单位的人民公社体制和集体所有制经济。

二是加强春耕、抢收等农业生产关键环节的领导，尽力提高粮食、蔬菜、肉食品等大宗农产品的产量，保障基本农产品的供给。新中国成立初期，毛泽东在制定作战方针和领导土地改革、"三反"、合作化等运动时也坚持了尽可能有利于农业生产以增加农产品供给的原则。1949 年 10 月在制定解放西南地区的作战方针时要求军队在 1950 年 1 月"迅速扩占全川，布置明年春耕，方有利于生产"。1950 年 4 月要求（各省、区党委）"集中主要注意力从事春耕生产的组织和领导"。1952 年 2 月要求："（土改）农忙时一律停一下……土改完成，立即转入生产、教育两大工作。""春耕前及春耕中，区、乡两级均不得进行'三反'斗争，应以全力从事春耕工作。"1953 年 3 月提出，"农业生产是农村中压倒一切的工作，农村中的其他工作都是围绕着农业生产而为它服务的。凡足以妨碍农民进行生产的所谓工作任务和工作方法，都必须避免"①。在农业合作社的建立和发展过程中，毛泽东也一直重视提高农业生产率、增加产量。他于 1955 年 7 月要求："农业生产合作社，在生产上，必须比较单干户和互助组增加农作物的产量。"②毛泽东既重视粮食生产，又重视其他农产品的供给和多种经营。他认为，不抓粮食很危险，总有一天要天下大乱。③ 多产

---

① 《毛泽东文集》第 6 卷，人民出版社 1999 年版，第 6、55、144、194、273 页。
② 《毛泽东文集》第 6 卷，人民出版社 1999 年版，第 426 页。
③ 《毛泽东文集》第 7 卷，人民出版社 1999 年版，第 199 页。

粮,是上策;手里有粮,心里不慌,脚踏实地,喜气洋洋①。他号召合作社立即注意开展多种经营,使90%以上的社员每年增加个人收入。② 他认为,所谓农者,指的农林牧副渔五业综合平衡;农业中,粮、棉、油、麻、丝、烟、茶、糖、菜、果、药、杂都要有;无产阶级专政的国家,一定可以做到有菜吃,有油吃,有猪吃,有鱼吃,有牛吃,有羊吃,有鸡鸭鹅兔吃,有蛋吃③。

三是组织和领导农民兴修水利、改造农田、改进生产工具(机械化)、提高耕作技术、改良种子,提高农业生产效率和抗灾能力。毛泽东一直重视水利建设。1950年提出"根治淮河"。1955年号召各县各区各乡和各个合作社大量地兴修小型水利,定出在若干年内分期实行的规划;其规划要同流域规划相结合,保证在七年内基本上消灭普通的水灾旱灾④。毛泽东也很重视农业机械化。他认为,农业的根本出路在于机械化;机械化应包括机械制造化学肥料。⑤ 中央也很重视提高耕作技术(深耕细作、小株密植、增加复种面积、采用良种、推广新式农具、同病虫害作斗争等)对农业增产的作用⑥,并要求国家尽可能地从各方面支援人民公社逐步进行农业技术改革。⑦

四是通过扫除文盲、普及中小学教育、开展爱国卫生运动、建立健全农村公共医疗卫生体制等措施提高农民的文化素质和健康水平,增强其反贫困的能力。新中国成立后一直非常重视农村医疗卫生和文化教育的发展。1950年,卫生部提出了在全国农村县设卫生院、区设卫生所、行政村设卫生委员、自然村设卫生员的农村卫生医疗体系。毛泽东提出,农业合作社应有识字扫盲和办小学、中学的文化教育规划,要出版适合农民的通俗读物和书籍,发展农

---

① 《毛泽东文集》第8卷,人民出版社1999年版,第83、84页。
② 《毛泽东文集》第7卷,人民出版社1999年版,第67页。
③ 《毛泽东文集》第8卷,人民出版社1999年版,第69、76、70页。
④ 《毛泽东文集》第6卷,人民出版社1999年版,第85、451、509页。
⑤ 《毛泽东文集》第8卷,人民出版社1999年版,第49页。
⑥ 《毛泽东文集》第6卷,人民出版社1999年版,第426—427页。
⑦ 《建国以来重要文献选编》(第15册),中央文献出版社2011年版,第521页。

村广播网、电影放映队,组织文化娱乐等等;要在七年内基本上消灭危害人民和牲畜最严重的疾病,基本上扫除文盲,建立有线广播网,完成乡和大型合作社的电话网。① 中央提出,1956—1967 年在一切可能的地方基本上消灭危害人民最严重的疾病;基本上扫除青年和壮年中的文盲,逐步普及小学教育;基本上普及农村广播网、电话网和邮政网。同时,积极开展群众的经常性的爱国卫生运动,养成人人讲卫生、家家爱清洁的良好习惯;为农村训练助产员,积极推广新法接生,保护产妇和婴儿,降低产妇的染病率和婴儿的死亡率。② 毛泽东于 1965 年号召卫生部门把医疗卫生工作的重点放到农村③。之后,城市医生到农村进行巡回医疗的力度加大,农村合作医疗制度逐渐在全国农村推广,农村建立了低成本、低水平的医疗保障制度。

五是通过节制生育等措施控制人口出生率。我国是人均耕地较少的农业大国,人均耕地不足一直是农民贫穷的重要原因。正如 1952 年政务院所指出,因已耕的土地不足,农村劳动力过去就有剩余;土地改革后已耕土地不足的情况基本并未改变。④ 新中国成立后,由于逐渐消除了战争和提高了医疗卫生水平,人口增长过快一直是影响经济社会发展的重要因素。因此,通过节制生育控制人口增长成为促进经济社会发展的重要措施。1955 年中央提出适当宣传"节制生育"的政策,要让人民群众认识到:在目前条件下人口增加过速会使国家和家庭暂时均感困难⑤。1957 年 10 月,毛泽东明确提出"要节制生育""将来要做到完全有计划的生育"⑥。1962 年底,中共中央和国务院

---

① 《毛泽东文集》第 6 卷,人民出版社 1999 年版,第 176、475、509—510 页。
② 《1956 年到 1967 年全国农业发展纲要》于 1956 年 1 月 23 日由中共中央政治局提出草案(参见《农业科学通讯》1956 年第 2 期),于 1957 年 10 月 25 日由中共中央提出修正草案(参见《华中农业科学》1957 年第 6 期),于 1960 年 4 月 10 日由中华人民共和国第二届全国人民代表大会第二次会议通过(参见《土壤通报》1960 年第 3 期)。
③ 《毛泽东年谱(1949—1976)》第 5 卷,中央文献出版社 2013 年版,第 506 页。
④ 《建国以来重要文献选编》(第 3 册),中央文献出版社 2011 年版,第 253 页。
⑤ 《建国以来重要文献选编》(第 6 册),中央文献出版社 2011 年版,第 47—49 页。
⑥ 《毛泽东文集》第 7 卷,人民出版社 1999 年版,第 307—308 页。

发出提倡计划生育的指示：在城市和人口稠密的农村提倡节制生育，适当控制人口自然增长率，使生育问题由毫无计划的状态逐渐走向有计划的状态。①1971年，国务院要求除人口稀少的少数民族地区和其他地区外都要加强对计划生育的领导和深入开展宣传教育，使晚婚和计划生育变成城乡广大群众的自觉行动②。

六是通过五保优抚和社会救助等措施保障农村特殊困难人口的基本生活。如果说前五项措施都是针对所有农民，试图从整体上解决农民的贫困问题，那么本项措施就是解决农村特殊困难人群的基本生存问题。新中国成立不久，党和政府就着手在农村建立以社会救助、社会福利和优抚安置为内容的社会保障制度。农业合作化后，特别是人民公社建立后，农村社会保障制度逐步完善。农村社会福利制度除了上面所讲的医疗保障外，还包括农村集体提供的基本口粮保障等。优抚是优待和抚恤的统称，农村的优抚对象主要有军属、烈属、复退军人、因公的伤残人。五保的对象是缺乏劳动力或完全丧失劳动力、生活没有依靠的老弱孤寡残疾的社员。救助主要有困难户救济和灾害救济两种：困难户救济的对象为农村中无劳动力、家大口阔、因灾祸致贫的特殊困难户，灾害救济对象是遭受洪涝灾害的地区。③

另外，开始于合作化时期、高潮于"文革"时期的知识青年上山下乡运动也在客观上促进了农村文化教育、医疗卫生的发展，尽管在主观上主要是为了解决城市就业问题④。

新中国成立至改革开放这段时间的减贫成效是显著的，主要表现在如下

---

① 《建国以来重要文献选编》（第15册），中央文献出版社2011年版，第649页。
② http://www.gov.cn/zhengce/content/2015-11/19/content_10304.htm。
③ 王习明：《乡村治理中的老人福利》，湖北人民出版社2007年版，第68—73页。
④ 韩起澜、赵晓剑、罗湘衡：《知识青年与毛泽东时代的农村经济发展》，《毛泽东思想研究》2016年第1期；孙成民：《四川知青史》（三卷本），四川人民出版社2015年版；周旺东《知识青年"上山下乡"的动因、影响及启示》，《农业考古》2012年第3期；潘鸣啸：《上山下乡运动再评价》，《社会学研究》2005年第5期。

三个方面:首先,从健康的角度(包括营养水平、人均预期寿命)分析,中国农村已经在低水平上解决了人民群众的吃饭问题,满足了农村人口最基本的生活需求,农村人口的人均预期寿命有大幅度提高。1949年前,中国农村经常出现因饥饿导致群体疾病甚至死亡的现象。1975—1977年,中国居民每天摄取2439卡路里热量、63.4克蛋白质、38.9克脂肪,虽未达到世界平均水平,但超过发展中国家平均水平,远远超过印度的水平。[①] 消除了发展中国家普遍存在的严重的营养不良情况,这种情况必然导致早死、体衰、其他的体质缺陷和智力迟钝。[②] 1949年我国人均预期寿命只有40岁,1979年达到了68岁,而印度在1949年略高于40岁,1979年只有54岁。[③] 由于1980年前我国农村人口占总人口的80%以上:1949年为89.36%、1952年占87.54%、1978年占82.08%(见表1-1),因此可以推出,我国农村人口的人均预期寿命增速接近全国平均水平。我国农村人口人均预期寿命的提高,还可以从死亡率的大幅度降低和人口的大幅度增长来证明。农村人口死亡率1957年为11.7‰(1949年、1952年没有分城乡统计,全国分别为20.00‰、17.00‰)、1978年为6.42‰。正是由于死亡率的大幅度下降导致农村人口大幅度增长:由1949年的4.8402亿人增长到1978年的7.9014亿人,全国人口也由1949年的5.4167亿人增长到1978年的9.6259亿人,因为同期的计划生育大幅度降低了出生率——1957年为32.81‰(1949年没有分城乡统计,全国为36.00‰,见表1-1)、1978年为18.91‰。[④] 其次是教育水平的提高。1949年时全国城乡在校中小学生有2543万人,占同期全部人口的4.69‰;到1978年时仅农村中小学在校生就达到12878.7万人,是前者的4.26倍,在同期农村总人口中

---

① 范慕韩编:《世界经济统计摘要》,人民出版社1985年版,第228—233页。

② 财政部外事财务司:《中国:社会主义经济的发展——世界银行经济考察团对中国经济的考察报告(主报告)》,中国财政经济出版社1982年版,第126页。

③ 阿玛蒂亚·森、丁启红:《社会发展中的和谐与不和谐——中印经验比较》,《国外理论动态》2009年第9期。

④ 国家统计局:《中国统计年鉴1999年》,http://www.stats.gov.cn/yearbook/indexC.htm。

的占比也达到 16.30%。而且,1978 年农村学生总数占全国中小学生总数的 88.1%,超过了同期农村人口在全国人口中的占比(82.08%)。[1] 最后是农业生产条件的改善。1949—1978 年耕地面积基本保持稳定,只是由 9788 万 hm² 增长到 9939 万 hm²;但有效灌溉面积大幅度增长,由 1598 万 hm² 增长到 4496 万 hm²(见表 1-2),有效灌溉面积占耕地面积的比值由 16.3% 提高到 48.3%,提高了 2.69 倍;有效灌溉面积大幅度增长为农产品大幅度增长奠定了基础:粮食、棉花、油料总产量分别从 11318 万吨、44 万吨、256 万吨增长到 30477 万吨、217 万吨、522 万吨(见表 1-2),不仅满足了全国人民的基本生活需要,而且为工业提供了原料。

要正确地认识这一时期的反贫困成就还必须正确看待农村人均收入增长不快的问题。1978 年,农村居民家庭人均纯收入只有 134 元[2],只比 1949 年的 44 元[3]增长了不到 3 倍,远远落后于改革开放后的平均增长速度。按照 1978 年的贫困标准[4]——农村家庭人均纯收入低于 100 元,全国农村有 2.5 亿人处于贫困线以下,贫困发生率为 30.7%;按照 2010 年贫困标准[5],全国农村有 7.7039 亿人处于贫困线以下,贫困发生率为 97.5%[6]。很显然,如果仅仅以收入来衡量改革开放前反贫困的成就,不符合中国的实际情况和贫困变

---

①　赵兴胜:《贫困与反贫困——集体化时代中共对乡村问题的表达与实践》,《安徽史学》2016 年第 6 期。

②　134 元是《中国统计年鉴 1999》(http://www.stats.gov.cn/yearbook/indexC.htm)的数字,而党的十一届四中全会通过《中共中央关于加快农业发展若干问题的决定》认为:1978 年全国农业人口平均每人全年的收入只有 70 多元,有近四分之一的生产队社员收入在 50 元以下[《三中全会以来重要文献选编》(上),人民出版社 2011 年版,第 156 页]。

③　《人民生活实现历史性跨越 阔步迈向全面小康——新中国成立 70 周年经济社会发展成就系列报告之十四》,http://www.stats.gov.cn/tjsj/zxfb/201908/t20190809_1690098.html。

④　即绝对贫困标准(又称温饱标准、我国农村居民人均纯收入的 40% 的相对贫困线),指按 1978 年的不变价计算,农村家庭人均纯收入低于 100 元者为国家扶贫对象。参见国家统计局《1978—2000 年农村居民贫困状况》(http://www.stats.gov.cn/ztjc/ztsj/ncjjzb/200210/t20021022_36893.html)。

⑤　即世界银行贫困标准——家庭人均生活费每天 1.25 美元,按 2010 年不变价计算,按购买力平价折算,家庭人均年收入 2300 元。

⑥　国家统计局:《中国统计年鉴 2018》,http://www.stats.gov.cn/tjsj/ndsj/2018/indexch.htm。

化的逻辑。

改革开放前农村居民家庭人均纯收入的增长较慢,最主要的原因是农村通过农业税、劳动力参与铁路等工业基建和低价向国家统一销售农产品支持了工业特别是重工业的发展。正是农业支持工业特别是重工业,工业才迅速发展。1952—1978 年,工业生产总值由 142 亿元增长到 1745 亿元,工业生产总值占国民生产总值的比例由 20.88% 提高到 47.88%(见表 1-3)。1949—1978 年,钢、煤、原油、发电量的总产量居世界的排名分别从第 26 位、第 9 位、第 27 位、第 25 位提高到第 5 位、第 3 位、第 8 位、第 7 位[①]。而且,所建立的工业体系比较完备,既能生产化纤、棉布等轻工业用品,又能生产飞机、汽车、大型机床等重工业产品,还能生产"两弹一星"等高科技产品。同时,我国还建立了比较强大的国防体系,不仅海陆空兵种齐全,而且拥有核威慑力。强大的国防体系可以为国家转向以经济建设为中心提供安全保障,完备的工业体系为改革开放后经济的快速发展提供了基础。世界各国工业化的历史表明,在工业化初期,优先发展重工业,可快速推进工业化;虽然在工业化初期,人均收入增长比较缓慢,但工业体系一旦建立,人均收入就可快速增长。

改革开放前农村居民家庭人均纯收入的增长较慢,排在第二位的原因是农村集体将大量的收入用于改善农业生产条件和提高农民的健康与教育水平。农业生产条件的改善为改革开放后农业快速发展奠定了物质基础。健康与教育所体现的人力资本是影响农户收入水平的显著因素,对农村减贫具有显著作用;[②]健康方面,营养摄入和疾病对农村的劳动生产率的影响最为显著[③]。当国民财富相对公平地用于改善普惠性福利(例如教育和医疗等)时,

---

① 国家统计局:《中国统计年鉴 1999》,http://www.stats.gov.cn/yearbook/indexC.htm。

② 程名望等:《农村减贫:应该更关注教育还是健康?——基于收入增长和差距缩小双重视角的实证》,《经济研究》2014 年第 11 期。

③ 张车伟:《营养、健康与效率——来自中国贫困农村的证据》,《经济研究》2003 年第 1 期。

即使平均收入不高,国家整体贫困的缓解依然是显著的①。

正是这一时期建立的完善的农业基础设施、完备的工业体系、强大的国防力量和培养的大量的具有一定文化素质且健康的农村青壮年人口,为改革开放后的中国经济的腾飞和贫困人口的迅速减少打下了雄厚基础。因此,从总体来看,这一时期的反贫困战略是基本正确的,反贫困的成效也是巨大的。当然,也不否认这一时期存在着阶段性失误,主要是"大跃进"时共产风、瞎指挥导致的对农业生产力的破坏,"文革"时期割资本主义尾巴导致的对农民个人和生产队集体的束缚。这也是农民人均收入增长缓慢的重要原因。

二、体制改革推动扶贫阶段(1978—1985)

这一时期反贫困的大背景是全党的工作重点转向以经济建设为中心并开始改革开放,农业成为经济建设最重要的问题,农村成为改革开放的突破口。1978 年底,党的十一届三中全会决定,全党工作重点转移到社会主义现代化建设上来,全党目前必须集中主要精力把农业尽快搞上去。② 1979 年 9 月,党的十一届四中全会通过了《关于加快农业发展若干问题的决定》。1980 年 9 月,中共中央印发了《关于进一步加强和完善农业生产责任制的几个问题》的通知。自 1982 年开始,每年的中央 1 号文件都是关于"三农"(农业、农村、农民)问题的(参见附录 1),1982 年召开的党的十二大强调了农业的基础地位和进一步完善农村生产责任制(参见附录 2)。

这一时期的反贫困的指导思想是邓小平理论。邓小平提出,我们不要资本主义,也不要贫穷的社会主义,要发达的、生产力发展的、使国家富强的社会主义;现在我国的经济管理体制权力过于集中,应该有计划地大胆下放,应该让地方和企业、生产队有更多的经营管理的自主权;要允许一部分地区、一部

---

① 李小云、于乐荣、唐丽霞:《新中国成立后 70 年的反贫困历程及减贫机制》,《中国农村经济》2019 年第 10 期。

② 《中国共产党第十一届中央委员会第三次全体会议公报》,《实事求是》1978 年第 4 期。

分企业、一部分工人农民由于辛勤努力成绩大而收入先多一些、生活先好起来，让他们带动其他地区、其他单位的人们，使全国各族人民都能比较快地富裕起来。① 他认为，农业是根本；中国稳定不稳定首先要看农村；改革首先是从农村做起的，农村改革的内容总的说就是搞责任制，抛弃吃大锅饭的办法，调动农民的积极性。②

这一时期有利于全体农村人口摆脱贫困的宏观政策就是放权让利。放权就是将农村集体的所有权及其经营管理的自主权下放给以生产队为基础、三级所有的农民集体。农民集体被保护或被落实的权利有：(1)对农村集体的土地、劳力、产品、财产、资金的所有权及其处分权。党的十一届三中全会决议提出：农民集体的所有权和自主权必须受到国家法律的切实保护，不允许无偿调用和占有生产队的劳力、资金、产品和物资③。党的十一届四中全会决定强调，农民集体的基本核算单位是生产队，绝对不允许任何单位和个人无偿调用和占有生产队的劳力、土地、牲畜、机械、资金、产品和物资④。(2)选择经营制度的权利。1980 年中央 75 号文件赋予了农民集体可以选择包产到户或包干到户，也可保留集体经营的权利；1982 年中央 1 号文件赋予农民集体自由选择经营制度的权利。(3)利用集体土地发展多种经营和兴办工业的权利。党的十一届四中全会决定提出，社队的多种经营是社会主义经济，社员自留地、自留畜、家庭副业和农村集市贸易是社会主义经济的附属和补充；鼓励和扶持农民经营家庭副业；社队企业要有一个大发展。1982 年中央 1 号文件重申了鼓励发展多种经营和社队企业的相关政策；1984 年中央 1 号文件提出，允许农民办理自理口粮进城镇做工、经商和办企业⑤；1984 年中央 4 号文件将社队企业改为乡镇企业，要求各级党委和政府支持乡镇企业和部分社员联营的合

---

① 《邓小平文选》第 2 卷，人民出版社 1994 年版，第 231、145—146 页。
② 《邓小平文选》第 3 卷，人民出版社 1993 年版，第 23、65 页。
③ 《中国共产党第十一届中央委员会第三次全体会议公报》，《实事求是》1978 年第 4 期。
④ 《三中全会以来重要文献选编》(上)，人民出版社 2011 年版，第 161 页。
⑤ 《十二大以来重要文献选编》(上)，人民出版社 2011 年版，第 371 页。

作企业、分散生产联合供销的家庭工业和个体企业①。(4)种植种类选择权。党的十一届四中全会决定强调,生产队有权因时因地制宜地进行种植,有权抵制任何领导机关和领导人的瞎指挥。1985年中央1号文件取消了农副产品统购派购的制度,农民可以根据市场需要选择种植的品种。②

让利就是提高农产品的收购价格和降低农用工业品的销售价格。党的十一届三中全会决议提出,粮食统购价格从1979年夏粮上市的时候起提高20%,超购部分再加价50%,棉花、油料、糖料、畜产品、水产品、林产品等农副产品的收购价格也要逐步作相应的提高。农业机械、化肥、农药、农用塑料等农用工业品的出厂价格和销售价格在1979年和1980年降低10%—15%。这些措施被党的十一届四中全会决定再次重申。

这一时期针对农村贫困人口的扶贫政策主要有:将扶贫从农村救济中分离,划定农村的贫困标准,开始关注贫困地区的扶贫工作和由救济式扶贫转向开发式扶贫。1978年把扶贫从农村救济中分离,划定了农村的贫困标准。③1979年,党的十一届四中全会提出,国务院设立一个由有关部门负责同志组成的专门委员会,统筹规划和组织力量,从财政、物资和技术上重点扶持革命老根据地、偏远山区、少数民族地区和边境地区摆脱贫困,帮助其他地区的穷社穷队尽快改变面貌④。这表明国家已开始重点关注贫困地区的脱贫问题。1980年后,国家先后设立7笔扶贫专项资金,每年资金总额高达40亿元左右,有3/4为低息或贴息的信贷资金,旨在解决老少穷地区的落后贫困面貌。1982年确立了各部门协作的扶贫思路。⑤1984年9月30日制定的《中共中

---

① 《十二大以来重要文献选编》(上),人民出版社2011年版,第376页。

② 《中共中央、国务院关于进一步活跃农村经济的十项政策》,《中华人民共和国国务院公报》1985年9期。

③ 王瑞芳:《告别贫困:新中国成立以来的扶贫工作》,《党的文献》2009年第5期。

④ 《三中全会以来重要文献选编》(上),人民出版社2011年版,第167—168页。

⑤ 唐超、罗明忠、张苇锟:《70年来中国扶贫政策演变及其优化路径》,《农林经济管理学报》2019年第3期。

央国务院关于帮助贫困地区尽快改变面貌的通知》提出,要纠正单纯救济观点,依靠当地人民自己的力量增强经济的内部活力;要突出重点,目前应集中力量解决十几个连片贫困地区的问题。① 这标志着中国的减贫战略由普惠式发展促进贫困人口减少转向重点帮助集中连片贫困地区摆脱贫困,中国农村扶贫的方式由救济式向开发式的转变。

这一时期农村反贫困的最大成效是,农民收入的大幅度提高、城乡收入差距缩小、收入低于贫困线的人数大幅度减少。1978—1985 年,农民人均纯收入从 134 元提高到 397 元;城乡收入差距也大幅度缩小:城乡居民家庭人均纯收入比由 2.57 降低到 1.86,并创造了改革开放以来城乡收入比最低的纪录——1983 年仅为 1.82(见表 1-2)。农村人口中低于贫困线(1978 年为 100 元,1985 年为 200 元)的人数从 2.5 亿人减少到 1.25 亿人,贫困发生率由 30.7%下降到 14.8%。② 但由于大包干的推广,绝大多数农村特别是贫困地区的公社(乡)、大队(村委会)两级集体收入明显减少,农村合作医疗逐步陷入困境,农民看病难和因病致贫的问题日益显性化;农村中小学也出现学生减少的情况:1978—1984 年,全国在校小学生、初中生、高中生人数由 14624 万人、4995 万人、1553 万人下降到 13370 万人、3965 万人、741 万人,而同期总人口由 96259 万人增长到 105851 万人(见表 1-1),中小学在校生人数下降主要是农村中小学在校生人数在下降,主要原因是,公社高中、大队小学和初中停办,农村子女因此失学或升学难度加大。总体来说,这一时期的农村反贫困成绩是巨大的。

三、大规模开发式扶贫阶段(1986—1993)

1986 年中央 1 号文件提出,国务院和有关省、自治区都要建立贫困地区

---

① 《十二大以来重要文献选编》(中),人民出版社 2011 年版,第 29—33 页。
② 国家统计局:《1978—2000 年农村居民贫困状况》,http://www.stats.gov.cn/ztjc/ztsj/ncjjzb/200210/t20021022_36893.html。

领导小组,加强领导,利用各种渠道为贫困地区培养干部,同时从中央、省、地三级机关抽调一批优秀干部并组织志愿服务者到贫困地区工作。① 随后,国务院成立了贫困地区经济开发领导小组②,并在之后确立了 258 个国家级贫困县(国家重点扶持贫困县)(1993 年增加到 331 个)③。这标志着大规模开发式扶贫正式开始。1987 年确立了 1990 年前解决贫困户温饱问题的开发式扶贫目标④。1991 年底,党的十三届八中全会要求做好扶贫和地区间协调发展工作,促进共同富裕:"八五"期末要使现在尚属贫困地区的群众基本解决温饱问题,有计划地扶持西部不发达地区⑤。这一时期扶贫的主要措施是加大财政扶持力度和智力投资力度,扶贫资金要按使用效益分配,扶贫项目要公开招标并实行承包开发;给予更大的经营主动权,充分调动贫困地区干部和群众的积极性;重点解决连片贫困地区(贫困县)的"三不户"的温饱问题(参见附录 1-4)。

这一时期是邓小平理论的形成和成熟期,也是计划经济体制向社会主义市场经济体制转变的时期⑥。邓小平反贫困思想仍是这一时期反贫困的指导思想。邓小平认为,坚持走社会主义道路,根本目标是实现共同富裕,然而平均发展是不可能的;一部分地区发展快一点带动大部分地区,这是加速发展、

---

① 《十二大以来重要文献选编》(中),人民出版社 2011 年版,第 325—326 页。

② 国务院办公厅关于成立国务院贫困地区经济开发领导小组的通知,http://www.gov.cn/xxgk/pub/govpublic/mrlm/201207/t20120724_65387.html。

③ 董铭胜:《对十三届全国人大一次会议第 3986 号建议的答复》,http://www.cpad.gov.cn/art/2018/12/21/art_2202_92290.html。

④ 《国务院关于加强贫困地区经济开发工作的通知》,http://www.chinalawedu.com/falvfagui/fg22016/454.shtml。

⑤ 《中共中央关于进一步加强农业和农村工作的决定》,《农村经营管理》1992 年第 2 期。

⑥ 1987 年召开的党的十三大,第一次比较系统阐述了社会主义初级阶段理论,标志着邓小平理论轮廓的形成;1992 年春天,邓小平发表南方谈话,标志邓小平理论逐步走向成熟。1992 年召开的党的第十四大,概括了中国特色社会主义理论的主要内容并高度评价了邓小平的理论贡献,标志着邓小平理论的成熟并正式成为党的指导思想。党的十四大明确提出我国经济体制改革的目标是建立社会主义市场经济体制,党的十四届三中全会进一步勾画了社会主义市场经济体制的基本框架。

达到共同富裕的捷径;农村改革之所以见效,就是因为给农民更多的自主权,调动了农民的积极性。① 这一时期促进农村发展的政策主要是继续稳定和完善家庭联产承包责任制、支持乡镇企业发展、进行农产品统派购制度和农产品价格及流通体制改革、普及九年义务教育。稳定和完善家庭联产承包责任制、支持乡镇企业发展在这一时期的所有关于农村改革的中央文件中都有体现(参见附录)。农产品统派购制度和农产品价格、流通体制改革主要是协调生产者、经营者、消费者等各个方面的利益,调动农民生产积极性,建立适应市场经济要求的农产品购销体制。《义务教育法》于1986年7月1日开始实施,明确规定:国家对接受义务教育的学生免收学费,国家设立助学金,帮助贫困学生就学;国家对经济困难地区实施义务教育的经费,予以补助。②

1984—1993年农村反贫困的最大成效仍然是收入的增长。国家级贫困县农民人均纯收入从1984年的206元增加到1993年的483.7元;农村贫困人口由1.25亿人减少到8000万人,平均每年减少640万人,年均递减6.2%;贫困人口占农村总人口的比重由14.8%下降到8.7%。③ 小学在校生和初中在校生下降的趋势在1992年开始改变(见表1-1)。但相对比前一个时期(1978—1985年),收入增长明显放缓,城乡收入差距持续扩大(1993年城乡居民人均纯收入比达到2.54),农民人均收入的地区差距也呈扩大趋势(参见表1-2)。这与农村改革释放的效应在这一时期逐步减弱有关,也与前一阶段贫困地区的文化教育事业和医疗卫生事业发展过慢影响农民的健康水平和智力水平有关。

四、综合开发式扶贫阶段(1994—2000)

这一阶段是《国家八七扶贫攻坚计划》实施阶段。"八七扶贫攻坚"的含

---

① 《邓小平文选》第3卷,人民出版社1993年版,第155、166、242页。
② 《中华人民共和国义务教育法》(1986年),http://www.edu.cn/edu/zheng_ce_gs_gui/jiao_yu_fa_lv/200603/t20060303_165119_1.shtml。
③ 国务院新闻办公室:《中国的农村扶贫开发白皮书》,《人民日报》2001年10月16日。

义是在 20 世纪最后 7 年基本解决全国农村 8000 万贫困人口的温饱问题。它
是新中国历史上第一个有明确目标、明确对象、明确措施和明确期限的扶贫开
发行动纲领。重点对象是 592 个贫困县(名单参见附录 7),分布在中西部的
生态脆弱需要保护的地区和地方病高发区以及水库区,多为革命老区和少数
民族地区。共同特征是,交通不便,生态失调,人畜饮水困难。主要措施有:加
强公路、电网、水利等基础设施建设,解决人畜饮水困难和乡镇不通公路、不通
电的困难;加大教育和医疗的投入,基本普及初等教育,积极扫除青壮年文盲
和开展成人职业技术教育和技术培训,防治和减少地方病,预防残疾,严格实
行计划生育;重点发展投资少、见效快、覆盖广、效益高、有助于直接解决群众
温饱问题的种植业、养殖业和相关的加工业、运销业;积极发展资源开发型和
劳动密集型的乡镇企业;加快荒地、荒山、荒坡、荒滩、荒水的开发利用;有计划
有组织地发展劳务输出,对极少数生存和发展条件特别困难的村庄和农户实
行开发式移民。同时,加大了财政扶贫的力度,2000 年中央各项扶贫专项资
金达到了 248 亿元,地方政府扶贫投入的力度也相应加大(中央要求地方政
府必须按中央投入的规定比例配套,1996 年以后为 30%至 50%);下派优秀干
部下到贫困县、乡、村扶贫,1995 年至 1999 年各地先后有 4.6 万名干部到贫
困县、乡、村挂职扶贫。①

　　这一阶段是中国特色社会主义市场经济体制建立时期,国家经济体制改
革的重心在城市,经济发展的重点是工业。这一阶段农村经济体制改革主要
目标是稳定、完善以家庭联产承包为主的责任制和统分结合的双层经营体制,
赋予农民长期而有保障的土地使用权②。

　　这一阶段贫困县扶贫成效非常显著。贫困县农民人均纯收入从 648 元增
加到 1337 元,年均增长 12.8%,高于同期全国农村人均收入增长率。贫困县

---

　　① 国务院新闻办公室:《中国的农村扶贫开发白皮书》,《人民日报》2001 年 10 月 16 日。
　　② 《十四大以来重要文献选编》(上),人民出版社 2011 年版,第 467—468 页。

农村贫困人口从 1994 年的 5858 万人减少到 2000 年的 1710 万人①。贫困地区人口过快增长的势头得到初步控制,办学条件和医疗卫生条件得到改善,"两基"②工作成绩显著,缺医少药的状况得到缓解。③ 但整个农村的反贫困还存在不少问题,主要表现是城乡收入差距仍保持扩大趋势(见表 1-2),农民负担过重、读书和看病收费过多成为这一阶段农民反映最强烈的问题,而且,粮食产量在 1999—2000 年连续两年减产(见表 1-2),"三农"问题开始成为公共问题④。因此,整个农村的绝对贫困(温饱问题)虽然基本解决,但相对贫困特别是住房、医疗、教育的保障问题仍然较严重。

五、多元性可持续扶贫阶段(2001—2012)

2001—2012 年是《中国农村扶贫开发纲要(2001—2010 年)》完全实施阶段和《中国农村扶贫开发纲要(2011—2020 年)》启动阶段。如果将这个阶段的扶贫背景(贫困状况)和扶贫目标与前几个阶段相比(参见附录 4)就可发

---

① 同期全国农村贫困人口由 7000 万人下降到 3209 万人。这是按"1978 年标准"计算的。"1978 年标准"即绝对贫困标准(又称温饱标准),指按 1978 年的不变价计算,农村家庭人均纯收入低于 100 元(1986 年为 206 元,1990 年为 300 元,1994 年为 440 元,2000 年为 625 元)者为国家扶贫对象(数据来源:国家统计局《1978—2000 年农村居民贫困状况》)。农村贫困人口标准除了 1978 年标准外,还有 2008 年标准(即农村低收入标准,按 2000 年的不变价,家庭人均年收入 865 元)、2010 年标准(即世界银行贫困标准——家庭人均生活费每天 1.25 美元,按 2010 年不变价计算,按购买力平价折算,家庭人均年收入 2300 元)。标准不同,全国农村贫困人口的统计数据就不同。如以 2000 年为例,按 1978、2008、2010 年的三个标准分别计算,其全国农村贫困人口的统计数据分别为 3209 万人、9422 万人、46224 万人(数据来源:国家统计局《中国统计年鉴 2018》,http://www.stats.gov.cn/tjsj/ndsj/2018/indexch.htm)。关于贫困线标准的讨论还可参考夏隽的《中国农村居民收入贫困线的测算及调整方法》[《市场论坛》2018 年第 1 期)和徐映梅、张提的《基于国际比较的中国消费视角贫困标准构建研究》(《中南财经政法大学学报》2016 年第 1 期)。
② 即基本普及九年义务教育和基本扫除青壮年文盲。
③ 国务院新闻办公室:《中国的农村扶贫开发白皮书》,《人民日报》2001 年 10 月 16 日。
④ 2000 年 3 月,湖北监利棋盘乡党委书记李昌平慨然上书朱镕基总理,反映湖北农村的突出问题,指出"农民真苦、农村真穷、农业真危险",引起了中央和媒体对三农问题的高度关注(参见《朱总理,我有话对您说——记中国最著名乡官李昌平》,https://news.sina.com.cn/c/2001-09-10/352931.html)。

现,前几个阶段的农村反贫困是以解决温饱问题为主要目标,这一阶段的主要目标就是在解决温饱的基础上巩固温饱并达到小康。

这一阶段是我国综合国力大幅度提升的阶段。2010 年我国经济总量上升为世界第二,2012 年我国经济总量已超世界第三(日本)近 1/4,已接近世界第一(美国)的 1/2。人民生活总体上实现了由温饱到小康的历史性跨越。2010 年,中国人口平均预期寿命达到 74.83 岁,人民的总体健康水平已超过中等收入国家的平均水平,处于发展中国家前列。①

这一阶段也是"三农"问题得到高度重视、农民收入和农村公共服务水平快速提高、农村与城镇差距扩大趋势被扭转的阶段。中央先后颁布了推广农村税费改革试点、加强农村卫生工作、解决农民工问题、加强基层农业技术推广体系建设、在全国建立农村最低生活保障制度等事关农村发展、农业增收和农民幸福的重要文件(参见附录 10);自 2004 年开始,每年年初发布的中央 1 号文件都是关于"三农"问题的(参见附录 1)。这一阶段的"三农"工作的主要措施是:(1)减轻农民负担。逐步取消了专门面向农民征收的行政事业性收费和政府性基金、集资,取消了统一规定的农村劳动力必须承担的积累工和义务工,取消了除烟叶外的农业特产税,取消了农业税。2006 年后,中国农民告别了皇粮国税。(2)加大对农业农村的投入。中央财政用于"三农"的支出逐年增加,2012 年达到 12387.64 亿元,其中支持农业生产的达 4785.05 亿元,占 38.6%;对农民的补贴达 1643 亿元,占 13.3%;促进农村教育、卫生等社会事业发展的达 5339.09 亿元,占 43.1%;农产品储备费用和利息等达 620.5 亿元,占 5%。② (3)完善农村社会保障制度和公共服务体系。2002 年 10 月,开始在全国农村推广以大病统筹为主的新型农村合作医疗制度,并决定自 2003 年起中央财政对中西部地区除市区以外的参加新型合作医疗的农民每年按人

---

①　《中国近现代史纲要》,高等教育出版社 2018 年版,第 316 页。

②　中国财政部:《中国财政情况(2012—2013)》,http://www.mof.gov.cn/zhuantihuigu/czjbqk1/czzc/201405/t20140507_1076149.htm。

均 10 元安排合作医疗补助资金,地方财政对参加新型合作医疗的农民补助每年不低于人均 10 元①。2005 年建立了中央和地方分项目、按比例分担的农村义务教育经费保障机制。② 2006 年,农村五保供养资金纳入财政预算③,开始构建以国家农业技术推广机构为主导、农村合作经济组织为基础的多元化基层农业技术推广体系④。2007 年,在全国建立了农村最低生活保障制度。2008 年,开始加快健全农村社会保障体系和建立新型农村社会养老保险制度。⑤ 2009 年,开展新型农村社会养老保险试点。(4)鼓励农民进城打工并保障其合法权益。2003 年,中央要求,加强对农民进城务工就业的服务和管理,维护农民工的合法权益。⑥ 2006 年,国务院提出,逐步建立城乡统一的劳动力市场和公平竞争的就业制度,建立保障农民工合法权益的政策体系和执法监督机制,建立惠及农民工的城乡公共服务体制和制度。⑦ 2010 年,中央提出,多渠道多形式改善农民工居住条件,鼓励有条件的城市将有稳定职业并在城市居住一定年限的农民工逐步纳入城镇住房保障体系。⑧ (5)加强党对农村的领导和以村党组织为核心的村级组织阵地建设及队伍建设。2002 年党的十六大提出,加强村级组织配套建设,探索让干部经常受教育、使农民长期得实惠的有效途径。⑨ 2008 年党的十七届三中全会提出,完善党领导农村工

---

① 《中共中央　国务院关于进一步加强农村卫生工作的决定》,《中国农村卫生事业管理》2002 年第 11 期。

② 《国务院关于深化农村义务教育经费保障机制改革的通知》,http://www.gov.cn/gongbao/content/2006/content_185157.htm。

③ 《农村五保供养工作条例》,《中国民政》2006 年第 4 期。

④ 《国务院关于深化改革加强基层农业技术推广体系建设的意见》,《农机科技推广》2006 年第 9 期。

⑤ 《中共中央关于推进农村改革发展若干重大问题的决定》,《农村工作通讯》2008 年第 21 期。

⑥ 《十六大以来重要文献选编》(上),中央文献出版社 2005 年版,第 133 页。

⑦ 《国务院关于解决农民工问题的若干意见》,《人民日报》2006 年 3 月 28 日。

⑧ 《中共中央国务院关于加大统筹城乡发展力度进一步夯实农业农村发展基础的若干意见》,《农村工作通讯》2010 年第 4 期。

⑨ 《江泽民文选》第 3 卷,人民出版社 2006 年版,第 571 页。

作体制机制,加强农村基层的组织建设、干部队伍建设、党员队伍建设和党风廉政建设。① 大学生村官计划于 2008 年开始实施,最初计划每年选聘 2 年,连续 5 年②;2012 年后继续实施,并扩大选聘规模和使用范围③。这一阶段"三农"工作成效较为显著。有效灌溉面积、粮食产量自 2004 年开始持续增长;城乡收入差距、农民人均收入的区域差距在 2007 年控制了逐年扩大的趋势,在 2009 年开始了逐年缩小的趋势(见表 1-2)。由于农村消费市场的启动,我国内需也增长较快,进出口货物贸易总量占 GDP 的比例也在 2007 年开始下降(见表 1-3)。城镇化率也提高较快,2000—2012 年从 36.22% 提高到52.57%(表 1-1);2012 年,享受农村最低生活保障、农村五保供养的人口分别为 5340.9 万、545.9 万。④

　　这一阶段党中央高度重视农村扶贫工作。2002 年 11 月,党的十六大提出:继续大力推进扶贫开发,巩固扶贫成果。⑤ 2008 年,党的十七届三中全会提出,完善国家扶贫战略和政策体系,实现农村最低生活保障制度和扶贫开发政策有效衔接;实行新的扶贫标准,对农村低收入人口全面实施扶贫政策,把尽快稳定解决扶贫对象温饱并实现脱贫致富作为新阶段扶贫开发的首要任务。⑥ 2011 年,中央扶贫开发工作会议提出,实行扶贫开发和农村最低生活保障制度有效衔接,把扶贫开发作为脱贫致富的主要途径,把社会保障作为解决温饱问题的基本手段;坚持扶贫开发与推进城镇化、建设社会主义新农村相结合,与生态环境保护相结合,促进经济社会发展与人口资源环

---

　　① 《中共中央关于推进农村改革发展若干重大问题的决定》,《农村工作通讯》2008 年第21 期。
　　② 《关于选聘高校毕业生到村任职工作的意见(试行)》,http://www.chinagwyw.org/guang-dong/dfckgg/chunguan/50904.html。
　　③ 《中组部详解关于进一步加强大学生村官工作的意见》,http://www.gov.cn/jrzg/2012-09/12/content_2222570.htm。
　　④ 《中国近现代史纲要》,高等教育出版社 2018 年版,第 316 页。
　　⑤ 《江泽民文选》第 3 卷,人民出版社 2006 年版,第 552 页。
　　⑥ 《中共中央关于推进农村改革发展若干重大问题的决定》,《农村工作通讯》2008 年第21 期。

境相协调。①

这一阶段,国家调整了贫困县,提高了农村贫困线标准,加大了对贫困县的扶持力度。贫困县的调整有两次:第一次是 2001 年的跨省调整,贫困县改称国家扶贫开发工作重点县,东部不再确定国家级重点县,东部省的贫困县(33 个)指标全部调到中西部省区,总数仍有 592 个。第二次是 2011 年省内调整,每个省的国家扶贫开发工作重点县数量保持不变,但可以调整,其结果是调出 38 个,调进 38 个,总数仍为 592 个;将 14 个连片特困地区②的 680 县全部纳入国家扶持的贫困县。由于二者有交叉,扣除交叉的 440 个县,贫困县扩大到 832 个。③ 农村贫困标准调整也有两次。2008 年,农村人口的贫困标准提高到农村低收入标准(2008 年标准),以 2000 年的不变价为计算材料,家庭人均年收入由 625 元提高到 865 元,提高了 240 元,提高率为 38.4%;农村扶贫对象由此增加了近 3000 万人(2007 年的农村贫困人口按 1978 年标准、2008 年标准计算分别为 1479 万、4320 万)。2011 年,农村人口的贫困标准再次提高,其标准为农民年人均纯收入 2300 元(2010 年不变价,因此被称为2010 年标准),比 2008 年标准(按此标准及物价上涨幅度计算,2010 年贫困线应为 1274 元)提高了 80%。2010 年标准又称为国际贫困线标准(实际上高于国际贫困线标准,因为世界银行所定的国际贫困线标准为按购买力平价折算家庭人均生活费每天 1.25 美元;人民币 2300 元按购买力平价折合成为美元,远高于每天 1.25 美元,超过每天 2 美元),农村贫困人口数量从 2688 万人

---

① 《胡锦涛文选》第 3 卷,人民出版社 2016 年版,第 569 页。

② 《中国农村扶贫开发纲要(2011—2020 年)》明确指出:六盘山区、秦巴山区、武陵山区、乌蒙山区、滇桂黔石漠化区、滇西边境山区、大兴安岭南麓山区、燕山—太行山区、吕梁山区、大别山区、罗霄山区等区域的连片特困地区和已明确实施特殊政策的西藏、四省藏区、新疆南疆三地州是扶贫攻坚主战场。

③ 参见《国家扶贫开发工作重点县名单》(《中国农业会计》2012 年第 4 期)和《扶贫办关于公布全国连片特困地区分县名单的说明》(http://www.gov.cn/gzdt/2012－06/14/content_2161045.htm)。

增加到1.28亿人。① 对贫困县的扶持政策主要有,率先实行了免征农业税试点、农村义务教育"两免一补"政策②、对国家新安排的公益性基本建设项目减少或取消县及县以下配套;中央财政在农村最低生活保障、新型农村合作医疗和新型农村社会养老保险的制度安排上向贫困县倾斜;把扶贫开发作为国家扶贫开发工作重点县政府的中心任务,由县负责把扶贫开发的政策措施落实到贫困村和贫困户。③ 其结果是,贫困县的农村义务教育得到保障,扫除青壮年文盲工作取得积极进展;新型农村合作医疗实现全覆盖,基层医疗卫生服务体系建设不断加强;生产生活条件明显改善,生态恶化趋势初步得到遏制。

这一阶段的农村反贫困的成效主要表现是农村贫困人口的减少。按2010年标准,12年(2001—2012)共减少农村贫困人口36325万人(2000年为46224万人,2012年为9899万人④),平均每年超过3027万人。

六、精准扶贫精准脱贫阶段(2013—2020)

2012年11月,党的十八大召开,中国特色社会主义进入了新时代。

进入新时代以来,中国经济发展由高速发展转入中高速发展。党中央更加重视三农问题,加大了统筹城乡发展的力度,完善了城乡一体化发展制度。习近平非常重视三农问题,一再强调农业是国民经济的基础、农村是小康社会建设的难点、农民是社会稳定和现代化建设的关键力量。他指出,全面建成小康社会,难点在农村;要破除城乡二元结构,推进城乡发展一体化,把广大农村建设成农民幸福生活的美好家园。⑤ 党的十八大以来,中央制定了许多促进

---

① 国务院扶贫办:《我国现行贫困标准已高于世行标准》,http://www.xinhuanet.com/politics/2015-12/15/c_1117470269.htm。
② 指对农村义务教育阶段贫困家庭学生免书本费、免杂费、补助寄宿生生活费。
③ 国务院新闻办公室:《中国农村扶贫开发的新进展》,《人民日报》2011年11月17日。
④ 国家统计局:《中国统计年鉴2018》,http://www.stats.gov.cn/tjsj/ndsj/2018/indexch.htm。
⑤ 习近平:《坚定不移全面深化改革开放　脚踏实地推动经济社会发展》,《人民日报》2013年7月24日。

农村繁荣、农业发展、农民富裕的文件(参见附录10),每年的中央1号文件都是关于三农的(参见附录1)。2013年党的十八届三中全会提出,建立城乡统一的建设用地市场,健全城乡发展一体化体制机制,形成以工促农、以城带乡、工农互惠、城乡一体的新型工农城乡关系,让广大农民平等参与现代化进程、共同分享现代化成果。① 2014年开始实施新型城镇化规划,探索有序推进农业转移人口市民化的制度。② 2016年开始整合城镇居民基本医疗保险和新型农村合作医疗两项制度,建立统一的城乡居民基本医疗保险制度。③ 2017年党的十九大提出实施乡村振兴战略,加快推进农业农村现代化。④ 2018年开始实施乡村振兴战略规划,提出了"2022年乡村振兴的制度框架和政策体系初步健全"的近期目标、"2050年乡村全面振兴,农业强、农村美、农民富全面实现"的远景规划。⑤ 2019年提出建立健全城乡融合发展体制机制和政策体系,促进城乡要素自由流动、平等交换和公共资源合理配置。⑥ 2013—2020年的财政投入中,农林水和城乡社区事务占比持续增长(表1-4),有效灌溉面积、粮食产量保持了继2004年以来的增长趋势,农业生产条件和生产能力提高较快;农村居民人均可支配收入增长幅度高于城镇居民,城乡收入差距进一步缩小(见表1-2)。由于农民收入持续增长,国内消费需求持续增长,进出口货物贸易额占GDP的比例持续下降(见表1-3)。新农村建设和新型城镇化开始协调推进:截至2018年,通了客车的乡镇、建制村分别达

---

① 《中共中央关于全面深化改革若干重大问题的决定》,《人民日报》2013年11月16日。

② 中共中央、国务院:《国家新型城镇化规划(2014—2020年)》,http://www.gov.cn/gongbao/content/2014/content_2644805.htm? oCZ。

③ 《国务院关于整合城乡居民基本医疗保险制度的意见》,http://www.gov.cn/zhengce/content/2016-01/12/content_10582.htm。

④ 《习近平谈治国理政》第3卷,外文出版社2020年版,第25页。

⑤ 中共中央、国务院:《乡村振兴战略规划(2018—2022年)》,《人民日报》2018年9月27日。

⑥ 《中共中央国务院关于建立健全城乡融合发展体制机制和政策体系的意见》,《人民日报》2019年5月6日。

99.1%、96.5%①;2020 年,城镇化率达 63.89%(参见表1-1)。

习近平非常重视农村扶贫工作,特别是集中连片特困地区的扶贫工作。他走遍了全国 14 个集中连片特困地区,召开了多次扶贫攻坚会,就农村扶贫脱贫提出了系列论述,其中精准扶贫精准脱贫理念是其核心。2012 年底,他要求各级党委和政府要把扶贫摆在更加突出位置,因地制宜、科学规划、分类指导、因势利导,找对路子,多做雪中送炭的工作。② 这个要求蕴含了扶贫要精准的理念。2013 年初,他要求贫困地区的乡亲们发扬自强自立精神,找准发展路子、苦干实干。③ 这个要求蕴含了脱贫要精准的理念。2013 年 11 月,他首次明确提出“精准扶贫”④。2015 年 1 月,他首次明确提出两个“精准”(精准扶贫、精准脱贫)⑤。2015 年 6 月,他进一步细化了两个“精准”⑥。2015年 11 月,他提出精准脱贫要设定时间表、留出缓冲期和实行严格评估和逐户销号⑦。2019 年,他再次强调精准脱贫的标准既不能拔高也不能降低⑧。可见,习近平的精准扶贫精准脱贫是一个系统,既包括扶贫的方法和措施要因地制宜和因人施策,又包括脱贫的标准要统一和适度、脱贫的程序要严格,关键是让贫困农民得实惠,扶真贫,真脱贫。

习近平的反贫困理念除了精准扶贫精准脱贫外,还包括:(1)全面建成小

① 《农村经济持续发展　乡村振兴迈出大步——新中国成立 70 周年经济社会发展成就系列报告之十三》,http://www.stats.gov.cn/tjsj/zxfb/201908/t20190807_1689636.html。

② 《习近平谈治国理政》第 1 卷,外文出版社 2018 年版,第 190 页。

③ 《习近平春节前夕赴甘肃看望各族干部群众》,http://www.xinhuanet.com/politics/2013-02/05/c_114621852.htm。

④ 《习近平赴湘西调研扶贫攻坚》,《人民日报》2013 年 11 月 4 日。

⑤ 《习近平在云南考察工作时强调　坚决打好扶贫开发攻坚战　加快民族地区经济社会发展》,《人民日报》2015 年 1 月 22 日。

⑥ 《习近平在部分省区市党委主要负责同志座谈会上强调　谋划好“十三五”时期扶贫开发工作　确保农村贫困人口到 2020 年如期脱贫》,《人民日报》2015 年 6 月 20 日。

⑦ 习近平:《脱贫攻坚战冲锋号已经吹响　全党全国咬定目标苦干实干》,《人民日报》2015 年 11 月 29 日。

⑧ 《习近平李克强栗战书汪洋王沪宁赵乐际韩正分别参加全国人大会议一些代表团审议》,《人民日报》2019 年 3 月 8 日。

康社会必须打好精准脱贫攻坚战。他指出,全面建成小康社会最艰巨最繁重的任务在农村,特别是在贫困地区。① 农村贫困人口全部脱贫、贫困县全部摘帽是全面建成小康社会的标志性的指标;打好脱贫攻坚战,关键是打好深度贫困地区脱贫攻坚战②。(2)扶贫必须与扶志、扶智结合起来。他认为,贫困并不可怕,只要有信心、有决心,就没有克服不了的困难。③ 脱贫致富终究要靠贫困群众用自己的辛勤劳动来实现。④ 让贫困地区的孩子们接受良好教育,是扶贫开发的重要任务,也是阻断贫困代际传递的重要途径。⑤ (3)坚持党的领导、强化组织保证。他要求,落实脱贫攻坚一把手负责制,省市县乡村五级书记一起抓,为脱贫攻坚提供坚强政治保证;⑥把全面从严治党要求贯穿脱贫攻坚全过程,强化作风建设,确保扶贫工作务实、脱贫过程扎实、脱贫结果真实;⑦加强乡村两级基层党组织建设,更好发挥党在脱贫攻坚中的战斗堡垒作用,提高党在基层的治理能力和服务群众能力⑧。

习近平不仅提出了系统的反贫困理念,而且领导党中央和国务院制定了

---

① 《习近平谈治国理政》第 1 卷,外文出版社 2018 年版,第 189 页。

② 参见《习近平在参加内蒙古代表团审议时强调 扎实推动经济高质量发展 扎实推进脱贫攻坚》,《人民日报》2018 年 3 月 6 日。深度贫困地区指西藏、四省藏区、新疆四地州和四川凉山州、云南怒江州、甘肃临夏州(简称"三区三州"),以及贫困发生率超过 18% 的贫困县和贫困发生率超过 20% 的贫困村[参见《中共中央办公厅 国务院办公厅关于支持深度贫困地区脱贫攻坚的实施意见(厅字〔2017〕41 号)》]。2017 年深度贫困地区脱贫攻坚座谈会后各省共认定 334 个深度贫困县和 3 万个深度贫困村(http://news.cyol.com/content/2018-03/07/content_17001012.htm)。

③ 《习近平在贵州调研时强调 看清形势适应趋势发挥优势 善于运用辩证思维谋划发展》,《人民日报》2015 年 6 月 19 日。

④ 习近平:《脱贫攻坚战冲锋号已经吹响 全党全国咬定目标苦干实干》,《人民日报》2015 年 11 月 29 日。

⑤ 《携手消除贫困 促进共同发展——在 2015 减贫与发展高层论坛的主旨演讲》,《人民日报》2015 年 10 月 17 日。

⑥ 《习近平在打好精准脱贫攻坚战座谈会上强调 提高脱贫质量聚焦深贫地区 扎扎实实把脱贫攻坚战推向前进》,《人民日报》2018 年 2 月 15 日。

⑦ 《习近平李克强栗战书汪洋王沪宁赵乐际韩正分别参加全国人大会议一些代表团审议》,《人民日报》2019 年 3 月 8 日。

⑧ 习近平:《统一思想一鼓作气顽强作战越战越勇 着力解决"两不愁三保障"突出问题》,《人民日报》2019 年 4 月 18 日。

一系列切实可行的政策和制度。2013 年底,中央明确提出"改进贫困县考核机制""建立精准扶贫工作机制""健全干部驻村帮扶机制"①;党的十八届三中全会决定提出,完善一般性转移支付增长机制,重点增加对革命老区、民族地区、边疆地区、贫困地区的转移支付。2014 年 5 月,国家扶贫办制定了《建立精准扶贫工作机制实施方案》。2015 年 11 月,党的十八届五中全会决定提出"实施脱贫攻坚工程",随后制定了具体的实施方案②和配套的政策(参见附录 10)。2017 年制定了支持深度贫困地区脱贫攻坚的实施意见。2018 年制定了帮助深度贫困地区脱贫的三年行动指导意见③和教育、交通运输、水利、医疗、危房改造、生态、扶志等方面配套的方案(参见附录 10)。除了农村扶贫的专项文件外,每年的中央 1 号文件都有农村扶贫新政策(参见附录 1),2018 年扶贫措施增加到一章,2019—2020 年扶贫攻坚成为中央 1 号的第一章任务。中央财政加大了对贫困县的投入力度,2013—2020 年,中央、省、市县财政专项扶贫资金累计投入近 1.6 万亿元,其中中央财政累计投入 6601 亿元。同时,下派了大量的优秀干部到贫困村,全国累计选派 25.5 万个驻村工作队、300 多万名第一书记和驻村干部④。

由于习近平的扶贫理念先进且符合实际,所制定的政策有效且得到落实,2013 年以来,农村扶贫工作有了新进展。至 2020 年底,9899 万农村贫困人口全部脱贫,832 个贫困县全部摘帽,12.8 万个贫困村全部出列;义务教育阶段建档立卡贫困家庭辍学学生实现动态清零;贫困地区农网供电可靠率达到99%,大电网覆盖范围内贫困村通动力电比例达到 100%,贫困村通光纤和 4G

---

① 《中办国办印发〈关于创新机制扎实推进农村扶贫开发工作的意见〉》,《人民日报》2014 年 1 月 26 日。

② 《中共中央国务院关于打赢脱贫攻坚战的决定》,《人民日报》2015 年 12 月 8 日。

③ 《中共中央国务院关于打赢脱贫攻坚战三年行动的指导意见》,《人民日报》2018 年 8 月 20 日。

④ 习近平:《在全国脱贫攻坚总结表彰大会上的讲话》,《人民日报》2021 年 2 月 26 日。

比例均超过 98%,790 万户 2568 万贫困群众的危房得到改造①;99.9% 以上的贫困人口参加基本医疗保险,贫困地区自来水普及率达到 83%,贫困村的村均集体经济收入超过 12 万元②。

第二节 新中国的农村环境保护与
国家重点生态功能区建设

本书将蕴含和谐人与自然关系的思想和行为都视为广义的环境保护。就此而言,新中国成立以来农村环境保护历史,以 1978 年 3 月通过的宪法提出"国家保护环境和自然资源"和 2012 年 11 月党的十八大报告将生态文明建设纳入"五位一体"总布局这两个事件为标志,大体可分为三个时期:1949—1978 年为环境改造与治理时期;1978—2012 年为环保法治化与生态文明建设起步时期;党的十八大以来为生态文明建设全面推进时期。国家重点生态功能区在第二个时期确定并开始建设,在第三个时期进行全方位的建设,其重点是探索生态与民生协同改善道路,其中国家重点生态功能区贫困县在改善环境的过程中摆脱贫困成为第三时期的最重要任务。

一、环境改造与治理时期(1949—1978)

这一时期农村工作的重点是通过改造环境治理环境来提高农业生产力,改变农村贫困落后面貌。这一阶段以 1973 年第一次全国环境保护会议为界,大体可分为两个阶段。前一阶段为运动式改造环境与治理环境阶段,后一阶段为法治化环境保护工作的起步阶段。

1949—1973 年,由于人口的迅速增长和人们急于摆脱贫困,没有形成科

---

① 习近平:《在全国脱贫攻坚总结表彰大会上的讲话》,《人民日报》2021 年 2 月 26 日。
② 国务院新闻办公室:《人类减贫的中国实践》,人民出版社 2021 年版,第 17、30 页。

学系统的环境保护政策,其环境政策都是零星的并服从于农业生产,多数有利于环境保护的举措都是运动式。并且,在 1955 年开始的除"四害"运动中也一度出现将麻雀当成"四害"之一消灭的错误①,在 1958—1959 年"大跃进"运动中发生了在全国范围内大面积毁坏森林等严重破坏生态环境的错误。

这一阶段,毛泽东等党和国家领导人虽然没有形成系统的环保思想,但提出了许多有利于和谐人与自然关系的思想;虽没有制定系统的综合的生态环境保护政策,但也制定了一些单部门的环境保护的政策,开展了有利于环境治理的运动。主要包括:兴修水利,消除水患,提高农田有效灌溉面积;提倡计划生育,控制人口增长,减轻对自然环境的压力;植树造林,绿化祖国,保护森林;反对浪费,提倡节约;农林牧平衡发展,开展水土保持和土壤改良工作等等。前两个方面已在第一节的"集体化的反贫困阶段(1949—1978)"中进行过介绍和分析,下面就介绍后三个方面。

植树造林,绿化祖国。1955 年,毛泽东要求,农业合作化的规划应该包括绿化荒山和村庄的规划,即在一切可能的地方,均要按规划种起树来,实行绿化。② 1956 年 1 月,中央要求:在 12 年内,绿化一切可能绿化的荒地荒山,在

---

① 除"四害"最初是毛泽东在 1955 年 12 月提出的:除四害,即在 7 年内基本上消灭老鼠(及其他害兽)、麻雀(及其他害鸟但乌鸦是否宜于消灭,尚待研究)、苍蝇、蚊子。当时将麻雀列为"四害"是因为麻雀太多,吃掉了太多的粮食(参见《毛泽东文集》第 6 卷,人民出版社 1999 年版,第 510 页)。1956 年 1 月 23 日,中共中央政治局通过的《1956 年到 1967 年全国农业发展纲要(草案)》明确提出,除四害,从 1956 年开始,在 5 年、7 年或者 12 年内,在一切可能的地方,基本上消灭老鼠、麻雀、苍蝇、蚊子。于是在全国范围内开展了除四害运动。1956 年"双百"方针提出后,生物学家公开提出,麻雀对害虫和杂草的驱除有很大的作用。1957 年 10 月中共八届三中全会通过的《1956 年到 1967 年全国农业发展纲要(修正草案)》中,对原来的"除四害"条文作了修改:"从 1956 年起,在 12 年内,在一切可能的地方,基本上消灭老鼠、麻雀、苍蝇和蚊子。打麻雀是为了保护庄稼,在城市里和林区的麻雀,可以不要消灭。"1960 年 3 月,毛泽东提出,麻雀不要打了,代之以臭虫(参见《毛泽东文集》第 8 卷,人民出版社 1999 年版,第 150 页)。1960 年 4 月 10 日,中华人民共和国第二届全国人民代表大会第二次会议通过的《1956 年到 1967 年全国农业发展纲要》将除四害的条款修改为:从 1956 年起,在 12 年内,在一切可能的地方,基本上消灭老鼠、臭虫、苍蝇和蚊子。参见《小小麻雀在 20 世纪 50 年代中后期历史命运》(出自罗平汉的《当代历史问题札记二集》,广西师范大学出版社 2006 年版)。

② 《毛泽东文集》第 6 卷,人民出版社 1999 年版,第 475、509 页。

一切宅旁、村旁、路旁、水旁,只要是可能的,都要有计划地种起树来。① 1956年开始,每年春天全国农村都要组织农民开展植树造林运动,房屋前后、道路两旁、荒地荒山逐渐绿了起来。"大跃进"时期由于烧炭和炼钢对森林特别是天然林毁坏较多,但1962年开始中央要求人民公社的各级组织,都必须积极地植树造林、保护林木,保持水土,严格禁止滥砍滥伐、毁林开荒,而不论是山区、半山区、平原区、沿海地区或者其他地区;都要制订每砍伐一棵树木至少必须补栽三棵并且保证成活的护林公约②。此后,农村周边的荒地荒山只要能够植树的都逐渐长满树林,房屋周边、道路和水渠边也种上了树。同时,国务院还发出《关于积极保护和合理利用野生动物资源的指示》和发布《森林保护条例》,加强了对森林和珍稀野生动物的保护。

反对浪费,提倡节约。节约资源、反对浪费,是合理地利用资源和协调人与自然关系的重要措施。新中国成立以来,我党一直提倡节约和严惩浪费。毛泽东1951年提出,应把反贪污、反浪费、反官僚主义的斗争看作如同镇压反革命的斗争一样的重要,严惩浪费必须与严惩贪污同时进行;1955年指出,节约是社会主义经济的基本原则之一,农业合作社必须节约一切可能节约的人力和物力,实行劳动竞赛和经济核算,借以逐年降低成本,增加个人收入和增加积累。③ 农村人民公社工作条例规定,生产队必须实行勤俭办队,坚决反对大手大脚,铺张浪费④。勤俭节约一直是集体化时期农民个人生活和集体生产的基本原则。

农林牧平衡发展,开展水土保持和土壤改良工作。农林牧平衡发展不仅能增加农民的收入,而且能维持生态平衡,促进农业的可持续发展;水土保持和土壤改良工作可直接改善生态环境,提高农业生产能力。1955年,毛泽东

---

① 《1956年到1967年全国农业发展纲要(草案)》,《农业科学通讯》1956年第2期。
② 《建国以来重要文献选编》(第15册),中央文献出版社2011年版,第525—526页。
③ 《毛泽东文集》第6卷,人民出版社1999年版,第191、208—209、447、461页。
④ 《建国以来重要文献选编》(第15册),中央文献出版社2011年版,第537页。

要求,开荒必须注意水土保持工作,决不可以因为开荒造成下游地区的水灾①。1957年,国务院颁布了《水土保持暂行纲要》,从法律的角度提出严禁开荒25度以上的陡坡和严禁砍伐可能导致水土流失的森林②。1959年,毛泽东提出,修水坝要尊重自然规律,防止水坝被洪水冲垮和淹没房屋、土地;农林牧三者互相依赖缺一不可,要保持三者平衡。③ 1960年,中央要求农业合作社尽可能通过养猪(有些地方养羊)解决肥料问题,还应当因地制宜地积极发展各种绿肥作物,并且把城乡的粪便、可作肥料的垃圾和其他杂肥尽量利用起来,用各种办法改良土地(提高土地的肥力),有步骤有计划地开展保持水土的工作。④ 大力发展畜牧业,因地制宜地积极种植各种绿肥作物,广泛使用绿肥、粪肥,一直是集体化时期改良土壤和提高农业产量的主要举措。

1973年8月,第一次全国环境保护会议召开,确定了"全面规划,合理布局,综合利用,化害为利,依靠群众,大家动手,保护环境,造福人民"的环境保护工作方针,审议通过了我国第一部环境保护的法规性文件——《关于保护和改善环境的若干规定(试行草案)》。这标志着我国专门的环境保护工作开始起步,环保事业成为我国的重要事业。⑤ 这部法律对农村环保问题作出了明确规定:注意改良土壤,多使用有机肥料,防止有害物质、放射性物质的污染和积累;努力发展新化学农药,尽量做到对人畜毒害低、对农作物水源和土壤残留少;逐步减少滴滴涕、六六粉等农药的使用。⑥ 这标志着环境保护观念开始在农村传播。1974年10月,国务院环境保护领导小组成立,这是中国现代环保史上第一个环保机构,标志着中央有了专门的环境保护主管机构。

---

① 《毛泽东文集》第6卷,人民出版社1999年版,第466页。
② 《中华人民共和国水土保持暂行纲要》,《中华人民共和国国务院公报》1957年第33期。
③ 《毛泽东文集》第8卷,人民出版社1999年版,第72、101页。
④ 《1956年到1967年全国农业发展纲要》,《土壤通报》1960年第3期。
⑤ 《全国环境保护会议回顾》,http://www.cenews.com.cn/subject/2018/0516/a_4113/201805/t20180516_874359.html。
⑥ 《关于保护和改善环境的若干规定(试行草案)》,《工业用水与废水》1974年第2期。

1949—1977 年,我国农村环境保护也取得了较大成效。一是森林覆盖率有了较大提高。到 1977 年,我国森林覆盖率为 12.7%,比 1949 年(为 8.6%)提高了 4.1 个百分点。① 二是耕地的生产力大幅度提高。这一时期尽管化肥使用较少,但农产品增产幅度较大。1977 年化肥施用量为 648 万吨,农作物总播种面积有 14933 万公顷(其中粮食种植面积为 12040 万公顷),粮食、棉花、油料的总产量分别达到 28273 万吨、205 万吨、402 万吨(见表 1-2)。也就是说,平均每公顷使用化肥不到 44 公斤(每亩不到 3 公斤),但粮食亩产达到了 156.54 公斤,比 1949 年粮食亩产(为 68.62 公斤)增加了 87.92 公斤。这说明水利建设、水土保持工作、有机肥的使用等已经取得了显著成效。整体来说,这一时期,尽管原始森林减少、野生动植物种类减少,但从农业生产和农民生活的角度来看,整个农村环境还是变好了:除局部地区外,绝大多数是青山绿水,农村卫生环境和农田水利条件有了较大改善。

二、环保法治化与生态文明建设起步时期(1978—2012)

1978 年 3 月通过的《宪法》规定:"国家保护环境和自然资源,防治污染和其他公害。"这是新中国成立以来第一次在宪法中对环境保护作出明确规定,标志着环保法治化的开始②。整体来说,这一时期,党中央一直都比较重视环境保护,对环境保护的认识一直在提高,对人与自然的关系理解逐渐科学;国家制定了一系列的保护和改善生态环境的政策法律,生态环境保护的体制机制逐渐健全;保护农村生态环境力度越来越大,国家重点生态功能区建设战略逐渐形成。

---

① 《中国林业工作手册》编纂委员会:《中国林业工作手册》,中国林业出版社 2006 年版,第 3—4 页。

② 1982 年 12 月 4 日通过的《宪法》提出:国家推行计划生育,使人口的增长同经济和社会发展计划相适应;国家保护和改善生活环境和生态环境,防治污染和其他公害;国家组织和鼓励植树造林,保护林木。这些内容一直延续至今,这说明自 1978 年 3 月以来,"保护和改善生活环境和生态环境、防治污染和其他公害"的国策一直存在于我国的根本大法中。

（一）党中央逐渐提高了对生态环境保护的认识

1982 年 9 月，党的十二大报告提出"坚决控制人口增长、坚决保护各种农业资源、保持生态平衡"，标志着"保持生态平衡"成为中国共产党的执政理念。之后，党的历次全国代表大会的主题报告都有关于生态环境方面的论述，论述的文字越来越多，每次都有新理念（参见附录 2）：十二大报告有 100 多字、一句话；十三大报告有近 300 字、一段话；十四大报告已经成为一节，达到 400 字，"严格控制人口增长和加强环境保护"成为必须努力实现的关系全局的十个主要任务之一；十五大报告不仅多处论及生态环境，而且明确了"可持续发展"理念；十六大报告在总结基本经验、确立奋斗目标和提出发展战略时都强调了生态环境与经济社会的协调，还提出了"促进人与自然的和谐，推动整个社会走上生产发展、生活富裕、生态良好的文明发展道路"目标；十七大报告提出"建设资源节约型、环境友好型社会""建设生态文明"和"按照形成主体功能区的要求完善区域政策"，主体功能区制度成为我国国土区域规划的基本制度。

党的十二大以来，党中央不仅通过党的全国代表大会的主题报告不断强化和更新生态环境保护的理念，完善和健全生态环境保护方针政策；而且通过提出制定国民经济和社会发展五年计划（或十年规划、远景目标）的建议不断提出保护生态环境的新理念和新举措，关于农村环境保护的措施有许多（参见附录 3）。"七五"计划建议提出，按照自然规律和经济规律的客观要求，认真进行国土开发和整治的研究及实施规划。"八五"计划建议提出，"林业是农业稳产高产的生态屏障""加强防护林建设""提倡施用农家肥"。"九五"计划和 2010 年远景目标的建议提出，生态环境问题是在未来 15 年国民经济和社会发展中必须高度重视和下大力气解决关系全局的重大问题之一，必须实现经济和社会可持续发展、经济增长方式从粗放型向集约型转变，大力发展生态农业。"十五"计划建议提出，实施可持续发展战略是关系中华民族生存和发展的长远大计，严格执行基本农田保护制度，重视农村污染的治理。"十一五"规划建议提出,加快建设资源节约型、环境友好型社会,各地区要按四类区域的功能定位发展。"十二五"规划建议提出"降低温室气体排放强度""治理农业面源污染""实施主体功能区战略"等。

(二)生态环境保护的法律政策体系和体制机制逐渐建立、健全、完善

这一时期,政府的环保机构地位逐步上升,环保职能逐渐强化。1982 年 3 月,城乡建设环境保护部组建,下设环境保护局,随后各级地方政府也成立了专门的环保部门,标志着我国政府建立了完备的环保部门,环保行政管理体制的正式建立。1984 年 12 月,环境保护局改为国家环境保护局,虽然仍归城乡建设环境保护部领导,但相对独立,地位有所提高,其对全国环境保护的规划、协调、监督和指导的能力提升。1988 年 7 月,国家环境保护局从城乡建设环境保护部中独立,升格为国务院直属机构(副部级),随后各级地方政府的环保部门也成为政府直属部门。这标志着我国的环境保护管理工作由过去的一般性管理、定性管理向具体措施管理方向迈进。① 1998 年 6 月,国家环境保护局升格为国家环境保护总局(正部级),表明国家对环保更加重视,政府环保管理能力提升。2008 年 7 月,国家环境保护总局升格为环境保护部,成为国务院组成部门。国务院环保部门的行政级别提升、机构独立、管理职能扩大,说明了国家对生态环境保护的重视程度提高,对生态环境保护的管理越来越强化、专业,生态环境保护的体制机制在逐步建立健全。

这一时期,国务院发布了一系列关于环境保护的专项文件,加强了保护和治理生态环境的规划,重点生态功能区逐渐明确,主体功能区战略逐渐形成并开始实施(参见附录 5):1981 年提出调整国民经济必须加强环境保护。1982 年提出征收排污费。1983 年提出把"三废"治理、综合利用和技术改造有机地

---

① 秦书生:《改革开放以来中国共产党生态文明建设思想的历史演进》,《中共中央党校学报》2018 年第 2 期。

结合起来。1984 年提出从中央到乡镇都必须有领导分管环境保护工作并认真保护农业生态环境。1990 年提出停产治理严重污染环境、影响附近居民正常生活的企业,限期治理浪费资源和能源、严重污染环境的企业,关停直接危害城镇饮用水源的企业,禁止在饮用水源保护区和环境敏感地区及自然保护区新建污染环境的建设项目。① 饮用水源保护区和环境敏感地区及自然保护区是后来的重点生态功能区的基础,说明已经有了朦胧的重点生态功能区的理念。1992 年提出推广生态农业、加强生物多样性的保护。② 1996 年规定了环境质量行政领导负责制,提出坚决控制新污染、加快治理老污染、禁止转嫁废物污染、积极保护生物多样性。③ 1998 年提出,把目前生态环境最为脆弱、对改善全国生态环境最具影响、对实现近期奋斗目标最为重要的黄河长江上中游地区、风沙区和草原区作为全国生态环境建设的重点地区。④ 它标志着国家重点生态功能区建设战略初步形成。2000 年提出,重要生态功能区的现有植被和自然生态系统应严加保护,生态良好地区特别是物种丰富区应重点保护。⑤ 它表明国家重点生态功能区建设战略基本形成。2007 年发布了全国主体功能区规划的编制意见,确立了以人为本、集约开发、尊重自然、城乡统筹、陆海统筹的编制原则⑥,标志着主体功能区战略开始实施。2010 年颁布了《全国主体功能区规划》,详细列举了国家重点生态功能区的名称、范围和国家禁止开发区域的名称、面积,标志着国家主体功能区的基本划定、国家主体功能区战略实施取得重大进展、国家重点生态功能区正式确定。

---

① 《国务院关于进一步加强环境保护工作的决定》,http://www.gov.cn/xxgk/pub/govpublic/mrlm/201012/t20101217_63155.html。

② 《我国环境与发展十大对策》,《环境保护》1992 年第 11 期。

③ 《国务院关于环境保护若干问题的决定》,http://www.law-lib.com/law/law_view.asp?id=63117。

④ 《全国生态环境建设规划》,《生态农业研究》1999 年第 1 期。

⑤ 《全国生态环境保护纲要》,《中国水土保持》2001 年第 4 期。

⑥ 《国务院关于编制全国主体功能区规划的意见》,http://www.gov.cn/zwgk/2007-07/31/content_702099.htm。

这一时期,环境立法得到较快发展。1979年通过了我国第一部环境保护综合法——《环境保护法》并公布试行。这部环境保护法建立了"三同时"制度①和确立了"谁污染谁治理"原则②。1989年《环境保护法》正式通过并公布施行。这部正式施行的环境保护法相对于试行的环境保护法有很大的进步:(1)对环境的定义更科学,环境被定义为"是指影响人类生存和发展的各种天然的和经过人工改造的自然因素的总体,包括大气、水、海洋、土地、矿藏、森林、草原、野生生物、自然遗迹、人文遗迹、自然保护区、风景名胜区、城市和乡村等";而试行的环境保护法在定义环境时不包括"海洋"和"人文遗迹","野生动物、野生植物、水生生物"分类不科学,"生活居住区"也没有"城市和乡村"范围广。(2)强调"一切单位和个人都有保护环境的义务",而不是有监督、检举和控告的权利。这更有利于唤醒所有单位和个人的环境保护意识和责任,因为如果是权利,就可以放弃;而义务是必须履行的。(3)结构更详备。总则和附则之外,分为环境监督管理、保护和改善环境、防治环境污染和其他公害、法律责任四章;而试行的环境保护法总则和附则之外分为保护自然环境、防治污染和其他公害、环境保护机构和职责、科学研究和宣传教育、奖励和惩罚,没有突出法律责任。(4)更具有可操作性(便于执法部门执行)。如明确了"三同时"制度的管理主体及其违反的责任和执行的程序③。在公布实施

---

① 即一切企业、事业单位在进行新建、改建和扩建工程时必须提出对环境影响的报告书,经环境保护部门和其他有关部门审查批准后才能进行设计,其中防止污染和其他公害的设施必须与主体工程同时设计、同时施工、同时投产,各项有害物质的排放必须遵守国家规定的标准。

② 即已经对环境造成污染和其他公害的单位应当按照"谁污染谁治理"的原则积极治理或者报请主管部门批准转产、搬迁。

③ 法律规定:"防治污染的设施必须经原审批环境影响报告书的环境保护行政主管部门验收合格后,该建设项目方可投入生产或者使用;防治污染的设施不得擅自拆除或者闲置,确有必要拆除或者闲置的,必须征得所在地的环境保护行政主管部门同意。""建设项目的防治污染设施没有建成或者没有达到国家规定的要求而投入生产或者使用的,由批准该建设项目的环境影响报告书的环境保护行政主管部门责令停止生产或者使用,可以并处罚款。""未经环境保护行政主管部门同意,擅自拆除或者闲置防治污染的设施,污染物排放超过规定的排放标准的,由环境保护行政主管部门责令重新安装使用,并处罚款。"

环境保护的综合性法律的同时,还颁布了环境保护的专门法,而且都经过了一次到两次的修订完善。在这一时期颁布并经过了一次修改的环境保护的专门性法律如《海洋环境保护法》(1982 年 8 月通过、1999 年 12 月修订)、《固体废物污染环境防治法》(1995 年 10 月通过、2004 年 12 月修订)、《水土保持法》(1991 年 6 月通过、2010 年 12 月修订)、《动物防疫法》(1997 年 7 月通过、2007 年 8 月修订)。在这一时期颁布并经过了两次修改的环境保护的专门性法律如《森林法》(1984 年 9 月通过、1998 年 4 月修订、2009 年 8 月第二次修改)、《水污染防治法》(1984 年 5 月通过、1996 年 5 月修订、2008 年 2 月第二次修改)、《大气污染防治法》(1987 年 9 月通过、1995 年 8 月修订、2000 年 4 月第二次修正)、《草原法》(1985 年 6 月通过、2002 年 12 月修改、2009 年 8 月第二次修改)。此外,为加强土地资源的管理和保护,《土地管理法》于 1986 年 6 月通过、1988 年 12 月第一次修正、1998 年 8 月全面修订、2004 年 8 月第二次修正;为控制人口,于 2001 年 12 月通过了《人口与计划生育法》;为防治环境噪声污染,于 1996 年 10 月通过了《环境噪声污染防治法》。1997 年 3 月通过的《刑法》(修订)增加了"破坏环境资源罪"。这些法律颁布实施及其修改完善,表明我国环境保护的法律体系基本建立并越来越完善。

(三)保护农村生态环境力度逐渐加大

这一时期对农村生态环境的保护力度逐渐加大,主要体现在对农业生产条件特别是对耕地的保护越来越严格、防止水土流失和水土污染的政策法律体系逐渐完备。1979 年 9 月,党的十一届四中全会提出,以粮食生产为主的农业区要继续以治水和改良土壤为中心,大力植树种草,实行山、水、田、林、路综合治理;垦荒不准破坏森林、草原和水利设施;广泛推行科学施肥、科学用药,认真研究防治化肥、农药对作物、水面、环境造成污染的有效方法,并且积极推广生物防治;切实保护森林,严禁乱砍滥伐。① 同月试行的《环境保护法》也明确规定:因地制宜地合理使用土地、改良土壤、增加植被,防止土壤侵蚀、板结、盐碱化、沙漠化和水土流失;积极发展高效、低毒、低残留农药,推广综合防治和生物防治,合理利用污水灌溉,防止土壤和作物的污染②。1982 年中央1 号文件规定:严禁在承包土地上盖房、葬坟、起土;严格控制机关、企业、团体、部队、学校、社队占用耕地,特别是城市附近的菜地更不应占用,对非法占用或不合理占用的必须加以纠正和处理;要重视利用农家肥、绿肥、豆科作物,发展薪炭林、小水电、沼气池,实行秸秆还田,以调节土壤化学物理性能,增加土壤有机质;要努力生产高效低残毒农药,力争尽快取代原有的那些高残毒农药。③ 1984 年,《水污染防治法》和《森林保护法》先后颁布实施:前者规定,向农田灌溉渠道排放工业废水和城市污水应当保证下游最近的灌溉取水点的水质符合农田灌溉水质标准;后者规定:植树造林保护森林是每个公民应尽的义务,各级人民政府都应当组织全民义务植树开展植树造林活动。1987 年 1 月1 日开始实施的《土地管理法》规定,各级人民政府必须贯彻执行十分珍惜和合理利用土地的方针,制止乱占耕地和滥用土地的行为。这标志着保护、开发土地资源和切实保护耕地已经有了法律依据。

1989 年颁布实施的《环境保护法》相对于试行的环境保护法进一步强化了对农业环境的保护。之后,颁布或修改的环境保护类法都在强化对农业环境的保护。如 1991 年颁布实施的《水土保持法》规定:一切单位和个人都有保护水土资源、防治水土流失的义务,并有权对破坏水土资源、造成水土流失的单位和个人进行检举;县级以上人民政府应当依据水土流失的具体情况,划

---

① 《中共中央关于加快农业发展若干问题的决定》,载《三中全会以来重要文献选编》(上),人民出版社 2011 年版,第 163—166 页。

② 《中华人民共和国环境保护法(试行)》,http://www.npc.gov.cn/wxzl/gongbao/2000 - 12/10/content_5004381.htm。

③ 《全国农村工作会议纪要》,载《三中全会以来重要文献选编》(上),人民出版社 2011 年版,第 367、375 页。

定水土流失重点防治区,进行重点防治;禁止在二十五度以上陡坡地开垦种植农作物,已在禁止开垦的陡坡地上开垦种植农作物的应当在建设基本农田的基础上根据实际情况逐步退耕、植树种草、恢复植被或者修建梯田。2010 年修订的《水土保持法》增加了"规划"一章,明确了应当划定为水土流失重点预防区(水土流失潜在危险较大的区域)和应当划定为水土流失重点治理区(水土流失严重的区域)的范围,法律责任进一步明确,特别是明确了罚款额度。土地管理法的多次修订或修正,也充分体现了强化对农业环境保护的原则。1988 年的修改将责令限期治理可以并处罚款范围由"致使耕地丧失种植条件"扩大到"严重毁坏种植条件";1998 年的修订明确提出"十分珍惜、合理利用土地和切实保护耕地是我国的基本国策";国家实行土地用途管制制度,严格限制农用地转为建设用地,控制建设用地总量,对耕地实行特殊保护;"耕地保护"成为单独的第四章;加重了破坏种植条件和造成土地荒漠化、盐渍化的法律责任:责令限期改正或者治理,可以并处罚款;构成犯罪的,依法追究刑事责任。

这一时期,国务院颁布的关于生态环境保护的专门文件都有关于保护农业生产和水土资源的要求(参见附录 5)。

这一时期实施的有助于从根本上控制水土流失和改善国家重点生态功能区生态环境的政策就是退耕还林还草政策。1991 年颁布实施的《水土保持法》要求二十五度以上陡坡地开垦种植农作物的应当在建设基本农田的基础上根据实际情况逐步退耕、植树种草、恢复植被或者修建梯田。1998 年的大洪水后,党的十五届三中全会提出过度开垦、围垦的土地要有计划有步骤地还林、还草、还湖;中央 15 号文件也提出加大退耕还林和"坡改梯"力度:逐步实施 25 度以上坡地的退耕还林,加快 25 度以下坡地"坡改梯",在退耕还林过程中要注意解决好退耕农民的口粮、烧柴问题。此后,长江、黄河流域上中游 25 度以上的坡耕地有 7000 多万亩开始了退耕还林,25 度以下坡耕地约 2 万亩开始"坡改梯";并且逐渐加大了国家对退耕还林的补贴(参见附录 5)。1999 年至 2011 年,全国累计完成退耕还林工程建设任务 2894.4 万公顷,相当于再造了一个东北和内蒙古的国有林区。①

这一时期,国家环境污染治理的投入不断加大。20世纪80年代初期,每年为25亿至30亿元,到80年代末期每年超过100亿元,"九五"期末达到1010亿元,"十五"期末达到2565亿元,"十一五"期末达到7612亿元。② 环境治理的成效最突出的表现是森林覆盖率的提高,由1978年的12%提高到2012年的20.36%③。另一成绩是自然保护区的面积扩大,到2012年时达到14979万公顷④。但耕地面积在1979—1994年持续下降,从9949.8万公顷下降到9490.7万公顷,15年下降了459.1万公顷,1995年后才控制住了下降趋势;化肥施用量增长的幅度远远超过农产品增长幅度,1978—2012年,化肥施用量和粮食、棉花、油料总产量分别由884万吨、30477万吨、217万吨、522万吨增长到5839万吨、58958万吨、684万吨、3437万吨,分别增长5.6倍、0.93倍、2.15倍、5.59倍(见表1-2)。总体来说,全国土地荒漠化和沙化的总趋势在1999年后被控制,荒漠化土地和沙化土地的总面积在1999年后均在减少,1999—2009年年均分别减少5038平方公里和1500平方公里(见表1-5);农村水土流失日趋严重的趋势在2000年后被逐渐控制,在2010年后开始好转;但农村水土污染仍在加重。

三、生态文明建设全面推进时期(党的十八大以来)

2012年11月,党的十八大将生态文明建设纳入"五位一体"总体布局

---

① 《消息称十几个省区明确要求重启退耕还林工程》,https://finance.sina.com.cn/nongye/nyhgjj/20121107/095313601018.shtml。

② 《环境保护效果持续显现 生态文明建设日益加强——新中国成立70周年经济社会发展成就系列报告之五》,http://www.stats.gov.cn/tjsj/zxfb/201907/t20190718_1677012.html。

③ 数据来源:《中国森林覆盖率连年提高 比2012年提升了1.57个百分点》(http://news.wmxa.cn/shehui/201709/509612.html)和《新中国奇迹 森林覆盖率约8.6%↗22.96%》(http://lyj.gd.gov.cn/news/forestry/content/post_2584438.html)。

④ 《2012年中国环境状况公报》,http://www.mee.gov.cn/hjzl/zghjzkgb/lnzghjzkgb/index_1.shtml。

并放在突出地位：树立尊重自然、顺应自然、保护自然的生态文明理念，把生态文明建设放在突出地位，融入经济建设、政治建设、文化建设、社会建设各方面和全过程①。自此，我国的生态环境保护进入生态文明建设全面推进时期。

党的十八大以来，党中央将生态环境保护提高到了一个新高度，生态环境明显改善：不仅创新了生态环境保护的理论，形成了习近平生态文明思想②；而且健全和完善了生态环境保护与建设的制度体系与体制机制，形成了生态文明制度体系和体制机制；农村生态环境保护的力度加大，美丽乡村建设取得重大进展，国家重点生态功能区的生态产品供给能力显著增强。

（一）生态文明制度体系加快形成和生态环境保护的体制机制逐步完善

党的十八大以来，以习近平同志为核心的党中央把生态文明建设作为统筹推进"五位一体"总体布局和协调推进"四个全面"战略布局的重要内容，制定并实施了关于生态文明建设和生态环境保护的系列文件，不仅有关于大气污染防治、水污染防治等专项治理的和关于领导干部生态环境损害责任追究办法、生态环境损害赔偿制度改革试点方案等单项政策的，而且有关于生态环境保护和生态文明建设的系统性和综合性的顶层设计（参见附录10）。

党的十八大后，关于生态环境保护和生态文明建设的系统性和综合性的顶层设计的文件都是中共中央、国务院制定的（参见附录6）。《关于加快推进生态文明建设的意见》不仅确立了生态文明建设的指导思想、基本原则、主要目标，而且提出了生态文明建设的8项措施③。《生态文明体制改革总体方案》明确了2020年前生态文明体制改革的目标：构建起生态文明制度体系的

---

① 《胡锦涛文选》第3卷，人民出版社2016年版，第644页。
② 本书的导论部分已有概述，本节不再阐述。
③ 《中共中央国务院关于加快推进生态文明建设的意见》，《光明日报》2015年5月6日。

"四梁八柱"①。它标志着我国已经开始系统性、整体性、协同性地推进生态文明体制改革,生态文明制度体系基本建立。《关于全面加强生态环境保护坚决打好污染防治攻坚战的意见》是新时代全面加强生态环境保护、打好污染防治攻坚战的纲领性文件。它对习近平生态文明思想的形成背景、主要内容和指导地位进行了系统阐述,明确了新时代生态文明建设的总体目标和基本原则、重点打赢蓝天碧水净土三大保卫战的战略部署,确立了推动形成绿色发展方式和生活方式、加快生态保护与修复、改革完善生态环境治理体系的重要举措。②

党的十八大后,关于生态环境污染防治的专项行动计划主要是国务院制定的,有《大气污染防治行动计划》(2013年9月制定,简称"大气十条")、《水污染防治行动计划》(2015年4月制定,简称"水十条")、《土壤污染防治行动计划》(2016年5月制定,简称"土十条")。"大气十条"针对以可吸入颗粒物(PM10)、细颗粒物(PM2.5)为特征污染物的区域性大气环境问题,确立了经过5年努力使重污染天气较大幅度减少和再用5年或更长时间逐步消除重污染天气的奋斗目标,提出了10条措施。③ "水十条"针对我国一些地区水环境质量差、水生态受损重、环境隐患多等十分突出问题,确立了2020年、2030年、2050年三个阶段性工作目标④;提出了全面控制污染物排放、推动经济结构转型升级、着力节约保护水资源、强化科技支撑、充分发挥市场机制作用等措

---

① 指由自然资源资产产权制度、国土空间开发保护制度、空间规划体系、资源总量管理和全面节约制度、资源有偿使用和生态补偿制度、环境治理体系、环境治理和生态保护市场体系、生态文明绩效评价考核和责任追究制度等八项制度构成的产权清晰、多元参与、激励约束并重、系统完整的生态文明制度体系。

② 《中共中央国务院关于全面加强生态环境保护坚决打好污染防治攻坚战的意见》,《人民日报》2018年6月25日。

③ 《大气污染防治行动计划》,http://www.gov.cn/zwgk/2013-09/12/content_2486773.htm。

④ 到2020年全国水环境质量得到阶段性改善,到2030年力争全国水环境质量总体改善、水生态系统功能初步恢复,到本世纪中叶生态环境质量全面改善、生态系统实现良性循环。

施。① "土十条"针对我国土壤环境总体状况堪忧、部分地区污染较为严重的问题,明确了土壤污染防治的总体要求、工作目标、主要指标和十个方面的措施。②

党的十八大后,关于生态环境保护和生态文明建设的专项制度的文件多是中共中央办公厅和国务院办公厅联合制定的,有十几项(参见附录10)。这些文件进一步细化和完善了生态环境保护和生态文明建设的制度体系和体制机制,特别是强化了党政领导干部保护生态环境的责任。由中共中央国务院颁发的专门文件有《关于建立国土空间规划体系并监督实施的若干意见》,体现了国土空间规划在生态文明建设中的重要性。

党的十八大后,生态文明制度体系加快形成和生态环境保护的体制机制逐步完善还体现在生态环境保护法律的出台与修改方面:出台的生态环境保护法有《核安全法》(2017 年 9 月通过)、《土壤污染防治法》(2018 年 8 月通过)、《资源税法》(2019 年 8 月通过)、《生物安全法》(2020 年 10 月通过),使得生态环境保护的法律体系进一步完备;修改的关于生态环境保护的法律有《动物防疫法》(2013 年 6 月修改)、《固体废物污染环境防治法》(2013 年 6 月修正)、《海洋环境保护法》(2013 年 12 月修改)、《环境保护法》(2014 年 4 月修订)、《人口与计划生育法》(2015 年 12 月修正)、《水污染防治法》(2017 年 6 月修改)、《环境影响评价法》(2016 年 7 月和 2018 年 12 月两次修改)、《土地管理法》(2019 年 8 月修改)。这些法律的修改不仅强化生态环境的保护,

---

① 《水污染防治行动计划》,http://www.gov.cn/zhengce/content/2015-04/16/content_9613. htm。

② 总体要求为"预防为主、保护优先、风险管控,突出重点区域、行业和污染物";工作目标分为 2020 年、2030 年、2050 年三个阶段,分别为农用地和建设用地土壤环境安全得到基本保障、农用地和建设用地土壤环境安全得到有效保障、土壤环境质量全面改善;主要指标为受污染耕地安全利用率、污染地块安全利用率;措施有开展土壤污染调查、推进土壤污染防治立法、实施农用地分类管理、实施建设用地准入管理、强化未污染土壤保护、加强污染源监管、开展污染治理与修复等,每个方面的措施都规定了牵头部门和参与部门。参见《土壤污染防治行动计划》,http://www.gov.cn/zhengce/content/2016-05/31/content_5078377.htm。

加大了违法的处罚力度,而且使其更切合实际、更具操作性。2014 年 4 月修订的《环境保护法》增加了 33 条,达到了 70 条,修改和新增的内容主要有以下几个方面:一是强化了各级政府的责任,如第 6 条、第 8 条、第 9 条;二是提出了建立环境资源承载能力监测预警机制和划定生态保护红线的新规定,如第 17—20 条、第 29 条;三是加大了社会监督环保的法律保障力度,增加了《信息公开和公众参与》一章共 6 条;四是加大了违法的处罚力度,设立了"按照原处罚数额按日连续处罚"和行政拘留的标准,见第 59 条和第 63 条。① 2017 年 6 月修改后的《水污染防治法》增加了"保护水生态"和"维护公众健康"的相关内容,强化了各级政府防治水污染和保护水生态的责任:将水环境质量责任主体由县级以上人民政府扩大到地方各级人民政府,要求省、市、县、乡四级建立河长制,对超过重点水污染物排放总量控制指标或者未完成水环境质量改善目标的地区政府负责人进行约谈并公布,完善了水环境的监测与评估规定,加重了对违法行为的处罚。②

　　党的十八大以来,生态环境保护的管理体制改革也取得重大进展。2015 年 11 月,党的十八届五中全会决定建立省以下环保机构监测监察执法垂直管理体制,以解决地方重发展轻环保、干预环保监测监察执法、使环保责任难以落实的问题,增强环境执法的统一性、权威性、有效性。③ 2016 年 9 月,省以下环保机构监测监察执法垂直管理体制改革的具体内容和时间表明确。④ 2018 年,组建自然资源部,统一行使全民所有自然资源资产所有者职责、所有国土空间用途管制和生态保护修复职责、监管城乡各类污染排放和行政执法职责,

---

① 《中华人民共和国环境保护法》,http://www.npc.gov.cn/wxzl/gongbao/1989 - 12/26/content_1481137.htm。

② 《全国人民代表大会常务委员会关于修改〈中华人民共和国水污染防治法〉的决定》,http://www.xinhuanet.com//politics/2017-06/28/c_1121222440.htm。

③ 习近平:《关于〈中共中央关于制定国民经济和社会发展第十三个五年规划的建议〉的说明》,《人民日报》2015 年 11 月 4 日。

④ 中共中央办公厅、国务院办公厅:《关于省以下环保机构监测监察执法垂直管理制度改革试点工作的指导意见》,《人民日报》2016 年 9 月 23 日。

基本上解决了自然资源所有者不到位、空间规划重叠等问题；组建生态环境部，统一行使生态和城乡各类污染排放监管与行政执法职责。① 省级政府的自然资源部门和生态环境部门于 2018 年底前全部完成组建，地、县两级政府的自然资源部门和生态环境部门也于 2019 年 3 月基本完成组建。

实行生态环境保护督察制度是党的十八大后完善生态环境保护的体制机制的又一重大举措。2015 年 7 月 1 日，中央全面深化改革领导小组第十四次会议审议通过《环境保护督察方案（试行）》，其目的是强化环境保护"党政同责"和"一岗双责"的要求，对问题突出的地方追究有关单位和个人责任；其重点是督察贯彻党中央决策部署、解决突出环境问题、落实环境保护主体责任的情况。② 2015 年 9 月制定的《生态文明体制改革总体方案》明确提出建立国家环境保护督察制度。2016 年 1 月 4 日，被称为"环保钦差"的中央环保督察组正式亮相，首站选择河北进行督察。③ 第一轮中央环保督察在 2016—2017 年覆盖全国 31 个省份，在 2018 年 5 月和 10 月分两批对 20 个省份开展"回头看"④。各省、自治区、直辖市也在 2016—2017 年相继成立省级环保督察并完成了对辖区内的环保督察。2019 年 6 月印发的《中央生态环境保护督察工作规定》进一步规范了生态环境保护督察工作：中央生态环境保护督察包括例行督察、专项督察和"回头看"等；原则上在每届党的中央委员会任期内，应当对各省自治区直辖市党委和政府、国务院有关部门以及有关中央企业开展例行督察，并根据需要对督察整改情况实施"回头看"，针对突出生态环境问题视情况组织开展专项督察；生态环境保护督察实行中央和省、自治区、直辖市

---

①　《深化党和国家机构改革方案》，http://www.xinhuanet.com/politics/2018 – 03/21/c_1122570517.htm。

②　《习近平主持召开中央全面深化改革领导小组第十四次会议》，http://politics.people.com.cn/n/2015/0701/c1024-27239671.html。

③　《揭秘中央环保督察组：部级干部任组长中纪委参加》，www.mnw.cn/news/china/1075757.html。

④　《第二轮中央生态环保督察今年启动》，https://baijiahao.baidu.com/s? id = 1626557721465149642&wfr=spider&for=pc。

两级督察体制,省、自治区、直辖市生态环境保护督察可以采取例行督察、专项督察、派驻监察等方式开展工作;地市级及以下地方党委和政府应当依规依法加强对下级党委和政府及其有关部门生态环境保护工作的监督。①

(二)美丽乡村建设取得重大进展

党的十八大以来,农村环境保护也得到了高度重视。这不仅体现在关于生态环境保护和生态文明建设的系统性和综合性的顶层设计的文件和法律都加强了对农村生态环境的保护,提出了一些新举措;而且体现在制定了系列针对农村生态环境保护和治理的专门文件,提出了更具有操作性的政策。2014年修改的《环境保护法》增加了农村生态环境保护的条款,如第33条规定。2017年10月,《关于创新体制机制推进农业绿色发展的意见》提出,把农业绿色发展摆在生态文明建设全局的突出位置,全面建立以绿色生态为导向的制度体系。② 2018年2月,《农村人居环境整治三年行动方案》确立了推进农村生活垃圾治理、开展厕所粪污治理、梯次推进农村生活污水治理、提升村容村貌、加强村庄规划管理、完善建设和管护机制等6项重点任务。③ 2019年8月修改的土地管理法加强了对耕地特别是永久基本农田的保护。④

(三)生态环境持续改善

党的十八大以来,生态环境保护成效显著。2012—2020年,国内生产总值由519322亿元提高到1015986亿元,能源消费总量由36.2亿吨标准煤提

---

① 《中办国办印发中央生态环境保护督察工作规定》,《人民日报》2019年6月18日。
② 中共中央办公厅、国务院办公厅:《关于创新体制机制推进农业绿色发展的意见》,《人民日报》2017年10月1日。
③ 中共中央办公厅、国务院办公厅:《农村人居环境整治三年行动方案》,《人民日报》2018年2月6日。
④ 《全国人民代表大会常务委员会关于修改〈中华人民共和国土地管理法〉〈中华人民共和国城市房地产管理法〉的决定》,http://www.xinhuanet.com/2019-08/26/c_1124923935.htm。

高到49.8亿吨标准煤,每万元消耗的标准煤由6971千克下降到4902千克,下降了42%;国家级自然保护区由363个增长到474个;近岸海域301个海水水质监测点中,达到国家Ⅰ、Ⅱ类海水水质标准的监测点占比由69.4%提高到77.4%,Ⅲ类海水占比由6.6%提高到7.7%,Ⅳ类、劣Ⅳ类海水占比由23.9%下降到14.9%。①

农村环境也有较大改善。2012—2020年,耕地面积、有效灌溉面积分别从12172万公顷、6249万公顷提高到12790万公顷、6916万公顷,化肥施用量在2015年后连续保持下降趋势,但粮食总产量保持了增长的趋势(见表1-2)。农村污水治理、生活垃圾的无害化处理、土地整治也有了很大提高。

第三节 贫困县与国家重点生态功能区的耦合

贫困县与国家重点生态功能区不仅存在着空间的重合,而且贫困县的扶贫开发政策与国家重点生态功能区的生态环境保护政策也存在瞄准目标上的部分重合。充分认识这一特点,是研究国家重点生态功能区贫困县整体脱贫的长效机制的基础。

一、贫困县的确定与调整

设立贫困县是为了在解决农村贫困问题时突出重点,集中力量解决连片贫困地区的问题,特别是集中力量解决少数民族聚居地区(简称"民族地区"或"少数民族地区")、革命老根据地(简称"革命老区",2000年后认定的全国革命老区共有1328个县市,见附录8)、边远地区(或边疆地区、边境地区)的贫困问题。这些地区主要集中在工业化水平相对较低的中西部地区,这些地区既是我国的农产品的主要供给地,也是我国的生态屏障。解决好这些地区

---

① 根据国家统计局网站的全国年度统计公报《2012年国民经济和社会发展统计公报》和《2020年国民经济和社会发展统计公报》计算。

的贫困问题有重要的经济意义和政治意义①,它体现了中国共产党的初心使命和社会主义的本质,对于协调区域城乡关系、扩大内需和改善生态环境具有促进作用。设立贫困县并在资金和政策方面给予重点扶持,是我国在经济社会发展水平总体不高、扶贫资源有限的情况下实现扶贫开发区域瞄准的主要方法,也是我国解决区域发展不平衡、城乡差距过大和生态环境恶化等问题的主要措施。1986 年确定了 258 个贫困县,1993 年增加到 331 个,1994 年调整为 592 个贫困县,2001 年调整 89 个,总数仍为 592 个;2011 年调整到 832 个②。

1986 年确定的 258 个贫困县分为三类:1985 年农民人均纯收入低于 150元的县,农民人均纯收入低于 200 元的少数民族自治县(简称为"民族县",多在边疆),农民人均纯收入低于 300 元,在民主革命时期作出过重大贡献、在海内外有较大影响的革命老根据地县(简称"革命老区县")。第一类县(可称为特困县)只有 83 个,不到 1/3;而农民人均年收入在 200—300 元之间的有93 个,超过 1/3。由于农民人均年收入在 200—300 元之间的全部为革命老区县,农民人均年收入低于 200 元的县也有相当数量的革命老区县,可以推算出,第一批 258 个贫困县中革命老区县占大多数。1987 年新增 15 个贫困县,有 13 个是革命老区县;1988 年新增 27 个贫困县,全部是民族县。③ 这说明,我国最初确定贫困县不仅考虑了收入等经济因素,而且考虑了革命贡献、民族团结、边疆稳定等政治因素。

1994 年调整贫困县的标准为:凡是 1992 年人均纯收入低于 400 元的县(特困县)全部纳入,凡是 1992 年人均纯收入高于 700 元的全部退出④。也就

---

① 《中共中央、国务院关于帮助贫困地区尽快改变面貌的通知》,载《十二大以来重要文献选编》(中),人民出版社 2011 年版,第 29 页。

② 《国务院扶贫办对十三届全国人大一次会议第 3986 号建议的答复》,见北大法宝 V6 官网(法宝引证码 CL1.4.5062924)。

③ 查道林、黄胜忠:《村庄财政与反贫困的瞄准目标》,《理论月刊》2004 年第 10 期。

④ 因为根据当时的典型测算,凡是超过 700 元的县,90% 以上的贫困人口基本上解决温饱问题。

是说人均纯收入在 400—700 元的贫困县多为革命老区县、民族县、边疆县。1994 年确定的 592 个贫困县,大多数仍为革命老区县,少部分属于革命老区县、民族县、边疆县三者的重合(参见附录 7、附录 8)。如福建省的 8 个贫困县,除周宁县是二类革命老区县外,其他 7 个——屏南县、寿宁县、柘荣县、长汀县、上杭县、武平县、连城县,全部属于一类革命老区;海南省的 5 个贫困县——通什市(后改名为"五指山市")、屯昌县、琼中自治县、陵水自治县、保亭自治县全部是革命老区县,其中后 2 个同时是民族县、边疆县。

2001 年,贫困县改称国家扶贫开发工作重点县。确定的标准(即测定各种贫困县比例的方法)为"631 指数法"。即贫困人口比例高的县数占 60%,其中绝对贫困人口比例高的县与低收入人口比例高的县各占 80% 与 20%;农民人均纯收入较低的县数占 30%;人均收入低、人均 GDP 低、人均财政收入低的县数占 10%,其中人均收入低是指 2000 年县域农民人均纯收入低于 1300 元(革命老区、民族地区、边疆地区县域农民人均纯收入低于 1500 元),人均 GDP 低指低于 2700 元,人均财政收入低指低于 120 元。东部不再确定贫困县,全国仍为 592 个①。同时,西藏自治区作为特殊扶持区域,整体享受贫困县待遇,不占贫困县指标。② 2001 年国家在确定贫困县时,除了特困地区(2000 年县域农民人均纯收入低于 1300 元的县)是以经济标准为主外,在确定革命老区、民族地区、边疆地区的贫困县时仍考虑了政治因素,而且在考虑政治因素时除了考虑民族团结、边疆稳定、革命贡献等因素外,还考虑了东部与中西部的区域协调发展、生态环境的保护与可持续发展等因素;贫困人口集中的中西部革命老区、民族地区、边疆地区和特困地区成为扶贫开发的重点,贫困县全部在这四类地区中确定;坚持可持续发展成为扶贫的基本方针,扶贫

---

① 《国家贫困县系列报道之六:"脱贫不摘帽"专家建议取消评定贫困县》,politics.people. com.cn/GB/8198/15790979.html。

② 《国家扶贫开发工作重点县和连片特困地区县的认定》,http://www.gov.cn/gzdt/ 2013-03/01/content_2343058.htm。

开发与资源保护、生态建设、计划生育相结合成为扶贫的基本原则,促进资源、人口、环境的良性循环和提高贫困地区可持续发展的能力成为扶贫的主要目标①。

2011 年,国家对贫困县进行了第三次大调整:国家扶贫开发工作重点县总量仍为 592 个,但有 38 个变动;14 个连片特困地区的 680 个县全部成为贫困县。二者交叉 440 个县,扣除交叉,共计 832 个贫困县。这次国家扶贫开发工作重点县的调整有两个特点:一是权力下放到省,即允许各省根据实际情况,按"高出低进、出一进一、严格程序、总量不变"的原则进行调整;二是向连片特困地区倾斜,各省在调整时不得将连片特困地区内国家扶贫开发工作重点县指标调到片区外使用,其结果是 14 个连片特困地区内的国家扶贫开发工作重点县数量由 431 个增至 440 个。这 14 个连片特困地区是按集中连片、突出重点、全国统筹、区划完整的原则确定的。具体方法是,以 2007—2009 年 3 年的人均县域国内生产总值、人均县域财政一般预算性收入、县域农民人均纯收入等与贫困程度高度相关的指标为标准,这 3 项指标均低于同期西部平均水平且自然地理相连、气候环境相似、传统产业相同、文化习俗相通、致贫因素相近的县(市、区)划为连片特困地区。在划分过程中,对民族地区县、革命老区县和边疆地区县采用了增加权重的办法予以倾斜照顾。进入以上 14 个连片特困地区的县共有 680 个,其中民族地区县 371 个、革命老区县 252 个、边疆地区县 57 个,②分别占 54.56%、37.06%、8.38%。而 14 个连片特困地区之外的贫困县也有很大比例的民族地区县、革命老区县、边疆地区县,如海南省的 5 个贫困县——五指山市、白沙县、保亭县、琼中县、临高县,全部是革命老区县,其中前 4 个是民族地区县;内蒙古自治区有 23 个贫困县不在连片特困地区,在各省级区域中连片特困地区之外贫困县最多,但这 23 个

---

① 《中国农村扶贫开发纲要(2001—2010 年)》,《山区开发》2003 年第 3 期。
② 《国家扶贫开发工作重点县和连片特困地区县的认定》,http://www.gov.cn/gzdt/2013-03/01/content_2343058.htm。

全部为民族地区县,多数属边疆地区县,有 7 个革命老区县(参见附录 8)。832 个贫困县中属于国家重点生态功能区的有 433 个县(参见附录 9)。可见,这次贫困县的调整仍体现了向中西部民族地区、革命老区、边疆地区和特困地区倾斜的原则,同时还体现了向中西部国家重点生态功能区倾斜的原则。

纵观贫困县的划定及调整历史,可以看出,国家在确定贫困县时不仅要考虑经济因素——人均纯收入、人均财政收入等;而且要考虑政治因素——民族团结、边疆稳定、革命贡献等,2000 年后的政治因素还增加了生态环境保护、区域协调发展等因素。也就是说,国家确定贫困县既坚持了优先解决特困地区的贫困问题,还一直坚持了向革命老区、民族地区、边疆地区倾斜的原则,后来还增加了向国家重点生态功能区倾斜的原则。只有优先解决特困地区的贫困问题,才能体现社会主义的优越性,才能证明社会主义能够真正消除贫困。只有尽快让革命老区摆脱贫困,才能更好体现中国共产党人不忘初心、牢记使命,才能说明中国共产党人在取得革命胜利后并没有忘记革命老区为革命作出的贡献;只有让民族地区的人民过上幸福生活,才能维持民族团结;只有让边疆地区的人民生活不断改善,才能维持边疆稳定。而且,许多革命老区既是贫困地区,也是边疆地区,又是民族地区。做好脱贫攻坚工作,能为边疆稳定、民族团结打下坚实基础;搞好边境建设和发展民族事业,也能促进打赢脱贫攻坚战。[①] 21 世纪,国家在确定贫困县时向国家重点生态功能区倾斜,是因为环境就是民生,保护环境就是保护生产力,改善环境就是发展生产力。[②] 国家重点生态功能区为了提高生态产品供给能力和国家的生态安全限制了大规模高强度工业化城镇化,为保护环境作出了突出贡献,国家应重点扶持它们,让这些地区的居民尽快改善生活,摆脱贫困,过上富裕的生活;而且只有国家重点

---

① 《习近平广西考察　扎实推动经济社会持续健康发展》,《人民日报》2017 年 4 月 22 日。

② 习近平:《在省部级主要领导干部学习贯彻党的十八届五中全会精神专题研讨班上的讲话》,《人民日报》2016 年 5 月 10 日。

生态功能区的居民过上幸福生活,才有动力和能力保护生态环境,提供更多更好的生态产品。

二、国家重点生态功能区的划定与增加

国家重点生态功能区的名称确定和区域划定都是主体功能区战略实施的产物。在主体功能区战略实施前,类似于国家重点生态功能区的区域有自然保护区(自然保护地)、水源保护区、环境敏感地区、全国生态环境建设重点区、重要生态功能区、全国生态脆弱区重点保护区域等。

自然保护区指根据国家法规划定的予以特殊保护和管理的区域,主要是有代表性的自然生态系统、珍稀濒危野生动植物物种的天然集中分布区、有特殊意义的自然遗迹所在地。我国设立自然保护区始于 1956 年,第一批自然保护区是根据森林、草原分布的地带性划定的,主要是有保护价值的天然林和草原。到 2018 年,全国共有自然保护区 2750 个,总面积为 147.17 万平方公里。其中,自然保护区陆域面积为 142.70 万平方公里,占陆域国土面积的14.86%,国家级自然保护区有 463 个,总面积约 97.45 万平方公里①。

水源保护区和环境敏感地区一直是改革开放后国家环境保护的重点区域。1981 年 2 月,国务院要求重点解决位于生活居住区、水源保护区、风景游览区的工厂企业的严重污染问题②,标志着"水源保护区"的理念正式形成。1990 年 12 月,国务院要求关停直接危害城镇饮用水源的企业和禁止在饮用水源保护区、环境敏感地区及自然保护区新建污染环境的项目③。这标志着国家加大了对水源保护区和环境敏感地区的保护力度。

全国生态环境建设重点区是 1998 年 10 月提出的,指黄河长江上中游地

---

① 数据来源于《2018 年生态环境状况公报》(http://www.mee.gov.cn/hjzl/sthjzk/),2019 年开始,国家生态环境部对自然保护区统计改为自然保护地统计,2019 年各级各类自然保护地有1.18 万个,保护面积分别占全国陆域国土面积的 18%、管理海域的 4.1%。

② 《中国纺织工业年鉴》,纺织工业出版社 1982 年版,第 69 页。

③ 《中国企业管理年鉴》,企业管理出版社 1991 年版,第 259 页。

区、风沙区和草原区①。其目标是,通过重点工程的建设,把这些地区的基本农田、优质草地、水源涵养林和防风固沙林建设起来,形成带网片结合、纵横交错、相互联结、结构合理的林草植被体系和水土流失防治体系②。

重要生态功能区是 2000 年 11 月提出的,指江河源头区、重要水源涵养区、水土保持的重点预防保护区和重点监督区、江河洪水调蓄区、防风固沙区和重要渔业水域等,它们在保持流域区域生态平衡、减轻自然灾害、确保国家和地区生态环境安全方面发挥着重要作用;重要生态功能区根据重要性和地域性分为国家级、省级、地(市)级、县级,由各级政府设立和管理,其中国家级的是跨省域和重点流域、重点区域的重要生态功能区。③

全国生态脆弱区④重点保护区域是 2008 年 10 月划定的,有 19 个,主要分布在北方干旱半干旱区、南方丘陵区、西南山地区、青藏高原区及东部沿海水陆交接地区。⑤

主体功能区战略萌芽于党的十六届五中全会。当时虽没有使用"主体功能区"这一概念,也不是从生态环境保护的角度提出的,而是从区域协调发展的角度提出的,但已经蕴含了主体功能区的划分依据(资源环境承载能力和发展潜力)、区域类型(优化开发、重点开发、限制开发和禁止开发等四类)、制度支持(根据不同区域的功能定位制定相应的政策和评价指标)、战略目标(形成东中西优势互补、良性互动、各具特色的区域发展格局)⑥。

2005 年底,学界首次从区域协调发展的角度提出了"主体功能区"这一概念

---

① 《中共中央关于农业和农村工作若干重大问题的决定》,《求是》1998 年第 21 期。

② 《全国生态环境建设规划》,《生态农业研究》1999 年第 1 期。

③ 《全国生态环境保护纲要》,《中国水土保持》2001 年第 4 期。

④ 生态脆弱区也称生态交错区(Ecotone),是指两种不同类型生态系统交界过渡区域,是生态环境变化明显的区域。

⑤ 环境保护部:《全国生态脆弱区保护规划纲要》,http://www.gov.cn/gzdt/2008－10/09/content_1116192.htm。

⑥ 《中共中央关于制定国民经济和社会发展第十一个五年规划的建议》,《人民日报》2005 年 10 月 19 日。

并进行了完整定义:主体功能区是根据不同区域的发展潜力和资源环境承载能力、按区域分工和协调发展的原则划定的具有某种主体功能的规划区域。①

2006年3月,"'十一五'规划纲要"首次明确将主体功能区战略上升为国家发展战略,阐明了四类主体功能区的定位、发展方向和分类管理的区域政策导向。其中限制开发区域要突出生态环境保护等的评价,弱化经济增长、工业化和城镇化水平的评价,坚持保护优先、适度开发、点状发展,加强生态修复和环境保护,引导超载人口逐步有序转移,逐步成为全国或区域性的重要生态功能区;禁止开发区域要控制人为因素对自然生态的干扰。② 它虽然仍是从区域发展战略出发的,但加强生态环境保护的意图已经更加明显。

2007年7月,《国务院关于编制全国主体功能区规划的意见》(以下简称《意见》)下发,标志着主体功能区战略进入实施阶段。它明确了主体功能区规划的地位、编制主体功能区规划的主要原则、主要任务和工作要求。③ 相对于"十一五规划纲要",《意见》最大的进步是突出了环境保护。这主要表现在三个方面:一是将"尊重自然"列为主体功能区规划编制的主要原则,要求"开发必须以保护好自然生态为前提,发展必须以环境容量为基础,确保生态安全,不断改善环境质量,实现人与自然和谐相处";二是将"环境保护政策"列入需要完善的区域政策,要求"根据不同主体功能区的环境承载能力,提出分类管理的环境保护政策";三是明确要求"以农业为主的地区,原则上要确定为限制开发区域"。这就意味着,主体功能区战略着眼点已开始由区域协调发展向生态环境保护转变,农产品主产区和重点生态功能区都是限制开发区域。

2007年10月,党的十七大提出2020年前"主体功能区布局基本形成"的区域发展目标,并要求"加强国土规划,按照形成主体功能区的要求,完善区

---

① 邓玲:《加快主体功能区建设促进四川区域协调发展》,《四川日报》2005年12月2日。
② 《中华人民共和国国民经济和社会发展第十一个五年规划纲要》,《环境保护》2006年第6期。
③ 《国务院关于编制全国主体功能区规划的意见》,《中国勘察设计》2007年第11期。

域政策,调整经济布局"①。尽管党的十七大仍将主体功能区战略作为推动区域协调发展的举措,但也肯定了其在优化国土开发格局方面的作用,而优化国土开发格局是生态环境保护基础工程。

2010 年 10 月,党的十七届五中全会将"区域发展总体战略"和"主体功能区战略"并列,强调了区域发展格局的"人与自然和谐相处";在讲"主体功能区战略"时要求"规范开发秩序,控制开发强度,形成高效、协调、可持续的国土空间开发格局"②。这表明党中央已经开始重视主体功能区战略的生态环境保护意义。

2010 年底,国务院印发了《全国主体功能区规划》(以下简称《规划》),标志着主体功能区制度的框架体系基本形成。《规划》强化了生态文明建设的战略意向,主要表现为:一是突出生态文明的理念。提出的六大开发理念,每个理念都含有生态文明的思想,其中根据自然条件适宜性开发的理念和提供生态产品的理念完全着眼于生态文明建设;明确地将"保护自然"列入开发原则,明确规定"保护自然"就是"以保护自然生态为前提、以水土资源承载能力和环境容量为基础进行有度有序开发,走人与自然和谐的发展道路"。二是贯彻可持续发展战略。明确了划分主体功能区的两个角度(开发方式、开发内容)、两个层级(国家级、省级)。按开发方式划分,就是基于不同区域的资源环境承载能力、现有开发强度和未来发展潜力,以是否适宜或如何进行大规模高强度工业化城镇化开发为基准划分,可分为优化开发区域、重点开发区域、限制开发区域和禁止开发区域四类,其中限制开发区域包括农产品主产区和重点生态功能区两类,国家重点生态功能区都是以县级行政区域划分的;按开发内容划分,就是以提供主体产品的类型为基准划分,分为城市化地区、农产品主产

---

① 胡锦涛:《高举中国特色社会主义伟大旗帜　为夺取全面建设小康社会新胜利而奋斗——在中国共产党第十七次全国代表大会上的报告》,《人民日报》2007 年 10 月 25 日。

② 《中共中央关于制定国民经济和社会发展第十二个五年规划的建议》,《求是》2010 年第 21 期。

区和重点生态功能区三类。三是注重生态文明制度建设。相对于《意见》,《规划》在涉及国土空间开发的各项政策及制度安排的基础平台建设方面有两个亮点:(1)将绩效考核评价体系与区域政策并列。明确提出,要强化对各地区提供公共服务、加强社会管理、增强可持续发展能力等方面的评价,增加开发强度、耕地保有量、环境质量、社会保障覆盖面等评价指标,并分类设置指标体系。(2)在区域政策方面,细化了环境政策,增加了农业政策、民族政策、应对气候变化政策。细化环境政策,可以更有效地保护环境;增加农业政策,可以加大对农业的投入,奠定可持续发展的基础;我国重点生态功能区多数是民族地区,民族政策可改善少数民族的生活和提高重点生态功能区的生态产品供给能力;制定应对气候变化政策,有利于生态文明制度体系的完善和国际合作。

《规划》确定的国家重点生态功能区有 25 个,总面积约 386 万平方公里,覆盖 436 个县。相对于自然保护区、饮用水源保护区、环境敏感地区、全国生态环境建设重点区、重要生态功能区、全国生态脆弱区重点保护区域等,国家重点生态功能区有如下特征:一是范围更明确、更稳定。国家重点生态功能区是国务院划定并公布的,基本单位是县级行政区,而且一经划定除经国务院同意外不得变更①。而其他类型的生态环境保护功能区大多是环保部或发改委划定的,范围都相对模糊且容易变动。二是生态功能更全面。国家重点生态功能区分为水源涵养型、水土保持型、防风固沙型和生物多样性维护型四种类型,其中水源涵养型类似于饮用水源保护区,水土保持型和防风固沙型类似于环境敏感地区、全国生态脆弱区重点保护区域,生物多样性维护型包括国家级自然保护区等禁止开发区。三是配套政策更系统、更有力度。

---

① 国家主体功能区规划由全国主体功能区规划编制工作领导小组会同各省(区、市)人民政府编制。国务院原计划《全国主体功能区规划》于 2007 年 12 月审议,2008 年颁布,但结果是 2010 年底才颁布。一个重要的原因是部分省级人民政府担心划为国家重点生态功能区后影响地方发展而不愿让自己所辖县被过多地划为国家重点生态功能区,全国主体功能区规划编制工作领导小组成员与这些省级人民政府的领导多次协调才达成了共识。如贵州省在最初规划时约有 20 个县被确定为国家重点生态功能区,由于部分县不愿意,经过多次协调后只确定了 9 个县。

如《规划》明确规定：加大中央财政对重点生态功能区特别是中西部重点生态功能区的均衡性转移支付力度；按主体功能区安排的政府投资，主要用于支持国家重点生态功能区和农产品主产区特别是中西部国家重点生态功能区和农产品主产区的发展；重点生态功能区要按照生态功能恢复和保育原则设置产业准入环境标准；重点生态功能区实行生态保护优先的绩效评价。① 四是全部分布在内陆，主要位于中西部。国家重点生态功能区全部在内陆，是因为沿海的主体功能区涉及海洋主体功能区布局，必须陆海统筹，我国现有的国家级海洋特别保护区 23 个，总面积约 2859 平方公里②。国家重点生态功能区主要位于中西部，是因为我国地势西高东低，大江大河都发源于中西部，天然森林和天然草原主要在中西部，沙漠化、石漠化地区也主要在西部。

《规划》还要求各省级政府编制省级主体功能区规划，并提出了 19 条编制原则，比较重要的有：省级优化开发、重点开发和限制开发区域以县级行政区为基本单元；天然林保护地区，退耕还林还草地区，草原退化、沙化、碱化地区，荒漠化地区，水土流失严重地区等应确定为重点生态功能区；依法设立的省级及以下自然保护区、风景名胜区、森林公园、地质公园等，应确定为禁止开发区域。各省级人民政府按计划应在全国主体功能区规划颁布实施后 1 年内完成规划编制颁布实施③，但实际情况是，直到 2012 年 6 月黑龙江省才率先

---

① 主要考核大气和水体质量、水土流失和荒漠化治理率、森林覆盖率、森林蓄积量、草原植被覆盖度、草畜平衡、生物多样性等指标，不考核地区生产总值、投资、工业、农产品生产、财政收入和城镇化率等指标。参见《全国主体功能区规划》，http://www.gov.cn/zwgk/2011-06/08/content_1879180.htm。

② 《全国海洋主体功能区规划》，http://www.gov.cn/zhengce/content/2015-08/20/content_10107.htm。

③ 国发〔2007〕21 号文件要求：国家主体功能区规划于 2007 年 9 月形成初稿，于 12 月报国务院审议；省级主体功能区规划于 2008 年 6 月形成初稿，报领导小组办公室，与国家主体功能区规划和相邻省（区、市）主体功能区规划进行衔接；2008 年 9 月，根据衔接意见修改形成的规划，再次报领导小组办公室进行衔接；2008 年 11 月，根据衔接意见形成规划送审稿，与专家论证报告一起报省（区、市）人民政府审议。按文件要求，国家、省级主体功能区规划应分别于 2008 年底、2009 年底颁布。

颁布,2014 年才颁布的有 9 个省,其中最晚颁布的是西藏自治区,颁布时间为2014 年 11 月(参见表 1-6)。主体功能区规划编制没有按时完成,固然与2008 年发生的国际金融危机有关,但也说明规划涉及的利益关系太复杂,这也预示了其严格实施的困难性。

2011 年 3 月,"'十二五'规划纲要"明确提出,中央财政要逐年加大对农产品主产区、重点生态功能区特别是中西部重点生态功能区的转移支付力度,增强基本公共服务和生态环境保护能力。① 中央财政加大对中西部重点生态功能区的转移支付力度,一个重要的表现就是,国家在确定贫困县时向中西部国家重点生态功能区倾斜。《规划》确定的国家重点生态功能区有 436 个县,被确定为贫困县的有 308 个,全部在中西部(参见附录 9)。

2012 年 11 月,党的十八大报告两次提到"主体功能区",都是为了加强生态文明建设。第一次在"全面建成小康社会和全面深化改革开放的目标"部分:"资源节约型、环境友好型社会建设取得重大进展。主体功能区布局基本形成,资源循环利用体系初步建立。"第二次在"大力推进生态文明建设"部分:"加快实施主体功能区战略,推动各地区严格按照主体功能定位发展,构建科学合理的城市化格局、农业发展格局、生态安全格局。"②

2013 年 11 月,党的十八届三中全会不仅在生态文明制度体系中提出"坚定不移地实施主体功能区制度,建立国土空间开发保护制度,严格按照主体功能区定位推动发展,建立国家公园体制";而且提出"坚持谁受益、谁补偿原则,完善对重点生态功能区的生态补偿机制,推动地区间建立横向生态补偿制度"。③

2015 年 4 月,《关于加快推进生态文明建设的意见》提出,强化主体功能

---

① 《中华人民共和国国民经济和社会发展第十二个五年规划纲要》,《人民日报》2011 年 3月 17 日。

② 《中国共产党第十八次全国代表大会文件汇编》,人民出版社 2012 年版,第 17、36 页。

③ 《〈中共中央关于全面深化改革若干重大问题的决定〉辅导读本》,人民出版社 2013 年版,第 53 页。

定位、优化国土空间开发格局;全面落实主体功能区规划,健全财政、投资、产业、土地、人口、环境等配套政策和各有侧重的绩效考核评价体系;加大对重点生态功能区的转移支付力度,逐步提高其基本公共服务水平①。

2015 年 9 月,《生态文明体制改革总体方案》提出了完善主体功能区制度的具体举措②。

综上所述,主体功能区战略思想是在党的十六届五中全会提出的,最初是为了协调区域发展;在实施"十一五规划"的过程中,其区域分类发展的战略导向逐渐明晰,配套的区域政策逐渐完善,生态文明建设的意图逐渐加强,国家重点生态功能区确定;党的十八大时正式成为大力加强生态文明建设的战略措施;党的十八届三中全会后,主体功能区制度逐步健全,对国家重点生态功能区的政策支持体系逐步完善。

由于对国家重点生态功能区的政策支持体系逐步完善,特别是中央财政的转移支付力度逐步加大,贵州等省从 2015 年开始主动要求国务院增加辖区内的国家重点生态功能区,尽管在国家初次规划主体功能区时不愿辖区有太多的国家重点生态功能区。2016 年 9 月,国务院同意新增 240 个县和 87 个重点国有林区林业局进入国家重点生态功能区③,新增的国家重点生态功能区县中有贫困县 125 个;其中贵州省新增 16 个,全部为贫困县(参见附录 9)。新增后,国家重点生态功能区的县级行政区数量由原来的 436 个增加至 676个,占国土面积的比例从 41% 提高到 53%。④ 国家重点生态功能区中贫困县

---

① 《中共中央　国务院关于加快推进生态文明建设的意见》,《光明日报》2015 年 5 月 6 日。

② 这些举措主要有:统筹国家和省级主体功能区规划,健全基于主体功能区的区域政策,根据城市化地区、农产品主产区、重点生态功能区的不同定位,加快调整完善财政、产业、投资、人口流动、建设用地、资源开发、环境保护等政策;实施海洋主体功能区制度,确定近海海域海岛主体功能,引导、控制和规范各类用海用岛行为;探索建立多元化补偿机制,逐步增加对重点生态功能区转移支付,完善生态保护成效与资金分配挂钩的激励约束机制。

③ 《国务院关于同意新增部分县(市、区、旗)纳入国家重点生态功能区的批复》,http://www.gov.cn/zhengce/content/2016-09/28/content_5112925.htm。

④ 《国家调整重点生态功能区范围 数量增至 676 个》,http://finance.sina.com.cn/roll/2016-09-29/doc-ifxwkvys2285191.shtml。

的比例达到 64.05%。

三、扶贫政策与生态环境保护政策的重合

将扶贫开发与生态环境保护结合起来,始于综合开发式扶贫阶段。因为1994 年开始的综合开发式扶贫阶段所确定的 592 个贫困县在生态环境方面的共同特征是分布在中西部的深山区、石山区、荒漠区、高寒山区、黄土高原区、地方病高发区以及水库区,不适合发展工业和大规模的农业,只能在保护和改善生态环境的过程中摆脱贫困。当时所确定的扶贫开发措施有许多有利于生态环境的保护和改善,如有计划有组织地发展劳务输出,积极引导贫困地区劳动力合理、有序地转移;对极少数生存和发展条件特别困难的村庄和农户,实行开发式移民。①

进入以巩固温饱为主要目标的扶贫阶段后,扶贫开发与生态环境保护相结合成为基本方针,这一阶段有利于生态环境的保护和建设的扶贫开发措施更多,如对极少数居住在生存条件恶劣、自然资源贫乏地区的特困人口结合退耕还林还草实行搬迁扶贫,对于能够发挥贫困地区资源优势并改善生态环境的资源开发型企业给予必要的政策扶持;②对生存条件恶劣地区扶贫对象实行易地扶贫搬迁,加快贫困地区可再生能源开发利用和加强草原保护和建设。③

精准扶贫脱贫阶段,扶贫开发与生态环境保护相结合政策进一步丰富。中办发〔2013〕25 号文件提出,对限制开发区域和生态脆弱的贫困县取消地区生产总值考核④。党的十八届五中全会提出,对"一方水土养不起一方人"的

---

① 《十四大以来重要文献选编》(上),人民出版社 2011 年版,第 674—676 页。
② 《中国农村扶贫开发纲要(2001—2010 年)》,《山区开发》2003 年第 3 期。
③ 《中国农村扶贫开发纲要(2011—2020 年)》,《老区建设》2011 年第 23 期。
④ 《中共中央办公厅国务院办公厅印发〈关于创新机制扎实推进农村扶贫开发工作的意见〉的通知》,《人民日报》2014 年 1 月 26 日。

实施扶贫搬迁,对生态特别重要和脆弱的实行生态保护扶贫①。《中共中央国务院关于打赢脱贫攻坚战的决定》提出,让贫困人口从生态建设与修复中得到更多实惠,国家实施的重大生态工程在项目和资金安排上进一步向贫困地区倾斜,提高贫困人口参与度和受益水平。②《中共中央国务院关于打赢脱贫攻坚战三年行动的指导意见》进一步细化了加强生态扶贫的政策(参见附录4)。

国家重点生态功能区确定后,国家重点生态功能区建设也一直坚持生态环境保护与民生改善并重的原则,其主要体现就是国家重点生态功能区转移支付奖惩既与生态环境的状况挂钩又与民生状况(公共服务水平)挂钩。每年制定的《国家重点生态功能区转移支付办法》都规定,转移支付资金只能用于保护生态环境和改善民生,不得用于楼堂馆所及形象工程建设和竞争性领域,对生态环境保护较好和重点民生领域保障力度较大的地区给予适当奖励,对因非不可抗拒因素而生态环境状况恶化以及公共服务水平相对下降的地区予以适当处罚。2017—2020 年,中央对地方重点生态功能区转移支付分别为627 亿元、721 亿元、788. 11 亿元、794. 5 亿元(见表 1-7);其中 2019 年被奖励的县有 13 个,被扣减的县有 26 个,扣减最多的是宁夏,被扣 0. 64 亿元,被扣的县是大武口区和盐池县;奖励最多的是青海,奖 0. 62 亿元,被奖的县是湟中县和民和回族土族自治县③。

①　《中共中央关于制定国民经济和社会发展第十三个五年规划的建议》,《人民日报》2015 年 11 月 4 日。

②　《中共中央国务院关于打赢脱贫攻坚战的决定》,《人民日报》2015 年 12 月 8 日。

③　《财政部关于下达 2019 年中央对地方第二批重点生态功能区转移支付预算的通知》,http://yss.mof.gov.cn/ybxzyzf/zdstgnqzyzf/201905/t20190527_3265798.htm。

第二章 国家重点生态功能区贫困县生态民生协同改善的重要举措

国家重点生态功能区应以保护和修复生态环境、提供生态产品为首要任务,其中的433个贫困县要摆脱贫困实现全面小康,必须探索生态环境与人民生活协同改善的道路,坚持在保护与改善生态环境的过程中发展环境友好型的产业,降低人口总量(转移人口),提高公共服务水平,改善居住条件和居住环境,加强基层组织建设和提升乡村治理能力。环境友好型产业主要指生态农业、乡村旅游业、传统手工业和环保业;降低人口总量的主要举措有生态移民、教育移民、劳务输出和计划生育;提高公共服务水平主要是完善社保、就业、交通、医疗卫生、通信、文化教育、生态环境保护、科技推广等方面的基础设施和服务体系;改善居住条件和居住环境就是加强农村生态环境治理、农村危房改造和美丽乡村建设;加强基层组织建设和提升乡村治理能力的主要举措是给每个贫困村下派扶贫工作队和第一书记,完善乡村治理体系,推进乡村治理现代化。

第一节 发展环境友好型产业

国家重点生态功能区内的贫困县都位于中西部,以山区为主,其环境友好型产业就是能充分发挥当地的生态环境优势并能通过保护生态环境给当地居民特别是贫困人口带来福利的产业,这些产业必须既能增加当地居民特别是贫困人口的收入,又能改善人与自然关系和提高当地社区的治理能力。

一、优先发展生态农业

生态农业就是按照生态学原理发展既有利于生态环境改善又有利于经济效益提高的种植业和养殖业。它必须既继承中国传统农业的精华——废弃物质的循环利用、传统老品种的筛选利用和生态环境自我循环系统的保护（即不超过生态环境承载力），规避工业化农业①的弊病——单一连作，大量使用化肥、农药等化学品，大量使用化石能源等；又利用系统学和生态学规律指导种植养殖比例和农业生态系统结构的调整与优化（如推行立体种植，病虫害生物防治），提高农产品的质量、保持土地的肥力和改善生态环境。国家重点生态功能区贫困县必须优先发展生态农业，主要原因有二：一是国家重点生态功能区贫困县不仅无发展工业的比较优势（除利用本地资源发展矿产开采业和农产品加工业外），因为其地形以山区为主，交通不便、工商业基础薄弱，不容易形成一定规模效应的产业聚集和分工合理的完整产业链；而且也不允许大力发展工业（即使利用本地资源发展矿产开采业和农产品加工业，其规模也会受到限制），因为大力发展工业不符合国家重点生态功能区的功能定位，容易造成生态危机。二是工业化农业或不顾生态环境承载力的农业，不仅无法从整体上帮助国家重点生态功能区贫困县农村彻底摆脱贫困，而且会导致生态环境破坏从而引起更严重的生存问题。如三江源草原草甸湿地生态功能区，有"中华水塔"之称②，是全球大江大河、冰川、雪山及高原生物多样性最集中的地区之一，其径流、冰川、冻土、湖泊等构成的整个生态系统对全球气候变化有巨大的调节作用；区内的 16 个县③全部是国家级贫困县。在 2000 年

①　就是以发展工业的方式发展农业，以专业化（单一化）、市场化、规模化、机械化、化学化为特征，又称为狭义的"现代化农业"。

②　长江、黄河、澜沧江的发源地，长江总水量的 25%、黄河总水量的 49%、澜沧江总水量的 15% 来自这一地区。参见刘平的《75 亿：保护"中华水塔"》，《中国国情国力》2005 年第 12 期。

③　指青海省的同德县、兴海县、泽库县、河南蒙古族自治县、玛沁县、班玛县、甘德县、达日县、久治县、玛多县、玉树县、杂多县、称多县、治多县、囊谦县、曲麻莱县，不计格尔木市唐古拉山镇（因为它是乡级行政区域）。

建立三江源国家级自然保护区前,农民为摆脱贫困而大力发展畜牧业,导致了草原退化、湖泊萎缩、河流水量减少。20 世纪 90 年代与 20 世纪 80 年代相比,黄河、长江、澜沧江的年平均流量分别减少 27%、24%和 13%。黄河上游连续七年出现枯水期,1997 年源头首次出现断流①。大力发展畜牧业虽使农民的生活有所改善但从整体上并没有彻底摆脱贫困。在建立国家级自然保护区后,特别是在 2004 年实施三江源生态工程后,虽然草原退化趋势得到遏制、生态系统径流调节功能略有上升,但水土保持功能整体上没有提高②。而且,三江源生态工程的实施还带来了生态移民的文化不适应、幸福感下降等问题③。

生态农业具有规模小、自然循环、本地化、多样化等特征。规模小是为了防止规模化的种植和养殖对生态环境造成破坏,因为单一品种的大规模成片种植是依靠外来物质(主要是化肥和农药)和能量(农机主要使用柴油和汽油及电能)来提高劳动生产率的,必然破坏生态的自我循环系统,导致环境污染④。即使植树造林,也不能成片地种植单一树种,否则,森林覆盖率的提高不仅不会提高生态质量而且会破坏生态环境。如海南岛中部山区热带雨林生态功能区近 20 年森林覆盖率一直在提高,已经超过了 85%,但成片的橡胶林、小叶桉树林、马占树林占相当大比例。相对于原始森林,它们生长迅速,对土地肥力消耗更大,涵养水源的能力差,容易造成水土流失——雨季河水经常泛滥成灾,旱季河水水量大幅下降;成片的单一树种也容易造成病虫害;在管理过程中还存在施肥和喷洒农药造成的对水源和土地的污染。规模养殖主要是通过高投入(主要是投入大量饲料)、高密度(每个动物活动空间小)、短周期

---

① 李俊丽、盖凯程:《三江源区际流域生态补偿机制研究》,《生态经济》2011 年第 2 期。

② 刘纪远、邵全琴、樊江文:《三江源生态工程的生态成效评估与启示》,《自然杂志》2013 年第 1 期。

③ 韦仁忠:《草原生态移民的文化变迁和文化调适研究——以三江源生态移民为例》,《西南民族大学学报(人文社会科学版)》2013 年第 4 期。

④ 赵晓军、翟超英、赵明月:《农业污染国内外研究进展及防控对策建议》,《农业环境与发展》2013 年第 4 期。

（生长周期短）来提高效益的，会对环境带来不利影响。

国家重点生态功能区贫困县发展生态农业的主要模式有：以套种套养为特征的立体农业模式①、以生产地理标志农产品②为主要目标的地方特色品牌农业模式、以生产有机农产品为主要目标的有机农业模式。三种模式之间有交叉，有些立体农业模式也生产地理标志农产品或无公害农产品、绿色食品、有机农产品③（简称"一标三品"或"三品一标"），部分特色品牌农业模式和有机农业模式也按立体农业模式套种套养。三种模式的共同特征是充分利用当地的生态环境资源优势和当地的人力资源优势，尽可能少利用外来资源

---

①　指根据各种动物、植物、微生物的特性及其对外界生长环境要求各异的特点和物种之间共生的原理，在同一单位面积的土地或水域等空间内合理设置动物、植物、微生物的品种与数量，最大限度地实行种植、养殖等多层次、多级利用的一种综合农业生产方式。

②　指带有农业部登记的"农产品地理标志"专用标识的农产品。农产品地理标志申请人为县级以上地方人民政府根据具体条件择优确定的农民专业合作经济组织、行业协会等组织，农业部农产品质量安全中心负责农产品地理标志登记的审查和专家评审工作。申请地理标志登记的农产品应当符合的条件包括：称谓由地理区域名称和农产品通用名称构成；产品有独特的品质特性或者特定的生产方式；产品品质和特色主要取决于独特的自然生态环境和人文历史因素；产品有限定的生产区域范围；产地环境、产品质量符合国家强制性技术规范要求。农产品地理标志登记证书长期有效，县级以上人民政府农业行政主管部门应当定期对登记的地理标志农产品的地域范围、标志使用等进行监督检查，不符合条件应由农业部注销并对外公告。参见《农产品地理标志管理办法》（http://www.moa.gov.cn/gk/tzgg_1/bl/200801/t20080109_951594.htm）。

③　无公害农产品、绿色食品、有机食品都是经质量认证的安全农产品。无公害农产品是指产地环境、生产过程、产品质量符合国家有关标准和规范的要求，经认证合格获得认证证书并允许使用无公害农产品标志的未经加工或初加工的食用农产品，它允许合理使用农药、化肥。绿色食品是指遵循可持续发展原则，按照特定生产方式生产，经专门机构认定并许可使用绿色食品标志商标的无污染的安全、优质、营养类食品。它必须具备以下四个条件：（1）出自优良生态环境，即产地经监测，其土壤、大气、水质符合《绿色食品产地环境技术条件》要求；（2）生产过程严格执行绿色食品生产技术标准，即生产过程中的投入品（农药、肥料、兽药、饲料、食品添加剂等）符合绿色食品相关生产资料使用准则规定，生产操作符合绿色食品生产技术规程要求；（3）产品经绿色食品定点监测机构检验，其感官、理化（重金属、农药残留、兽药残留等）和微生物学指标符合绿色食品产品标准；（4）产品包装符合《绿色食品包装通用准则》要求，并按相关规定在包装上使用绿色食品标志。有机食品生产必须按照有机农业生产标准，在生产过程中不使用有机化学合成的肥料、农药、生长调节剂和畜禽饲料添加剂等物质，不采用基因工程技术获得的生物及其产物，而是遵循自然规律和生态学原理，采取一系列可持续发展的农业技术、协调种植业和畜牧业的关系，促进生态平衡、物种的多样性和资源的可持续利用。参见《解读无公害农产品、绿色和有机食品》（http://www.moa.gov.cn/ztzl/zlaqxcz/200404/t20040426_198481.htm）。

（如化肥、农药、矿物质能源、工厂生产的配方饲料等），尽可能零排放或零污染；生产经营模式以农户经营为主、以农户联合的合作社为辅，规模一般不大——这既是由山地的自然条件造成的，也是由生态农业的特征决定的。

（一）立体农业模式

立体农业可以充分挖掘土地、光能、水源、热量等自然资源的潜力，提高生态环境资源的利用效率和生态环境系统的自我循环能力，缓解人地矛盾，缓解粮食与经济作物、蔬菜、果树、禽畜等相互争地的矛盾，实现生态环境质量改善与经济效益提高的良性互动、绿水青山与金山银山的统一。其产品多数为绿色食品，少数为有机产品，最低也可达到无公害产品级别。中国传统的小农经营大多带有立体农业的特征。最常见的是在林下种植药材、养殖动物，在稻田里养鱼、养鸭等。现代农业专业合作社和种养专业户发展了带有一定规模且有循环农业特征的立体农业。

海南岛中部山区热带雨林生态功能区森林覆盖率超过85%，农民种植的经济林以橡胶为主，多数农户都采用了林下套种南药（槟榔、益智、砂仁、巴戟天）和散养本地鸡、本地猪[①]模式。如在橡胶林中套种益智，一般在第3年开始结果，第5年进入丰产期，可连续采果18年，丰产期每年每亩平均可增收1000元左右，而且土壤水源涵养功能增加明显[②]；在槟榔林里套种皇竹草、野芋头，散养五脚猪、蚂蚁鸡，每亩每年平均增收2000多元，且物种之间形成了

[①] 海南岛中部山区热带雨林生态功能区的本地鸡主要是蚂蚁鸡，因可以飞到树上吃蚂蚁而得名。蚂蚁鸡长不大，最大的体重也不超过2斤，因散养，常年生活在生态天然无疫区，饮山涧之水，吃山林间蚂蚁、蚯蚓、植物嫩芽，晚间息于高树枝头，鸡身多由瘦肉组成，骨硬肉软，肉感类似鸟肉、香而甜让人百吃不腻。海南岛中部山区热带雨林生态功能区的本地猪被当地人称为五脚猪，又名老鼠猪、五指山猪。五脚猪因其像野猪一样脚短小，嘴尖且长，喜欢在野外到处拱土觅食，走起路来嘴巴贴着地，嘴不离土，从后面看就像五只脚而得名。五脚猪养一年也只能长到60斤左右，皮厚油少，肉质结实，鲜嫩爽口，味道芳香，多吃不腻。15—30斤的小猪特别适合于烤乳猪。

[②] 文志等：《套种益智对橡胶林土壤水源涵养功能的影响》，《生态学杂志》2018年第11期。

共生关系,生态环境得到改善。① 因此,海南岛中部山区热带雨林生态功能区的4个贫困县自2014年精准扶贫以来采取的主要扶贫方式就是给贫困户提供种苗和技术,引导和扶持贫困户大力发展林下经济。自2017年开展美丽乡村建设以来,白沙、琼中等地农村将危房改造、环境整治与庭院经济发展结合起来:村民的住房根据村庄的地势地貌和生态环境重新规划、改建扩建,尽可能不改变地形、不毁坏原生植被,并体现民族风格;重点推进农村道路、给水、排水排污、污水处理、电网、互联网等基础设施建设,消除农村脏乱差现象和补齐基础设施短板;合理利用房前屋后的庭院发展果蔬种植产业,而且水果品种很多,藤本的百香果与木本的木瓜、黄皮、龙眼、波罗蜜等搭配,蔬菜也突出了时令与地方特色,基本上能做到四季都有鲜花、水果和蔬菜。这样,既改善了居住条件、美化了村庄环境,又增加了经济收入,而且促进了乡村旅游业的发展。一些农民专业合作社和专业户,还发展了具有一定规模的立体农业。如海南五指山方好雾寨种养专业合作社按比例在山上种植各种果树,在林下放养蚂蚁鸡、海南黄牛②;在水田种水稻,在水塘中养鱼(按共生原则投放各种鱼),水田和水塘同时放养鸭子。蚂蚁鸡见牛回栏,会飞到牛的身上吃牛虻、山蚂蟥和牛粪中的虫子;鸭子在稻田中能帮助水稻施肥、除草、除虫、刺激生长。鸡粪可用来喂鱼,牛粪可用来做果树的肥料。基本上不需要饲料、化肥、农药,是零污染,所有产品都是有机的。

贵州省册亨县于2013年开始探索推广"蔗畜模式",逐渐形成了"11522"助农增收扶贫模式③,形成了以"甘蔗—蔗梢青贮(氨化)—养羊(牛)—沼气

① 皇竹草喜水肥,产量高,可做五脚猪的主要食物;槟榔树上落下的槟榔果或不要次果含有生物碱、胆碱等物质,具有杀死猪和鸡体内寄生虫的特性;蚂蚁鸡可以吃皇竹草的嫩叶、猪体外的寄生虫、树林里和草丛中的昆虫、土壤中的蚯蚓;野芋头可以用来解土蜂蛰五脚猪的毒;猪粪、鸡粪为槟榔、皇竹草的生长提供了肥料,为土壤中的蚯蚓生长提供了微生物。

② 海南黄牛又称高峰黄牛,主要特征是肩峰隆起,具有耐热、耐旱、耐劳、耐粗饲、抗病力强、遗传性能稳定、皮薄、产肉率高、肉质细嫩等优点,2年可长到300—400公斤。

③ 即1户甘蔗地(6亩左右)配养1头牛或5只羊,蔗林下放养2百只绿壳蛋鸡,实现户均增收2万元以上。

池—沼渣(液)还蔗"为主的循环模式①,既改善了农田的土壤结构,又提高了土地资源和劳力利用效率②。相比较而言,蔗羊鸡模式效益更高,而且利用采集的甘蔗尾叶通过青贮或氨化的方法饲喂羊,保证了羊全年的粗饲料需要,提升了其自身的机体免疫力;羊粪和鸡粪混合更易产生沼气,其沼渣(液)更适合甘蔗生长;鸡羊在一起,更易健康成长。自2015年开始,册亨县采取合作社带动养殖户的方式,大力推广蔗羊鸡模式,到2016年已建成者楼镇原秧庆草场湖羊、丫他大耳羊、庆坪大耳羊养殖等养殖示范小区。合作社采取统一购种、统一圈舍、统一防疫、统一技术管理、统一销售"五统一",破解了技术、防疫、管理、市场等方面不足带来的难题,在增加农民收入的同时也改善了生态环境。

(二)地方特色品牌农业模式

国家重点生态功能区贫困县大多具有独特的自然生态环境(如独特的气候,水源、土壤含有人体需要的微量元素等)和人文历史因素(如制作工艺独特、地方文化特色特别是民族文化特色突出),其产业扶贫的重点是政府引导和扶持农民申请农产品地理标志,以提高产品的知名度,从而让产品卖得更快更贵,增加农民收入。

湖北宣恩县境内山地较多,"八山一水一分田"是对其地貌的形象写照,北纬30度黄金分割线穿境而过,800米以上的山地占70%以上;森林覆盖率70%,负氧离子浓度经监测最高值可达24000个/cm^3,平均空气质量优良天数达340天以上;气候温和,雨量充沛,光照充足,土地肥沃且含微量元素硒;是

---

① 即在甘蔗林下养鸡,鸡吃虫和杂草,产生的鸡粪作为肥料促进甘蔗生长,用经青贮氨化处理后的甘蔗尾叶(甘蔗梢)养羊养牛。

② 其年平均效益为:1亩甘蔗种植成本为1880元,1亩甘蔗地产值2700元,1户6亩甘蔗地产值1.62万元,效益为4920元;1头牛进行短期育肥养殖,产值可达8540元,效益为1000元左右;5只羊产值可达6800元,效益为3000元左右;200只绿壳蛋鸡养殖产值可达3万元以上,效益为2万元左右。

土家族苗族聚集区,民族风情浓郁。宣恩工业不发达,基本上无工业污染型企业和化工业,且远离大中城市,因此,宣恩县将培育"三名"(驰名商标、著名商标、知名商标)农产品作为扶贫和产业发展的系统工程和重点工作,形成了"政府主导、工商主推、企业主创"的工作格局;建立"三名"商标孵化库,实行梯次创建的品牌孵化、培育模式,成熟一个申报一个,确保创建工作有序推进;建立商标注册人与工商部门良性互动的工作机制,把商标从注册、使用、创牌、规范、保护、巩固各环节贯穿衔接,把注册商标创建成企业闯市场的"金字招牌"。2019 年,宣恩成为国家农产品质量安全县。到 2020 年,宣恩县被保护的国家地理标志产品有宣恩贡米、伍家台贡茶、贡水白柚、宣恩火腿、黄坪黄金梨等。

为了提高农产品的知名度,让产品卖得好,宣恩县采取的措施主要有:一是与网络销售平台、媒体合作。2018 年,宣恩县与阿里巴巴达成合作意向,"宣恩贡米"作为全国 9 个贡米类产品之一加入阿里巴巴全国地标品牌保护计划。双方通过农村淘宝网开展"宣恩贡米"上行合作,全链路整合地标保护产品种植、仓储、物流、销售以及大数据反哺,让"宣恩贡米"有更高的标准和品质,以"线上+线下"模式将产品直送国内外中高端消费人群。2020 年 4 月新冠肺炎疫情防控期间,宣恩县与澎湃网合作,县委书记通过网上直播方式推介宣恩的农产品。二是利用名人进行宣传。2016 年,请袁隆平院士为宣恩贡米题字"天然含硒,好米好生活"。三是建立品牌连锁店。如成立于 2010 年的湖北土家爱食品开发有限公司在湖北、重庆、贵州、湖南等地建立了多家连锁门店。四是通过中西部对口扶贫协作机制进行直销。杭州市是宣恩县的对口扶贫单位,宣恩县的农产品可直销到杭州市。

宣恩贡米柔软可口,油香滋润,历史上长期敬奉土司衙署食用,经检测,除含有丰富的植物蛋白、脂肪、多种氨基酸营养成分外,还含微量元素硒,是天然补硒佳品。其产地范围为宣恩县沙道沟镇、高罗乡、李家河乡、珠山镇、长潭河侗族乡、晓关侗族乡、椒园镇、万寨乡共 8 个乡镇,这些区域的贫困户按宣恩贡米的生产标准大力发展水稻种植业。2015 年,宣恩贡米核心种植基地达到 4.6 万亩,年产量 1.9 万吨,年产值达到 8464 万元。贫困户亩均增收 800 元。

伍家台贡茶是绿茶,味甘,汤色清绿明亮,香似熟板栗。可连续泡多次,头泡,汤清色绿,甘醇香郁;二泡,深绿中透淡黄,熟栗香郁;三泡,汤碧泛青,芳馥横溢。保存时间长,茶叶若密封,第二年饮用,其色、香、味、形与新茶一样。产地范围①内耕地总面积 11280 公顷,其中茶园面积 6667 公顷,年产干茶 4460 吨。2017 年,宣恩的茶叶产值占农业产值的 53%,茶农年收入户均超过 1.5 万元。而且,种植茶叶特别适宜于贫困户增收。因为多数贫困户都缺乏能够外出打工的壮劳动力,其家庭成员以老人和小孩为主,老人和小孩每年每人采摘茶叶可增收 2000—4000 元。②

贡水白柚汁胞脆嫩,酸甜适度,味浓,无苦、麻等异味,少核或无核,脱衣易,耐贮藏。具有较高的营养价值,每 100 克果肉中含维生素 C、B、B2 分别为 35 毫克、0.02 毫克、0.019 毫克,含人体必需的微量元素钙、铁、镁、钾、硒分别为 11.4 毫克、3.9 毫克、8.3 毫克、161.7 毫克、0.02—0.03 毫克。产地范围③种植基地面积超过 10 万亩。2012 年以来,基地推广"猪—沼—果"生态循环农业模式,严格执行绿色生产标准,应用以物理、生物方法为重点的防控技术,以光控杀虫取代农药杀虫,基本实现了农田病虫无害化防治。贫困户种植贡水白柚每亩每年收入在万元以上。

---

① 包括万寨乡伍家台村、板场村、马鞍山村,椒园镇香树林村、红岩卡村,晓关侗族乡小溪村、覃家村。

② 伍家台贡茶采摘集中在清明节前后,约 25 天采摘期,其中明前茶在清明节前 10 天采摘,雨前茶大致在谷雨前、清明后采摘,产期大概 15 天。"明前茶,贵如金",早茶的价值就体现在一个"早"上。早一天采制上市,与迟一天上市,价格相差很大。新叶长得快,晚一天采摘,特级茶就会变成 1 级茶或 2 级茶,晚 2 天采摘就可能变成没用的大叶子。采茶必须采到"一芽一叶"。看到竖着的茶尖,旁边有片鲜嫩的叶子,要一起摘下来,不能分开。1 斤芽茶,要 4 万个芽头。采茶不能用指甲掐,这样茶泡出来断面就会变黑,要用巧劲,拇指和食指的第二个关节用力,往上一提就行了。宣恩农村的老人和小孩都会采摘茶叶,多数人每天采摘五六个小时,可以得 100 多元工钱;若手特别巧,茶叶长得茂盛,采摘一整天可以挣两三百元。

③ 为宣恩县李家河乡、沙道沟镇、高罗乡、珠山镇、晓关侗族乡、椒园镇等 6 个乡镇。

宣恩火腿形似琵琶或竹叶,爪小骨细,肉质细嫩,皮色黄亮,瘦肉红似玫瑰、脂白有光泽、气味鲜香宜人、滋味浓郁,以营养丰富、肉质细嫩、油而不腻、香味浓郁著称于世,与浙江金华火腿、江苏如皋火腿、云南宣威火腿并称"中国四大名腿"。宣恩火腿以宣恩传统的原生态养殖方式养殖的鲜猪后腿为原料①,加工工艺独特②,成为国家地理标志产品之后,经过电商平台的推介,销量和售价双增,带动了养猪业的发展,致使一大批贫困户通过养猪和制作火腿脱贫。

黄坪黄金梨的产地是椒园镇黄坪村,为拓宽销路增加农民收入,该村利用微信、淘宝等平台远销全国各地,每亩每年纯收益在 5000 元以上。

（三）有机农业模式

有机农业是一种可持续经营系统,以多资源利用为基础发展综合农业,在结构上能够实现多层次、多产业复合,在效益上能够体现生态、经济和社会效益的并重。③ 与其他农业经营方式相比,有机农业可以更好地保护环境,吸纳更多的农村劳动力,使规模相对较小的农业生产者在与大规模的农业生产者竞争时处于优势。④ 国家重点生态功能区贫困县具有发展有机农业的优势:几乎没有工业和工业化的农业,其空气、水源和土壤基本上没有被污染;保有原生的、品质优良的植物(农作物)和动物(家禽、家畜)种类,传承着一些传统的、符合生态原则的种植养殖和储藏加工方法;精准扶贫和国家重点生态功能区建设改善了交通条件,普及了生态环境保护的理念和技术。而且,发展有机

---

① 宣恩农村有养猪的传统,猪种为本地猪,以青草和自种的玉米、土豆、红薯等农作物为饲料,不含任何添加剂及有害物质,养殖时间一般为 8—10 个月,其猪脚瘦肉多肥肉少、皮薄肉嫩,形成了宣恩火腿独特的品质特征。

② 要经过选料→修坯→腌制→洗晒→上架发酵→落架堆叠→整理等流程,时间在 8 个月以上——立冬后腌制的猪后腿必须经过第二年三伏天气的自然发酵。

③ 张纪兵、肖兴基:《有机农业与农业可持续发展》,《科技导报》2003 年第 12 期。

④ 刘飞:《欧盟重视发展有机农业》,《全球科技经济瞭望》2001 年第 8 期。

农业是国家重点生态功能区贫困县在保护和改善生态环境中提高人民生活水平的最佳之路。因为国家重点生态功能区贫困县多地处山区,耕地面积少,又要保护生态环境,只能靠有机农业提高耕地的经济效益并吸引大量的农村劳动力(主要是老人、妇女、小孩或在城镇打工缺乏竞争能力的青壮年)。

海南岛中部山区热带雨林生态功能区将发展有机农业作为扶贫和改善民生的重要途径,取得了比较显著的成效。如白沙五里路茶叶专业合作社依托白沙陨石坑特有的地理环境优势,以有机茶园为基础打造集生态茶叶生产、茶园观光休闲、乡村养生度假为一体的原生态茶园共享农庄,同时通过开展茶树种植管理技术和茶叶采摘、制作技术培训等方式吸纳当地贫困妇女加入合作社。它成立于 2008 年,最初只有 5 户,30 亩茶园;2019 年底增长到 186 户,茶园的规模扩大到 300 亩,其中茶园 250 亩,果树 50 亩。合作社为了发展有机茶,先要将承包地撂荒 3 年以便土地修复;种植茶树,必须施有机肥①,不能用化肥;要人工除草(只拔出对茶树生长有害的)和生物灭虫,不能用除草剂和农药,以保持生物的多样性。其茶叶于 2016 年开始连续通过中国、欧盟与美国有机认证。在共享农庄,消费者不仅可以通过认养的方式体验茶园除草、采茶乐趣,还可以在参与制茶、品茶的活动中感受"茶文化"。2020 年,被认养的茶叶达到了 160 多亩,认养价格为每亩 5 万元,认养公司有上海乐农集团、深圳光伏集团、绿地集团及南湾猴岛等十多家;被认养的还有茶园隔离带种植的有机果树,龙眼树、荔枝树认养价格分别为 1500 元/株、2000 元/株。共享农庄的农业旅游业的融合发展带动了周边乡村旅游业的发展。合作社在管理方面实施"快乐积分法",并积极吸收贫困户参与茶园的劳动,按天计酬,每天六点半上班,包餐饮、有午休,当天发工资,每天 100 元;有成绩奖励积分(迟到或有失误的扣分),月底分红。2018—2019 年实现分红 90 万元,带动贫困户1100 多人次增收、362 户脱贫摘帽,带动 8 个"空壳村"实现每个村 3 万元分

---

① 主要是蚯蚓的粪便——用牛粪、羊粪养蚯蚓产生的排泄物;含有添加剂、农药残留的猪粪不能做有机茶园的肥料,也不能用于养蚯蚓。

红。2020年新冠肺炎疫情防控期间,在做好防疫的情况下,于2月2日首先让疫情防控期间没有长途外出的60多名建档立卡贫困群众返回茶园培土、除草、施肥、采摘,要求所有工作人员入园前测体温,采摘前酒精消毒双手,劳作时保持距离,就餐时实行分餐制。疫情防控期间率先复工,提高了贫困群众的收入。为了应对疫情导致的线下门店销售额大幅下跌的情况,合作社积极发展电商,线上销量逆势上涨七成。2020年"五一"小长假,尽管是疫情防控期间,茶园仍吸引了700多名游客前来体验采茶、采摘有机荔枝,体验夜里看星星、看萤火虫和清晨听鸟鸣虫吟、黎乡采茶小调的农家生活,不仅共享农庄的民宿天天爆满,而且带动了周边农村的农产品销售和餐饮的兴旺。

二、大力促进农业与旅游业的结合

国家重点生态功能区贫困县农村大多自然环境优美,保存有较完好的传统农业文化,能够提供有利于健康的生态产品或富有独特地域文化或民族文化的农产品、手工艺品。通过精准扶贫,完善这些地区的交通通信、卫生医疗和旅游服务设施,并在规划建设中突出自然环境优势和乡村文化特色,能推动农业与旅游业的融合,促进乡村旅游业的发展,可以吸引愿意亲近自然、体验农业和慰藉乡愁的游客,从而发挥农业的综合功能和自然环境的经济价值,增加农民的收入和强化生态环境的治理能力,形成生态环境治理和人民生活改善的良性循环,实现乡村生态改善、农业生产发展、农民生活幸福的互相促进的目标。

湖北宣恩2017年以来,将危旧房改造、易地扶贫搬迁与美丽乡村建设有机结合,建成了一批具有文化特色、产业支撑的美丽乡村,从而促进了农业与旅游业的融合,实现了生态、生产、生活的协调发展。2018年,新增"省级生态村"10个、"省绿色示范乡村"16个,接待游客240万人次、旅游综合收入11.7亿元,分别增长29.5%、37.11%。2019年,农村的垃圾处理和污水治理体系基本建成,接待游客300.88万人次、旅游综合收入14.85亿元,分别增长

24.2%、26.5%。宣恩发展乡村旅游业的主要经验有:(1)注重科学规划。聘请专业规划团队为"宣恩互联网双创+全域旅游"提供规划设计、营销策划、招商投资、运营管理等服务,还专门编制了旅游扶贫试点村旅游扶贫发展规划。在规划时注重保护乡村风貌和自然环境,不搞大拆大建,不砍树、不埋泉、不挪石、不毁草,突出宣恩地域性传统建筑风格,注重垃圾的分类治理和污水的净化,并为减少排放和提高空气优良率实施了全域全年禁燃鞭炮和茶叶制作煤改电。其规划建设围绕"四季宣恩"①和"一山二水三文化"②,突出"大体育+大旅游+大健康+大扶贫+大文化"的完美融合,以打造武陵山区乃至全国具有一定影响力的"休闲养生之都"为目标。(2)在基础设施建设上下功夫。推动公路、公厕、垃圾收集站、污水处理站等基础设施向农村延伸和客运、垃圾污水处理等公共服务向农村覆盖,逐步实施"水、路、电、运、讯"城乡一体化工程,逐步实现基础设施城乡共建共享。(3)结合线上线下各种类型媒体进行组合宣传营销。2017 年,宣恩协办了国际茶业大会,举行了湖北省茶文化旅游启动仪式,引起全国媒体广泛关注;2019 年在武汉举行了旅游推介会,展示了浪漫宣恩的秀美风光和风土人情;同时利用"杭(浙)企入恩"产业合作平台、"苏宁拼购"电商平台和"脱贫攻坚—星光行动"栏目,邀请明星做形象代言人,大力推介宣恩的旅游景点和特色农产品③。(4)通过打造季节性的农事活动、民族特色的节庆赛事活动吸引游客。季节性的农事活动主要指寒假、春节期间的宣恩火腿的制作,清明节、五一节的采茶、观赏梨花和油菜花,暑期采摘黄金梨,中秋节、国庆节采摘贡水白柚。节庆赛事活动,每年春季有春节灯展艺术节、伍家台贡茶文化节,夏季有水上运动会暨龙舟争霸赛、椿木营高山

---

① 春之茶、夏之水、秋之韵、冬之雪。

② 七姊妹山,贡水河、酉水河,土家族文化、苗族文化、侗族文化。

③ 著名的旅游景点有 6 个风情山寨,包括中国贡茶第一寨、荆楚最美村庄伍家台,中国土家吊脚楼群"活化石"彭家寨,湖北苗族第一街椒寨,人间秘境野椒园侗寨,茶马古道驿站庆阳坝,湖北省唯一保存苗族语言和习俗的小茅坡营。特色农产品有国家地理标志产品宣恩贡米、伍家台贡茶、贡水白柚、宣恩火腿等,还有黄坪的黄金梨。

露营节,秋季有中秋恳亲商贸洽谈会暨贡乡贡品博览会、稻草人文化艺术节,冬季有贡水白柚采摘节,此外还有每月环贡水河健身徒步和长跑比赛、全国山地自行车邀请赛、全国汽车场地越野赛等。

三、做大做强传统手工业

国家重点生态功能区中的贫困县特别是少数民族聚居区,因生态环境独特、工业化程度低、远离现代都市生活,都会保存一些自己独有的生活方式与文明,传承一些具有悠久历史和鲜明地域特色的手工技艺。这些手工技艺是传统沿袭下来的、当地居民在特定的生态环境中生活与生产形成的,是非物质文化遗产;是欣赏性、实用性以及经济、文化的结合体,能够以客观实体的形式展现在消费者面前;其产品除了具有实用性外,还具有一定的文化性、欣赏性、符号性特点,能够成为消费者喜爱的产品,具有一定的市场潜力[1]。做大做强传统手工业,就是将非物质文化遗产保护政策与扶贫政策结合起来,在党和政府的引导和扶持下,在民间组织和企业的参与下,通过传承传统手工技艺和销售其产品来致富。

2018年,国家确立了第一批"非遗+扶贫"重点支持地区,这些地区包括10个省区[2],每个省的国家重点生态功能区贫困县都超过20个,其中四川省48个,贵州省25个(参见附录9)。文化和旅游部还要求各省将本省内贫困地区符合条件的传统工艺项目列入本级传统工艺振兴目录,支持各地文化部门组织高校、企业或研究机构深入挖掘整理贫困地区传统工艺项目的材料、工艺、功能、样式、历史文化内涵;支持已设立的传统工艺工作站面向贫困地区和

---

① 刘永飞:《西部民族省区非物质文化遗产扶贫开发研究——以国家级手工技艺类非物质文化遗产为例》,《中州学刊》2013年第10期。

② 包括河北省、湖南省、广西壮族自治区、四川省、贵州省、云南省、西藏自治区、甘肃省、青海省、新疆维吾尔自治区。参见《文化和旅游部办公厅 国务院扶贫办综合司关于支持设立非遗扶贫就业工坊的通知》,http://zwgk.mct.gov.cn/auto255/201807/t20180717_833857.html? key-words =。

贫困人口开展传统工艺振兴工作;支持高校、企业或相关单位在条件成熟的贫困地区设立传统工艺工作站,帮助贫困地区传统工艺企业和从业者解决工艺难题;支持利用当地已有的非遗保护利用设施、传统工艺传习所、闲置场所或企业厂房,设立非遗扶贫就业工坊。① 截至 2020 年 10 月,各地非遗扶贫就业工坊已带动项目超过 2200 个,带动近 50 万人就业,助力 20 多万贫困户实现脱贫。②

贵州省册亨县是地处桂黔滇喀斯特石漠化防治生态功能区的贫困县,也是"中华布依第一县",总人口 24 万人,其中布依族占 76%。布依服饰由布依族妇女用自纺、自织、自染、自绣的布料缝制而成,集蜡染、扎染、挑花、织锦、刺绣等多种工艺技术于一身,制作工艺独树一帜,是国家非物质文化遗产。贵州省于 2013 年开始实施"锦绣计划",要求通过"赛会合一、以赛代训、以会创业、以展聚财"的形式,为妇女搭建展示才艺、就近就业、传承文化的优质载体,优先发展民族刺绣、蜡染和民族服装服饰业,着力培养知识型、艺术型、技能型"绣娘"骨干群体。③ 册亨县于 2015 年 11 月举办第一届"绣娘大赛",参赛绣娘近 200 人,发掘了 100 多名优秀绣娘和作品,对全县 100 余名绣娘进行了集中培训。2016 年,册亨县结合易地扶贫搬迁"1 户 1 人"就业需要,设立了第一家锦绣坊——"秧弄锦绣坊",成立了秧弄民族锦绣农民专业合作社,云娇布依特色染织刺绣有限公司、册亨布依大妈绣等企业也注册成立。2017年,册亨县刺绣协会正式成立,100 余家刺绣企业和绣娘代表成为会员,协会与北京依文控股集团、深圳睿时尚文化创意有限公司、清华大学美术学院、香港民间艺术交流协会等多家单位合作,积极研发新型产品,将传统的手绣、蜡

---

① 《文化和旅游部办公厅关于大力振兴贫困地区传统工艺助力精准扶贫的通知》,http://zwgk.mct.gov.cn/auto255/201807/t20180717_833855.html? keywords=。
② 郑海鸥:《非遗扶贫 让日子更有奔头(新数据 新看点)》,《人民日报》2020 年 11 月 8 日。
③ 参见《贵州省人民政府办公厅关于实施妇女特色手工产业锦绣计划的意见》(黔府办发〔2013〕42 号),http://www.guizhou.gov.cn/zwgk/zcfg/szfwj_8191/qfbf_8196/201709/t20170925_823794.html。

染、土布等手工艺与时装、手包、领带、项链等现代时尚的元素结合起来。2018年，册亨县投资建设了16个锦绣坊、143家布依手工作坊。其中中华布依锦绣坊在纳福新区布依文化广场，占地2754平方米，云娇布依特色染织刺绣有限公司入驻，是一个集纺纱、织布、染印、刺绣、缝纫，民族服饰、床上用品、旅游小商品等生产和展示于一体的综合性展示平台；百口新市民居住区锦绣坊是一条街，引进多家企业。截至2019年底，册亨县已举办"绣娘大赛"五届，培训绣娘3000多名，布依服饰制作的产业链已基本形成，其产品远销北京、上海、深圳、香港和意大利、新西兰等地，安置集中就业近600人，辐射带动绣娘在家灵活就业3000余人，其中建档立卡贫困妇女近2000人（含易地搬迁扶贫妇女近200人），帮助1000多个贫困户摆脱了贫困。布依服饰的发展不仅增加了以妇女为主体的纺织、刺绣、缝纫等手工艺人的收入，而且还带动蓝靛种植加工业的发展。因为布依服饰以蓝色为特征：格子长衫以浅蓝色为主、对襟短衣以深蓝色为主、百褶长裙以蓝黑色为主，因此又被称"布依蓝"。"布依蓝"的染料是由蓝靛加工而成，不加任何工业原料，是纯天然的，能让染色后的服饰布料色质鲜、质期长、质感好、防霉透气、不易褪色、无化学污染，但工序复杂，费时费力。① 可能是因为古老的工艺已部分失传，后来还出现了掉色问题，因此，布依族服饰的销路受到影响，布依族人也只在节日时才穿。"锦绣计划"实施后，贵州篱篆布依服饰工艺研究院有限公司与天津工业大学合作，借鉴传统的自然发酵思路，运用全细胞生物催化技术，实现基于生物还原的植物靛蓝染色，于2017年解决了掉色问题，开发出系列植物靛蓝染色产品。从而带动了蓝靛的规模种植及其加工业的发展，因为蓝靛全身都是宝，叶子拿来染色制作染料，根还能做成板蓝根。②

　　琼中县是海南岛中部山区热带雨林生态功能区中的贫困县，是黎苗聚居区，其传统手工技艺有黎锦、原始制陶技艺、竹编、藤编、草编等。县政府通过

---

① 韦腾荣：《册亨布依靛染工艺》，《黔西南日报》2009年7月16日。
② 苏滨：《布依蓝 更绚烂》，《人民日报》2020年6月15日。

办培训班扶持贫困农民主要是老人和妇女学习这些技艺,不仅传承了非物质文化,而且提高了收入。黎锦是中国纺织艺术的一朵奇葩,有着悠久的历史,在纺、织、染、绣方面均有特色;它制作精巧,色彩鲜艳,图案花纹精美;多用于妇女筒裙、摇兜等生活用品。县政府于 2003 年开始举办黎锦苗绣培训班,每年大约 10 个班次,到 2019 年底,学会织绣技艺的妇女已经超过 3000 人,其中有 100 余人学会了纺染织绣全套技艺。一个比较熟练的织女利用农闲时间,每年能织 5 套筒裙加上衣,卖价好的话,可以卖上万元。县政府还与北京依文控股集团合作,通过网络平台举办琼中黎苗文化元素时装秀,为全球的设计师和合作者提供机会,让民族艺术与现代技术融汇创新。黎族原始制陶技艺具有三千多年的历史,县政府与高校联合举办培训班,使这一几乎失传的技艺有了一批传承人,而且将其作为乡村旅游的表演与体验项目。传承人不仅可以将挖陶土、晒陶土、烧陶的整个过程演示给游客看,而且可以让游客参与制作,并通过物流将其作品邮递,游客在观赏和体验后付费,从而帮助传承人摆脱贫困。海南独特的热带季风气候十分适合竹子、藤蔓和草本植物的生长,其竹编品、藤编品、草编品不仅精美,而且可以作为禁塑后的替代品,用作货物的包装。

四、积极推进生态环境保护产业发展

国家重点生态功能区中的贫困县农村的生态环境保护产业主要有两类:一是生态环境的保护与修复,主要是水、林、草的保护与修复;二是环境污染的防治,主要是污水和垃圾的处理。通过生态环境保护产业扶贫就是吸纳有劳动能力的贫困人员参与生态环境的保护并支付报酬,从而增加收入。精准扶贫战略实施后,习近平有许多重要论述涉及国家重点生态功能区贫困县的生态环境保护产业发展和让贫困户参与生态并从中获益[1]。国家出台了许多政

---

[1] 《习近平谈治国理政》第 2 卷,人民出版社 2017 年版,第 85、89 页。

策。2015 年提出,国家实施的重大生态工程在项目和资金安排上进一步向贫困地区倾斜,提高贫困人口参与度和受益水平;利用生态补偿和生态保护工程资金使当地有劳动能力的部分贫困人口转为护林员等生态保护人员。① 2018 年提出,到 2020 年在有劳动能力的贫困人口中新增选聘生态护林员、草管员岗位 40 万个,吸纳贫困人口参与管护天然林、集体公益林;吸纳贫困人口参与防沙治沙、石漠化治理、防护林建设和储备林营造。② 2019 年提出,贫困地区要采取政府购买服务或设立公益岗位的方式吸纳贫困人口参与生态环境保护,污染防治、生态保护修复等工程项目建设运行中设置一定数量岗位安排贫困人口就业,让贫困人口参与生态环境监管并对表现突出者给予奖励。③ 2020 年提出,开发河湖巡查与管护、垃圾污水处理、厕所粪污无害化处理、河塘清淤整治、造林绿化等岗位帮助农村贫困人员在新冠肺炎疫情防控期间就近就业④。

吸纳有劳动能力的贫困人口参与生态环保产业,让符合条件的贫困人口当护林员、护草员、护水员(巡河员)、保洁员和垃圾清运员,而且随着重点生态功能区转移支付力度增大和生态补偿资金的提高,吸纳的贫困人口越来越多,其待遇也逐渐提高,是国家重点生态功能区中的贫困县农村发展生态环境保护产业扶贫的主要做法。贵州省于 2016 年启动聘用农村建档立卡贫困人口担任生态护林员的工作,着重为因病、因残和因学致贫的家庭提供在家门口就业的机会。护林员的职责主要是对管护区域内动植物的保护和管理,劝导、制止乱捕乱猎、乱采乱挖、烧山积肥和放牧等行为,对森林病虫害进行监测、开

---

① 《中共中央国务院关于打赢脱贫攻坚战的决定》,《人民日报》2015 年 12 月 8 日。

② 《中共中央国务院关于打赢脱贫攻坚战三年行动的指导意见》,《人民日报》2018 年 8 月 20 日。

③ 《生态环境部关于生态环境保护助力打赢精准脱贫攻坚战的指导意见》,《国务院公报》2019 年第 10 号。

④ 《关于进一步用好公益性岗位发挥就业保障作用的通知》,http://www.cpad.gov.cn/art/2020/6/9/art_46_126103.html。

展管护宣传工作等。护林员上岗前要参加培训,明确职责,掌握相关技术。贵州省册亨县于 2017 年开始为贫困户设置护林员岗位,每个贫困户都可选一个有劳动能力的人应聘,有成片林地面积的自然村每村至少一个,最初只有 1000 多个岗位,到 2020 年 6 月岗位数已超过 4000 个;每个护林员最初每年工资不到 1 万元,到 2020 年 6 月每月工资超过 1000 元,尽管不高,但对提高贫困家庭的人均收入并使之超过贫困线有很大帮助,因为护林员所管理的区域都在自家附近,可做到护林与家庭生产两不误。海南省琼中县于 2017 年以政府购买服务方式招聘 300 多名贫困群众充实到山林防护、河道管理等岗位上,护林员配备卫星定位手机,每月巡视 25 天,每年约有 2 万元的报酬;河道管理员有巡河手机,有微信群,每周都要上报,主要防止电鱼、采沙、倾倒垃圾,还要观察水质是否被污染。琼中县还以“一岗一户一人”(就是按岗聘人且每户仅限聘用 1 名)的安置办法帮助 2000 多位有转移就业意愿、有劳动能力的建档立卡贫困户就近在保洁员、护林员等村级公益性岗位就业,这些人员都在本村就业,多为妇女和老人,平均每天工作 2 小时,每人每月有 400 多元的收入,从而帮助 2000 多户脱贫。

第二节　使人口活动与生态环境资源的承载力相适应

生态移民、教育移民、劳务输出都是转移人口,既可以减轻人口对生态环境的压力,避免生态环境超载,提高国家重点生态功能区的生态产品的供给能力;又可以提高收入,帮助贫困县、贫困村和贫困户摆脱贫困。计划生育,就是控制人口数量和提高人口质量,使人口的自然增长率、经济发展方式与生态环境的承载力相适应。因此,生态移民、教育移民、劳务输出、计划生育都是国家重点生态功能区中的贫困县寻求生态环境改善和生活水平提高相互促进的重要举措。

一、生态移民（易地扶贫搬迁）

生态移民既指为了保护或者修复某个地区的生态而进行的人口迁移，如将自然保护区的居民迁出；也指为了扶贫，让生态环境破坏严重、生态脆弱、自然环境条件恶劣的居民迁移到适合的地方，如生态移民扶贫。前者可称为环保型生态移民，后者可称扶贫型生态移民或易地扶贫搬迁，二者往往有交集，其功能都兼有，即环保型移民往往也能改善民生，扶贫型移民也利于环保。因此，生态移民主要集中在国家重点生态功能区中的贫困县。政府有组织成规模的环保型、扶贫型生态移民分别开始于自然保护区条例、国家八七扶贫攻坚计划的实施，都是开始于 1994 年：自然保护区条例要求，自然保护区核心区内原有居民确有必要迁出的，由自然保护区所在地的地方人民政府予以妥善安置；"八七扶贫攻坚计划"提出，对极少数生存和发展条件特别困难的村庄和农户实行开发式移民。进入 21 世纪，随着环保和扶贫力度的加大，两类生态移民数量都有所增长。2000 年，对人口已超出承载能力的生态功能保护区进行移民。① 2001 年，对极少数居住在生存条件恶劣、自然资源贫乏地区的特困人口实行搬迁扶贫②。2011 年，加大生存条件恶劣地区扶贫对象易地搬迁力度，并与城镇化结合起来③；同时实施鼓励限制开发和禁止开发区域人口搬迁到重点开发和优化开发区域或集聚区域内的县城和中心镇的政策④。

全国性的大规模生态移民是在"十三五"期间，以扶贫型为主，以环保型为辅。习近平非常重视通过移民搬迁安置来扶贫，对易地扶贫做过多次论述。

---

① 《全国生态环境保护纲要》，《中国水土保持》2001 年第 4 期。

② 《中国农村扶贫开发纲要》，《山区开发》2003 年第 3 期。

③ 《中国农村扶贫开发纲要（2011—2020 年）》，《老区建设》2011 年第 23 期。

④ 《国务院关于印发全国主体功能区规划的通知》，http://www.gov.cn/zwgk/2011‐06/08/content_1879180.htm。

他于 2015 年 6 月提出,要因地制宜研究实施包括移民搬迁安置在内的"四个一批"①的扶贫攻坚行动计划②。同年 10 月,他将"四个一批"拓展成"五个一批"③,将"移民搬迁安置"称为"易地搬迁安置"④;并在党的十八届五中全会上提出,通过易地搬迁解决 1000 万人脱贫⑤。他于 2017 年 2 月提出,易地扶贫搬迁要坚持群众自愿原则,合理控制建设规模和成本,发展后续产业,确保搬得出、稳得住、逐步能致富。⑥ 中央在此期间制定了系列政策。2015 年提出,易地扶贫搬迁要紧密结合新型城镇化,支持有条件的地方依托小城镇、工业园区安置搬迁群众,帮助其尽快实现转移就业,享有与当地群众同等的基本公共服务⑦。2018 年提出,2018—2020 年集中力量完成"十三五"规划的建档立卡贫困人口搬迁任务,确保具备搬迁安置条件的贫困人口应搬尽搬,逐步实施同步搬迁;在自然条件和发展环境异常恶劣地区,鼓励实施整村整组搬迁;结合建立国家公园体制,对生态核心区内的居民实施生态搬迁⑧。"十三五"期间共完成 960 多万贫困人口的易地扶贫搬迁任务⑨,搬入地大多为县外重点开发和优化开发区域的新城或本县的县城或中心镇,搬迁户住房建设、配套设施建设标准较高且大多由财政投资。既解决了搬迁群众的吃、住、行、就医、

---

① 指"通过扶持生产和就业发展一批,通过移民搬迁安置一批,通过低保政策兜底一批,通过医疗救助扶持一批"。

② 《习近平在部分省区市党委主要负责同志座谈会上强调　谋划好"十三五"时期扶贫开发工作　确保农村贫困人口到 2020 年如期脱贫》,《人民日报》2015 年 6 月 20 日。

③ 指"通过扶持生产和就业发展一批,通过易地搬迁安置一批,通过生态保护脱贫一批,通过教育扶贫脱贫一批,通过低保政策兜底一批"。

④ 习近平:《携手消除贫困　促进共同发展》,《人民日报》2015 年 10 月 17 日。

⑤ 习近平:《关于〈中共中央关于制定国民经济和社会发展第十三个五年规划的建议〉的说明》,《人民日报》2015 年 11 月 4 日。

⑥ 《习近平在中共中央政治局第三十九次集体学习时强调　更好推进精准扶贫精准脱贫　确保如期实现脱贫攻坚目标》,《人民日报》2017 年 2 月 23 日。

⑦ 《中共中央国务院关于打赢脱贫攻坚战的决定》,《老区建设》2015 年第 23 期。

⑧ 《中共中央国务院关于打赢脱贫攻坚战三年行动的指导意见》,《人民日报》2018 年 8 月 20 日。

⑨ 《我国易地扶贫搬迁 960 余万人　同步新建约 3.5 万安置社区》,http://news.cctv.com/2020/11/05/ARTIqsBnBvo5zpeaRbqxi9vt201105.shtml。

就学等方面的问题,使他们摆脱了贫困;又改善了迁出地区的生态环境,提高了它们的生态产品供给能力;且加快了城镇化进展,优化了国土开发布局。

"十三五"期间易地扶贫搬迁人数最多的是贵州省,人数达188万人,其中建档立卡贫困人口150万人。① 贵州省的贫困县和贫困人口在全国最多:国家扶贫开发工作重点县50个;连片特困地区县有65个,其中乌蒙山10个、武陵山15个、滇桂黔石漠化区40个。2014年末建卡贫困人口623万人,占中国贫困人口的8.9%。贵州省的易地扶贫人口主要集中在国家重点生态功能区中的25个贫困县。这些地区属于以岩溶环境为主的特殊生态系统,生存条件恶劣,很难脱贫。"十三五"前,贵州省就开始大规模的扶贫生态移民,2012年的目标任务为10.13万人,财政投资18.11亿元,主要补助住房、配套基础设施建设和征地②。2013年、2014年、2015年的目标任务分别为15.1万人、17.2万人、20万人,用于建住房、配套基础设施和征地的财政补助标准基本相同③。"十三五"期间,贵州省先是计划将"一方水土养不起一方人"的深山区、石山区和生态脆弱地区142万人全部迁出④。其住房建设实行差别化补助和奖励政策:建档立卡贫困人口人均住房补助2万元,非贫困人口人均住房补助1.2万元;签订旧房拆除协议并按期拆除的人均奖励1.5万元;特困户⑤

---

① 《易地扶贫搬迁的"贵州奇迹"》,http://www.gog.cn/zonghe/system/2019/12/25/017469993.shtml。

② 建房补助标准为人均1.2万元、户均3万元左右,基础设施建设补助标准为人均4900元,征地补助标准为人均1000元。参见《省人民政府关于印发贵州省2012年扶贫生态移民工程实施方案的通知》,http://www.guizhou.gov.cn/zwgk/zcfg/szfwj_8191/qff_8193/201709/t20170925_821924.html。

③ 参见《省人民政府关于印发贵州省2013年扶贫生态移民工程实施方案的通知》(http://www.guizhou.gov.cn/zwgk/zcfg/szfwj_8191/qfbf_8196/201709/t20170925_823761.html)、《省人民政府关于印发贵州省2014年扶贫生态移民工程实施方案的通知》(http://www.guizhou.gov.cn/zwgk/zcfg/szfwj_8191/qfbf_8196/201709/t20170925_823832.html?from=singlemessage)、《省人民政府关于印发贵州省2015年扶贫生态移民工程实施方案的通知》(http://www.guizhou.gov.cn/zwgk/zcfg/szfwj_8191/qfbf_8196/201709/t20170925_823880.html)。

④ 《中共贵州省委　贵州省人民政府关于坚决打赢扶贫攻坚战确保同步全面建成小康社会的决定》,http://www.gzdpc.gov.cn/ztzl/dfpzyxd/201803/t20180313_3196202.html。

⑤ 主要指无生活来源、无劳动能力、无法定抚养义务人的"三无"人员。

先由民政供养服务机构进行安置,民政供养服务机构不能安置的由政府根据家庭实际人口统一提供相应的安置房。配套基础设施建设投资根据项目实际情况合理安排,投资概算按人均 2 万元控制。① 2017 年 10 月,贵州省决定加大易地扶贫搬迁力度,新增 356042 人,其中建卡贫困人口 137430 人,整体搬迁自然村寨 3361 个;安置点以市(州)政府所在地城市和县城为主,从严控制中心集镇;投资预算人均 6 万元,2019 年全部入住。②

贵州省"十三五"期间易地扶贫搬迁人数最多的县是册亨县,人数达到 87540 人,占全县总人口(2017 年末为 243828 人)的 1/3 以上;其中整体搬迁自然村寨 977 个 68940 人,整乡搬迁的 1 个(百口乡)5730 人,搬迁超过 1 万人的乡镇是巧马镇:总人口 3534 户,15817 人;搬迁 2496 户,10476 人,整体搬迁行政村 4 个村,整寨搬迁 143 个,50 户以下的寨子全部搬迁。册亨县符合下列三种条件之一的自然村寨全部整体搬迁:50 户以下、贫困率超过 80% 的;30 户以下、贫困率超过 20% 的;不通路的。册亨县为了动员群众自愿搬迁,县成立了易地搬迁扶贫建设指挥部,县委书记和县长任指挥长,县委常委、移民局局长任办公室主任,组建"四方联盟"③,按照"政府搭建平台、群众主动参与、企业培育业态、社会当好帮手"的工作要求,让四方一起共商、共识、共建、共享、共担。每个乡镇都成立了相应的指挥部和搬迁办,负责搬迁宣传、动员。每个贫困村都由县委配备了第一书记和扶贫工作队,由镇配备了包村干部和贫困户的帮扶干部。县、乡、村三级考核都将易地扶贫搬迁当成最重要的指标来考核。动员方式是搬迁者现身说法,讲进城的好处,主要是就业、就医、就学

---

① 《贵州省人民政府关于深入推进新时期易地扶贫搬迁工作的意见》,http://www.guizhou.gov.cn/zwgk/zcfg/szfwj_8191/qff_8193/201709/t20170925_822055.html。

② 《贵州省人民政府办公厅关于印发贵州省进一步加大深度贫困地区易地扶贫搬迁力度实施方案的通知》(黔府办函〔2017〕179 号),http://www.qxn.gov.cn/zfxxgk/fdzdgknr/zdmsxx/fpgz/201712/t20171208_11183593.html。

③ 指政府、群众(搬迁户)、工商联(企业)、社会(民主党派、新闻媒体、专家学者、社会团体、中介机构等)等四方。

的方便;发动能人带动富人搬、富人带着穷人搬、干部带着群众搬。对于整寨搬迁的,主要利用在外任职的党员干部、外出务工人员、在校大中小学生做工作:中小学生在课堂上学习了搬迁政策,明白了搬迁的好处,小手牵大手,动员父母很有成效;县乡干部在村寨有威信,回村动员搬迁很有说服力。乡村干部还带领贫困户到安置点看房、看环境、看就学、看就医,激发搬迁意愿。册亨县易地扶贫搬迁安置点主要是州政府所在地义兴、册亨县城和册亨县内的6个中心乡镇。每个安置点均配置了学校、医院、图书馆、公共娱乐和体育场所,安置点的住房按家庭人口数分为4人户、5人户、6人户三种类型,其面积分别为80㎡、100㎡、120㎡三种。2017年的搬迁安置点主要是义兴,但由于部分偏远贫困村的村民不会说普通话、不识字,搬迁后不能适应生活——不会换乘公交车,不会坐电梯,有大约5%的回迁到县城或中心镇。2018年后的安置点主要是县城和中心镇。多数移民自愿选择就近的中心镇安置。安置点附近都有工业园业,可以提供部分就业岗位,如巧马镇安置点有搬迁移民1万多人,巧马工业园区有3000多个就业岗位,多数岗位技术含量不高,只需要培训一周就能胜任,男工2600元/月,女工2200元/月,基本上可为每个搬迁户提供一个岗位。册亨县还与对口支援的宁波市签订了协议,凡经过培训送去宁波打工,保证每月工资不低于5000元(宁波政府担保)。县政府还为就业能力弱的搬迁贫困户提供了保洁员、护林员、护水员、护路员等公益岗位,以确保每个有劳动力的搬迁户至少有1人就业。

册亨县干部总结易地扶贫搬迁的好处主要有:一是节省扶贫成本,如有的自然村寨不到20户,仅修通村公路就需几千万元,远远超过整体搬迁的建房成本,如果其他设施配套,则需要更多的资金。二是推进小城镇建设,促进了中心城镇特别是县城的发展。三是为搬迁群众解决了教育、医疗问题。搬迁前小孩在教学点上学,怕生、不自信、胆小,教学效果也十分有限,搬迁后小孩在城区上学,更自信,教育效果也得到提升,阻断代际贫困;整体搬迁的村寨附近多数没有医生,少数村有医务室但医疗水平也很低,搬迁后附近都有医疗水平较高的医院,产妇能就近在医院生育,老人急救更方便。四是搬活了产业。搬迁后,乡镇政府不用考虑村民的住房安全问题,可集中精力考虑产业问题;而且整体搬迁后,耕地和宅基地更易整体规划,有利于农业产业现代化或旅游业发展。五是改善了生态环境,人口搬出或减少的地方植被恢复得更好、水源更少受污染;进城移民也容易养成不乱倒垃圾的卫生习惯,可引导进行垃圾分类。从移民的反应来看,不同年龄差异很大:小孩搬迁后三个月就适应安置点的生活了,不愿再搬回了;能够在城里找到工作的中青年在搬迁一年后就不愿再搬回了;在城镇找不到工作能够回村种田的老年人还是不适应城里生活想搬回但他们的子孙都不愿回。

册亨县为了让搬迁农民适应新生活,采取了下列措施:一是村寨整体搬迁的,在安置时尽可能安排在一起,以方便原村民之间往来。二是每栋楼都选了楼长,并安排镇干部包楼,楼长和包楼干部每周开一次居民会议,以加强各邻里之间的联系。三是搬迁前的原村民委员会成立合作社,由合作社管理并运作宅基地的流转、开发和发包承包地。四是建立居民小组微信群,政府的政策、就业信息都上群,解决了政令畅通的问题,避免了村干部、居民小组长贪污好政策,并可及时回复群众的问题。五是建立社区活动中心和留守儿童之家。社区经常组织集体性娱乐活动以增进社区居民之间的了解与团结。未成年人可通过留守之家的计算机直接与父母视频,心理教师可及时解决心理问题。六是网络和宽带免费使用3年,水费和物业费暂不收钱,只收电费,楼道由居民轮流打扫。

二、教育移民

对于处在国家重点生态功能区贫困县的农村来说,基础教育、职业教育和高等教育都有助于其人口迁出,不论是迁到城镇,还是迁到重点开发区的农村,都有助于生态环境的保护和民生的改善。因此,在国家重点生态功能区中的贫困县的农村地区,加强基础教育和提高中小学教育的办学质量,大力发展职业教育和高等教育,从而大幅度提高这些地区的受教育者文化技术水平及中考和高考升学率,增加他们在城镇上学、就业、安家的概率和在发达地区农村就业安家的概率,可以有效地达到移民的目的,都是广义的教育移民。相对于生态移民,教育移民具有三大优势:一是质量更高,他们更容易成为高层次人才,更容易实现美好生活的愿望;二是投入成本更低,其经济成本不到生态移民的1/2;三是会产生极强的连带效应,他们就业居住稳定后会将自己的父母、兄弟、姐妹甚至朋友等吸引到他们的身边。① 在改革开放初期,第一批从生态脆弱或生态恶劣的农村进入城镇凭技能就业并安家的,大多是具有中学以上学历或具有特殊技能的人。进入21世纪,随着全面小康社会建设力度的加大,对国家重点生态功能区内的贫困县农村教育的投入也逐渐加大,并实施了一些以教育移民为主要目标的特殊政策,这些特殊政策可以称为狭义的教育移民,主要有教育扶贫移民、生态教育移民、中西部协作教育移民扶贫等模式。

教育扶贫移民于2005年开始于海南昌江县,2008年推广到海南岛中部山区热带雨林生态功能区所有县。② 2005年昌江县(当时是海南省扶贫开发重点县)针对位于霸王岭山区(重要生态功能区的核心区,后来成为国家级自然保护区)的王下乡交通不便、农民收入低(2005年人均收入不足1000元,贫困率超过80%)、教育设施落后、学校分散、师资薄弱以及学生上学困难等实际情况,在省政府和香港言爱基金会支持下,率先在王下乡实施"教育移民"工程,其基本思路是将分散在各村小或教学点的3年级及其以上小学生集中到乡中心小学就读,将初中生全部迁入县城的昌江民族中学,初中毕业少数成绩好的进入普通高中、多数进入职业中学,职业中学毕业后在城镇就业。王下

---

① 李含琳、魏奋子、王悦:《中国西部干旱贫困县教育移民调查报告——兼论教育移民的政策意义和可行性》,《中国人口科学》2006年第4期。

② 谢君君:《海南少数民族地区教育扶贫移民的调查研究》,《海南大学学报(人文社会科学版)》2013年第2期。

乡农村学生在乡中心小学和昌江民族中学学习期间全部在校住宿就餐,不交任何费用,每月还享受财政发放的生活补贴;在职中就读期间免除学杂费、住宿费、信息费、课本费,补助学生生活费;考入普通高中就读的给予奖学金和助学金;考上大学的继续给予资助。这些学生后来大多在城镇就业安家。后来,昌江县继续加大投入,集中建设职业教育中心、民族中学、思源实验学校和中心镇的中心学校,将教育移民扩大到生态功能区的所有贫困乡。2008年,海南省将教育移民工程纳入重点民生项目发展规划,在海南岛中部山区热带雨林生态功能区所有县都建设了思源实验学校(小学和初中九年一贯制)和民族中学,将贫困农村的三年级以上小学生和中学生都招收到县城和中心镇学校就读,并免收学杂费、住宿费、信息费、课本费,补助生活费和周末往返交通费。如保亭思源实验学校由香港言爱基金会、省政府和保亭县政府共同投资3451万元兴建,2008年动工,2009年秋季建成并开始招生,农村学生全部免交学费和住宿费,生活补助最初每生每年750元,后来逐年提高,2015年提高到生活费每年每生1500元,交通费初中生每年300元、小学生每年160元。2015年开始,海南岛中部山区热带雨林生态功能区的4个贫困县农村的所有学生都可免费进县城和中心镇的学校就读小学和初中,建立了全覆盖、高标准的资助政策,所有建档立卡贫困家庭学生在吃、住、行、学等方面得到全方位资助①,考上普高、职高和大学的学生大幅度增加,有的已进城就业安家并带动家人搬进了城镇。

生态教育移民于2009年首先在百色市西林县试点,是民建广西区委会发起的,其做法是选送生态薄弱地区农村的优秀小学毕业生"上浮"到县一级条件好的初中就读,让他们有更多机会上高中、上大学,并进城就业,既降低了其生态环境的人口压力,又阻断了贫困的代际传递。首批共招收来自偏远石山区的6个少数民族50名学生,每名学生每学期获补助1000元。2011年,民建

---

① 其标准为:学习生活用品费每年每生400元;交通费小学生每年每生400元、初中生每年每生600元;生活费小学生每年每生2000元,初中生每年每生2500元。

中央动员武陵山扶贫片区的湖北、湖南、重庆、贵州四个民建省级组织开办了8个生态教育移民班作为扩大试点。2012年,试点扩大到六盘山区、武陵山区、大别山区、原中央苏区,并改名为"思源教育移民计划",主要针对国家重点生态功能区的贫困县,如湖北省宣恩县、贵州省的赫章县。截至2020年8月,民建中央已在全国14个省(区、市)开设285个"思源教育移民班",累计资助1.4万名贫困小学毕业生,他们大多在高中毕业后在城镇就业,有的还在城镇安家。这一模式已成为集恢复生态环境和助力脱贫攻坚于一体的有效方法。①

中西部协作教育移民扶贫模式开始于1994年实施的八七扶贫攻坚计划。其具体做法是北京、天津、上海、宁波等大城市(主要是直辖市和东部的计划单列市②)和广东、江苏、浙江、山东、辽宁、福建等沿海较为发达的省对口帮扶中西部贫困县办中等教育和职业教育,以提高其毕业生在城镇就业安家的能力;或者东部发达地区的职业院校定向招收所帮扶贫困县的农村学生并给予资助和毕业后安置就业。如贵州省册亨县自1996年接受浙江省宁波市江北区的帮扶以来,分批选派了大量的校长、教师到宁波跟岗学习,以全面提升教师专业素养;宁波市江北区还委派校长、教师到册亨开展组团式帮扶,通过送教、支教、培训教师等方式来夯实册亨的教育教学基础。在江北区的帮扶下,册亨的基础教育质量提升很快,初中入学率、升学率明显提高,普通高中毕业后考入大学和职业中学毕业生进城就业安家的比例明显提高。江北区还在册亨设立"江北中职班""交通技工汽修班",分别解决每生每年4000元的资金补助和13800元就读费用,学生可直接到宁波的工厂实习实训,合格者可留厂就业。

---

① 《"生态教育移民"探索阻断贫困"代际传递"》,https://new.qq.com/rain/a/20200907a07z2u001。

② 计划单列市指大连、青岛、宁波、厦门和深圳5个。

三、劳务输出

对国家重点生态功能区中的贫困县农村来说,劳务输出主要指农民转移到城镇特别是发达地区的城镇打工或经商办企业,以增加收入,改善生活,同时减轻对资源环境的压力,保护环境。因此,其劳务输出既具有从农村到城镇、由农业转向非农的跨职业流动特征,又具有从中西部到东部沿海地区的跨地区流动特征。

劳务输出是改革开放的产物,其规模随着改革开放的扩大而扩大。在改革开放前,对农村劳动力流向城镇及农村之间的跨地区的流动基本上是禁止的。合作社(人民公社)对劳动力外出打工都持严格禁止的态度,主要是组织社员在社内发展多种经营(农林牧副渔综合平衡)和文化教育、医疗卫生等公共事业,解决就业,提高收入和医疗卫生文化教育水平;兴修水利、植树造林、开展爱国卫生运动,改善环境。① 党的十一届三中全会提出,加快农业发展必须首先调动我国几亿农民的积极性。这实际上暗含了放松对农村劳动力的管制。党的十一届四中全会提出,社队企业要有一个大发展,并对社队企业实行低税或免税政策。这实际上是鼓励农村劳动力在社队内部由农业流向企业。

---

① 毛泽东认为,合作社发展多种经营,剩余劳动力就有出路了(《毛泽东文集》第6卷,人民出版社1999年版,第461页);合作社开展多种经营才能使百分之九十以上的社员每年增加个人收入(《毛泽东文集》第7卷,人民出版社1999年版,第67页)。他在1956年提出农业发展规划:在7年内,大量地兴修小型水利(同流域规划相结合),基本上消灭普通的水灾旱灾,基本上消灭若干种危害人民和牲畜最严重的疾病(例如血吸虫病、血丝虫病、鼠疫、脑炎、牛瘟、猪瘟等),基本消灭四害,基本上扫除文盲(每人必须认识一千五百到两千个字),将省、地、县、区、乡的各种必要的道路按规格修好(其中有些是公路,有些是大路,有些是小路),建立有线广播网(使每个乡和每个合作社都能收听有线广播),完成乡和大型合作社的电话网;在12年内,基本上消灭荒地荒山,在一切宅旁、村旁、路旁、水旁,以及荒地上荒山上,即在一切可能的地方,均要按规格种起树来,实行绿化(《毛泽东文集》第6卷,人民出版社1999年版,第509—510页)。1962年颁布的《农村人民公社工作条例(修正草案)》提出,公社管理委员会在今后若干年内一般不办企业,应兴办水利建设和植树造林,积极促进手工业生产的发展和开展多种经营,在发展粮食生产的基础上因地制宜地发展畜牧业、林业、渔业和其他副业生产(《建国以来重要文献选编》(第15册),中央文献出版社1997年版,第615—645页)。

1980 年中央 75 号文件提出,各类手工业者、小商小贩和各行各业能手要求从事个体经营的,经批准,可持证外出劳动和经营①。这是中央首次明确允许农村劳动力经批准可外出务工或经商。1987 年国发 95 号文件提出,有领导地组织劳务输出,劳务输出是投资少见效快、既能治穷致富又能开发智力的重要产业②。这是国家首次明确提出要大力发展贫困地区农村的劳务输出。1994 年国发 30 号文件首次将"有计划有组织地发展劳务输出,积极引导贫困地区劳动力合理、有序地转移"作为扶贫开发的 5 个基本途径之一③。2001 年国发 23 号文件提出"积极稳妥地扩大贫困地区劳务输出",并要求贫困地区和发达地区就劳务输出结成对子,沿海发达地区和大中城市要按照同等优先的原则积极吸纳贫困地区劳动力在本地区就业④。这是国家首次明确提出贫困地区可有组织地跨地区劳务输出。党的十六届五中全会提出,逐步建立城乡统一的劳动力市场和公平竞争的就业制度,依法保障进城务工人员的权益⑤。这标志着我国完全放开了对劳动力流动的限制,农民进城打工和跨地区流动不再受限制,其合法权益有法律保障。2006 年国发 5 号文件提出,重点解决农民工的工资偏低、被拖欠现象严重、劳动时间长、安全条件差、社会保障缺乏、职业病与工伤事故多等问题和其培训就业、子女上学、生活居住等方面的困难,纠正违法收回农民工承包地的行为。⑥ 此后,跨省流动的农民工明显增多,主要流出地区是安徽、江西、四川、湖南、湖北、河南、广西、重庆、贵州等国家重点生态功能区贫困县较多的省(自治区、直辖市),主要流入地区是广东、浙江、上海、北京、江苏、福建、山东和天津等国家重点开发区较多的省(直辖市);夫妇带

---

① 《三中全会以来重要文献选编》(上),人民出版社 1982 年版,第 475—476 页。

② 《国务院关于加强贫困地区经济开发工作的通知》,http://www.chinalawedu.com/falvfagui/fg22016/454.shtml。

③ 《十四大以来重要文献选编》(上),人民出版社 1996 年版,第 675—676 页。

④ 《中国农村扶贫开发纲要(2001—2010 年)》,《山区开发》2003 年第 3 期。

⑤ 《中共中央关于制定国民经济和社会发展第十一个五年规划的建议》,《人民日报》2005 年 10 月 19 日。

⑥ 《国务院关于解决农民工问题的若干意见》,《人民日报》2006 年 3 月 28 日。

小孩一起流动的比例也明显提高,农民工的收入提高的速度也明显加快。

党的十六届五中全会以后,国家加大了对贫困地区特别是国家重点生态功能区贫困县的劳务输出的支持力度。2007年,国务院扶贫办决定实施"雨露计划"①。2011年,国家决定完善"雨露计划":对农村贫困家庭未继续升学的应届初、高中毕业生参加劳动预备制培训给予一定的生活费补贴;对农村贫困家庭新成长劳动力接受中等职业教育给予生活费、交通费等特殊补贴②。2015年,中央提出,加大对贫困地区的劳务输出培训的投入,鼓励职业院校和技工学校招收贫困家庭子女,确保贫困家庭劳动力至少掌握一门致富技能;引导和支持用人企业在贫困地区建立劳务培训基地,开展好订单定向培训;鼓励地方对跨省务工的农村贫困人口给予交通补助③。2018年,中央提出,深入推进扶贫劳务协作,东部地区要组织企业到西部地区建设产业园区,吸纳贫困人口稳定就业,西部地区要组织贫困人口到东部地区就业;推进职业教育东西协作行动,实现东西部职业院校结对帮扶全覆盖,在人口集中和产业发展需要的贫困地区办好一批中等职业学校(含技工学校),建设一批职业技能实习实训基地④。

贵州省册亨县于1988年开始劳务输出,在1988—1994年先后组织4次共150人到广东省中山市、北京市房山区、贵阳市打工;1995年12月30日成

---

① 目标为:在"十一五"期间通过职业技能培训帮助500万左右的青壮年贫困农民和20万左右贫困地区复员退伍士兵成功转移就业。主要措施有,加大中央和省级财政对贫困地区(主要是贫困县)的职业技能培训的投入,逐步建立政府、用人单位和个人共同分担的投入机制;进一步整合贫困地区各类培训资源,充分发挥包括职业教育在内的各类培训资源作用,公开选认一批有劳动力技能培训资质、信誉好的培训机构作为培训基地,重点培训家政、餐饮、保安、酒店、建筑、园林绿化、制造、电子装配等用工量大行业的职业技能;加大对贫困地区职业教育的支持力度,对贫困户中的初、高中毕业生愿意继续接受职业教育的,除按常规标准补助800—1000元外,进一步提高补贴费用。参见《关于印发〈关于在贫困地区实施"雨露计划"的意见〉和〈贫困青壮年劳动力转移培训工作实施指导意见〉的通知》(http://www.gov.cn/zwgk/2007-03/30/content_566578.htm)和《组织实施贫困地区劳动力转移培训"雨露计划"》(http://www.gov.cn/ztzl/2006-08/27/content_370786.htm)。

② 《中国农村扶贫开发纲要(2011—2020年)》,《老区建设》2011年第23期。

③ 《中共中央国务院关于打赢脱贫攻坚战的决定》,《人民日报》2015年12月8日。

④ 《中共中央国务院关于打赢脱贫攻坚战三年行动的指导意见》,《人民日报》2018年8月20日。

立人力资源开发中心,与劳动就业办合署办公,专门从事劳务输出的组织工作,利用世界银行贷款 100 万元,向北京、山西、广东、福建等地输出农村贫困劳动力 3000 多人①,不到全县总人口(20 多万人)的 2%。也就是说,在 2000年前务工农民主要在县内附近乡镇企业打工,2001 年开始到省外打工,2005年后到省外打工的剧增,2006 年后夫妇带小孩打工的比例明显增多,多数村外出人口超过一半。2010 年后外出打工人员开始减少,其主要原因是,随着新农村建设特别是对贫困县的扶持力度加大,也随着环保建设特别是对国家重点生态功能区的建设力度加大,册亨县的建设项目逐渐增多,环境逐渐改善,水、电、路、网等基础设施逐渐完善。农民在县内就业机会增加,不仅可以在建设项目中打工,而且可以从事乡村旅游业和生态农业;农民享受的教育、医疗等公共服务与发达地区的城镇逐渐缩小,也吸引部分农民回村生活。如秧坝镇秧坝村在 2001 年前外出打工的不到 10%,其中出县打工的不到 5%,出省打工的不到 2%;到 2007 年外出人员就超过一半,其中多数在省外打工;2009 年全村 1300 多人,外出人员有 700 多人,多数是夫妇带着小孩在广东、浙江打工;2010 年后,外出人员逐渐减少,2015 年后长期外出人员只有 400 多人,大多在广东、浙江的工厂上班。在广东、浙江的工厂上班的收入也一直在增长,在 2003 年前每月收入(连同加班费)一般在 2000 元左右;2008 年每月收入(连同加班费)达到了 5000 元左右,夫妇两人打工两年可回村建一幢楼房。因此,秧坝村在 2015 年前建楼房的,多是夫妇双方在广东、浙江打工的。

　　2018 年中央实施打赢脱贫攻坚战三年行动计划后,册亨县加大了对贫困农民劳务输出的支持力度,特别是加强了与对口扶贫单位宁波市江北区的协作。两地政府共同签订了《就业帮扶协作框架协议》和《关于东西部劳务协作实施方案》,成立了册亨县驻江北区劳务协作工作站,就技能培训、就业安置达成了协议。2018 年,两地政府共培训册亨县贫困农民 1300 多名,培训技能

---

　　① 《册亨县志》,贵州人民出版社 2002 年版,第 229 页。

包括电工、中式烹饪、产业种植等,宁波企业为其提供就业岗位 2200 个,江北区提供"爱心岗位"①158 个(实际到位 89 个)。2019 年,两地政府共培训册亨县贫困农民 6000 多人,培训技能包括电工、烹饪、刺绣、制衣等;江北区企业在春节后为册亨提供了 8000 多个岗位,政府担保每月工资不低于 5000 元;册亨县政府组织了多场招聘会,并直接用专车送应聘人员到宁波的企业就业。2020 年春节新冠肺炎疫情暴发,为了支持外出务工尽快返岗复工,并确保返岗复工人员健康,册亨县政府于 2 月下旬划拨专项经费开通就业直通车"绿色通道",在外出务工体检合格后直接送到浙江、广东、福建等地企业,在 2—6 月共输送 8000 多人返岗就业,同时给 2000 多名自驾返岗人员发放加油补助卡、给 800 多名自行返岗就业人员补助交通费。

四、计划生育

新中国成立初期,人口问题即已引起中央政府的高度重视,并提出了计划生育控制人口的设想。但我国的计划生育在很长一段时间是提倡且有城乡差别、民族差别和区域差别。1957 年,国家"提倡有计划地生育子女"不仅排除了少数民族的地区,而且限于"人口稠密的地方",其措施是宣传和推广节制生育。② 1962 年,中央提倡节制生育也只限于城市和人口稠密的农村,并特别强调,少数民族地区和人口稀少或自然灾害严重、妇女病很多的地区不作普遍宣传,以治病、生产救灾为主③。1980 年中央提倡全体共产党员和共青团员"一对夫妇只生育一个孩子"时也明确少数民族的政策可以放宽④。1982 年党的十二大将"计划生育"上升为基本国策后,计划生育政策仍有城乡、民族、区域

---

① 这些岗位就业条件优越(中心城区、无岗位要求)、工资待遇优厚(月工资 5500 元以上)、工作相对轻松(景区管理员、保洁、普工、挤奶工等)。
② 《一九五六年到一九六七年全国农业发展纲要(修正草案)》,《农业科学通讯》1957 年第 11 期。
③ 《建国以来重要文献选编》(第 15 册),中央文献出版社 1997 年版,第 649—650 页。
④ 《三中全会以来重要文献选编》(上),人民出版社 1982 年版,第 464—468 页。

差别,直到 2016 年开始执行全面二孩政策。由于国家重点生态功能区中的贫困县几乎全部是民族地区、山区,因此,其人口出生率一直高于全国平均水平。

中央明确将计划生育与扶贫开发联系起来,将控制人口过快增长当成扶贫措施始于 1987 年。1987 年 10 月,国务院要求贫困县既抓经济开发,又抓计划生育,尽快改变其人口增长超过粮食增长和经济发展的非正常状况①。之后,中央出台的关于扶贫的专门文件都会将计划生育当成重要措施。国家八七扶贫攻坚计划提出,严格实行计划生育,将人口自然增长率控制在国家规定的范围内;计划生育部门要特别加强贫困地区的计划生育工作,把实行计划生育与扶贫结合起来②。1996 年,中央提出,要坚持扶贫开发与计划生育相结合,控制贫困地区人口过快增长③。2001 年农村扶贫开发纲要提出,扶贫开发必须与计划生育相结合,控制贫困地区人口的过快增长④。2011 年农村扶贫开发纲要提出,贫困县要力争 2015 年人口自然增长率、妇女总和生育率分别控制在 8‰以内、1.8 左右⑤。

计划生育政策的强制实施,强行抑制了"多子竞赛",人们被迫改变多子多福、重男轻女的观念,更加注重子女的教育特别是女儿的教育,而受过中学教育的妇女因不愿早生和多生,会降低妇女总和生育率⑥。普及九年义务教

---

① 《国务院关于加强贫困地区经济开发工作的通知》,http://www.chinalawedu.com/falvfa-gui/fg22016/454.shtml。

② 《十四大以来重要文献选编》(上),人民出版社 1996 年版,第 675、682—683 页。

③ 《中共中央国务院关于尽快解决农村贫困人口温饱问题的决定》,《中国贫困地区》1996 年 6 期。

④ 《中国农村扶贫开发纲要(2001—2010 年)》,《山区开发》2003 年第 3 期。

⑤ 《中国农村扶贫开发纲要(2011—2020 年)》,《老区建设》2011 年第 23 期。

⑥ 参见 D.盖尔·约翰逊的《经济发展中的农业、农村、农民问题》(林毅夫、赵耀辉编译,商务印书馆 2004 年版)第 181、251 页。尽管 D.盖尔·约翰逊反对实施强制性的计划生育,认为只需要提高女孩的教育水平特别是上中学的比率就可降低妇女总和生育率,但我认为,在中国贫困农村地区普遍存在重男轻女偏好和多子偏好的情况下,如果不强制少生,家庭是不会将有限的资源投资给女孩教育的,女孩受教育的机会特别是上中学的机会根本不会大幅度提高。尽管中国现在面临老龄化严重和生育意愿不足等问题,需要实施鼓动生育的政策,但不能从根本上否定计划生育政策。

育,特别是资助贫困地区女孩上学的"春蕾计划"①实施,大大提高了女孩上初中和高中(含职业中学、中专、技校)的比率,国家重点生态功能区贫困县的出生率和自然增长率在 1990 年后下降较快。如册亨县是山区,也是少数民族地区,1980—1989 年平均每年生育率为 23.946‰,在 1992 年后生育率下降到 20‰以下②。2015 年下降到 10.48%,2017 年后生育率又上升(参见表 3-9)

第三节　治理农村生态环境

农村生态环境治理包括农田水利建设、农业面源污染治理、农村生活垃圾和污水的处理、农村房屋改造,其目的是保护和改善农村生态环境,增强生态产品和健康食品的生产能力,改善农民的居住环境和居住条件。

一、农田水利建设和农村生态环境治理的基础设施建设

国家重点生态功能区贫困县不仅收入低,而且大多存在着人畜饮水困难,由于其主体功能区的定位,不能发展对生态环境有破坏的工业和规模农业,只能提供生态产品和不污染环境且有益于健康的农产品。而加强农田水利建设和农村生态环境治理的基础设施建设,既能保护和改善生态环境,增强健康农产品的生产能力,又能解决人畜饮水困难。因此,中央一直重视国家重点生态功能区贫困县的农田水利建设和生态环境治理的基础设施建设(参见附录5)。1994 年提出,通过基本农田和小型水利设施建设、小流域综合治理,合理开发利用荒地、荒山、荒坡、荒滩、荒水,扶持贫困户创造稳定解决温饱的基础

---

①　1989 年由中国儿童少年基金会发起并组织实施,旨在救助贫困地区失学女童重返校园。后得到妇联、团中央、教育部等部门的大力支持,截至 2019 年 10 月,共接受社会爱心捐款 21.18 亿元,直接帮助女童超过 369 万人次,捐建春蕾学校 1811 所。参见《"春蕾计划"30 年汇聚 2784 万人次社会爱心 累计资助女童超过 369 万人次》(http://news.cri.cn/20191010/c634e6a8-4697-d73a-22ed-ddc41cf2b55b.html)。

②　《册亨县志》,贵州人民出版社 2002 年版,第 84—85 页。

条件,基本解决人畜饮水困难①。2001 年提出,西部大开发安排的水利、退耕还林、资源开发项目在同等条件下要优先在贫困地区布局,以贫困乡、村为单位加强基本农田、基础设施、环境改造②。2011 年提出,加快中低产田改造和开展土地平整,推进大中型灌区续建配套与节水改造和小型农田水利建设,加强中小河流治理、山洪地质灾害防治及水土流失综合治理,积极实施农村饮水安全工程;大力支持退牧还草工程,采取禁牧、休牧、轮牧等措施,恢复天然草原植被和生态功能;加大泥石流、山体滑坡、崩塌等地质灾害防治力度,重点抓好灾害易发区内的监测预警、搬迁避让、工程治理等综合防治措施③。2015 年提出,加强重大水利工程、病险水库水闸除险加固、灌区续建配套与节水改造等水利项目建设;实施农村饮水安全巩固提升工程,全面解决贫困人口饮水安全问题;小型农田水利、"五小水利"工程④等建设向贫困村倾斜;对贫困地区农村公益性基础设施管理养护给予支持;加大对贫困地区抗旱水源建设、中小河流治理、水土流失综合治理力度;国家实施的重大生态工程进一步向贫困地区倾斜⑤。2018 年提出,在深度贫困地区特别是"三区三州",加快推进农村饮水安全巩固提升工程、小型水利工程、在建重大水利工程建设、农村土地综合整治和高标准农田建设;推进低产低效林提质增效工程,加大新一轮退耕还林还草支持力度⑥。

　　贵州省册亨县是珠江上游的生态屏障,2011 年开始,进一步加大了退耕还林、封山育林及人工造林、治理岩溶和石漠化的力度,到 2019 年底森林覆盖率提高到 71% 以上,石漠化片区的水土流失得到治理,所种杉树、桉树

---

① 《十四大以来重要文献选编》(上),人民出版社 1996 年版,第 674—676 页。
② 《中国农村扶贫开发纲要(2001—2010 年)》,《山区开发》2003 年第 3 期。
③ 《中国农村扶贫开发纲要(2011—2020 年)》,《老区建设》2011 年第 23 期。
④ 指小水窖、小水池、小泵站、小塘坝、小水渠。支持山丘区"五小水利"工程建设并重点向革命老区、民族地区、边疆地区、贫困地区倾斜,是 2011 年中央 1 号文件首先明确提出的。
⑤ 《中共中央国务院关于打赢脱贫攻坚战的决定》,《人民日报》2015 年 12 月 8 日。
⑥ 《中共中央国务院关于打赢脱贫攻坚战三年行动的指导意见》,《人民日报》2018 年 8 月 20 日。

也带来收益,土地综合开发利用率得到进一步提高。同时实施中央财政小型农田水利重点县建设项目、坡耕地和农业综合开发项目、农村人畜饮水安全工程,推进农业综合开发水土保持小流域治理工程、盘江灌区农田水利项目、者楼高洛和丫他者其防洪工程,完善工程性用水,改善农业生产条件,解决人畜饮水安全问题。自2018年开始推行农村生活垃圾"户收集、村集中、镇转运、县处理"和生活垃圾无害化处理,给每个自然村发放了活动式垃圾桶,给每个村民小组建了垃圾存放点,给每个乡镇购置了垃圾处理车和建立了垃圾中转站,并定时收集农民的生活垃圾,由乡镇用垃圾处理车转运到册亨县垃圾压缩站进行压缩处理;推动农村生活污水、畜禽养殖污染防治,给所有的集镇建设了污水处理厂、在一些大的自然村建立了人工湿地以处理污水;加强农业面源污染防治,减少化肥、农药使用量,推广使用有机肥和生物治虫。

二、农民居住条件和居住环境的改善

国家重点生态功能区贫困县大多位于江河源头,在保持流域和全国生态平衡、减轻自然灾害、确保全国生态安全方面具有重要作用。在扶贫攻坚前,其农村的贫困户住房条件差①,有相当数量的危房,且人畜混住,污水和粪便直接排放,垃圾和废物到处乱扔,多数都会汇集到江河,不仅破坏了当地的生态环境,影响了当地居民的身体健康,而且影响了河流的水质从而危及饮用河水的居民健康。因此,对国家重点生态功能区贫困县的农民住房和居住环境

---

① 国家重点生态功能区贫困县农村贫困户住房特别差,原因是多方面的,其主要原因有三个:一是国家重点生态功能区贫困县多是民族地区,这些地方的少数民族由于种种原因,如游牧或在历史上曾遭受压迫和迫害、所积累的财富经常被抢掠、所建住房经常被烧毁,形成了不积累财富、不注重房屋建造、有酒一起喝、有肉一起吃的习俗。二是国家重点生态功能区内的贫困县的广大农村地区特别是民族地区的农户收入长期以来一直以农业为主、有限且农户间差距不大,农户要保持正常的礼尚往来(即你今天请我喝酒,我明天请你吃肉)也很难积蓄起建房所需要的奖金。三是国家重点生态功能区贫困县农村交通不便利,既提高了农民的建房成本,也抑制了农民的建房需求。

进行改造,不仅可改善当地贫困农民的民生,而且有助于改善整个中国的生态环境和全国人民特别是江河下游居民的民生,治理好了国家重点生态功能区贫困县贫困农民的居住环境,改善了住房条件,可引导他们形成保护环境和改善生态的习惯,不再直接排放污水粪便,不再乱扔垃圾,对改善江河水质有重要作用。

我国明确将住房及其居住环境治理纳入扶贫范围,是在划定国家重点生态功能区之后的2011年。2011年农村扶贫开发纲要提出,在2020年前完成农村困难家庭危房改造,带动改水、改厨、改厕、改圈和秸秆综合利用;实施水、电、路、气、房和环境改善"六到农家"工程①。之后,中央颁布的重要扶贫文件都专门提到贫困户的住房改造和居住环境治理(参见附录4)。2015年提出,加快推进贫困地区农村危房改造,统筹开展农房抗震改造,把建档立卡贫困户放在优先位置,提高补助标准;加大贫困村生活垃圾处理、污水治理、改厕和村庄绿化美化力度,继续推进贫困地区农村环境连片整治②。2018年提出,在深度贫困地区,加快推进农村危房改造,重点推进农村卫生厕所改造,因地制宜普及不同类型的卫生厕所,同步开展厕所粪污治理;大力推进贫困地区农村人居环境整治,重点推进农村生活垃圾治理,有条件的地方逐步开展生活污水治理和探索建立村庄保洁制度③。

册亨于2008年启动危房改造工程,到2019年底改造的农房达到4.3万户(含1.8万户的移民安置房),其中2013—2019年完成农村危房改造16502户,同步实施改厨、改厕、改灶5551户;完成农村老旧住房透风漏雨整治1475户、人畜混居整治173户。2018年后,农村危房改造的补贴标准按农户的贫

---

①　《中国农村扶贫开发纲要(2011—2020年)》,《老区建设》2011年第23期。

②　《中共中央国务院关于打赢脱贫攻坚战的决定》,《人民日报》2015年12月8日。

③　《中共中央国务院关于打赢脱贫攻坚战三年行动的指导意见》,《人民日报》2018年8月20日。

困类别①和危房的等级②分别发放③,多数贫困户危房改造补贴在2.1万元,因为一级危房大多选择了移民安置房,就地进行改造的贫困户的农村危房多数是二级。

海南岛中部山区热带雨林生态功能区的3个县(白沙、保亭、琼中)都是海南重要河流的发源地、黎苗等少数民族聚居的山区县和革命老区县,也是贫困县,其农村贫困户最明显的特征是住房狭小破旧且不安全,多数属于C级或D级危房④。因此,农村危房改造是扶贫的重要措施,2016年开始加大了对农村危房改造的财政补贴力度:D级危房改造的贫困户(四类重点对象)每户最高可补6万元,C级修缮加固改造的贫困户每户最高可补3.5万元;并且明确了贫困户重新建房的标准⑤。2016—2019年,白沙县共修缮或改造四类重点对象危房9340户;琼中县共完成农村危房改造10244户,其中四类重点对象6425户,建档立卡贫困户5659户;保亭县共完成农村危房改造4930户,其中建档立卡贫困户4267户。这些地方还将农村危房改造与推进全域旅游、美丽乡村建设、多规合一结合起来,对于危房较多且集中的村庄,对五网⑥配套建设和生态环境整治基础设施(垃圾污水处理设施)建设坚持整村推进,实

---

① 贫困类别分为4类重点对象(即建档立卡贫困户、低保户、农村分散供养特困人员即五保户、贫困残疾人家庭)和其他危房户(除四类重点对象之外于2017年6月摸底复核统计在册的农户)。

② 《贵州省农村危房评定暂行标准》将农村危房的危险等级状态划分为三个级别:一级为整体危险,需要拆除重新建设;二级为局部危险,对局部构件进行更换维修即可恢复正常使用;三级为有危险点,仅需更换个别构件或轻微维修,即可恢复正常使用。

③ 属于四类重点对象的,一级危房户均补助3.5万元,二级危房户均补助1.5万元,三级危房户均补助1万元;同步实施改厨改厕改圈户均补助0.6万元;其他危房户:一级危房0.5万元、二级危房0.3万元、三级危房0.2万元;同步实施改厨改厕改圈户均补助0.3万元。

④ 海南省的D、C级危房相当于贵州省的一、二级危房,分别为整体危险需要拆除重新建设的房屋、局部危险需对局部构件进行更换维修的房屋。

⑤ 1人户为20—30平方米,2人户为30—40平方米,3人户为40—60平方米,3人以上户人均13—18平方米;厨房和厕所建在房屋内的总建筑面积可适当提高,但3人及以下户厨房面积不超过3.5平方米、厕所面积不超过2.5平方米,3人以上户厨房面积不超过6平方米、厕所面积不超过3平方米。

⑥ 指水网、路网、电网、光网、气网。

行统一规划、统一设计、统一建设,以开发乡村旅游、节约土地资源、缩短建设周期。为了解决整村推进的资金问题,省、县政府还鼓励企业与村委会或村民小组(自然村)合作开发。

第四节　完善公共服务和健全社会保障机制

国家重点生态功能区贫困县的农村贫困率高的一个重要原因是农业生产和农民生活的公共基础设施落后,提高了农业生产和农民生活的成本,也破坏了人与自然环境的关系。因此,加强公共基础设施建设,完善公共服务制度,提高公共服务水平,成为国家重点生态功能区改善生态环境和提高民生水平的重要途径。提高公共服务水平的举措主要有两个方面:一是加强道路、网络、医院、卫生室、学校、图书馆、阅览室、污水处理和垃圾收集处理等方面的基础设施建设;二是健全社保、就业、医疗、教育、环保、科技推广等方面公共服务的体制机制。

一、公共基础设施建设

加强贫困地区的道路、通信、电力等基础设施建设,一直是扶贫的重要措施,党中央、国务院制定历次扶贫文件,都强调了公共基础设施建设(参见附录4)。1984年提出,要争取在五年内解决贫困地区由县通到乡的道路,使大部分乡都能通汽车或马车[1]。1994年提出,2000年前绝大多数贫困乡镇和有集贸市场、商品产地的地方通公路,消灭无电县,绝大多数贫困乡用上电;建立和完善县、乡、村三级医疗预防保健网[2]。2001年提出,以贫困乡、村为单位加强公共服务设施建设,2010年前力争绝大多数行政村通电、通路、通邮、通电

---

① 《十二大以来重要文献选编》(中),人民出版社1986年版,第32页。
② 《十四大以来重要文献选编》(上),人民出版社1996年版,第675、682页。

话、通广播电视,大多数贫困乡有卫生院、贫困村有卫生室①。2011 年提出,继续推进水电新农村电气化、小水电代燃料工程建设和农村电网改造升级,实现城乡用电同网同价,生产生活用电到 2020 年覆盖所有人口;加快通乡、通村道路建设,在 2020 年实现所有具备条件的建制村通沥青(水泥)路并推进村庄内道路硬化;加快寄宿制学校建设,优先实施村村通有线电视、电话、互联网工程,继续推进广播电视村村通、农村电影放映、文化信息资源共享和农家书屋等重大文化惠民工程建设②。2015 年提出,提高贫困地区农村公路建设补助标准,加强农村公路安全防护和危桥改造,推动一定人口规模的自然村通公路③。2018 年提出,在深度贫困地区特别是"三区三州",加快建成外通内联、通村畅乡、客车到村、安全便捷的交通运输网络;推进农村电网建设攻坚,实现农网动力电全覆盖,加快解决网架结构薄弱、供电质量偏低等问题;加大互联网基础设施建设投资力度,实现贫困村网络全覆盖;加快推进"快递下乡"工程,完善贫困地区农村物流配送体系,加强特色优势农产品生产基地冷链设施建设;全面推进义务教育薄弱学校改造工作,重点加强乡镇寄宿制学校和乡村小规模学校建设,确保所有义务教育学校达到基本办学条件;加快推进县乡村三级卫生服务标准化建设,确保每个县建好 1—2 所县级公立医院(含中医院),加强乡镇卫生院和村卫生室能力建设④。

　　贵州省于 2015 年开始将公共基础设施作为扶贫开发的先决条件,加大了交通、电力、通信、物流、教育、医疗卫生等基础设施建设力度,以破除制约贫困地区发展的瓶颈。到 2019 年底,册亨县实现了通高速公路和所有村委会通水泥(柏油)路、所有村民小组通公路的目标;所有的农村电网都完成了升级改

---

① 《中国农村扶贫开发纲要(2001—2010 年)》,《山区开发》2003 年第 3 期。
② 《中国农村扶贫开发纲要(2011—2020 年)》,《老区建设》2011 年第 23 期。
③ 《中共中央国务院关于打赢脱贫攻坚战的决定》,《人民日报》2015 年 12 月 8 日。
④ 《中共中央国务院关于打赢脱贫攻坚战三年行动的指导意见》,《人民日报》2018 年 8 月 20 日。

造,所有的村委会都建了村邮政点和快递接收点,所有的自然村都通了宽带和有线电视;所有乡镇都建了一所公立幼儿园,所有农村学校都完成了义务教育均衡化验收;县人民医院和中医院经过改扩建达到三级医院标准,所有乡镇卫生所和村卫生室进行了标准化改造。

二、公共服务制度建设

建立、健全和完善公共服务制度,提高贫困地区公共服务水平,一直是扶贫的重要措施。党中央、国务院制定的历次扶贫文件都注重提升贫困地区的教育、文化、科技、医疗卫生等公共服务能力,缩小其与全国平均水平的差距(参见附录4)。1984年提出,有计划地发展和普及贫困地区的初等教育,重点发展贫困地区的农业职业教育;贫困地区的科技、卫生工作应围绕扶贫开发的目标切实规划①。1994年提出,2000年前基本普及初等教育和扫除青壮年文盲;开展成人职业技术教育和技术培训,使大多数青壮年劳力掌握一到两门实用技术;防治和减少地方病,预防残疾②。2001年提出,鼓励广大科技人员到贫困地区创业,着力优化贫困地区种养业的品种,以增加贫困人口的收入;切实加强基础教育,进一步提高适龄儿童入学率,2010年前普及九年义务教育;实行农科教结合和普通教育、职业教育、成人教育统筹,有针对性地通过各类职业技术学校和各种不同类型的短期培训,增强农民掌握先进实用技术的能力③。2011年提出,实行扶贫开发和农村最低生活保障制度有效衔接,逐步完善社会保障体系;实现村村通班车,全面提高农村公路服务水平和防灾抗灾能力;基本普及学前教育,巩固和提高九年义务教育,普及高中阶段教育,加快发展远程继续教育和社区教育;健全县、乡、村三级医疗卫生服务网,推进公共卫生和基本医疗服务均等化;健全完善广播影视公共服务体系,全面实现广播

---

① 《十二大以来重要文献选编》(中),人民出版社1986年版,第33页。
② 《十四大以来重要文献选编》(上),人民出版社1996年版,第675页。
③ 《中国农村扶贫开发纲要(2001—2010年)》,《山区开发》2003年第3期。

电视户户通,基本实现自然村通宽带;健全农村公共文化服务体系,基本实现每个县有图书馆和文化馆、每个乡镇有综合文化站、每个行政村有文化活动室;建立完善符合贫困地区实际的新型科技服务体系,继续选派科技扶贫团、科技副县(市)长和科技副乡(镇)长、科技特派员到贫困县工作①。2015年提出,帮助农村贫困家庭幼儿接受学前教育,稳步推进贫困地区农村义务教育阶段学生营养改善计划,率先在建档立卡的家庭经济困难学生中实施所有的初中毕业生都能接受普通高中或中等职业教育并免除学杂费,加大对贫困家庭大学生的救助力度;对贫困人口参加新型农村合作医疗个人缴费部分由财政给予补贴,将贫困人口全部纳入重特大疾病救助范围;完善农村最低生活保障制度,对无法依靠产业扶持和就业帮助脱贫的家庭实行政策性保障兜底;深入推行科技特派员制度,支持科技特派员开展创业式扶贫服务,强化贫困地区基层农技推广体系建设,加强新型职业农民培训②。2018年提出,全面实施"三区三州"健康扶贫攻坚行动,建立贫困户产业发展指导员制度,明确到户帮扶干部承担产业发展指导职责,强化义务教育控辍保学联保联控责任,将贫困人口全部纳入城乡居民基本医疗保险、大病保险和医疗救助保障范围并落实个人缴费财政补贴政策,加大医疗救助和其他保障政策的帮扶力度;建立以社会保险、社会救助、社会福利制度为主体,以社会帮扶、社工助力为辅助的综合保障体系,为完全丧失劳动能力和部分丧失劳动能力且无法依靠产业就业帮扶脱贫的贫困人口提供兜底保障③。

2018年,贵州省册亨县基本上实现了所有的村委会都通客运公交车、快递和宽带,城乡生活用电同价,不仅方便了贫困农民出行和进城卖农产品,而且部分农户还学会了在网上销售农产品;建立了农村最低生活保障制度与扶

---

① 《中国农村扶贫开发纲要(2011—2020年)》,《老区建设》2011年第23期。
② 《中共中央国务院关于打赢脱贫攻坚战的决定》,《人民日报》2015年12月8日。
③ 《中共中央国务院关于打赢脱贫攻坚战三年行动的指导意见》,《人民日报》2018年8月20日。

贫开发政策有效衔接的机制,基本上做到了应保尽保、公平公开;统筹了城乡居民基本医疗保险,贫困户参加基本医疗保险可享受财政补贴①和门诊救助、医前救助、住院救助、重特大疾病救助,基本上解决了贫困农民看不起病和因病致贫的问题;农村建档立卡贫困户子女在普通高中、中职学校(一、二年级)、专科(高职)和本科学校就读的,每生每年分别免(补助)760元、1900元(含书本费和住宿费)、4500元、4830元,在小学、初中就读的除免收杂费、住宿费、教材费外每生每学期分别补贴生活费500元、625元,基本上不存在因贫辍学的问题。

第五节　激发农民积极性和加强村社治理能力建设

扶贫先扶志,只有激发贫困农民的主动性和创造性,坚定他们改变贫困落后面貌的决定和信心,才能在全社会的扶持下摆脱贫困;要摆脱贫困,还必须充分发挥村社集体的作用,提升村社治理能力,通过村社集体营造脱贫光荣和帮助贫困户脱贫受尊敬的氛围,创造脱贫致富的条件,增进集体福利。

一、发挥农民的主体作用和激发贫困农民致富的积极性

激发贫困农民摆脱贫困和保护环境的积极性,发挥其主动性和创造性,既要靠制度激励,也要靠思想政治教育,因此,改革开放以来,中央制定了许多激励贫困农民的制度,并一直重视思想政治教育。

改革开放初期主要是靠制度激励农民创造财富的积极性。1979年提出,

---

①　参加城乡居民基本医疗保险的政补贴标准为:特困供养人员的个人缴费部分,最低生活保障家庭成员为每人每年不低于30元,家庭人均纯收入低于本地最低生活保障标准2倍的低收入家庭中的老年人、未成年人、重度残疾人和重病患者以及精准脱贫建档立卡贫困人口中的留守老人为每人每年不低于10元。

可包工到作业组,联系产量计算劳动报酬,实行超产奖励;某些副业生产的特殊需要和边远山区、交通不便的单家独户可包产到户;鼓励和扶持农民经营家庭副业,增加个人收入。1980 年提出,边远山区和贫困落后地区的群众要求包产到户的,应当支持①。1984 年提出,给贫困地区农牧民以更大的经营主动权②。

　　有组织、有计划地开展扶贫开发后,中央制定的扶贫纲要和扶贫文件将思想政治教育与制度激励结起来激发贫困地区农村干部和群众的积极性,并充分发挥了共青团、妇联等群团组织的宣传动员作用和村规民约的激励作用。1994 年提出,共青团组织要动员贫困地区青年带头学习技术,开拓脱贫致富门路;妇联组织要进一步动员贫困地区妇女积极参与"双学双比"竞赛活动,兴办家庭副业,发展庭院经济③。2001 年提出,充分发挥贫困地区广大干部群众的积极性、创造性,引导他们自强不息、不等不靠、苦干实干,主要依靠自身的力量改变贫穷落后面貌④。2011 年提出,尊重扶贫对象的主体地位,帮助他们立足自身实现脱贫致富⑤。2015 年提出,教育和引导贫困地区干部群众发扬自力更生、艰苦奋斗、勤劳致富精神和坚定改变贫困落后面貌的信心决心;在贫困地区倡导现代文明理念和生活方式,改变落后风俗习惯,善于发挥乡规民约在扶贫济困中的积极作用,激发贫困群众奋发脱贫的热情⑥。2018 年提出,创办脱贫攻坚"农民夜校""讲习所"等,加强思想、文化、道德、法律、感恩教育,弘扬自尊、自爱、自强精神,防止政策养懒汉和助长不劳而获、"等靠要"等不良习气;宣传表彰自强不息、自力更生脱贫致富的先进事迹和先

①　《三中全会以来重要文献选编》(上),人民出版社 1982 年版,第 162、474 页。
②　《十二大以来重要文献选编》(中),人民出版社 1986 年版,第 30—31 页。
③　《十四大以来重要文献选编》(上),人民出版社 1996 年版,第 675、683 页。
④　《中国农村扶贫开发纲要(2001—2010 年)》,《山区开发》2003 年第 3 期。
⑤　《中国农村扶贫开发纲要(2011—2020 年)》,《老区建设》2011 年第 23 期。
⑥　《中共中央国务院关于打赢脱贫攻坚战的决定》,《人民日报》2015 年 12 月 8 日。

进典型,用身边人身边事示范带动贫困群众①,并制定了防止政策养懒汉的具体措施②。

　　海南省白沙县自 1994 年以来一直是贫困县,2017 年 12 月被列为海南省唯一的深度贫困县③。在精准扶贫前,许多贫困村的村民不愿意外出打工、不愿意积累财富、有钱就聚集在一起喝酒④;部分贫困群众有"等靠要"思想,等着国家发救济物资或将政府划拨的产业扶贫资金入股合作社收租金、拿分红。为了改变民俗,鼓励村民外出打工,依靠勤劳和节俭致富,白沙县委在 2015 年开始在所有的村委会都成立了乡村道德评议委员会和红白理事会,制定村规民约,开展社会文明大行动道德评议红黑榜,积极推广"劳动积分换奖品"和投工投劳参加集体经济产业等模式,通过评选"脱贫之星""最美扶贫人",引导村民减少聚集喝酒的频率和时间,积极参加集体公益活动、帮扶贫困户活动、发展新产业和外出务工,用文明乡风助推脱贫攻坚;加强电视夜校管理,通过激励和教育,组织贫困群众参加学习,并利用课后半个小时讨论环节,引导

---

　　① 《中共中央国务院关于打赢脱贫攻坚战三年行动的指导意见》,《人民日报》2018 年 8 月 20 日。

　　② 主要有:加大以工代赈实施力度,减少简单发钱发物式帮扶,不得包办代替贫困群众搞生产、搞建设,杜绝"保姆式"扶贫;曝光攀比跟风、环境脏乱差、争当贫困户等不良行为,将有故意隐瞒个人和家庭重要信息申请建档立卡贫困户和社会救助、具有赡养能力却不履行赡养义务、虚报冒领扶贫资金、严重违反公序良俗等行为的列入失信人员名单并依法严厉惩治;对参与黑恶活动、黄赌毒盗和非法宗教活动且经劝阻无效的贫困人口,可取消其获得帮扶和社会救助资格。参见国务院扶贫办等 13 部门制定的《关于开展扶贫扶志行动的意见》(2018 年 10 月 29 日),(《当代农村财经》2019 年第 1 期)。

　　③ 白沙县 2014 年总人口为 17 万人,其中黎族人口超过 10 万人,占总人口的 60%;经确认的建档立卡贫困人口有 10825 户 44232 人,多数为黎族村民;贫困村 44 个(其中深度贫困村 14 个),多数为黎族村。

　　④ 海南黎族村民不愿意外出打工和积累财富、有钱就聚集在一起喝酒,其历史方面的原因是,黎族在新中国成立前一直遭受压迫和迫害,难以在一个地方长期定居,其居住的村寨经常被抢劫、破坏,难以积累财富。为了生存,黎族村庄内部养成了共财和互助的习惯,形成了有酒一起喝、有肉一起吃的习俗。现实方面,海南中部山区自然资源丰富,气候条件宜人,不积累财富也不会被饿死冻死;黎族村庄教育落后,在 2014 年前具有初中毕业以上文化程度的人很少,外出务工的人很少,农户收入以农业为主、有限且农户间差距不大,农户的收入只能维持正常的礼尚往来(即你今天请我喝酒,我明天请我吃肉),很难积蓄。

贫困群众知恩感恩和坚定脱贫信心;组织"脱贫之星""最美扶贫人"在全县巡回宣讲,在全县掀起学习典型、争做典型热潮,激发了贫困群众内生动力和广大干部群众的帮扶热情。

二、发展和壮大集体经济

发展和壮大集体经济,不仅能让农民直接分享集体经济发展带来的物质利益,提高收入,而且能增强村社集体的治理能力,提高农村公共服务水平,为农民发展生产和改善生活创造条件。因此,集体经济发达的村更易实现共同富裕,贫困户更少、更易脱贫;贫困率高的村都是集体经济薄弱的村(多数是空壳村),其党组织缺乏凝聚力和战斗力,很难担负带领群众致富的重任,贫困户更多、更不易脱贫。中央明确将发展壮大集体经济作为扶贫重要措施始于 2011 年①。2015 年,中央提出发展壮大集体经济的 3 条措施②。2018 年提出,制定实施贫困地区集体经济薄弱村发展提升计划,通过盘活集体资源、入股或参股、量化资产收益等渠道增加集体经济收入③。

课题组的实地调研表明,绝大多数国家重点生态功能区贫困县都是在 2016 年明确提出贫困村集体经济发展目标并采取切实可行措施的。如湖北省宣恩县于 2016 年提出,贫困村每年集体收入必须在 2018 年超过 5 万元,在 2020 年超过 10 万元。其主要措施是:(1)成立村集体公司承包建设和服务项目。每村都成立了村集体经营公司,30 万元以下的扶贫项目和村庄建设(含

---

① 2011 年,中央明确提出,积极探索发展壮大集体经济、增加村级集体积累的有效途径,拓宽群众增收致富渠道。参见《中国农村扶贫开发纲要(2011—2020 年)》(《老区建设》2011 年第 23 期)。

② 三条措施为:(1)在不改变用途的情况下,财政专项扶贫资金和其他涉农资金投入设施农业、养殖、光伏、水电、乡村旅游等项目形成的资产,可折股量化给贫困村,由村集体、合作社或其他经营主体统一经营;(2)贫困地区水电、矿产等资源开发,赋予土地被占用的村集体股权;(3)财政支持的微小型建设项目,涉及贫困村的,允许按照一事一议方式直接委托村级组织自建自管。参见《中共中央国务院关于打赢脱贫攻坚战的决定》(《人民日报》2015 年 12 月 8 日)。

③ 《中共中央国务院关于打赢脱贫攻坚战三年行动的指导意见》,《人民日报》2018 年 8 月 20 日。

服务)项目发包给公司做,集体公司税收只有 7%,其他公司要交 17%,8% 做集体收入。2016—2019 年,贫困村的 30 万元以下的建设项目资金每年大多在 50 万元以上,因此,工程承包的收入很容易超过 5 万元。(2)村集体与龙头企业联合发展产业。贫困村每年有 50 万元以上的产业发展基金,村集体将其入股到龙头企业,与贫困户一起参与分红。宣恩县伍台昌臣茶业公司等龙头企业每年分红给村集体、贫困户的比例分别超过 3%。(3)盘活村集体的资源、资产。利用村集体的山林、水库、荒地等资源和闲置的房屋及其建设用地(如原村小、原村办企业)招商引资,发展乡村旅游业。黄坪村引进阿尼阿兹旅游发展有限公司发展乡村旅游,村集体以闲置的村小、厂房入股,村民以闲置住房入股,打造土家族民俗文化展演中心,发展民宿、餐饮、体验农业,村集体和村民都可参与分红。(4)开展电商服务。结合电子商务进农村综合示范项目,支持贫困村集体经营公司建好用好电子商务平台,开设网络销售点、代卖点,依托各地宣恩商会组织,拓展网络零售渠道,搭建特色农产品线下展示平台和线上销售渠道,通过销售农户的产品增加集体收入。(5)建立村级光伏扶贫电站。平均每个贫困村建设规模超过 100 千瓦,每年集体经济收入达 10 万元,收益预期 20 年。2018 年,所有的贫困村都实现了村集体收入超过 5 万元的目标;2019 年,所有的贫困村都提前实现了村集体收入超过 10 万元的目标。

三、加强村社组织建设,完善乡村治理体系

自 1994 年有计划有组织的扶贫开发以来,中央一直重视扶贫工作中基层组织建设和治理能力提高。1994 年提出,着力加强贫困村的基层组织建设,配备好带领群众脱贫致富的班子[1]。2001 年提出,从中央到地方的各级党政机关及企事业单位,都要继续坚持定点联系、帮助贫困地区或贫困乡村;有条

---

[1] 《十四大以来重要文献选编》(上),人民出版社 1996 年版,第 685 页。

件有能力的,要结合干部的培养和锻炼继续选派干部蹲点扶贫,直接帮扶到乡、到村,努力为贫困地区办好事、办实事;贫困村要按照"五个好"①的要求加强以党支部为核心的基层组织建设②。2011 年,中央将参加定点扶贫的单位由党政机关及国有企事业单位扩大到各类非公有制企业、社会组织,并要求各定点扶贫单位定期选派优秀中青年干部挂职扶贫;同时提出,把扶贫开发与基层组织建设有机结合起来,选好配强村级领导班子,鼓励和选派思想好、作风正、能力强、愿意为群众服务的优秀年轻干部、退伍军人、高校毕业生到贫困村工作,帮助建班子、带队伍、抓发展;带领贫困群众脱贫致富有突出成绩的村干部可按有关规定和条件优先考录为公务员③。2015 年提出,在贫困地区,抓好以村党组织为领导核心的村级组织配套建设,完善村级组织运转经费保障机制,将村干部报酬、村办公经费和其他必要支出作为保障重点,在有实际需要的地区探索在村民小组或自然村开展村民自治;注重选派思想好、作风正、能力强的优秀年轻干部驻贫困村,选聘高校毕业生到贫困村工作;根据贫困村的实际需求,精准选配第一书记,精准选派驻村工作队,提高县以上机关派出干部比例;加大驻村干部考核力度,对在基层一线干出成绩、群众欢迎的驻村干部,要重点培养使用④。2017 年提出,每个贫困村都要选派一个一般不少于 3人的驻村工作队,队长原则上由驻村第一书记兼任,一般应为处科级干部或处科级后备干部,队员应是优秀年轻干部和后备干部;每期驻村时间不少于 2年,驻村期间不承担原单位工作,党员组织关系转接到所驻贫困村,由贫困村

---

① 一是领导班子好。领导班子能深入学习实践科学发展观,认真贯彻党的路线方针政策,团结协作,求真务实,勤政廉洁,有较强的凝聚力和战斗力。二是党员队伍好。党员素质优良,有较强的党员意识,能够充分发挥先锋模范作用。三是工作机制好。规章制度完善,管理措施到位,工作运行顺畅有序。四是工作业绩好。本单位各项工作成绩显著,围绕中心、服务大局事迹突出。五是群众反映好。基层党组织在群众中有较高威信,党员在群众中有良好形象,党群干群关系密切。
② 《中国农村扶贫开发纲要(2001—2010 年)》,《山区开发》2003 年第 3 期。
③ 《中国农村扶贫开发纲要(2011—2020 年)》,《老区建设》2011 年第 23 期。
④ 《中共中央国务院关于打赢脱贫攻坚战的决定》,《人民日报》2015 年 12 月 8 日。

所在县级党委和政府管理并考核。① 2018 年提出，坚决撤换不胜任、不合格、不尽职的村党组织书记，重点从外出务工经商创业人员、大学生村官、本村致富能手中选配，本村没有合适人员的从县乡机关公职人员中派任；派强用好第一书记和驻村工作队，从县以上党政机关选派过硬的优秀干部参加驻村帮扶②。

尽管中央 1994 年就提出加强贫困村组织建设，但课题组的实地调研表明，国家重点生态功能区贫困县贫困村的组织建设普遍得到明显加强、村社治理能力得到显著提高，始于 2016 年。至 2019 年，所有的贫困村都健全了村级党组织和自治组织，村干部的治理能力明显增强，基本上解决了无人办事、无钱办事的问题。贵州省 2016 年村"两委"换届后，每个贫困村都配备了 3 名以上由财政发补贴的村干部，村干部津贴平均每年每人有 2 万元以上，其中考核的奖惩津贴占 10%；每个贫困村平均每年有 2 万元的办公经费，都有固定的办公场所和能够联网办公的设备。2017 年 8 月，贵州省委组织部又要求所有的县委组织部对所有贫困村的村级党组织进行调研和考核，如其书记不符合"政治素质好、带富能力强、协调能力强"标准和不能胜任打赢攻坚战工作，要坚决及时调整更换；村里没有合适人选的，要从县直单位、乡镇下派熟悉农村工作的优秀党员干部担任。2019 年，贫困村村级办公经费平均达到 3 万元，村主职干部津贴平均达到 3 万元。湖北省于 2017 年在部分贫困县开展给贫困村配备扶贫专干，由镇政府出资聘请返乡大学生出任；于 2018 年实施贫困村党组织建设工程，集中整顿软弱涣散贫困村党组织，选优育强、管好用好贫困村党组书记，大力培育党员致富带头人，引导党员在脱贫攻坚中发挥先锋模范作用；同时提高贫困村主职干部的工作报酬，落实村级组织办公经费和党员

---

① 《中办国办印发〈关于加强贫困村驻村工作队选派管理工作的指导意见〉》，《人民日报》2017 年 12 月 25 日。

② 《中共中央国务院关于打赢脱贫攻坚战三年行动的指导意见》，《人民日报》2018 年 8 月 20 日。

群众服务中心建设经费;加大村党支部书记、扶贫专干等培训力度,不断提升业务能力和实际工作水平。

尽管中央 2001 年就提出选派干部到贫困村驻村,但课题组的实地调研表明,国家重点生态功能区贫困县的所有贫困村都配备有较强驻村工作队始于 2016 年。在 2016 年前,贫困村的驻村干部、第一书记虽是从县级及以上机关事业单位选派的,但他们大多不是原单位的业务骨干,而且他们在驻村期间的组织关系并没有转到村里,他们的工作及其考核还是以原单位为主。他们驻村,仅仅是从原单位带点物质和资金到贫困村,帮贫困村解决诸如修路、建村办公室等个别问题,并没有融入村社生活,解决贫困村的日常治理问题。2016 年后,选派到贫困村任第一书记(兼扶贫工作队队长)的都是优秀的副科级以上干部或科级后备干部,每个贫困村的扶贫工作队队员一般至少有 2 名,且都是原单位优秀干部;所有驻村干部在驻村期间必须将党组织关系转到贫困村,在工作上与原单位完全脱钩,接受贫困村的上级党委和政府管理及考核,考核结果直接与升迁挂钩。贵州省于 2016 年出台村党组织第一书记管理办法,明确提出第一书记的选派范围[①]。湖北省于 2017 年要求各贫困县必须落实驻村干部"全脱产、硬抽人、抽硬人"的原则,给每个贫困村至少配备 2 名驻村干部(其中 1 名为第一书记兼任驻村工作队长,必须是科级干部或科级预备干部),驻村工作队成员与原单位工作脱钩,"五天四夜"吃住工作在村,严格责任目标考核。

---

① 主要从以下人员中选派:(1)有一定农村工作经历或涉农方面专业技术特长的。(2)县直以上部门综合素质好、有发展潜力、有培养前途的优秀年轻干部、后备干部;国有企业、事业单位的优秀人员。(3)因年龄原因从领导岗位上调整下来、2 年内达不到退休年龄且有较强帮扶意愿的干部。

第三章　国家重点生态功能区贫困县整体脱贫个案

　　本章将研究海南岛中部山区热带雨林生态功能区的 4 个县(市)、册亨县、宣恩县、永新县等地的生态环境保护与民生建设实践,重点考察这些国家重点生态功能区贫困县在生态环境保护和生态文明建设过程中整体脱贫的历程、重大措施和主要成效,并通过比较研究,探寻国家重点生态功能区民生与生态协同改善的长效机制。

　　国家重点生态功能区民生改善与生态改善相互促进的长效机制,主要体现在生态产品供给能力的增强及其对提高当地居民生活水平的促进。而生态产品供给能力增强的主要表现是,地表水水质明显改善,水土流失和荒漠化得到有效控制,森林和草原覆盖率提高,野生动植物物种多样化得到保护;民生改善不仅表现在整体上消灭了绝对贫困,解决了不愁吃穿和教育、健康、住房有保障的问题,而且表现在形成了既能促进生态环境改善又能提升当地居民的生活品质的产业结构和公共服务体系。国家重点生态功能区贫困县最适宜的产业应是生态农业和建立在生态农业基础上的加工业和旅游业,三个产业中工业所占份额应越来越小,第三产业占比应越来越大,旅游发展应较迅速。因为国家重点生态功能区贫困县大多处于山区,交通不便、工商业基础薄弱,除利用本地资源发展矿产开采业和农产品加工业外,没有发展其他工业的比较优势,并且大力发展矿产开采业和农产品加工业也容易造成生态危机。此外,也不能大力发展以专业化(单一化)、市场化、规模化、机械化为特征的现代农业,这不仅受限于山区农业不便于大规模的机械化操作,而且由于现代农业无法使这些贫困地区从整体上摆脱贫困,还会导致生态环境破坏从而引起一些生存问题。因此,本章考察的变量主要有地表水的水质和流量、森林覆盖率特别是天然林或天然草原的面积、水土流失和荒漠化的治理情况、野生动植物物种的丰富性、产业结构、农村的居住条件和居住环境、乡村环境治理和公共服务的能力。

国家重点生态功能区的主要功能是提供农产品和生态产品,农产品含有部分公共产品性质,生态产品是纯公共产品。公共产品的保障应以财政投入为支撑。国家重点生态功能区贫困县本地财政收入有限,其财政投入主要是中央和省、市级地方财政的转移支付。转移支付的强度可以通过比较一般预算支出与一般预算收入比值来考察。因此,本章在考察重大举措时将考察一般预算收入占公共财政的比值、公共财政的增长幅度和支出结构。

第一节　从全域旅游到国家公园共建的海南岛中部山区热带雨林生态功能区

海南岛中部山区热带雨林生态功能区是海南省唯一的国家重点生态功能区,属于生物多样性维护型,是海南省的主要河流的发源地;它包括白沙、琼中、保亭 3 个县和五指山市,都是国家贫困县、少数民族地区,其中白沙是海南省唯一深度贫困县①。海南省是我国最年轻的省(建立于 1987 年)、最大的经济特区和海洋面积最大的省,海南建省成为经济特区的目标是充分发挥海南

---

① 白沙黎族自治县于 2001 年成为国家重点扶持贫困县,2017 年 12 月被列为海南省唯一的深度贫困县。保亭黎族苗族自治县、琼中黎族苗族自治县自 1994 年以来一直国家重点扶持贫困县,五指山市(原名通什市,2001 年更名)自 1988 年以来就一直是全国唯一的重点扶持贫困市。

的资源优势,加快海南的开发建设,增强民族团结和巩固国防①;海南也是我国唯一的国际旅游岛,2009 年国家实施"海南国际旅游岛建设"战略,就是要充分发挥海南区位和资源优势,将其建设成为生态环境优美、文化魅力独特、社会文明祥和的全国人民的四季花园②。而海南的最大资源优势是生态环境,生态环境是大自然赐予海南的宝贵财富③,青山绿水、碧海蓝天是海南建设国际旅游岛的最大本钱④。因此,海南岛中部山区热带雨林生态功能区能否成功探索出民生改善与生态环境改善相互促进的道路,在很大程度上决定着海南能否实现国家对海南的战略定位。

一、从海南岛中部生态护育区到海南热带雨林国家公园的演变

海南岛中部山区热带雨林生态功能区是由海南岛中部生态护育区,经海南岛中部山地生态区发展而来的。海南岛中部生态护育区是 1999 年划定的,范围指海南岛中部海拔 300 米以上的丘陵山区,目的是封育热带天然林、增加其生态服务功能。保护的措施主要有:保护林相较好的热带天然林和天然残次林,重点建设尖峰岭、五指山、吊罗山、坝王岭等自然保护区,建设珍稀濒危和农用、药用野生物种就地保存和迁地繁衍基地,禁止在 25°以上坡地、水土流失敏感地、水源涵养地、生物多样性保护廊道等生态敏感区垦殖⑤。海南岛中部山地生态区是 2005 年划定的⑥,面积约为 10000 平方公里⑦,分为生物多样性保护与重

---

① 《十二大以来重要文献选编》(下),中央文献出版社 2011 年版,第 375—376 页。

② 国务院:《关于推进海南国际旅游岛建设发展的若干意见》,《海南日报》2010 年 1 月 5 日。

③ 习近平:《在庆祝海南建省办经济特区 30 周年大会上的讲话》,《人民日报》2018 年 4 月 14 日。

④ 习近平:《加快国际旅游岛建设　谱写美丽中国海南篇》,《人民日报》2013 年 4 月 11 日。

⑤ 《海南生态省建设规划纲要》,http://www.hainanpc.net/eap/446.news.detail? news_id = 38416。

⑥ 《海南生态省建设规划纲要(2005 年修编)》,载王一新主编:《海南年鉴》,海南年鉴社 2006 年版,第 411—422 页。

⑦ 由五指山市、琼中县全部,白沙、保亭、乐东、昌江的大部分地区以及三亚、陵水、东方等市县的部分地区组成,大多是海拔 300 米以上的山地。

要水源涵养区①、合理开发利用区②。相对于海南岛中部生态护育区的生态环境保护措施，海南岛中部山地生态区的最大特色是将生态环境的保护与民生改善结合起来，增加了如下内容：对已开垦的生态敏感区域实施退耕还林；加强基础设施建设，加强对工业和生活污染的治理；发展山区绿色农业、生态林业、森林生态旅游业等特色产业和林、竹、藤制品及具有地方特色农产品深加工业；积极推动生态脆弱地区农村剩余劳动力的转移，实行生态移民和生态扶贫。

海南岛中部山区热带雨林生态功能区被确定为国家重点生态功能区是2011 年③，面积为 7119 平方公里，人口为 74.6 万人。相对于海南岛中部山地生态区，海南岛中部山区热带雨林生态功能区有两大变化：一是面积缩小，但界限更明确，且与县级行政区所辖范围一致，有利于强化县级党委和政府的生态环境保护责任，也有利于国家分主体功能区的类型实施财政、土地、人口和政绩考核政策；二是强化了生物多样化的保护，其措施有，禁止对野生动植物进行滥捕滥采，加强防御外来物种入侵的能力，保护自然生态系统与重要物种栖息地。2017 年，它被海南省划定为绿色生态核心区④。2019 年，它的核心部分被划入海南热带雨林国家公园⑤。

---

① 主要包括规划的尖峰岭——霸王岭、鹦哥岭——黎母山、五指山——吊罗山保护区群，重点要保护热带天然林区，对坡度大于 25 度的坡地进行封育。

② 包括白沙盆地、营根盆地、乐东盆地、保亭盆地和通什盆地内的城镇区和人工生态系统分布区。

③ 《国务院关于印发全国主体功能区规划的通知》，http://www.gov.cn/zwgk/2011 - 06/08/content_1879180.htm。

④ 海南省发展和改革委员会：《海南省生态保护和建设行动计划（2017—2020 年）》，http://plan.hainan.gov.cn/zwgk/tzgg/201703/t20170324_2267248.html。

⑤ 它的范围东起吊罗山国家森林公园，西至尖峰岭国家级自然保护区，南自保亭县毛感乡，北至黎母山省级自然保护区，总面积 4400 余平方公里，约占海南岛陆域面积的 1/7，涉及五指山、琼中、白沙、昌江、东方、保亭、陵水、乐东、万宁 9 个市县，涵盖并连通了五指山、鹦哥岭、尖峰岭、霸王岭、吊罗山 5 个国家级自然保护区和黎母山、猴猕岭、佳西、俄贤岭 4 个省级自然保护区，尖峰岭、霸王岭、吊罗山、黎母山 4 个国家森林公园，南高岭、子阳、毛瑞、猴猕岭、盘龙、阿陀岭 6 个省级森林公园及毛瑞、卡法岭、通什等相关国有林场。参见《海南热带雨林国家公园简介》（http://www.hntrnp.com/index.php? m = content&c = index&a = lists&catid = 42）。

海南热带雨林国家公园是第十个试点的国家公园①,也是我国首批国家公园②。建立以国家公园为主体的自然保护地体系,是党的十九大以来推进生态文明建设、提升生态产品供给能力、维护国家生态安全的重要举措。国家公园分核心保护区和一般控制区:前者原则上禁止人为活动(原住居民应实施有序搬迁),后者限制人为活动(鼓励原住居民参与特许经营活动)③。海南热带雨林国家公园的核心保护区都在海南岛中部山区热带雨林生态功能区内④,一般控制区大多在海南岛中部山区热带雨林生态功能区内。因此,海南岛中部山区热带雨林生态功能区在海南热带雨林国家公园建立后探索生态与民生协同改进的重要课题是,原居民在共建国家公园的过程中改善民生的体制机制。

海南岛中部山区热带雨林生态功能区自 2011 年划定以来,在生态环境保护和生态产品供给能力提高方面的成效主要表现为:(1)森林覆盖率持续增长。森林覆盖率不仅由 2011 年的 77%提高到 2020 年的 85%以上,而且扭转了由经济林取代天然林的趋势。尽管自 1999 年海南生态省建设以来,海南森林覆盖率一直在提高,但 2010 年前海南岛中部山区一直存在着毁坏天然林改种橡胶、小叶桉树的情况⑤,森林覆盖率中橡胶林、小叶桉树林占比过大,已经

---

① 前 9 个分别是三江源、东北虎豹、大熊猫、祁连山、神农架、武夷山、钱江源、南山、普达措,参见《我国将于 2020 年正式设立国家公园》(http://www.gov.cn/xinwen/2019-10/18/content_5441647.htm)。

② 中国第一批国家公园有三江源、大熊猫、东北虎豹、海南热带雨林、武夷山等 5 个,保护面积达 23 万平方公里,涵盖近 30%的陆域国家重点保护野生动植物种类。它们是 2021 年 10 月宣布设立的。参见《首批国家公园正式设立》(https://baijiahao.baidu.com/s? id = 1713452606023316552&wfr=spider&for=pc)。

③ 中共中央办公厅、国务院办公厅:《关于建立以国家公园为主体的自然保护地体系的指导意见》,《人民日报》2019 年 6 月 27 日。

④ 核心区于 2019 年开始第一批搬迁,搬迁的对象是白沙县南开乡高峰村(距白沙县城 62 公里)下辖的方红、方通、方佬三个自然村,共 111 户 498 人,其中贫困户 102 户 450 人,符合结婚年龄的单身汉有 90 多人。迁入地距县城仅 4 公里左右,新建房均为别墅式二层楼房,已于 2020 年完成搬迁,贫困户全部脱贫。

⑤ 参见《海南一百多万亩天然林被毁 省人大开展执法检查》(https://www.chinanews.com/gn/news/2007/07-03/970897.shtml)、《海南琼中 10 余公里天然林被毁 25 棵古树被盗走》

对生物多样化和水质造成了不利影响①。森林覆盖率提高、天然林(生态公益林)面积扩大的主要原因是建立了生态公益林的直补机制。(2)空气优良率一直接近 100%,河流国家考核断面水质优良率为 100%,地表水均能达到或优于国家《地表水环境质量标准》Ⅲ类标准,河流冬季的流量呈恢复性增长。(3)生物的多样性维护较好,海南黑冠长臂猿的活动范围逐渐扩大、数量已开始增长。

海南岛中部山区热带雨林生态功能区建立以来在民生改善方面的主要表现是:(1)农村贫困率持续下降。2012 年,白沙、琼中、保亭、五指山 4 个贫困县的综合贫困发生率均超过 40%。2019 年 4 月,琼中、保亭 2 个县通过脱贫摘帽验收②,综合贫困发生率分别降至 0.22%、0.27%,均没有漏评和错退,群众综合认可度分别达 98.15%、99.52%。2020 年 2 月,五指山市和白沙县通过脱贫摘帽验收,综合贫困发生率分别降至 0.09%、0.022%,群众综合认可度分别达 97.1%、98.49%,均无漏评错退。而且,4 个县(市)的基础设施和基本公共服务水平③均有显著提升。(2)农民人均可支配收入增速超过全国农民

(http://news.sohu.com/20101230/n278604733.shtml)、《中国最大雨林的消亡 谁毁了海南天然林?》(http://blog.sina.com.cn/s/blog_621f6a010101a2uh.html)。

① 橡胶、小叶桉都是速生林,不利于水土保护,吸水能力太强,水土保持能力太差,容易导致洪涝灾害和干旱;而且给橡胶树、桉树施肥、打药,还会污染水源,使水质达不到饮用水的标准。目前,海南岛中部山区热带雨林生态功能区的橡胶林面积超过 200 万亩,小叶桉等纸浆林种植面积超过 100 万亩。其中,对生物多样性维持危害最大的是五指山国家级自然保护区内的成片的近 2 万亩的单一树种的纸浆林(参见《直击海南绿色浮华:背后隐藏巨大的生态危机》,http://news.sohu.com/20060104/n241276008.shtml)。

② 贫困县脱贫摘帽验收主要指标是:贫困县综合贫困发生率要低于 2%,贫困人口漏评率、错退率控制在 2% 以下,认可度达到 90% 以上。其程序有县级自查、省级核查审定、国家检查、第三方评估、公告退出等。

③ 海南省的贫困县基础设施和基本公共服务领域指标有:(1)所有的贫困村村委会所在地和行政村中心小学所在地,与乡镇路网或上级路网就近连接、路面硬化。(2)贫困人口饮用水达到安全饮水标准。(3)贫困村全部接通并能正常使用动力电,贫困户生活用电实现全覆盖。(4)贫困人口的住房全面达到安全要求。(5)贫困村的人居环境达到干净整洁的基本要求。(6)贫困人口参加基本养老保险、新型农村合作医疗实现全覆盖。(7)教育扶贫对贫困人口义务教育阶段实现全覆盖,贫困家庭子女依法接受义务教育,不因家庭经济困难失学辍学。(8)最低生

人均可支配收入和当地市民人均可支配收入的增速,城乡收入差距都明显缩小。2009—2020年,全国农村居民可支配收入从5153元增长到17131元(见表1-2),增长了2.32倍;白沙、琼中、保亭、五指山的农村居民可支配收入分别从3079元、2709元、2872元、3201元增长到13978元、14116元、14067元、13804元,分别增长了3.54倍、5.79倍、3.9倍、3.31倍,城乡人均可支配收入的差距分别从3.4倍、3.69倍、3.63倍、2.95倍缩小到2.29倍、2.37倍、2.39倍、2.32倍(见表3-1、3-2、3-3、3-4)。这说明海南岛中部山区热带雨林生态功能区的农村居民可支配收入不仅与全国平均水平的差距在缩小,而且与当地城镇居民的差距也在缩小。它反映了经济社会发展程度越高、城乡差距和区域差距就越小的规律,也说明我国将人民群众对美好生活需求与发展不平衡、不充分的矛盾作为社会主要矛盾非常正确,我国在解决发展不平衡、不充分这一主要问题方面已经取得了不少成效。

二、集中财力加强基础设施建设和改善农村居民的人居条件及其环境

2009—2019年①,白沙、琼中、五指山、保亭等县(市)一般预算支出分别从86890万元、86137万元、76988万元、67194万元增长到434142万元、384072万元、293259万元、317700万元,公共财政预算支出总额与公共财政预算收入②的比值大体上经历了下降到上升的V字形变化(除琼中县是2015年最低外,其他3县均是2014年最低)(表3-1、3-2、3-3、3-4)。白沙、琼中、

活保障实现应保尽保。(9)脱贫攻坚部署、重大政策措施落实、后续帮扶计划及巩固提升工作安排等情况。参见《五指山市、临高县、白沙黎族自治县脱贫摘帽新闻发布会》(http://www.hainan.gov.cn/hainan/szfxwfbh/202002/23955fa8a33d4fa1a911a5f345728a28.shtml)。

①　2020年因疫情,财政支出不同于正常年景,因此,没有进行比较,但表格仍进行了统计。后面的3个案分析也如此。

②　自2012年起,地方一般预算收入更名为地方公共财政预算收入,地方一般预算支出更名为地方公共财政预算支出。

五指山、保亭等县（市）一般预算支出在 2009—2019 年分别增长了 4 倍、3.46 倍、2.81 倍、3.73 倍，除五指山市因是原州府所在地而财政基础较好①、增长幅度没有超过 3 倍外，其他均超过 3 倍，远高于同期全国公共财政的增速——从 76300 亿元增长到 238858 亿元（见表 1-4）、增长了 2.13 倍；同期这 4 个县（市）预算收入占公共财政预算支出总额的比例一直较低，最低时不到 1/24，最高时也不到 1/3，而且，自 2014 年以来占比基本上呈下降趋势。这说明，2009—2019 年国家财政加大了向国家重点生态功能区贫困县的转移支付力度，而且 2014—2019 年力度进一步加大。国家财政向国家重点生态功能区贫困县倾斜，为国家重点生态功能区贫困县探索民生与生态协同改善提供了重要的财政支持。

白沙、琼中、保亭、五指山 2009—2019 年一般预算支出结构变化（表 3-5、3-6、3-7、3-8）表明：（1）农林水事务和住房保障支出占整个一般预算支出的比例基本上一直呈上升趋势。白沙、琼中、保亭、五指山的农林水支出分别从 18.98%、17.79%、17.38%、20.16% 上升到 37.01%、27.59%、20.09%、24.44%，由于农林水事务支出主要用于农业、林业、水利、扶贫等与农村环境保护、农业生产条件改善、农民生活水平提高等基础设施建设中，因此农林水事务支出的大幅度提高，极大地改善了农村居民的生产生活条件，同时也保护了生态环境。国家重点生态功能区划定的前一年（2009 年），除保亭县的住房保障支出占一般预算支出 0.53% 外，其他三县均为零，但 2010 年后迅速提高，白沙、琼中、保亭、五指山分别在 2011 年、2010 年、2016 年、2012 年达到占比的最高点，其占比最高点分别为 8.89%、11.03%、11.00%、13.96%。贫困县的住房保障支出主要用于农村贫困户的危房改造，海南岛中部山区热带雨林

---

① 五指山市曾是海南黎族苗族自治州政府所在地。海南黎族苗族自治州在 20 世纪 60 年代下辖白沙、保亭、乐东、琼中、东方、崖县、陵水、昌江 8 个县。1984 年 5 月崖县撤县成立三亚市（县级），1986 年 6 月通什市成立（县级），至此，自治州共管辖 7 县 2 市。直到 1988 年海南省成立。2001 年 7 月由通什市更名为五指山市。

生态功能区农村贫困户最显著的特征不是家庭人均可支配收入低于国家贫困线标准，而是住房条件太差，不仅面积小，抗风雨能力和通风透光能力都较差，而且没有独立的卫生间和化粪池，不仅降低了农民的生活质量，而且对生态环境有不利影响。因此，加大贫困户的危房改造就成为这4个县（市）扶贫和环保的重要举措。这几个县（市）用于农村危房改造的财政资金既包括住房保障资金，又包括农林水事务资金、社会保障和就业资金等。白沙县和琼中县在2016—2018年分别修缮或改造危房9340户、6409户，每户最高可补贴6万元，贫困户的住房安全保障问题得到全面解决；改造后住房都有了独立卫生间和三格化粪池，不仅更卫生，污水经处理后排除也更环保。而且，在整村推进贫困村的危房改造时，还统筹交通运输、节能环保、城乡社区事务等资金，大力推进农村"五网建设"①，实现饮水安全工程和垃圾处理设施覆盖所有人口、公路和电网覆盖所有自然村、光网覆盖所有行政村、处理污水的人工湿地等设施覆盖所有整体改造的村。（2）教育、医疗卫生、社会保障与就业3项的支出占一般预算支出的比例基本保持不变，一直大约占1/3。由于这4个县（市）的一般预算支出在2009—2019年平均增长了3倍多，因此，这3项支出也增长了3倍多。这些财政支出的增长，确保了这4个县（市）的公共服务水平迅速提升。在教育方面，不仅实行了所有学生上义务教育阶段的公立学校都免费且有生活补贴，而且对上中等职业技术学校、高中、大学的贫困生进行学费和生活费补贴；全面保障符合条件的贫困学生100%获得资助，适龄儿童100%接受义务教育，不让一人因贫失学。在医疗保障方面，农民参加农村合作医疗的比率接近100%，全面实现25种大病100%救治，贫困户住院患者、慢性病特殊门诊患者实际医疗费用报销比例分别超过90%、80%，有效地避免了因病致贫、因病返贫。在社会保障方面，做到了符合农村低保条件的贫困户全部享

---

　　①　海南农村五网指所有自然村通公路网、自来水网、电网，所有的行政村通光纤宽带网，有条件的村通天然气网。

受低保。在就业保障方面,不仅为贫困户提供免费的技术培训①,而且免费提供就业信息,外出务工的还提供往返路费补贴。(3)一般公共服务、公共安全2项支出占一般预算支出的比例在整体上呈下降趋势。2009—2019年,白沙、琼中、保亭、五指山的一般公共服务占一般预算支出的比例分别从15.69%、11.67%、15.28%、11.87%下降到10.55%、7%、10.45%、8.31%,除五指山只下降了3.56个百分点外,其他平均下降约5个百分点,整体下降了约1/3;公共安全支出占一般预算支出的比例分别从7.64%、6.02%、7.1%、6.35%下降到3.7%、3%、3.7%、4.54%,平均下降约3个百分点,下降幅度约有一半。一般公共服务支出占一般预算支出比例的大幅度下降,说明这些地方的党政机关节约了开支,以便将更多的财政资金用于民生;公共安全支出占一般预算支出比例的大幅度下降,说明这些地方通过扶贫和环保,人民群众的不满和因此而来的上访明显减少,社会矛盾能及时有效化解,社会治安状况明显好转。

三、大力发展生态农业和乡村旅游业等环境友好型产业

2009—2019年②,白沙县、琼中县、保亭县和五指山市的产业结构变化(见表3-1、3-2、3-3、3-4)有如下特征:(1)旅游业占国内生产总值的比例一直增长较快。白沙县、琼中县旅游业占国内生产总值的比例分别从不到1%增长到5.12%、11.9%,保亭县和五指山市旅游业占国内生产总值的比例分别从11.79%、4.72%提高到34.83%、19.92%,其提高幅度远远高于全国旅游业占国内生产总值的比例的提高幅度(从3.78%提高到6.69%,见表1-3)。这4个县(市)旅游业发展迅速,主要原因有:一是优美自然环境和独特文化资源

① 海南省为贫困县贫困户提供的培训有:(1)"雨露计划"培训——长期班为3年,初中毕业不满45岁可到省15所中专读书,全脱产,全免费;(2)短期班培训,一般3个月,45岁以下有意愿学技术的,可到省指定机构培训,学割胶、理发等;(3)农民实用技术培训——委托培训机构到田间地头召集农民培训,教各种农业技术。

② 2020年因疫情,旅游业受到很大冲击,不能体现正常的发展趋势,因此,分析产业结构不对2020年数据进行分析。后面的3个个案分析也如此。

能满足生活水平正在提高的人民群众对旅游的需求。这4个县(市)具有优美的热带雨林风景、珍稀动植物十分丰富①、气候宜人、空气洁净;是全国黎族聚居人口最多的地区,黎族是海南最早的居民,有3000多年的历史,文化最有特色且变迁最少;2009年以来,我国人民群众生活水平提高较快,越来越多的家庭达到了小康水平,并将越来越多的资金投入到乡村旅游中,以满足回归自然、放松身心、分享乡村风情、体验异质文化的需求②。二是道路、停车场等基础设施建设和农村居民危房改造为乡村旅游发展创造了条件。所有的乡村都通公路,为自驾游提供了便利;农村居住条件的改善,吸引游客在乡村住宿和饮食。保亭县和五指山市与国际旅游城市三亚市通高速公路并建设了多条高等级的乡村公路,更是加快了其乡村旅游发展。三是政府特别重视发展乡村旅游。海南省把贫困地区乡村旅游纳入扶贫开发整体布局,将条件成熟的贫困村列入省级"美丽乡村"创建活动计划,重点解决道路交通建设问题,发展乡村旅游公路和休闲慢行道,整治村容镇貌,完善垃圾和污水处理设施。③ 这4个县(市)政府都将发展乡村旅游当成改善民生而不破坏环境的最重要措施,不仅制定了旅游开发的整体规划,而且打造了一些乡村旅游景点和旅游项目。通过发展乡村旅游而摆脱贫困的最著名的村有琼中县的什寒村④、白沙

---

① 有2800多种维管植物、530多种陆生脊椎动物、2200多种昆虫,是物种最丰富的地区之一。

② 尹正江:《海南中部地区黎苗文化生态乡村旅游开发研究》,《江西农业学报》2009年第5期。

③ 《中共海南省委 海南省人民政府关于打赢脱贫攻坚战的实施意见》,《海南日报》2016年4月19日。

④ 什寒村坐落在海拔800米左右的高山盆地中,由冲沙、什托、元也和苗村四个自然村组成,居住着黎族、苗族共500多人,是海南海拔最高的村庄之一,也曾经是琼中最偏远、最贫困的村庄之一,2009年人均收入只有约900元。自2010年始,县政府先后整合各类涉农资金2000多万元,投入什寒村的景观景点、文化广场、游客咨询中心等基础设施建设和环境改造。什寒村的建设和改造都是建立在现有资源的基础上,坚持居民零迁迁、生态零破坏、环境零污染,最大限度地保留村庄原有的田园风光和黎苗文化。除了完善基础设施建设和美化环境,政府还负责编制乡村旅游规划、设计旅游路线、优化发展环境和招商引资等,并撮合琼中县旅游委下属的旅游总公司与什寒农民合作社合作开发与联合经营:公司将空闲农舍和学校旧址改造成标准化驿

县的老周三村①、保亭县的什进村③等。(2)第三产业占国内生产总值的比例在 2009—2011 年变化趋势不明显,但自 2011 年以来一直在增长。白沙县、琼中县、保亭县和五指山市第三产业占国内生产总值的比例在 2009—2011 年有增长也有下降,在 2011—2019 年分别从 22.15%、28.62%、41.73%、53.62%提高到 48.7%、49.06%、53.68%、58.46%;而全国第三产业占国内生产总值的比例在 2009—2010 年略有下降(从 43.43%降到 43.24)、在 2010—2019 年基本上是一直上升(分别从 43.24%提高到 53.92%,见表 1-3)。海南岛中部山区热带雨林生态功能区的 4 个县(市)第三产业占国内生产总值比例自 2011 年以来的提高幅度远高于全国平均水平,这说明国家重点生态功能区建设战略和扶贫开发战略对国家重点生态功能区贫困县产业结构的优化更有成效。

站、客栈、露营地、茶吧,农舍平常经营收入 60%归农民个人,35%归公司作为旅游管理资金,用来支付保洁、环境养护等费用,5%归村集体;公司还推出"什寒山珍"系列农特产品,将铁皮石斛、蜂蜜、灵芝、山兰米等进行统一包装,在游客服务中心、网上微店等线上线下实现统一定价销售,并将 20%的销售提成和销量奖励返还给村民。网络不仅应用于什寒村农产品的销售,其触角还慢慢延伸至什寒村的角落,游客们在这里甚至可以一边学插秧,一边玩平板电脑——村里的主要休闲休憩点都有 Wi-Fi 信号。2012 年什寒村成为第一个"奔格内"(黎语"来这里"的意思)乡村旅游示范点,2013 年获"最美中国乡村"称号。2015 年,村民人均收入约为 8500 多元,彻底摆脱了贫困。

① 老周三村是一个黎族聚居的自然村,三面被松涛水库包围、一面靠山,曾是一个以船为出入交通工具的村庄。2011 年,全村共有 18 户、80 人,村民收入主要靠种植橡胶和竹笋,兼靠捕捞水库鱼和外出打工,温饱虽没有问题,但住房大多是危房。2012 年,白沙县将其列入美丽乡村计划,引入天湖文化公司,采取"企业+政府+金融+农户"的模式打造。2014 年建成,并开始接待游客。村民住房全部改建成样式统一、具有黎族特色的二层小别墅,在 18 栋小楼中间修建了三月三广场,村民白天在这个广场卖山菇、蜂蜜、山兰米酒、野菜等土特产,夜晚在这个广场举办篝火晚会等重大节日活动。

② 什进村是个 48 户人家的黎村,紧挨着国家 5A 级景区呀诺达热带雨林和甘什岭槟榔谷。2009 年,全村人均纯收入为 2170 元,居住在低矮闷热的茅草屋和瓦房内,是保亭有名的贫困村。2009 年保亭县启动"大区小镇新村"计划:"大区"是指复合型的旅游景区和旅游度假区,"小镇"是指依托"大区"形成有地方少数民族风情和文化特色的原居型旅游村镇,"新村"是指以第一产业为基础,将第三产业特别是旅游业与第一产业有机结合的社会主义新农村;采用"旅游+农业""公司+农户"土地合作开发形式,在没有征地、所有权仍归村集体、基本农田不动的情况下,公司提供资金、建设、管理、运营,农民以土地入股的形式参与乡村旅游开发,实现分红收益。村民在村里自主创办民宿、小商店,有的村民还购买机械做起了旅游运输的生意。2015 年村民人均纯收入超过 1 万元。

就第三产业占国内生产总值比例的提高幅度而言,白沙县和琼中县远高于保亭县和五指山市,前者是后者的 2 倍多。其原因是,保亭县靠近国际旅游城市三亚市,房地产业发达,直到 2017 年,房地产投资占固定资产投资的比例仍高达 67.13%;五指山市因是原州府所在地,房地产业也较发达,直到 2017 年,房地产投资占固定资产投资的比例仍高达 43.97%;而琼中县、白沙县的房地产投资占固定资产投资的比例分别于 2013 年、2015 年达到最高点(分别为 14.53%、36.69%)。这说明,房地产业虽能促进旅游业的发展,但并不能促进产业结构的优化,而且会导致生态环境的恶化。如五指山主峰下的某乡不仅成片开发了高档别墅,而且还在山坡上修建一个大型旅游景点——黎峒大观园①,导致大片原始森林被破坏。对环境保护和生态建设的不利影响在 2010—2015 年表现明显,最显著的表现是:雨季,河水泥沙含量明显增加;旱季,生活用水供应不足的情况越来越严重。因此,海南省为控制白沙县、琼中县、保亭县和五指山市的房地产,于 2016 年实行"两个暂停"政策②;于 2017 年实行"永久停止开发新建外销房地产项目"的政策③。但直到 2019 年,保亭县、五指山市房地产投资占固定资产投资的比例仍高达 39.09%、30.59%,仍远高于全国的水平(2019 年全国房地产投资占固定资产投资的比例占

---

　　①　黎峒大观园,是仿古建造的黎族文化园区,规划占地 2250 亩,总投资 12 亿元,已建 100 亩,广场(含停车场)、大殿(即主体建筑祭祖大殿,是举行袍隆扣大典的主要场所)、山门广场及园区道路已经初具规模。祭祖大殿就在五指山主峰的半山腰,与新修的水满乡政府办公大楼遥遥相对。从停车场向上步行 448 级台阶到观礼台,然后向上走 221 级台阶才能到达祭祖大殿。祭祖大殿毁了近百亩山林,有些几百年的古树也被移栽死了。由于五指山是粉状的红壤,土层很厚,树木被毁,就会带来水土流失。新修建的乡政府办公大楼(含乡政府工作人员公租房)占地近 10 亩,建筑面积有 6000 多平方米,也破坏了不少山林,毁坏了山体,造成了水土流失。

　　②　指暂停审批新增商品住宅(含酒店式公寓,下同)及产权式酒店用地(包括农用地转用及土地征收、土地供应、已供应的非商品住宅用地改为商品住宅用地、商品住宅用地容积率提高),暂停审批新建商品住宅项目规划报建。参见《海南省人民政府关于加强房地产市场调控的通知》(http://www.hainan.gov.cn/data/hnzb/2016/03/3508/)和《海南省人民政府关于继续落实"两个暂停"政策进一步促进房地产市场健康发展的通知》(http://www.hainan.gov.cn/hainan/szf-wj/201612/2e5c1ad14f44468ab7c12ca0b6d7419b.shtml?from=singlemessage&isappinstalled=0)。

　　③　参见《海南省人民政府关于进一步深化"两个暂停"政策促进房地产业平稳健康发展的意见》(http://zjt.hainan.gov.cn/szjt/zpzcwj/201709/8d6dcdca1f75497bb92e62801d1c779f.shtml)。

23.57%,见表1-3)。这说明要严格控制国家重点生态功能区房地产的发展，还必须实行更严厉的政策。(3)第一产业占国内生产总值的比例在2009—2011年变化趋势不明显，自2011年以来一直呈下降趋势发展。白沙县、琼中县、保亭县和五指山市第一产业占国内生产总值的比例在2009—2011年有增有降，没有统一的趋势，但在2011—2019年一直在下降，分别从64.45%、59.54%、46.71%、29.83%下降到40.8%、35.98%、34.72%、20.76%；而全国第一产业占国内生产总值的比例在2009—2019年整体上呈下降趋势，从2009年的10.33%下降到2011年的10.04%，再下降到2019年的7.11%(见表1-3)。这表明这4个县(市)的第一产业占整个国内生产总值的比例在2011—2019年与全国整体一样都保持了下降趋势，但下降的幅度比全国整体水平更大，下降后第一产业占国内生产总值的比例仍远高于全国整体水平。因此，4个县市都很重视发展农业特别是生态农业，在扶贫过程中注重引导和扶持贫困户发展生态农业。

2013年前，这4个县(市)在第一产业扶贫方面大多采用了直接向贫困户发放种苗和化肥等物资的方法，虽帮助一些勤劳和有技术的贫困户脱了贫，但没有技术、没有市场的贫困户并没有增加多少收入。因此，自2014年以来，这4个县(市)在产业扶持方面都不再直接向贫困户发放物品和金钱，而注重培养贫困户的生产技能，并发展有市场潜力能确保贫困户增收的产业。琼中县立足全县贫困户家家户户种植橡胶的基本县情，探索出一条"稳胶扩茶扩药创特色"的产业发展路径，建立起产业效益长短期互补的可持续发展体系：实施天然橡胶"保险+期货""统管统销统保"①模式，确保所有贫困户都能在橡胶价格不稳定的情况下保持橡胶产业的收入；动员和引导贫困户加入合作社

---

① 琼中2018下半年开始在全县范围内推广，保费由政府与农户共同承担，县财政补贴90%，自缴部分占10%，即9.28元/亩由农户承担。目的在于真正激发农民的内生动力，农民只有去割胶、卖胶，才能获得理赔收入。投保后，一旦橡胶市场价格低于约定的15元/公斤标准，就会触发保险理赔机制，让大家获得保底收入。即使价格跌到8元/公斤以下，按照保险赔率计算，橡胶的收益也可以维持在12元/公斤以上的水平。

或与龙头企业签订合作协议,因地制宜地发展绿茶、南药①、山兰米、百香果、凤梨、红心橙等,让每个贫困户在保持橡胶产业的同时至少拥有一种高效特色产业。白沙大力发展林下种植养殖业,种植的品种主要是南药,养殖的品种包括牛、羊、鸡等,其中牛羊除了放养外还通过林下种植牧草而圈养。五指山市让农村科技特派员帮扶覆盖到每个乡镇、每个行政村,不断引导和扶持贫困户管好"老四样"②,种好"新四样"③,养殖五指山鸡、五脚猪等特色优势产业。保亭发展第一产业的模式主要为"公司+基地+贫困户""专业合作社+贫困户",充分依托当地的农业技术人才和稀缺的热带农业资源发展热带特色高效农业,种植的特色品种有红毛丹、榴梿、波罗蜜、百香果、黄秋葵、冬季瓜菜等,养殖的特色品种有什玲鸡、五脚猪、六弓鹅、黄牛、山羊等;县政府还精心打造农业精品品牌,进行"三品一标"认证和申报地理标志产品保护,推进热带农产品质量品牌提升,培育发展本土农产品、企业和区域品牌,至 2019 年底,全县"三品一标"累计达 23 个。

但从 2011—2019 年第一产业产值的增幅来看,白沙县、琼中县、保亭县和五指山市分别从 19. 19 亿元、15. 95 亿元、12. 01 亿元、4. 74 亿元增长到 23. 11 亿元、20. 68 亿元、19. 34 亿元、6. 38 亿元(见表 3-1、3-2、3-3、3-4),分别增长了 20. 43%、29. 66%、61. 28%、34. 6%,而同期全国第一产业的产值从 47486 亿元增长到 70466 亿元(见表 1-3),增长了 48. 4%。4 县(市)中只有保亭县的增幅超过了全国平均水平,而其他 3 县(市)的增幅均远低于全国平均水平,其原因是保亭县发展热带特色高效农业较为成功,其他 3 县(市)的第一产业都以橡胶为主,而橡胶在 2012 年后一直价格较低④。这说明,国家重点

---

　　① 包括槟榔、益智仁、砂仁、巴戟天等。

　　② 指橡胶、槟榔、益智仁、瓜菜。

　　③ 指茶叶、忧遁草、树仔菜、百香果。

　　④ 2010 年至 2011 年,天然橡胶价格维持在 3 万—4 万元/吨;2012 年价格开始下跌,2013 年 7 月跌到 1. 67 万元/吨,到 2016 年跌破 1 万元/吨,此后略有涨跌,但直到 2019 年底始终不到 2 万元/吨。

生态功能区贫困县要优化产业结构,必须充分发挥其独特的生态环境优势,并加强品牌建设,发展高效农业。

四、发展农村集体经济和激发干群个人积极性

白沙县、琼中县、保亭县和五指山市发展农村集体经济的主要措施有:(1)加强村"两委"建设,为发展集体经济提供人才支撑。省、县委组织部从省、县机关部门选派干部到贫困村任第一书记,加强村党组织建设;通过完善村"两委"选举制度和突出选人用人的能人导向,引导村民从致富能手、农村专业合作组织和产业协会负责人、外出务工经商返乡人员、复员退伍军人、回乡大中专毕业生和大学生村官中选举村组干部;提高村组干部的待遇,激发村组干部的工作积极性;加强村组干部的培训,提高村组干部的发展集体经济的能力。(2)建设村委会服务场所,增加村集体资产,为村集体经济发展创造物质文化条件。海南省为每个贫困村都建立了办公楼,不仅为村"两委"提供了办公场所,而且还配备了党员活动室、会议培训室、阅览室、卫生室、邮政室、爱心商店、电商服务点和文化活动广场。村民经常到村办公楼办事、开会、娱乐,增强了村集体的凝聚力,也为村委会利用爱心商店和电商服务点增加村集体收入创造了条件。(3)发展村集体光伏产业和盘活村集体资产。利用国家村级光伏电站补贴试点市县的政策,在乡村篮球场、村活动中心、污水处理厂等村集体场所搭盖光伏板,让光伏发电为村集体增收;将集体资源性资产和经营性资产①的使用权评估折价后入股到企业、合作社以及其他经济实体,然后按股分红。

激发干群个人积极性的主要措施有:(1)建立脱贫攻坚党政同责的责任体制。4个县(市)都成立扶贫开发工作领导小组②,建立了县脱贫攻坚指挥

---

① 资源性资产主要是耕地、林地、草地、荒山、荒沟、荒滩、水域等,经营性资产主要指房屋、建设用地(物)、基础设施等。

② 由县(市)委书记和县(市)长任"双组长",分管县(市)领导任副组长。

部和大队(乡镇)、中队(村委会)、小队(村民小组或自然村)三级战斗体系，创新了县(市)领导包村和帮扶干部包户的工作机制，层层压实责任。(2)建立了公平公正的贫困户识别、进退机制。4个县(市)都在2014—2017年进行了多轮农村贫困户核实、排查工作。如琼中县进行了5轮农村户籍人口和贫困户的纠正校验工作，累计新识别贫困人口300户1113人、返贫137户572人，清退3073户12641人，漏评率、错退率均控制在1%以内，做到应纳尽纳、应退尽退。(3)将思想政治教育与技术培训结合起来，激发贫困群众劳动致富的内生动力和培养其能力。琼中县举办以"脱贫靠奋斗，致富感党恩"为主题的脱贫攻坚宣讲活动，转变贫困户"等靠要"思想；组织贫困农民参加扶贫电视夜校学习，并利用夜校讨论环节开展扶贫政策问答、学习体会畅谈、种养知识传授等活动，进一步提升贫困户劳动技能水平、拓宽发展思路。五指山市组织娘子军宣讲团、百姓宣讲团和文艺轻骑兵深入每个自然村开展宣传宣讲，让党的好政策家喻户晓，不断更新转变贫困群众思想观念。白沙县为每个村委会配备了产业指导员和科技特派员，组建"专家服务团"为农户提供技术指导；加强电视夜校管理，不仅引导95%以上贫困群众参学，而且组织参学群众在课后半个小时讨论。(4)创新奖补激励政策。琼中县出台脱贫攻坚以奖代补政策，对主动努力脱贫的贫困户，按家庭人均收入水平、产业收益水平等不同标准，分别给予500—10000元/户不等的奖励；保亭创建"脱贫攻坚惠农超市"，实施以表现换积分、以积分换物资的"多劳多得"激励模式，针对贫困户9个方面25项内容的评分标准和非贫困户7个方面17项内容的评分标准，制定评分兑换标准，户户可参与、人人可挣积分，有效地解决了贫困户和非贫困户互相攀比等问题；五指山市实施"产业奖""务工奖"以及扶贫扶志爱心超市"励志奖"等，引导群众扩大再生产和改变以往吃光喝净、"等靠要"等传统陋习；白沙县表彰并宣传了一批勇于担当、事迹突出、群众认可的帮扶责任人、驻村第一书记、党员干部、贫困群众、农民合作社领头人、农村经济能人及农村实用技术领路人，并通过道德评议整治"懒散、酗酒、私彩、浪费、不孝、脏乱"等农村陋习。

第二节 以生态移民、发展山地特色农业
为突出特征的册亨模式

册亨县位于桂黔滇喀斯特石漠化防治生态功能区内、贵州省西南部、珠江中上游,总面积 2598 平方公里,是民族地区,2009 年末户籍人口 232656 人,布依族占 76% 以上,还有汉、苗、仡佬、壮、回、满、彝、侗、瑶、黎、水等民族。2010 年被贵州省布依学会授予"中华布依第一县"和"布依文化保护与传承研究基地",2014 年被列为国家主体功能区建设试点示范县。

桂黔滇喀斯特石漠化防治生态功能区是水土保持型国家重点生态功能区,国土面积 76286.3 平方公里,人口 1064.6 万人,26 个县①,都属于连片特困地区——滇桂黔石漠化区的贫困县,有的还同时是国家扶贫开发工作重点县(参见附录 9)。这一地区都面临着保护生态环境与改善人民生活的矛盾,解决的主要办法是生态移民,封山育林育草,调整产业结构,大力发展环保型特色产业。册亨县自 1986 年被列为国家首批贫困县②以来,一直是贫困县:1994 年被列为国家重点扶持贫困县,2001 年以来一直是国家扶贫开发重点县,2018 年被贵州省认定为深度贫困县③。

册亨县自 2010 年被确定为国家重点生态功能区后的最大成效是,森林覆盖率提高,环境治理取得显著成效;农村居民人均可支配收入上升,消除了绝对贫困,摆脱了贫困县的帽子,城乡人均可支配收入差距迅速缩小。2009—

---

① 《国务院关于印发全国主体功能区规划的通知》,http://www.gov.cn/zwgk/2011-06/08/content_1879180.htm.

② 1986 年,国家制定的贫困线标准为人均年消费粮食 200 公斤、人均纯收入 150 元,册亨县贫困人口为 139433 人,占总人口的 91%,其中家庭人均消费粮食 175 公斤、人均纯收入 100 元以下的极端贫困人口占总人口的 62.1%(参见《册亨县志》第 219 页)。

③ 由各省根据 2017 年底贫困发生率 11% 的标准认定,2018 年全国共认定了 334 个深度贫困县,参见《全国共确定 334 个深度贫困县和 3 万个深度贫困村》(https://www.chinanews.com/sh/2019/06-27/8876410.shtml)。

2020年,森林覆盖率由58%提高到72.37%,污水处理率由不到50%提高到88%,城乡生活垃圾无害化处理率由不到30%提高到80%以上,2019年入选"中国最美县域榜单",2020年成为全国第三批节水型社会建设达标县(区);城乡人均收入比由4.21倍缩小到3.34倍,农村居民人均纯收入由2760元提高到10024元(见表3-9),由仅有全国农村居民人均纯收入的43.57%提高到58.51%;农村人口贫困发生率由50%以上①降低到1.5%,2020年5月通过脱贫验收,顺利脱贫。②

册亨县协同改善生态与民生的最重要措施是,生态移民、发展山地特色农业,并以此为基础发展第二、三产业。

一、生态移民与易地搬迁扶贫、新型城镇化相结合

生态移民的背景及其总体情况已经在第二章第二节做了介绍,本节将重点介绍册亨县生态移民的历史和各个阶段的特征。

册亨县政府移民办成立于1999年,最初主要负责水库移民,2004年改为水利水电移民开发局,2014年底改为水库和生态移民局,2019年改为生态移民局。册亨县由政府组织的成规模的与生态保护和扶贫相关的移民开始于2001年,到2019年搬迁计划完成为止,大体上可分为4个阶段。

第一个阶段是为小规模的易地扶贫搬迁阶段。时间为2001年到2012年6月贵州省实施扶贫生态移民工程,主要是为了解决因修水库而导致的农村居民贫困问题,也有非水库移民。这期间规模最大的水库移民是2007年完成搬迁的龙滩水库的4145人,被集中安置在附近的农村。非水库移民主要来自不足10户、不到50人、生态环境特别恶劣、交通特别不方便的自然村,安置点

---

① 2009年的贫困发生率由2014年的贫困发生率推算而来。2014年经精确识别的农村贫困人员有82168人,贫困发生率为36.69%。2009—2013年,脱贫人口有4万多人。

② 本案例的数据和事例除注明的外,均来自课题组2015年8月、2019年2月的实地调研和册亨政府网站上的统计公报、政府工作报告。

主要是就近的中心村和公路两边,仍是农村集体建设用地,移民仍是农民身份,建房资金以农民自筹为主、政府财政补贴为辅;基础配套设施经费主要来自易地扶贫搬迁项目。如 2007 年易地扶贫搬迁 306 人,就包括 11 个自然村,平均每个自然村不到 30 人;2008 年搬迁 60 户 300 人,2009 年搬迁 98 户 400 人,2011 年搬迁 68 户 300 人。

第二个阶段为扶贫生态移民阶段。时间起自 2012 年 6 月贵州省实施扶贫生态移民工程,截至 2016 年 8 月贵州省人民政府颁布《关于深入推进新时期易地扶贫搬迁工作的意见》。这期间共移民 1251 户 5486 人[1],仍以自然村的整体搬迁为主,但安置点主要在工业园区附近和巧马镇、者楼镇等中心集镇附近,其安置点的用地为城市建设用地,移民的户籍由农民变为市民(这是册亨县在 2015—2016 年城镇户籍人口猛增的主要原因),用地指标单列管理,减免办理土地征收使用等相关费用,财政按人均 0.1 万元给予征地补偿。住房面积为人均 15—20 平方米、户均 80—120 平方米,住房建设资金按人均 1.2 万元给予财政补贴,财政投入的配套基础设施建设资金在 2012 年为人均 4900 元、2013 年为人均 0.7 万元、2014—2015 年为人均 0.6 万元。县政府按照省政府要求成立了扶贫生态移民工程领导小组,县长任组长,分管领导任副组长,相关部门主要负责同志为成员,县水利水电移民开发局局长任领导小组办公室主任负责具体事务。

第三个阶段为易地扶贫搬迁阶段。时间起自 2016 年 8 月,截至 2017 年底《黔西南州新市民计划(试行)》颁布实施。安置点与第二阶段类似,仍集中安置在城镇,主要在州政府所在城市(义龙试验区)、册亨县城和巧马镇、双江镇等中心镇。第三阶段与第二阶段不同之处有:一是将扶贫放在首位,对移民的财政补贴根据移民对象是否为贫困户、是否按期拆除旧房有差异:建档立卡贫困人口人均住房补助 2 万元,非贫困人口人均住房补助 1.2 万元;签订旧房

---

[1] 黄德林、陈讯:《贵州册亨经济社会发展报告(2017)》,中国社会科学出版社 2017 年版,第 65—66 页。

拆除协议并按期拆除的,人均奖励 1.5 万元,用于支付建房款①。二是配套基础设施建设的财政投入更高,按人均 2 万元概算,比第二阶段人均提高了 1.3 万元。三是移民如果不愿转为城镇户口的,可不转,前一阶段已转为城镇户口的也可申请转回农村户口。2017 年册亨县城镇户籍人口减少的主要原因是部分在 2015—2016 年转为城镇户籍的移民又转为农村户籍。四是需要搬迁人员数量多,时间紧,在不到两年的时间需完成 26094 人的搬迁任务。为此,县成立了县长、主管副县长分别任正、副指挥长的易地扶贫搬迁指挥部,其办公室主任由水库和生态移民局局长(县委常委,副县级)兼任;乡镇成立搬迁办;县、乡、村三级都将扶贫搬迁作为中心任务和年度考核最重要的指标。

　　第四个阶段为新市民计划实施阶段。时间起自 2017 年底,截至 2019 年搬迁计划完成。第四阶段与第三阶段的不同点主要有:一是与新型城镇化结合。对所有整体搬迁到城镇安置小区的移民办理新市民居住证②,持有人继续享有原居住地计划生育奖励扶助金③、集体分红、土地承包权等农村政策福利待遇,同时享有安置地城镇居民最低生活保障④、免费职业介绍、子女免试就近入学等公共服务,安置小区按城市社区的标准配套医疗、公共卫生、水、电、路、气、信息通信、文化服务等基础设施和公共服务体系。二是搬迁任务更大、时间更紧。册亨县 2018 年新增易地扶贫搬迁指标 42710 人,2018—2019 年需完成 61446 人的搬迁任务。为此,县委、县政府都将易地扶贫搬迁作为最重要的任务,成立了县委书记县长任正副指挥长、县委县政府各部门负责人任成员、移民局局长任办公室主任的易地扶贫搬迁指挥部。指挥部的职责是统

---

　　①　2012 年至 2015 年实施的扶贫生态移民搬迁户,完成旧房拆除,原有宅基地复垦复绿,并经验收合格的,也按人均 1.5 万元奖励。

　　②　第二、三阶段整体移民到安置小区没有变为城镇户籍人口的,也要办理新市民证,册亨县共办理新市民居住证 7.69 万张。

　　③　农村独生子女家庭和计划生育二女家庭,夫妻双方年满 60 周岁,每人每年领取 720 元。

　　④　2019 年册亨城镇居民最低生活保障标准为 7320 元/人·年,而农村居民最低生活保障标准为 4100 元/人·年。

筹、协调推进全县易地搬迁工作,包括锁定对象、把握工程的速度和质量、规划后续发展。三是对住房的质量和造价作出了更严格规定。住房面积为人均20平方米,不准修高层楼,只准5+1层,不装电梯,严格控制成本,要让移民能用财政补贴和政府奖励①支付安置房的房款。无房户先由省政府按人均1.5万元划给建房单位,等其收入稳定后再还给政府。四是配套设施建设的投入更有保障。人均2万元的基础设施建设费不能用于建学校和医院(在第三阶段有部分安置点将搬迁的配套设施建设费用于修建配套的学校和医疗),只能用于建设安置小区内部的水、电、路、气等设施配套和绿化美化环境。安置点的医院和学校由财政另划资金建设。五是更强调整村搬迁。凡不通路或贫困发生率20%以上的自然村都必须搬迁。整寨搬迁中有公职人员的家庭可享受随迁政策,但要拆旧房;非贫困户可先住房,不自筹资金。六是为奖励移民按期拆除旧房。将奖励金额由人均1.5万元提高到1.8万元,并且规定其中0.3万元可直接奖励到个人。

册亨县在第三、四阶段共搬迁87540人,其中整寨搬迁自然村寨977个68940人,占搬迁总人数的78.75%;建档立卡贫困人口48382人,占全县建档立卡贫困人口总数的59.86%,占搬迁总人数的55.27%;县内规划建设安置点15个,建设安置住房17798套,安置搬迁人口77037人(建档立卡贫困人口43141人),县内安置搬迁人员占搬迁总人数的88%,县内安置建档立卡贫困人口占搬迁建档立卡贫困人口的89.17%,册亨县城镇居民人口(含新市民)超过农村居民人口;跨区域(县外州内)搬迁安置点3个,安置搬迁人口10503人(建档立卡贫困人口5241人)。

二、大力发展山地特色农业

2009—2019年,册亨县国内生产总值和第一、二、三产业增加值分别从

---

① 财政补贴为非贫困户人均1.5万元、贫困户人均2万元;政府奖励指签订旧房拆除协议并按期拆除的按人均1.8万元奖励。

105480 万元、36105 万元、13481 万元、55894 万元提高到 742214 万元、214173 万元、193453 万元、334588 万元（见表 3-9），分别提高了 5.04 倍、4.93 倍、12.35 倍、3.99 倍；同期全国国内生产总值和第一、二、三产业增加值分别从 340903 亿元、35226 亿元、157639 亿元、148038 亿元提高到 990865 亿元、70466 亿元、386165 亿元、534233 亿元（见表 1-3），分别提高了 1.9 倍、1 倍、1.45 倍、2.61 倍。册亨县第一、二产业增加值的增长幅度分别是全国平均增长幅度的 5 倍、8 倍。这说明册亨县能在保护和改善生态环境的过程中提高农民人均纯收入、消除绝对贫困的重要原因是册亨县第一、二产业发展迅速。

册亨县第一、二产业发展迅速，原因是多方面的，财政投入迅速增加是一个重要原因。2009—2019 年，册亨县公共财政总支出、农林水事务支出、交通运输支出分别从 61693 万元、7777 万元、1855 万元提高到 325121 万元、63734 万元、7380 万元（见表 3-10），分别提高了 4.27 倍、7.2 倍、2.98 倍；全国公共财政总支出、农林水事务支出、交通运输支出分别从 76300 亿元、3405 亿元、1915 亿元提高到 238858 亿元、22863 亿元、11818 亿元（见表 1-4），分别提高了 2.13 倍、2.4 倍、1.54 倍。册亨县公共财政总支出、农林水事务支出、交通运输支出增长幅度均远超全国平均水平，而册亨一般预算支出的资金主要来源于上级的财政转移支付，因为册亨县一般预算收入占一般预算支出的比例最高时也只是 1/6，多数年份不到 1/8（见表 3-9）。这说明国家一般预算支出向县级倾斜、向农林水倾斜，农林水事务支出和交通运输支出向国家重点生态功能区倾斜、向贫困县倾斜；也说明国家一般预算支出的倾斜政策已对国家重点生态功能区贫困县的生态环境保护和民生改善发挥了重要作用。社会固定资产投入增长迅速是另一个原因，2009—2019 年，册亨县社会固定资产的投入由 49384 万元提高到 516072 万元，提高了 9.45 倍，而且在 2014—2015 年社会固定资产投入超过了当年的 GDP（见表 3-9）；而同期全国社会固定资产投入由 224599 亿元提高到 560874 亿元，提高了 1.5 倍，社会固定资产投入占当年 GDP 的比例最高不到 82%（见表 1-3）。

册亨县第一产业发展迅速,还因为册亨县一直注重发挥资源优势,大力发展山地特色农业。1989 年,册亨县提出"远抓林、近抓牧,不远不近抓果树,当年抓好农、工、副"的扶贫开发总体思路①,注重种养结合。之后,册亨县一直重视林业、水果、畜牧业的发展,同时还重视蔬菜的种植。林业主要是种植杉树和桉树,杉木林、桉树林的面积在 2009 年后一直分别稳定在 80 万亩、30 万亩以上。2010 年以后,册亨按照"北畜、中菜、南林、全旅"产业发展布局,优化产业结构调整,大力发展山地高效特色农业。2011—2019 年,册亨县的种植业、林业、畜牧业的增加值分别从 21380 万元、9967 万元、10720 万元提高到 120475 万元、38042 万元、53133 万元(见表 3-11),分别增长了 4.63 倍、2.82 倍、3.96 倍。种植业中,稻谷、水果、油料作物、蔬菜产量增长较快,小麦、玉米产量基本保持稳定,甘蔗产量于 2011—2012 年大幅度增长、2013 年后基本上保持稳定(见表 3-12)。

册亨县发展山地农业的主要措施是,一是加大基础设施建设。在交通方面,不仅有高速公路、铁路、内河航运,村村通了客运,方便了村民的进出;而且修通了林区的产业路、消防路,方便了生产和农产品的运输②,也增强了森林防火能力。交通的便利,降低了农产品的生产运输成本,扩大了农产品的销售范围,提高了农产品的销售价格,调动了农民的生产积极性。在水利建设和农田改造方面,实施了优先建设中型水库(册亨水库)和Ⅰ型水库的方案,完善了农田灌溉的配套设施系统,扩大了农田灌溉面积;加大了水土流失面积和石漠化区域的治理力度,并对基本农田进行了标准化改造,增强了农业的防灾抗灾能力。二是因地制宜地规划产业的区域布局,推广优良品种和种养技术。册亨有"天然温室"之称,西北大部分地区海拔在 900—1200 米,特别适宜发展山地畜牧业;中部 900 米左右,特别适宜发展早熟蔬菜;东南部 400—600 米,

① 《册亨县志》,贵州人民出版社 2002 年版,第 219 页。
② 据秧坝村支书 2019 年介绍,修路后,木材的搬运成本下降 2/3:在修路前,木材必须用马运,需 150 元/米³;修路后,用车运,只需 50 元/米³。进山种菜,也方便运肥、运菜。

特别适宜发展亚热带林果业。西北部发展畜牧业,推广"蔗畜模式"(参见第二章第一节),大力发展种养结合的生态农业,以区域内草地和山林的承载量确定畜禽养殖规模,以半舍半饲为主在草山草坡交叉发展养殖小区,再利用羊(牛)粪便加工肥料反哺草、林生长,实现种养循环发展。为了让牧民掌握技术,县选派畜牧、林业技术人员长期驻扎在西北部畜牧产业带,提供种草和经果林、养畜技术服务。中部发展蔬菜种植业,采取了滴灌、生物杀虫、施有机肥等技术,大力发展直供广东、香港、澳门等地的订单农业,专业生产"广东菜心""上海青"等特别适宜册亨气候的蔬菜①。东南部发展林果业,除了种植杉树和桉树外,自2016年以来还大力推广糯米蕉、油茶。册亨的糯米蕉含糖量达到25.65%,比香蕉主产区高出4个百分点,价格一般高20%左右。糯米蕉一般1年结果,第2至4年为盛产期,可收获5年以上。盛产期亩产在4000斤至6000斤之间,产值亩产约2万元左右。其种植面积已由2016年的6000亩扩大到2020年的9万多亩。册亨县建立健全了香蕉规范化种植管理技术培训的常态化和长效化机制,建立了农技服务团队和专家组成员支持体系,经常开展专题培训、现场培训。册亨县有种植油茶的传统,在2010年以后种植面积稳定在15万亩左右,但是由于技术、管理等原因,其经济效益一直较低,亩产收入不到1000元。自2017年开始,册亨县在浙江省宁波市的指导下进行良种嫁接、科学施肥、病虫害绿色防控,政府给予不低于200元/亩的支持资金,亩产平均收入超过1500元;种植面积迅速扩大,在2020年底达到28.5万亩。册亨还大力推广林下养鸡、养猪和种植灵芝、竹荪、木耳等菌药技术。三是采取"合作社+农户(贫困户)+企业"方式组织小农户进行规模经营和产业集聚。册亨在发展甘蔗、精品水果、早熟蔬菜、花椒等特色产业的过程中,引进南华集团、贵澳集团、华实公司、黔西南北岸农业发展有限公司等企业,建设了绿色蔬菜产业园、香蕉产业示范园;在发展山地生态畜牧业的过程中,引进海

---

① 册亨常年气候温热,非常适合种植"广东菜心""上海青",一茬从种到收不到30天,每年可种7至8茬,每茬亩产1000斤左右。

铭巍、领头羊、华西希望集团等企业,建设了山地生态畜牧业循环发展示范园区;组建了种羊养殖农民专业合作社、糯米蕉种植专业合作社等,吸引贫困户参加。合作社统一购种、统一产业布局、统一技术管理、统一销售,既缩短了生长周期,节约了成本,保护了生态,又提高了效益。四是培育地理标志产品,提高农产品的知名度。册亨已申请了油茶、糯米蕉等地理标志产品;建成电子商务交易服务中心、乡镇电商体验馆、村级体验店电商平台,推出"农户+合作社+买卖惠+快递包裹"农村邮政电子商务服务体系;开展"校农对接""农企对接""农超对接"等模式,实行订单式生产和销售。

三、重点发展以山地特色农业为基础的第二、三产业

册亨县迅速发展的第二产业是建立在山地特色农业快速发展及其深加工基础上的。建立在林业基础上的木材加工业发展最迅速,指接板的产量在2012年、2013年分别增长40.5%、53.51%;木材加工和木、竹、藤、棕、草制品业的增加值在2016年、2017年分别增长54.7%、264.8%;家具的产量在2018年、2019年分别增长25.8%、23.77%。以甘蔗种植为基础的制糖业发展也较迅速,2012年成品糖产量为1.5838万吨,2013年、2014年、2015年产量分别达2.3406万吨、3.07万吨、3.63万吨,分别增长47.78%、31.16%、18.33%,2016年、2017年、2018年、2019年产值分别增长7.9%、16.8%、37.1%、13.71%。建立在油料作物和油茶种植基础上的食用植物油加工业,在2011—2014年因销量的问题,产量一直不稳定;近几年由于引进了新的技术并申请了地理标志产品,2018—2019年,精制食用植物油增加值分别增长79.7%、51.94%。

册亨在发展以山地农业为基础的工业时,还注重利用当地的劳动力优势,大力发展劳动力密集型的农产品加工业,如民族服饰和手工艺品;注重发展循环经济和农产品的精深加工,打造绿色或有机农产品品牌,如油茶和糯米蕉加工。

册亨县在发展第三产业方面,特别注重山地旅游资源的开发。2010—2019 年,旅游总收入由 2139 万元增长到 228992 万元(见表 3-9),增长了 107 倍,远远高于同期全国旅游收入增长速度——由 15681 亿元增长到 66307 亿元(见表 1-3),增长了 3.23 倍。册亨发展山地旅游的主要措施有:一是旅游规划注重充分发挥自然资源优势和突出民族文化特色。2012 年启动了册亨旅游业发展规划的编制工作,2013 年编制了《册亨县岩架布依文化风情园旅游景区建设发展规划》,2014 年完成了《册亨县旅游发展规划》。这些规划都突出了南北盘江两大水系的生态优势和"中华布依第一县"的文化特色,挖掘了布依族的特色文化资源和册亨的自然景观资源。二是积极探索发展具有民族特色和生态特色的"农旅"融合的现代休闲农业、观光农业。将旅游与文化、旅游与农业、旅游与扶贫等有机结合,打造集休闲娱乐、居旅养生、果蔬采摘、传统食品及工艺品制作于一体的自然生态景点。

第三节　扶贫精准化、产业生态化、治理现代化相结合的宣恩模式

湖北省宣恩县地处武陵山和齐跃山的交接部位,国土面积 2740 平方公里。境内地形多样、水系发达、物种丰富。其生物多样化的维护对物种的丰富性具有重要意义,其水土保护对减少长江泥沙和确保长江水质具有重要作用。

宣恩县在确定为国家重点生态功能区的 2010 年末,总人口 35.56 万人,其中土家族占 41.9%,汉族占 33.6%,苗族占 10.2%,侗族占 13.9%;还有彝、回、白、满、壮、蒙古、畲、朝鲜、水等族。

宣恩县是革命老区,1983 年享受国家老区建设优惠政策的重点村有 37 个,1986 年被国务院列为首批国家重点扶持的贫困县,之后一直是贫困县。1985 年、1995 年、2000 年、2010 年,宣恩农民人均纯收入分别为 221 元、463 元、1548 元、2760 元,分别是全国农民人均纯收入(见表 1-2)的 55.67%、

29.34%、68.71%、46.63%。这说明 1985—2010 年的扶贫政策,虽然解决了贫困农民的温饱问题,但并没有从根本上缩小贫困县农民人均纯收入与全国农民人均纯收入的差距。

宣恩县自 2010 年被确定为国家重点生态功能区以来,将生态环境治理与扶贫开发结合起来,坚持环境整治与生态保护并举、生态建设与经济发展同步。不仅成功创建省级生态文明示范县,扭转了森林覆盖率下降的趋势,提高了空气质量优良天数,维护了生物多样化,防止了水土流失,保持了水功能区水质达标率 100%;而且将农民的人均纯收入由 2010 年的 2760 元提高到 2020 年的 11684 元(见表 3-13),与同年全国农民人均纯收入(见表 1-2)相比,其比例也由 46.63% 提高到 68.2%,差距明显缩小。2014—2019 年,累计脱贫 27895 户 92248 人,综合贫困发生率从 26.48% 下降至 0.013%,成功摘掉国家级贫困县"帽子"①。

宣恩县生态与民生协同改进还表现在,第三产业增加值特别是旅游总收入的快速增长、城乡收入差距持续缩小。2010—2019 年,第三产业增加值、旅游总收入分别从 116395 万元、4471 万元提高到 482700 万元、148500 万元,其占 GDP 的比例分别从 39.94%、1.53% 分别提高到 61.01%、18.79%;城乡居民人均收入比从 3.33 降到 2.59(见表 3-13)。

宣恩县被确定国家重点生态功能区以来生态与民生协同改进的重要原因是,国家财政投入的力度更大和结构更优化。2010—2019 年(见表 3-14),宣恩县的财政支出从 104123 万元增加到 371385 万元,增长了 2.57 倍,远高于同期国家财政总支出的增长幅度——从 89874 亿元增长到 238858 亿元(见表 1-4),增长了 1.66 倍;其中增长幅度较大的项目是科学技术、文化体育与传媒、社会保障和就业、医疗卫生、城乡社区事务、交通运输、住房保障,分别增长了 8.08 倍、4.03 倍、4.61 倍、3.66 倍、4.06 倍、3.56 倍、2.64 倍,这些投入都

---

① 宣恩县于 2018 年底顺利通过湖北省脱贫攻坚贫困县退出试评估,综合贫困发生率、脱贫人口错退率、贫困人口漏评率和群众认可度达到国家验收标准,2019 年 4 月宣告退出贫困县。

是直接与民生改善和生态改善相关的。而宣恩县财政支出的主要来源是上级的转移支付,其地方财政支出一直是地方财政收入(一般预算收入)的 8 倍左右,其中 2019 年为 9.38 倍(见表 3-13),也就是说,其地方财政支出大多来自上级财政的转移支付。宣恩县 2019 年财政决算中,上级补助收入达 269298 万元,占地方财政支出的 72.51%。这说明,国家重点生态功能区建设战略实施以后,国家加大了对其中贫困县的财政投入力度。

宣恩县委、县政府将精准扶贫、生态产业发展、治理现代化结合起来,是其生态与民生协调改善的最重要原因。

一、扶贫精准化

宣恩县扶贫精准化主要体现在扶贫体系精准、扶贫对象识别与扶贫成效考核精准、扶贫对策精准。

扶贫体系的精准主要体现在建立和完善了县、乡镇、村三级扶贫领导系统和工作体系。2017 年,县级成立了精准扶贫指挥部①,其办公室(简称"精准办")主任由县委副书记兼任;成立了"十大专班"②。县精准办、县扶贫办、"十大专班"联署办公,负责统筹协调、检查督办、组织考评等工作。乡镇一级成立了包乡镇的县委常委任督导、乡镇党委书记任政委、镇长任指挥长的精准扶贫前线指挥部,建立了县委常委包乡(镇)、县级领导包片、乡镇班子成员和县直单位负责人包村、帮扶干部包户的工作落实体系;每月都要召开形势研判会,分析乡镇在脱贫攻坚中存在的困难,协调解决问题,加快工作推进。村一级建立了由省、州、县三级抽调人员组成的精准扶贫"尖刀班"(驻村工作队),同时加强村"两委"班子建设。抽调人员都是各单位的骨干,驻村时间每期一

---

① 县委书记任政委、县长任指挥长、副书记和副县长任副指挥长、县直相关单位和各乡镇的主要领导任成员。

② 指产业扶持、易地搬迁安置、生态保护扶贫、教育扶贫、低保政策兜底、危旧房改造、督查巡察、资金保障、宣传、考核迎检。

般 2 年,在驻村期间与原单位工作脱钩①,"五天四夜"吃住工作在村,全面落实"八个到村到户"②。村"两委"班子建设的主要措施是,加强对村干部的培训,提高村干部待遇,由财政保障村"两委"的工作经费,出台发展村集体经济的政策,由乡镇政府出钱招聘返乡大学生担任扶贫专干。发展村集体经济的主要政策是,村集体成立公司(主要是承包建筑工程的公司),政府的小型扶贫工程和土地整治工程在保证质量的前提下优先承包给村集体公司,并享受税收优惠;贫困村还能享受产业扶贫基金的固定分红③。扶贫专干待遇高于村干部,每村配备 1—3 名;聘期一般 3 年,在村"两委"换届选举时可竞选村"两委"干部④。

精准扶贫必须建立在准确识别扶贫对象、准确考核扶贫成效及其动态管理机制的基础上。在扶贫对象的识别方面,扶贫工作人员反复走访所有农户,逐户核查住房、口粮、安全饮水、四季换洗衣被、健康、就学、就业和产业发展等情况,多角度评判,并合理运用大数据"找疑点",及时关注变化情况,确保扶真贫。在扶贫成效的考核方面,对照国家脱贫标准,制定了到村"十看"⑤、到户"十看"⑥的具体指标,确保真脱贫。而且,还对脱贫户进行跟踪扶持。宣恩

---

① 驻村队员的工资津贴由原工作单位发,原工作单位还必须按时足额保障驻村队员生活补助、交通补助、差旅费等补助,并购买人身意外伤害险;驻村队员的考核和日常管理由驻村的县、乡镇两级党委负责。

② 指干部力量下沉到村到户、精准识别佐证到村到户、基础设施提升到村到户、特色产业发展到村到户、人居环境整治到村到户、项目资金安排到村到户、惠民政策落实到村到户、群众工作深入到村到户。

③ 2017 年,宣恩县设立 5000 万元产业扶贫基金,投资到有发展潜力的产业经营主体,确定年保底 6%固定分红。2017—2020 年,无集体经济收入的重点贫困村和通过各类帮扶收入达不到国家脱贫线的贫困户按 2∶8 的比例分配固定分红收益。2021 年起,固定分红收益全部归属村集体经济所有。2017—2020 年,每个贫困村大约可分 1 万—2 万元。

④ 2018 年下半年,宣恩县举行村"两委"换届选举,多数扶贫专干当选为正式的村干部。

⑤ 即到村看路、电、网、卫生室、学校、活动服务场所、产业、集体经济、易迁点、环境改善等十项指标是否达标或落实。

⑥ 指到户看饮水安全、住房安全、产业或就业、教育政策、医疗政策、残疾人政策、兜底政策、其他政策、人居环境、群众意见建议等十项指标是否达标或落实。

县在 2019 年宣布整体脱贫摘掉贫困县帽子后,继续投入资金 6.78 亿元,实施巩固提升项目 1072 个,持续补齐农村水、电、路、网、房等基础设施短板,全面落实教育、医疗、社会保障等惠民政策,加强后续产业扶持和就业指导,所有刚脱贫的农户都得到了扶持。

扶贫对策精准主要体现在根据扶贫对象的情况采取针对性的帮扶措施。对有劳动能力的贫困户实施产业扶贫和劳动输出扶贫。为了扶持贫困户发展产业,宣恩县建立了科技特派员和指导员制度:由县直相关行业扶贫单位及乡镇部门安排专业技术人员进村担任科技特派员和指导员,定期开展农村实用技能培训,并深入田间地头进行指导;完善了新型农业经营主体带动贫困户发展产业的激励机制;健全了扶贫小额信用贷款的制度,在扶贫互助社提供担保的前提下,贫困户可申请 10 万元以下、3 年以内、免担保免抵押、基准利率放贷、财政贴息的贷款。为了鼓励贫困户务工,宣恩县积极搭建县域内产业园区务工平台,提供劳动输出的信息及其就业培训。对因生态环境恶劣导致贫困的实施易地扶贫搬迁,对住房不达标者实施危房改造。为确保搬迁贫困户能致富,宣恩县统筹扶贫搬迁与新型城镇化、城乡公共服务均等化,安置点实行"1+6"配套①和"6 个 1"服务②,全县 77 个安置点都建有社区就业服务中心,其中 31 个安置点配套建成 53 个扶贫工厂;统筹搬迁点建设与特色产业发展、全域旅游创建、城区和园区发展,将安置点建在特色产业园区、具备发展潜力的景区或城镇附近,以方便就业。在财政资助贫困户进行危房改造③时,教育和引导贫困户同时改厨、改厕、改圈、改线和清垃圾、清塘沟、清畜禽粪污。为

---

①　指 1 个易地扶贫搬迁安置点 6 个配套,即:1 个社区服务中心、1 个标准化卫生室、1 个就业创业空间、1 个文化活动广场、1 个便民超市、1 户一块菜地。

②　指在群众搬迁入住时,认真做实帮助易迁户搬 1 次新家、开好 1 次家庭会议、组织 1 次入住培训、开展 1 月 1 次走访、组织 1 月 1 次院落会、建立 1 本搬迁台账等"6 个 1"工作。

③　宣恩县规定,建档立卡贫困户、低保户、农村分散供养特困人员和贫困残疾人家庭危房改造的补助标准为每户在 3000 至 30000 元之间,由各乡镇按照户均 14000 元的标准自行统筹平衡;其他人员的农村危房改造,按照户均 5000 元标准通过"以奖代补"方式统筹解决。

了防止因贫失学,阻断代际贫困,实行了贫困家庭学生资助政策,其中考上一本、二本的贫困家庭学生分别可获得 2 万元、5000 元资助,并对贫困家庭的学前教育学生、义务教育阶段学生、高中阶段学生、中职阶段学生进行资助;同时努力推进义务教育学校均衡化建设和学校教育布局优化,扩大公办学前教育和高中的招生名额。对丧失劳动力的贫困户全部纳入农村低保,同时防止因病致贫:切实加大建档立卡贫困户大病医疗救助力度,整合建立了大病医疗救助基金,全面建立"四位一体"医疗保障体系①,农村五保供养对象和农村孤儿住院医疗"零费用",农村最低生活保障对象和 1—2 级重度残疾人员个人年度自付合规费用不超过 2000 元,建档立卡贫困对象和 3—4 级残疾人员经各种住院医疗保险报销后自付合规费用不超过 5000 元。对于因生态保护而限制了产业发展的通过完善生态补偿政策和提高生态补偿标准来帮助脱贫,退耕还林政策向贫困村和贫困户倾斜,并聘请符合条件的贫困户做护林员、护水员和保洁员。同时,加强贫困村的交通、水利、能源等基础设施建设和教育、文化体育、文化活动广场等基本公共服务建设,确保村村通水泥路和光纤宽带、组组通砂石路、户户用上稳压电和洁净水;提高农村集体经济收入,增加其扶贫的统筹协调能力。

二、产业生态化

宣恩产业生态化主要体现在将生态资源优势转变成产业发展优势,根据其地形多样、物种丰富、林地多、水资源多、土地富硒和农村剩余劳动力多等优势,积极发展富硒特色农业、林下经济、生态旅游业、农产品加工业和不破坏环境的劳动密集型产业。

要将生态资源优势转化为产业优势,首先是要保护好生态环境。宣恩县严格落实目标责任制管理,将生态环境保护、建设、治理的任务细化分解到县

---

① 指"基本医保+大病保险+医疗救助+政府兜底保障"医疗兜底保障机制。

直部门、乡镇、村（居）；建立健全党政"一把手"首问责任制，实行环境保护"一票否决"制和最严谨的标准、最严格的监管、最严厉的处罚、最严肃的问责；在领导干部离任审计中，加强生态环保的关联审计，压实生态环保终身负责制。同时，严格坚守生态保护红线、环境质量底线、资源利用上线和按环境准入清单发展产业，划定畜禽养殖的禁止养殖区、限制养殖区和适宜养殖区，拆除河流水库网箱及围栏围网养殖设施，在全县范围内禁烧、禁煤、禁鞭①和治理非煤矿山、扬尘、尾气，加大生活污水治理和生活垃圾无害化处理的投入，并在茶叶制造行业实施煤改电项目和在县域内的城乡公交行业推行环保电力车，以确保全县 3 个地表水水质断面、9 个乡镇饮用水水源地水质达标率持续稳定在 100%，生活垃圾无害化处理达到 95% 以上，每平方米浮尘不超过 5 克，垃圾停留地面不超过 5 分钟。精准扶贫也注重生态环境保护，宣恩县要求易地搬迁安置点建设和农村危房的改造或改建，都要结合本地自然和民俗特点，少开挖、少砍伐，多顺应、多尊崇，注重保持田园风光与传统风貌；建立了易地扶贫搬迁的旧房拆除、复垦复绿激励机制，确保复垦耕地的质量和生态环境能改善。

　　其次是大力发展绿色、有机、富硒的特色品牌农业。宣恩按照"一村一品，连片开发"的产业发展思路，因地制宜地发展"烟、茶、果、畜、药、菜"六大产业；并在林下种植中药材、养殖家禽等，同时加强富硒农产品、有机农产品的标准化生产和品牌建设②，禁止使用农药，鼓励使用有机化肥。宣恩县委、县政府为了提升农产品品牌影响力，还积极组织企业参加农产品推介会、茶叶博览会、星光行动明星代言及扶贫公益广告宣传；利用"杭（浙）企入恩"产业合作平台，加强农产品产销对接，拓宽销售渠道；大力推进电子商务进农村，指导

---

　　①　指禁止焚烧稻草和垃圾、禁止用煤取暖和炒茶、禁止燃放鞭炮，主要是为了提高茶叶等农产品的质量，使其达到有机、绿色、安全标准。

　　②　宣恩县的"国字号"招牌有全国有机农业示范基地、国家农产品有机认证示范区、国家农产品质量安全县、国家级出口茶叶质量安全示范区、全国重点产茶县、中国白柚之乡、中国名茶之乡等。

农民利用互联网平台销售农产品。

再次是大力发展清洁能源、食品加工、生物医药、电子电器、服装鞋帽等环保节能工业。"十三五"期间,宣恩的工业园区①叫停了全部矿产项目,以科技先导型工业和劳动密集型工业为主导,重点发展农产品加工、电子设备制造、机械加工、新材料和生物制药等产业,配套发展仓储物流、金融商贸、服务等第三产业。对优势企业实施"县领导包保、县直单位负责、银行金融助力"政策,为企业提供精准化"保姆式"服务;不断完善园区水电气供应、污水处理、生活配套、物流(冷链)仓储等基础设施,有效提高园区承载力;大力开展园区"僵尸"企业清理整顿,按照转型升级、"腾笼换鸟"、破产清算的分类处置原则,加快园区整合提升;优化产业布局,促进产业集聚,在大型易地扶贫搬迁安置点附近着力发展服装鞋帽加工产业和工艺品加工产业,在椒园生态产业园着力发展富硒食品精深加工产业,在和平制造产业园着力发展五金工具加工产业,在创新创业产业园着力发展电子电器生产加工产业。

最后是积极推进全域旅游,增强旅游对产业的拉动作用。"十三五"期间,宣恩县邀请浙江大学、重庆大学等单位的相关专家编制了全域旅游规划,将其定位为中国原生态民族文化旅游目的地、国家体育旅游示范基地、全国森林康养示范区、全国民宿产业发展示范区,其布局为一核(县城文化休闲核)、一环(县城近郊土家生活游憩环)、一带(贡水河旅游带)、四片区(北部茶乡休闲片区、西部民俗体验片区、南部土家原乡片区、东部探秘度假片区)。到2019 年底,已成功创建 2 个国家 4A 级景区,建成国家级生态文明建设示范乡镇和生态村各 1 个、省级生态乡镇 7 个、省级生态村 73 个,形成了"仙山贡水

---

① 前身为宣恩县椒园工业园,于 2002 年 8 月建立,2004 年 7 月经省政府验收确定为省级园区,2006 年 9 月国家发改委正式批准更名为湖北宣恩工业园区。它坐落于湘鄂渝黔连接处,距离恩施火车站、货运站 40 公里,距离恩施机场 37 公里,高速公路、铁路、城市主干道均在园区周边,区位优势十分明显。规划总面积 1000 公顷,分为三个部分,其中椒园生态工业园为 200 公顷,城郊工业园(又称和平制造产业园)为 150 公顷,宣南创业园(又称创新创业产业园)为 650 公顷。

浪漫宣恩"特色文旅品牌,带动了生态特色农业和特色餐饮业的发展,不仅吸引了本县游客,也让周边县市特别是武汉市的游客涌入。

三、治理现代化

宣恩的治理现代化指在环境治理和贫困治理的过程中形成了有利于农业农村现代化的治理体系和治理能力。这一治理体系后来被概括为党组织领导的、自治、法治、德治有机融合的基层治理体系①,它既利用了现代化的信息技术和网络管理方法,又发挥村规民约和乡村能人的作用,激发乡村居民治理贫困与环境、创造美好生活的主动性、积极性,实现公共利益的最大化。

宣恩县成为国家重点生态功能区以来,一直高度重视农村生态环境的治理。最初是着力推进饮用水源保护、生活污水和生活垃圾处理、畜禽养殖污染治理、历史遗留的农村工矿污染治理,并要求在农业生产的过程中实行种植与养殖的清洁化和农药与化肥的减量化。2017 年开始城乡环境卫生综合治理,消除在村庄周边和道路与河道两旁乱堆乱放垃圾现象,建立健全村容村貌环境卫生管理制度。2017 年底增加了"厕所革命"、精准灭荒、乡镇生活污水治理和城乡生活垃圾无害化处理等内容②。2018 年后,农村生态环境的综合治理力度进一步加大。

---

① 2017 年 6 月,《中共中央　国务院关于加强和完善城乡社区治理的意见》提出:"充分发挥自治章程、村规民约、居民公约在城乡社区治理中的积极作用,弘扬公序良俗,促进法治、德治、自治有机融合"。这是中央文件首次正式明确提出"三治融合"。2017 年 10 月,党的十九大报告提出:"加强农村基层基础工作,健全自治、法治、德治相结合的乡村治理体系。"这是党中央首次明确提出三治融合的乡村治理体系。恩施州党委在 2017 年底学习和贯彻落实党的十九大精神时,将其加强和创新基层社会治理、打造共建共治共享社会治理新格局的经验概括为"一统三治六体系":坚持以党建为统领,推进自治、法治、德治有机结合,完善治安防控、矛盾化解、民生保障、公共安全、科技支撑、组织保障等六大体系。

② 湖北省人民政府于 2017 年 12 月发起"四个三重大生态工程"——用三年时间(2018—2020 年)推进"厕所革命"、精准灭荒、乡镇生活污水治理和城乡生活垃圾无害化处理等四个重大生态工程(参见《湖北省四大生态工程全面启动》,http://www.gov.cn/xinwen/2017 - 12/13/content_5246489.htm)。

宣恩县在长期的环境治理过程中形成了能充分激发群众参与的体制机制。一是利用各种有效形式宣传环境治理的重要性,增强广大群众的环保意识、卫生意识和生态文明意识。宣传的方式有乡村广播、宣传车、微信、短信、标语、发放倡议书、召开村民小组会、民间艺人自编自演文艺节目;宣传的目标是让每个村民都知道乱倒垃圾和污水、使用农药化肥是有害的。二是在党组织的领导下经过村民充分讨论后将环境治理的相关条款纳入村规民约。2018年,许多种茶和种梨的村庄都在修改村规民约时增加了如下内容:禁止燃烧秸秆、燃放鞭炮,禁止买卖和砍伐树木,禁止乱倒垃圾和污水。三是建立了环境治理的检查评比考核机制。多数村都聘请有威望的老党员、老干部、经济能人、返乡大学生做义务的环境监督员,负责定期检查各农户的环境卫生。住房及周边收拾干净整洁的住户会被贴上"干净"的标签,反之则会被贴上"不干净"的标签。每年评比"好公婆""好媳妇""好妯娌""好儿女""十星级文明户""最清洁户""出彩宣恩人""出彩家庭",都将是否遵守了有关生态环境治理的村规民约作为其重要标准①。

扶贫必先扶志。要精准扶贫,必须首先帮助农民改变不良习俗,激发贫困户勤劳致富的主动性和积极性。宣恩农村在治理贫困的过程中移风易俗最成功的案例是整治"无事酒"。"无事酒"指在婚丧嫁娶以外、有至亲以外的人员参与并收受礼金的酒宴,主要指满月酒、周岁酒、生日酒、升学酒、搬家酒、建房酒等。适当的酒席和人情往来,可以和睦邻里、活络人际关系,增进乡村团结。

---

① 2013年以来,宣恩每年都要开展"出彩宣恩"系列评选活动,其类别有"好公婆""好媳妇""好妯娌""好儿女""留守童星""夕阳红星""十星级文明户""最清洁户""出彩家庭""出彩乡村(社区)"等;标准主要是"五美"(创业美、风尚美、人文美、秩序美、环境美)、"五好"(拼搏进取,发家致富好;移风易俗,优生优育好;尊老敬幼,家风家教好;遵纪守法,爱岗敬业好;热心公益,保护环境好)、"十无"(无封建迷信、无打牌赌博、无家庭暴力、无邻里纠纷、无政策外生育、无非法上访、无阻挠施工、无违规整酒、无违规建房、无乱砍滥伐)等;其程序是村(居)民小组、村(居)委会、乡镇、县层层评选,层层表彰,每个层级一般是出彩人物、出彩家庭各评10个;其目的是引导广大群众自发组织起来,向身边的先进人物和先进家庭学习,弘扬爱国、敬业、诚信、友善等社会主义核心价值观,将传统美德、民风民俗和自身修养有机结合,努力构建和谐平安、安居乐业的社会环境。

但酒席过于频繁、规模过大,就不仅浪费钱财,而且败坏民风。因此,宣恩在2013年以后的扶贫过程中,将整治"无事酒"作为重要内容。各村在驻村工作队和村党组织的引导下,召开村民小组会议、户主会议,讨论整治"无事酒"的必要性和办法,在达成共识后,将相关规定纳入村规民约。如下坝村村规民约规定:婚丧之外的酒席都为"无事酒",婚宴和丧宴的酒席规模不超过15桌(每桌10人),除至亲以外礼金数额不超过200元;村民操办或者参与"无事酒"的,取消其享受低保和贫困救助、救济的资格。各村还通过村民微信群及时发布整治"无事酒"反面典型案例,让群众自觉抵制滥办"无事酒"。乡镇纪委牵头联合食品药品监督管理所工作人员加强监管,组织辖区餐馆、流动厨师签订承诺书,拒绝承办"无事酒"。

宣恩在环境和贫困治理中形成的现代化治理机制的突出特征是:一是非常注重党组织的引领作用。在修订村规民约时,党组织要组织村民认真学习相关法律和中央文件,尽可能将社会主义核心价值观和最新法律规定融入村规民约;在先进人物、先进家庭的评选过程中,党组织要根据贫困治理和环境治理的最新要求制定评选标准和评选程序。二是特别注意村民小组在村民自治中的基础作用。宣恩县是山区,现在的村委会一般规模都超过1000人,且居住较分散;村民小组一般不超过100人,居住相对集中,且是一个人情往来单位,相互熟悉。因此,宣恩县的村民自治是以村民小组为基础的。修订村规民约,村党组织首先要以村民小组为单位分别召开村民会议,引导村民在严格遵守政策、法律法规的前提下,围绕社会稳定、村风民俗、执行处理等方面找问题、定规矩、提措施,在充分讨论达成共识的基础上,将移风易俗、村民日常行为规范等与村民利益息息相关的内容纳入村规民约,形成村规民约的初稿;然后以村委会为单位召开村民代表大会讨论通过。经过村民小组会议讨论的村规民约,才能得到村民的认同、更有针对性,村民才能自觉遵守。评选"好公婆""好媳妇""好妯娌""好儿女""留守童星""夕阳红星""十星级文明户""最清洁户""出彩家庭"等,也是首先在村民小组内部评选,村民在评选本小组的先进人物、优秀家庭过程中可起到相互教育的作用。

第四节 产业绿色化与治理体系创新的永新模式

永新县是第二批国家重点生态功能区,辖区面积 2195 平方千米,2019 年末户籍人口 52.99 万人,2020 年第七次人口普查的常住人口为 39.4 万人。境内地貌以山地、丘陵为主,山脉属南岭山系,主要是罗霄山脉及其分支余脉。山地和丘陵森林覆盖率较高,水系较发达,河道以禾水为主轴,禾水是赣江的主要支流,赣江是长江的主要支流。因此,永新的生态环境对长江的水质有重要影响。

在国家重点生态功能区贫困县中,永新县有计划的扶贫工作开始的时间较早,精准扶贫的起点较高。1980 年,永新县被江西省列为首批重点扶助的革命老区县①,成立老区建设办公室,从有关单位抽调人员办公,由民政局代管并由民政局局长兼任主任②,开始有计划的扶贫工作,最初主要是通过产业发展项目提高农业收入、通过道路及水利建设改善生产生活环境。1986 年,永新县因是革命老区县且 1985 年农民人均收入不到 300 元而成为首批国家重点扶持贫困县③,后来它一直是贫困县都是因为没有达到革命老区县的脱贫标准。精准扶贫开始的 2013 年,永新县的第二产业占 GDP 的比例为 45.59%(见表 3-15),远高于宣恩县的 28.39%(见表 3-13)、册亨县的 14.29%(见表3-9)、保亭县的 12.21%(见表 3-4)、五指山市的 18.15%(见表 3-3)、琼中县的 15.41%(见表 3-2)、白沙县的 16.75%(见表 3-1);而且,其城乡收入比为 2.81%(见表 3-15),远低于全国的平均水平 3.03%(见表

---

① 永新县是井冈山革命根据地的重要组成部分、湘赣革命根据地的中心和中央苏区县。
② 《永新县志》,新华出版社 1992 年版,第 321 页。
③ 永新县 1985 年农民人均纯收入为 253.44 元(《永新县志》第 360 页),第一批国家重点扶持贫困县的标准之一是 1985 年农民人均收入不到 300 元的革命老区县。

1-2)。因此,永新县精准扶贫和乡村振兴的主要措施是充分利用现有产业资源,大力促进产业的绿色化,以产业发展带动农民增收。在精准扶贫时期,永新县将建档立卡贫困户分为黄卡、红卡、蓝卡三类①。先扶持黄卡贫困户脱贫,然后集中力量扶持红卡贫困户脱贫,这两类贫困户主要通过产业发展和外出务工脱贫,其数量占总数的85.77%;第三类主要通过农村低保制度和医疗保障制度脱贫。在巩固脱贫阶段,仍然以产业发展(就业也要以产业为基础)为主要途径,带动脱贫农户种植柚或蔬菜,养殖桑蚕或畜禽。

自2013年精准脱贫战略实施以来,永新县在生态与民生协调改善方面的突出成就表现在:一是消除了绝对贫困,建立了城乡一体的防止返贫的机制。2014年,全县有建档立卡贫困户11744户44806人,贫困村106个,贫困发生率10.4%。2017年底建档立卡贫困户减至1884户4113人,贫困发生率降至1.02%,达到脱贫标准。2018年在宣布脱贫"摘帽"后建立了城乡一体的"遇困即扶"机制,因户因人施策,城乡人员出现困难可及时得到帮扶。二是生态环境明显改善。在全县推行城乡环卫、供水一体化和美丽乡村建设、城市功能品质提升"全覆盖",同时进一步巩固了退耕还林成果和健全了天然林保护制度,其森林覆盖率稳定在65%以上,断面水质长年保持在国家Ⅲ类标准以上。新增国家森林乡村7个、省级森林乡村5个、省级生态乡镇6个。三是经济发展迅速,产业结构优化,民生福祉明显提高,乡村振兴开局良好。2013—2020年,永新县GDP由68.17亿元提高到115.13亿元、农民人均可支配收入由5808元提高到12708元(见表3-15),分别增长68.89%、118.8%。而同期全国GDP由568845亿元提高到1015986亿元(见表1-3)、农民人均可支配收入由8896元提高到17131元(见表1-2),分别增长78.61%、92.57%。作为限制开发的国家重点生态功能区,永新的GDP增速只是略低于全国平均水平,但农民人均可支配收入增速远超全国平均水平。永新产业结构的优化主

---

① 黄卡指有劳动能力、家庭经济收入处于贫困线边缘的,红卡指有一定的劳动能力、家庭贫困程度比较深的,蓝卡指年老体弱或因病因残丧失劳动能力的。

要表现是第三产业的比例明显提高(由 30.48%提高到 59.46%),第二产业明显降低(由 45.59%降低到 25.09%)(见表 3-15)。民生福祉明显提高不仅表现在城乡人均可支配收入提高快,而且表现在教育、养老、交通等方面的改善:义务教育均衡化水平提高,普惠性幼儿园覆盖率达 96.3%,乡镇敬老院全面提升,农村互助养老之家全覆盖,水泥路组组通,客车村村通。乡村振兴开局良好主要是建立了精准脱贫与乡村振兴的有效衔接机制,它体现在工业的环保化、农业的生态化、旅游业的融合发展、城乡一体化的公共服务体制机制的健全、乡村治理体制的完善。

一、工业的环保化:从皮革、卫浴五金为主到电子信息为首位产业

自 2013 年精准扶贫战略实施以来,永新县一直坚持工业强县战略,以发展工业为"第一战场",以招商引资为"第一菜单",以产业提质增效为"第一任务",通过发展工业解决农民就业问题和增强政府公共服务能力。主要措施是:一是支持皮革、卫浴五金等旧产业的转型升级和大力引进电子信息产业;二是进一步改善营商环境;三是充分发挥工业在扶贫和乡村振兴方面的带动作用。

(一)皮革等产业的转型升级和智能制造产业园的建成投产

永新县是养牛大县,也是华东地区最大的牛皮集散地之一,在 2010 年前皮革产业已成为永新县的支柱产业。精准扶贫战略实施后,永新加大了对皮革产业节能减排治污的支持力度并对其产业升级进行扶持,形成了"蓝皮—皮革—皮制品"产业链。2015 年实现产值 52.6 亿元、纳税 7445.22 万元,2016 年实现产值 55.8 亿元、纳税 6301.72 万元。同时,大力发展铜制品(机电)产业,基本形成"铜板—铜线(铜棒)—电线电缆、电子元器件—卫浴五金等"产业链,2015 年实现产值 46.5 亿元、纳税 6208 万元,2016 年实现产值

49.2 亿元、纳税 4676.51 万元。

为了进一步支持皮革、卫浴五金等产业的转型升级，永新县于 2018 年引进吉安巨联环保科技有限公司，在永新工业开发区内建设现代化集中供热基地，可综合利用线路板、皮革、超纤材料、锂电池企业所产生的有机溶剂，可有效治理超纤新材料、PCB 线路板、锂电池、医药化工等企业产生的工业废气，年处理有机溶剂达 20 万吨，进一步提高了废弃物综合利用率，降低了企业运行成本，改善了生态环境。

永新县自 2019 年开始大力发展电子信息产业，实施电子信息产业的首位发展战略。永新县将电子信息产业作为首位发展产业，是因为永新自 1988 年开始一直是科技部的帮扶对象，永新工业园区的建设得到了科技部的支持；华昊新能源、众达泰科技、博硕电子等电子信息制造公司已成为永新县的龙头企业，并形成了产业链。永新县为了加快信息产业的聚集，2020 年引进智能制造产业园项目，该项目总投资 22 亿元，占地面积 500 亩，拟分三期建设：一期面向车联网、物联网等 5G 制造企业，二期服务于智慧医疗科技产业，三期面向小米、华为等 5G 生态链企业，以"物联产业化、产业高新化"为发展主线，成为新一代信息技术产业、5G 产业发展的孵化平台。截至 2020 年底，智能制造产业园已集聚了 40 多家高科技电子信息产业公司。2020 年，全县电子信息产业实现产值 51 亿元、产业产值增长 106.5%。2021 年电子信息招商推介会现场签约的项目就有 13 个，包括 LED 芯片封测、智能柜、UGO 智能手推车、园区内循环项目等智能制造配套项目。

(二)大力招商引资和改善营商环境

进入 21 世纪后，永新县在扶贫工作中一直重视招商引资工作，并注重建立由政府帮助企业解决困难的服务机制。为每个企业找一个帮扶单位，提供一对一的跟踪服务，就是行之有效并被一直坚持的制度。帮扶单位可以是县政府的一个部门，也可以是一个乡镇政府。帮扶单位要主动为帮扶对象联系信贷、争取政策优惠项目，与贫困地区劳动力培训机构协调企业招工，与土地部门协调村企合作用地，为企业向上申报龙头企业，尽量为企业发展和参与扶贫创造条件。

精准扶贫战略实施后，永新县进一步完善了为引进企业设立帮扶贫单位的制度。一是环保部门、国土部门不再作为帮扶单位，以强化它们的监督职能；二是为每个企业配备至少2个帮扶单位，其中一个为县政府的部门（主要为企业办证、根据企业需求代建厂房），一个为乡镇政府（主要为企业协调招工），每个帮扶单位都要派出专门的帮扶干部主动联系企业并为其解决困难；三是建立了激励帮扶单位和帮扶干部的制度。帮扶的企业产生税收后，可对帮扶单位进行税收返点并对帮扶干部个人进行奖励。同时，加大了招商的优惠力度：税收减半的期限由头2年逐步延长到头5年；30亩以上工业用地（在工业园区内），办证不用企业出钱，可用返还税点代缴。

2020年，永新县对帮扶单位制度进一步完善，建立了"同心帮企特派员"制度。"同心帮企特派员"都是来自工信、财政、就业、税务等职能部门的科级干部或优秀后备干部，原则上一企一特派员，也可一企派驻多名特派员，或一名特派员进驻多家企业；特派员以在企业坐班与流动解决问题相结合的方式开展工作，帮扶时间初定为2年，原则上每周为企业工作2天，具体时间由帮扶对象和派驻单位确定，要根据企业最迫切需求，靠前对接，实现帮扶效果最大化。

永新县为了打造政策最优、成本最低、办事最快、服务最好的营商环境，还同时采取了以下措施：（1）推进"双创中心"建设，打造综合物流及仓储两个平台，提供商务洽谈、创新创业指导孵化、休闲互动、综合咨询受理服务；（2）为入驻企业建设"定制化"厂房，推动水、电、气、路、通信等基础设施配套；（3）建设"企业+"的配套设施，方便企业员工生活和子女教育；（4）打通企业集聚、产业集群脉络，让产品关联性较强的企业抱团；（5）开通工业园区上下班公交专线，在工业园区上班的本县农民满3个月的每月交通补贴200元；（6）所有县乡干部和村委会（社区）都要帮企业招工，县政府每年根据企业用工需要下达招工任务并纳入年度考核体系①。

（三）进一步完善企业参与扶贫和乡村振兴的激励机制

进入21世纪以来，永新县一直重视鼓励企业参与扶贫工作。2008年,制定了引导和动员民营企业参与扶贫的工作方案,成立了以县扶贫办为牵头单位的民营企业参与扶贫开发工作协调小组,成员有各民营企业帮扶单位,负责正确引导和协调全县的民营企业参与扶贫开发工作。协调小组还制定了相应的工作制度,如每年必须召开一次以上具有一定规模的民营企业家座谈会,大力宣传参与扶贫工作的企业,协调行业优惠项目,扶持参与扶贫开发的企业;按照民营企业的性质和意愿,分别动员企业参与村企共建②、定点帮扶③、捐款捐物三大类扶贫事业。县委还推荐优秀的民营企业家参选人大代表或政协委员,有的还担任了政协常委;组织召开民营企业家座谈会,由担任人大代表和政协委员的企业家进行现身说法,介绍其参与村企合作实现共赢及其爱心回报社会的做法和经验,激发民营企业家致富思源、以人为本的意识,营造民营企业参与扶贫开发工作的氛围。

2015年,永新县制定了加快推进精准扶贫的实施意见,要求各乡镇在充

---

① 县政府每年年初将企业招工任务分配到各乡镇,各乡镇将招工任务分配到乡镇干部和行政村,一般每个乡镇正职每年要完成2名招工任务,一般干部每年完成1名招工任务;每个行政村每年招工任务都在10名以上。只有新增的、到工业园区的企业上班3个月以上的人员达到分配的名额才能算完成任务。完成任务的情况纳入年终考核体系,其权重一般占考核分数的5%—10%,其结果不仅与年终绩效挂钩,而且在上半年每月完成任务处于乡镇最后1名者还要被纪委约谈。由于永新工业园区的工资津贴远低于广东、江苏、浙江、上海等发达地区,永新县城的文化生活不如发达地区丰富,只有家里有小孩、老人需要照顾的人,才愿意在永新工业园区上班。因此,乡村干部感到招工压力很大,他们每年春节前都要深入村庄了解情况并动员有老人、小孩的人员到园区上班。综合来看,这一制度保证了永新企业的用工,但增加了乡村干部的工作量。

② 如鑫阳光制革、创欣制革、挺苏皮革、大德利皮革、瑞新超纤等企业,采取“公司+农户”的村企合作方式,给养牛户每头牛200元的资金扶持,并负责牛皮的回收,带动了养牛贫困户增收,同时也壮大了制革产业的发展。

③ 主要是引导企业定点帮扶某个村庄改善水、电、路等基础设施;在新招收员工时优先考虑帮扶村庄的贫困劳动力。

分了解贫困户的就业意愿后,主动与园区企业对接,建立就业扶贫绿色通道,把岗位送到贫困户家门口;实施"金蓝领工程",根据当地企业用工需求开展订单式免费技能培训,对开展扶贫对象培训的企业实行经济补助。为了让贫困户安心在工业园区上班,实现务工顾家两不误,不仅在工业园区附近配套建设了商品住宅、公租房、学校、医院,而且开通了 10 多条乡镇到工业园区的送工交通专线,对边远乡镇贫困务工人员实行每人每天 3 元的优惠票价。同时,还鼓励企业将无污染的"生产车间"办到乡镇,将适合在家庭内生产加工的订单分配到贫困户,让贫困户在家里或就近承接生产任务,实现就近就业。2017年,永新县制定了"百企帮百村"精准扶贫行动工作方案,动员并组织民营企业与贫困村结成帮扶对子。2018 年永新县脱贫摘帽后,企业在培训、招工、采购原料(含农产品)等方面继续实施同等条件下贫困户优先的政策。

二、农业的生态化:科技支撑、环境整治助推、合作社引领

永新县素有"七山一水二分田"之称,生态环境十分优良。但长期以来,农业主要是种桑养蚕和种水稻,生态优势没有转化为经济优势。进入 21 世纪后,永新县着力于将生态优势转化为经济优势,先后出台了多项加快建设生态农业的措施,主要有:(1)整治生态农业发展环境。实施生态林业、小流域整治、绿色食品开发、精品生态农业科技园等生态农业建设工程;严格清理农药、化肥、种子等农资市场,积极引导广大农民使用高效低毒农药、优势种子和生物有机肥,并对优质农产品实行保护价收购。(2)分区域规划生态农业。根据区域的自然地理条件、生态经济关系,划分为河谷平原高效作物、西北部丘陵岗地农林牧、腹部岗地与盆地粮经渔牧、边缘山区农林等四个农业生态区。(3)建设生态农业示范基地。农技人员常驻示范基地,与农民同吃、同住、同劳动,提供全程技术服务。财政、农业、粮食等相关部门筹集专项资金,并发挥各自职能,从良种补贴、粮食生产、产品收购等方面给予全力支持。2005 年,被农业部评为全国生态农业先进县。2010 年,永新有蚕桑、大棚蔬菜、鱼苗繁

育、优质油茶、金银花、花卉苗木等特色产业基地 100 多个,还推广套种套养等
生态农业技术。桑树园里,冬季种植豌豆、黄芽白、萝卜等蔬菜,夏季种植花
生、短豆角、红薯等作物,既可为桑树避风防寒、遮阴抗旱,控制杂草生长和防
止水土流失,又可增加收入,平均每亩可增收 1000 元。少数农户在桑园套种
竹荪(一种食用菌),每亩可增收 1 万元。

　　精准扶贫战略实施后,永新县进一步加大了对生态农业的支持力度。其
主要措施是:(1)改造提升永新农业产业示范园区。它位于烟阁乡罗家坪村,
面积有 4000 多亩,于 2006 年开始筹建,2013 年进行升级改造。改造提升后,
园区分为综合服务核心区、农业观光园、农耕文化园、高科技农业示范区、有机
绿色农业生产区、设施农业生产种植区等 6 个功能区,充分体现了三产融合、
生态创新的理念。(2)优化生态农业的区域布局。2014 年,永新县根据自然
生态特点和种植习俗,按照“高山种楠、缓坡植柚、田间种菜、河滩育桑”梯度
开发模式,开始打造体现农业专业化、规模化的“四个千万工程”[1]。2016 年
永新县成为国家重点生态功能区后,发展生态农业成为农民脱贫致富的主要
途径。2018 年永新县宣布摘掉贫困县帽子后,进一步加大了打造“四个千万
工程”的力度,“四个千万工程”成为永新巩固脱贫和乡村振兴的基础工程和
亮丽名片。截至 2020 年,永新县打造出 3 条珍稀楠木万亩示范带(公路沿
线)、1 个万亩井冈蜜柚示范带[2]、6 个千亩蚕桑基地[3],另有近 10 万亩蔬菜、4
万亩绿色水稻、6000 亩花卉苗木、2000 亩有机茶等;稻田综合种养、桑园和林
地套种套养等技术也大面积推广,绿色生态庭院产业也开始发展。共有“三
品一标”农产品 39 个。生态农业的发展,也带动了茧丝绸加工企业和粮油、
食品、花木园艺等绿色企业的发展,绿色农产品龙头企业已超过 50 家。

---

　　① 千秋万代珍稀楠木生态工程、千村万户井冈山蜜柚老乡工程、千垄万亩绿色蔬菜工程、
千丝万缕种桑养蚕富民工程。

　　② 聚集在高市、象形、石桥等乡镇,含万亩蜜柚基地 1 个、千亩基地 10 个、百亩基地 56 个。

　　③ 主要在禾水沿岸的河滩,共 2.5 万亩,采用自动取茧机、自动上蔟机等新技术,使养蚕批
次由过去的每年 5 批增至每年最高 12 批。

永新县生态农业发展迅速,原因是多方面的,科技支撑、高标准农田建设和环境整治、合作社发展是主要原因。生态农业技术的引入和推广、电子商务运用于生态农产品销售为生态农业发展提供了技术支撑;高标准农田建设和生态环境整治为生态农业发展创造了自然环境;合作社的发展为农民特别是贫困农民发展生态农业、共享生态农业的成果提供了组织保证。

(一)科技对生态农业的支撑

科技对永新生态农业发展的支撑作用主要表现在两个方面:一是推广生态农业技术,包括引进良种、建造设施、生产环节管理;二是运用电子商务销售生态农业产品。前者主要是科技部对口扶贫发挥主导作用,帮农民生产出好的生态产品;后者主要是邮政部门在主导,帮农民将产品卖出去并卖出好价格。

科技部是永新县扶贫的支援单位。自 1989 年开始,永新县一直有科技部派遣的科技扶贫团和挂职扶贫的科技干部;精准扶贫战略实施后,逐步实现了"科技特派员贫困村全覆盖计划",建立了"专家+农技人员+科技示范户+贫困户"技术服务模式,确保每一个贫困村有一名以上技术人员跟踪服务,每一户有劳动力的贫困户至少掌握一门实用技术。科技部在永新生态农业发展方面重点推广并取得成功的技术有桑园和林地套种套养①、稻渔综合种养②等,科技干部不仅负责引进品种、指导建造养殖设施,而且一直在田间地头指导农户进行管理,并帮助解决种养过程中的问题,帮助农民控制成本和提高产量,增加单位面积的效益。

永新县邮政部门为了帮农民网上销售生态农产品,于 2016 年成立农村电

---

① 主要是在桑园套种蔬菜和食用菌(见上文),在林地套种食用菌(如竹荪)或套养家禽。其技术可使每亩平均增收 1000 元以上。

② 主要是利用稻田的"高标准农田"建设机遇,引进适宜永新稻田养殖的鱼、虾、蟹、鳖等品种,实现当地种苗繁育,研究并推广科学种养方法,提高稻田的亩均综合效益。已经成功并被推广的稻渔综合种养模式有稻田养鱼或鳖(开始于 2014 年的高桥楼镇拿溪村,平均每亩可增收5000 元左右)、稻田养小龙虾(开始于 2017 年龙门镇樟陂村,平均每亩可增收 3000 元左右)、稻田养蟹(开始于 2019 年的龙田乡花汀村,平均每亩增收 3000 元左右)、稻田养澳洲淡水龙虾(开始于 2020 年龙田乡,平均每亩增收 7000 元左右)等。

商运营中心,其负责人由邮政副局长担任,其体系为"县有电商运营中心、乡有扶贫电商超市、村有邮乐购电商站点",形成了"政府扶持、邮政实施、站点运营"的电商扶贫模式。每个乡镇都至少有一个"邮乐购·农村 e 邮"电商站点,每个行政村都至少有一个商超网站,大的自然村配有批销网店,每个电商站点、商超网站、批销网店都由电商运营中心统一配备电脑、取款机等设施和形象运营,都可提供代收代投邮件、代收代缴水电费、代售机票、代购、小额取款等便民服务。2017 年,增加了县乡邮车和邮路,并给每个网点配备了电动车。同时加大了农产品的网上营销力度,村民们在家里就能享受到购物、销售、生活、金融、创业等便利。为了让农民特别是贫困农民能够利用网络销售,农村电商运营中心还开展免费培训、免费提供线上销售、免费制作页面、免费设计包装、免费寄邮包。为了提高永新特色农产品的知名度,电商运营中心还为这些特色农产品设计包装并在网络上推送,在网店展示可以试吃的小包装产品,在网络上宣传开园采摘体验活动。2019 年,还通过线上直播的方式推出"永新珍好"公共品牌,"和子四珍"等 60 多种农产品通过网络直销海内外,极大提高了农产品销售量,增加了农民的收入。2020 年新冠肺炎疫情发生后,网上销售成为永新特色农产品销售的主要渠道。

(二)高标准农田建设和环境整治优化了生态农业的环境

永新县于 21 世纪初开始加强生态林建设和小流域整治,实施水土流失治理和农业面源污染、工业污染控制工程。2008 年,实施"生态立县"战略,加大了封山育林、退耕还林、小流域综合治理和在荒山野岭、河滩堤岸、公路两旁、村前屋后、田岸园地植树造林的力度,依法关闭了小冶炼、小化工、塑料加工等企业。同时,进行农田水利建设和生态农业基地建设。截至 2014 年,全县封育管理面积达 50 万亩,近 4 万人搬出深山库区;退耕还林 3 万亩,新建林、果、药、茶叶、毛竹基地 2.8 万亩。

2016 年永新成为国家重点生态功能区后,进一步加大了环境的整治力度,并开始大规模的高标准农田建设。

首先是县委、县政府越来越重视环境整治,环境整治的内容越来越丰富,环境整治逐渐成为乡、村两级最重要的工作。其主要表现是,环境整治占乡镇、村级考核的权重越来越高。2020 年,永新县对乡镇工作考核的基本项目(所有乡镇都必须参加并计入总分的项目)总分为 329 分,其中涉及环境整治的分数为 91 分,包括集镇品质提升(18 分)、乡村环境整治(8 分)、农村生活污水治理(8 分)、乱占耕地建房(5 分)、天然林保护(林长制)(5 分)、水库水质专项整治(含河长制)(5 分)、"绿色殡葬"(10 分)、秸秆禁烧(6 分)、高标准农田建设(6 分)、生活垃圾分类(5 分)、厕所革命(5 分)、农村畜禽养殖及农业面源污染治理(5 分)、村庄规划提升(5 分),非基本项目(只有部分乡镇参加的考核项目,只计加分或扣分)有百吨千人水厂运行提升改造、水利工程建设、美丽宜居试点示范村庄建设、宜遂高速沿线房屋改造。环境治理占村级工作考核的比重一般超过 1/3。同时,建立和健全人居环境网格化管理制度和奖励制度。以每月乡评村、村评户的方式,对门前绿化得好的村民给予奖励,从而提升群众参与度,强化护绿行动、护环境意识。

其次是财政投入的力度越来越大,环境保护和环境治理的基础设施越来越完善。2017 年,财政投入近亿元,在建立"户分类、村收集、乡镇转运、县处理"的四级垃圾治理机制的基础上,按照"资源化、减量化、无害化"的要求,开展城乡垃圾分类治理试点,推行城乡环卫一体化。2018 年,财政统筹几亿元资金对全县 2241 个美丽乡村建设村点进行"七改三网"①,并投入 4000 余万元率先在全市开展农村生活垃圾第三方治理(即政府购买服务、市场化运营)。2019 年,投入 5.4 亿元推进生活垃圾焚烧发电项目,城乡垃圾处理一体化实现全覆盖;投入 1.7 亿元对全县 51 个生态隐患点实施生态修复项目,从土壤、植被、生物等多方面对项目区生态环境进行改善修复,将每一个隐患点

---

① 指改路、改水、改厕、改房、改塘、改沟、改环境,电网、广电网络、互联网络等。

转变为看得见青山、望得见碧水的生态重构示范区。2020 年,投入 1.4 亿元打造城镇污水处理项目。同时,进行了大规模的高标准农田建设。仅 2018—2020 年就投入财政资金近 3 亿元,建设近 10 万亩,其重点是解决农田高低不平、耕作难、灌溉难等难题,其目标是田成方、路成网、渠相通,便于机械化耕作,能旱涝保收、高产稳产。

再次是在环境整治中注重降低运营成本、增加农民收入、让贫困农民受益。2018 年,实施全域垃圾处理市场化运营,通过整体打包招标的方式,引进专业保洁公司,全县垃圾处理的运行成本由每年 7000 余万元降至 4200 万元;开发生态护林员、农村保洁员等公益性岗位 5647 个,安置贫困人口 4980 名;将人工造林、森林抚育、低产低效林改造等任务倾斜安排到贫困村,有 551 贫困户、2113 人直接参与并从中受益。2020 年,生活垃圾焚烧发电厂收购农林废弃物 16.4 万吨,发电 1.2 亿度,创收 4379 万元。

(三)合作社引领农户特别是贫困农民发展生态农业

永新县生态农业能在精准扶贫战略实施后发展迅速并能让贫困农户受益,合作社发挥了重要作用。永新县很重视农民专业合作社的发展,也着力于以农民专业合作社带动农民脱贫致富的体制机制建设。合作社主要通过四种方式带动贫困户发展生态农业并享受其"红利"。

一是示范引领。合作社对入社农户(含贫困户)统一育供幼苗、统一技术指导、统一配方肥料、统一保护价收购,并根据每个农户的特点分别制定种植规划;入社农户自己从事田间管理。这主要在大规模的种桑养蚕(含套种蔬菜)和精品果蔬种植等地方实行。对于带动建档立卡贫困户的合作社,永新县财政惠农信贷通按照 1 比 8 的比例放大授信额度①,贷款利率执行基准利率,同时按 4% 的利率对贫困户进行补贴。

---

① 即合作社每带动一户红卡户最高贷款 8 万元,一户蓝卡户最高贷款 4 万元,贷款总额最多不超过 160 万元。

二是入股分红。政府鼓励合作社优先流转贫困户的土地,在大棚等项目建设期内支付租金①,投产期内按比例分红,财政扶贫资金给予适当补助。政府鼓励贫困户以自愿的原则用财政扶贫资金②入股符合条件的合作社,合作社每年向贫困户固定支付 15% 的收益,不足部分由财政进行补贴。

三是反租倒包。这主要在大棚蔬菜种植产业。合作社将大棚租给一般农户③,合作社按优惠价提供化肥、农药。贫困户租大棚的租金由政府扶贫资金支付,建大棚的费用由合作社和政府扶贫资金各出资 50%,蔬菜种苗由合作社免费提供,肥料、农药费用由合作社补贴 20%,生产的蔬菜产品由合作社统一收购后由龙头企业统一销售。

四是门口就业。政府以政策奖补、贴息贷款、税收优惠等方式鼓励合作社优先吸收贫困户就业。如高桥楼镇中蝶种养合作社,于 2014 年率先在全县开发了稻渔综合种养项目,项目总面积 300 亩,其中养鳖 200 亩(同时套种优质水稻),稻田养鱼 100 亩,平均每年招收的贫困户务工人员有 10 名左右,每年每户可增加收入约 4 万元。

三、旅游业的融合发展:红绿古多元素、研修康养多产业

旅游业是永新县精准扶贫以来发展最快的一个产业,在脱贫攻坚和乡村振兴中发挥着重要作用。2020 年,永新拥有投资规模超亿元的农旅企业 4 家,具有旅游功能的各类农场、家庭农庄 300 余家,越来越多的村民选择在家就业。永新县非常重视发展旅游业,采取了很多有效措施。

一是把全县当成一个大景区进行规划,在规划时注重红绿古多元素融合和旅游、教育、文化、康养、农业多产业融合。红绿古多元素融合就是充分发挥

---

① 自 2018 年开始,烟阁乡土地流转的租金分为两种:如果全年租用(一般用于种经济作物),每年每亩 280 斤水稻;如果只租一季(一般是种粮大户租用,种水稻;另一季由农户自己种油菜或蔬菜),每年每亩 200 元左右。

② 红卡户每户 10000 元、蓝卡户每户 5000 元。

③ 租金一般为每个大棚每年 3000 元左右。

红色革命文化、绿色生态景观、传统文化遗产等三种资源丰富的优势。永新境内红色景观较多,著名的有三湾改编地、龙源口大捷地、湘赣革命根据地湘赣省委驻地。永新是国家重点生态功能区、全国生态农业示范先进县、中国绿色名县,拥有"三湾国家级森林公园""七溪岭省级自然保护区"等绿色名片,散落着"禾山七十一峰""碧波崖""南华山"等自然生态旅游景点。永新于东汉建安九年(204)建县,至今已有 2000 多年建县历史;2000 年被文化部命名为"中国艺术(书法)之乡";有许多古村落,其宗族文化保存较好,是体验南方乡村文化和传统文化的好地方。多产业融合就是将旅游业的基础设施建设与红色教育基地的打造、美丽乡村的建设、古村落的保护、生态环境的修复、生态农业的发展结合起来,让旅游业的发展能带动脱贫攻坚、乡村振兴、主题教育和优秀传统文化教育、休闲康养,让游客既能欣赏自然景观和文化景观,陶冶情操、休闲养生,又能体验传统的农家生活和接受革命文化的洗礼,提升道德文化素质。具体做法是,选择红色资源与生态资源都较好的景区如三湾改编景区、龙源口大捷景区等进行重点投资("十三五"期间投资 16.7 亿元),以提升其基础设施和配套设施,提高旅游接待和服务能力;选择有山、有水、有文化、有古迹、有生态的村庄,如三湾乡三湾村①、烟阁乡黄竹岭村②、龙源口黄陂洲村③等,统筹投入 4000 余万元,按照有红色阵地、有红色活动、有红色标杆、有红色服务的创建

---

①　是举世闻名的"三湾改编"发生地,自 2007 年新农村建设以来,通过"三清三改"、庭院整治、村道美化绿化等一系列措施整治环境,逐步消除了脏、乱、差现象;完成了长 3500 米、宽 4 米的村中主道硬化,连接了 3600 多米的入户便道,兴建了农家书屋等一批文化娱乐设施;建设了仿古建筑群——三湾村红军街,集旅客观光、休闲、餐饮、娱乐、购物于一体。2011 年入选全国十大幸福村名录。

②　是贺子珍故里,位于两面崇山夹着的沟沟里,整个自然村现有 40 多户,其景点有贺子珍故居、东南临时特别区委旧址、练兵场旧址、红军营地旧址、红军井、烈士遇难处、红军洞、红军哨所遗址、古树群等。

③　龙源口镇黄陂洲村是个有着 500 多年历史的古村落,依河而建,山环水抱,200 年以上树龄的古树达 100 多棵。自 2016 年始,该村秉承"山水林田湖"生命共同体的理念和充实"十里民俗风情带"的思路,逐步将株木山、龙源河、香樟林、永宁线旁的油菜、葡萄、蔬菜基地等农旅资源融为一体,将美丽乡村建设与自然生态有机融合,打造成集民俗度假、非遗展演、生态休闲、采摘体验于一体的乡村文旅综合体。先后被评为江西省文明村镇、国家森林乡村、全国文明村镇。

标准,精心打造红色休闲旅游示范点;选择 12 个红色资源丰富的村作为红色名村,与基层党组织"三化"建设同部署同推进,按照每个村 100 万元的标准进行配套,并给每个"红色名村"至少培养 2 名乡村党员、干部宣讲员;将红色资源相对集中的烟阁、龙源口、三湾、才丰等乡镇之间公路沿线景观改造升级为"传承红色基因"景观带,依托废桥护坡、闲置水渠等,以壁画、雕塑、剪纸、彩绘等形式展示永新波澜壮阔的红色革命史。

二是致力于品牌建设,注重区域合作。永新旅游业的品牌建设主要有三个方面:(1)红色文化旅游品牌。三湾改编景区于 2019 年升为国家 4A 级旅游景区,实现高等级旅游景区"零的突破";"四馆两广场一学堂"①理想信念教育基地于 2020 年打造完成。(2)生态休闲品牌。融合自然山水、田园风光、农业产业等要素,高质量、高标准推进美丽宜居小镇和示范村庄建设,打造了中国·永新 667 艺术馆、黄陂洲等生态休闲文旅综合体。(3)人文古韵品牌。整合利用书法、盾牌舞、永新小鼓等民俗文化资源,做好古建筑、古村落、古民居等传统文化载体改造提升,纵深推进"重见永新"古城再生计划,洲塘书画村入选全国乡村旅游重点村,"永新丰收节"成为中国农民丰收节 6 大分会场之一,得到社会广泛关注和认可。注重区域合作,就是借鉴周边旅游景区的先进运作模式,主动加入"井永遂红色旅游一体化"②"湘赣边区域旅游开发合作"③区域整

---

① "四馆"即三湾改编纪念馆、湘赣革命纪念馆、贺子珍纪念馆、将军馆;"两广场"即龙源口大捷广场、才丰乡龙安村誓词广场;"一学堂"即秋溪支部学堂。

② 指井冈山、永新、遂川红色旅游一体化,它是吉安市于 2017 年开始实施的旅游业发展项目。永新县在"十三五"期间提升了永新与井冈山、遂川的交通等级,实现三地旅游景区快速互通、快速转运和客源共享。

③ 《湘赣边红色旅游合作联盟框架协议》于 2015 年签署,它由湖南浏阳市主导,其合作内容包括:以湘赣边区域红色基因为依托,充分发挥各县市区的旅游资源优势,重点打造红色文化旅游景点,推出精品旅游线路,在品牌营销等方面加强交流合作,在客流资源方面互流共享,在人力资源、招商引资、商贸物流等方面的协调合作,在重大政策争取方面合作。永新县在"十三五"期间提升了三湾至湖南茶陵小田旅游公路(三湾村经九陇山至湖南茶陵小田)。2019 年,湖南省和江西省签署《湘赣边红色旅游合作框架协议》,决定打造红色文化旅游融合发展共同体,协同开发红色旅游产品和开展红色培训、红色旅游扶贫。

体推介,将旅游的宣传和形象推广纳入"大井冈旅游圈""秋收起义之路"统一旅游营销计划;主动加强与周边县市的沟通联系,成功对接融入"井冈山—武功山""井冈山—湖南"精品旅游线路。

三是坚持文化品质提升和农民增收并重。为了提升县城的文化品位,永新县联合 CBC 建筑中心发起"重见永新——古城再生计划",整合县城区及周边历史古村、古迹、书院、寺庙、古塔、民俗、古代名人、非遗、美食、手工艺、红色遗存遗址等文化旅游资源,引进知名品牌的餐饮美食店、文旅商品店、艺术培训中心(开连锁店),将南门老街打造成"宜居、宜业、宜乐、宜游"的特色文化街区。为提升农村文化品质、树立乡风文明,永新县巧妙融合红色、书法、非遗、村规民俗等文化资源,把红色文化、传统文化、乡贤文化"种"进新时代文明实践站(所)、村史馆,建立村级红色文化宣传长廊 1400 余处;积极开展乡风文明"七个一"①活动,大力推进"身边好人"选树学,及时宣传身边好人好事,实现乡风文明由"塑形"到"铸魂"转变。永新县将推进农旅融合作为加快乡村振兴的重要抓手,按照"全域布局、差异发展"的思路,以美丽乡村建设升级工程为基础,以"寻找兴奋点、主攻着力点、形成引爆点"为指引,通过完善旅游基础设施、丰富旅游产品、提升文化内涵,不断打造乡村旅游新热点。曲白乡成功引入"永新记忆文旅综合体项目",将废弃 10 多年的砖窑厂改造成收藏本土记忆、记录乡村变迁的"永新记忆"博物馆:以图片、实物等形式,收藏传统物件,记录传统农耕文化,让参观者感受旧时光,寻回儿时记忆;并配套建设了集康养、休闲、娱乐、文创于一体的永新 667 艺术馆及 1700 余平方米的演艺广场、高端民宿等。

四、乡村治理体系的完善和乡村治理能力的提升

永新县在扶贫与环境整治的过程中,逐渐健全了乡村治理体系,壮大了农

---

①　指一幅好宣传画、一块好人榜、一间好讲堂、一部好村规、一组好家训、一批好队伍、一个好项目。

村集体经济,形成了乡镇驻村工作常态化的机制,探索了有效激励村民保护环境和勤劳致富的机制,提高了乡村治理能力。

(一)党组织领导的三治结合乡村治理体系的建立与健全

永新县农村一直有宗族自治的传统,大多数自然村都是人口在 100—200 人之间的单姓村,所有的自然村都有祠堂、村规民约,能够通过村民间的团结合作提供基本的村庄秩序和农业生产、村民生活所需要的基本公共基础设施 (如水利、道路)。改革开放后,宗族自治发展为党组织领导下的村民自治。精准扶贫战略实施以来,永新县加强了基层党建,并用法律规范村民自治,以引导村民通过团结合作发展产业和治理环境,党组织领导下的自治、法治、德治相结合的乡村治理体系逐渐形成。2015 年,永新开始实施党政经"三位一体"服务型基层党组织建设:充分发挥村党支部和党小组的战斗堡垒作用,建立党员固定联系农户特别是贫困农户的组织网络,全面提升基层党组织对农村的引领力,特别注重激发贫困农民的勤劳致富的积极性;充分发挥村委会、村民小组和老人协会、红白理事会、乡贤理事会、道德评议会、农民剧团等群众性组织的自治作用,全面提升基层党组织对农民的凝聚力,引导贫困农民通过团结合作摆脱贫困;充分利用区位优势或资源优势,大力实施产业兴村计划,全面提升基层党组织对农业和乡村旅游业的服务力,以产业带动贫困农民脱贫。乡村振兴战略实施后,永新县进一步完善了乡村治理体系,将基层党建标准化、规范化、信息化作为"一号工程""书记工程"来抓:村(社区)党组织阵地统一规范标识和设备布置,"三会一课"[①]、主题党日、发展党员、"四议两公开"[②]等工作制度和工作程序进一步完善,村干部任前资格联审、支部书记任职县级备案管理、党员干部违纪违法信息共享 3 项机制进一步强化;实施"头

[①] "三会"指定期召开支部党员大会、党支部委员会和党小组会,"一课"指按时上好党课。

[②] "四议"是指村党支部会提议、村"两委"会商议、党员大会审议、村民代表会议或村民会议决议;"两公开"是指决议公开、实施结果公开。

雁工程""青苗行动",稳妥推进村党组织书记、主任"一肩挑",推动各村在致富能人、合作社负责人、返乡创业人才等群体中培育 3 至 5 名后备干部,并重点联系培养 1 名以上"一肩挑"后备人选;加强农村微信公众号、微信群建设,每个村委会都有微信公众号或微信群、每个自然村(村民小组)都建有全体村民参加的微信群,并在群内公开党务、村务、财务,村民可通过微信群行使民主监督权和参加村组治理;建设村文化展示馆、村文化礼堂,绘制主题文化墙,开设文化宣传长廊;组织村民自订、自修、自守村规民约,将社会治安、环境卫生、邻里关系、移风易俗、文明新风等内容纳入村规民约。

壮大农村集体经济,是提高乡村治理能力的物质基础。永新县壮大集体经济的措施主要有:(1)以村委会或村民小组为单位成立合作社,村干部带头参加、党员主动参加、村民自愿参加、贫困农民统筹参与,政府给予资金支持和技术指导,重点发展适合当地发展的高效生态农业和乡村旅游业,村集体按投入的财政资金和集体资产所占合作社总投资的比例分红。(2)强化土地的集体所有权,提高集体资产的利用效率。村集体有权收回连续撂荒 2 年以上、自己仍不愿耕种且也没有流转给别人的承包地,并进行高标准农田建设,其耕地地力保护补贴和转租费作村集体收入;通过光伏电站建设帮助村集体增收;利用集体林、集体建设用地发展乡村旅游业,增加收入。

永新的村民自治最大特色是以自然村为基本单位,其原因是永新的大多数自然村是同宗族的单姓村,同自然村的人都有"自己人"的意识,是一个基本人情单位和认同单位,有很强的凝聚力;绝大多数自然村在人民公社时期是一个生产队,现在是一个村民小组,是农村集体土地所有的最基本单位,都有集体林(由原来的风水林、族山、祖坟演变而来)和公共活动场所(以前叫祠堂,现在叫文化礼堂),经常开展生产合作,婚丧等重大活动基本上都是本自然村的人共同参加,是一个熟人社会。

以自然村为基本单位开展村民自治,首先体现在村民小组长具有重要作用。村民小组长对家族、耕地更熟悉,更便于做村民的工作。村民小组长的主要职责:(1)管理集体土地,组织村民修水沟,以方便灌溉和排水。只要村民小组长号召,在家的村民都会参加,不去会被指责。(2)收医保费、社保费、农业保险费。以前是亲自收,现在是宣传、催促。(3)管理和维修小组的机耕道、村中的道路。(4)组织人居环境整治。监督保洁员天天打扫,每月组织村民进行大扫除2次。(5)管理祠堂、集体林等集体资产,在红白喜事和重要集会时要负责打开祠堂和组织人清扫、布置,在集体林地与其他村有纠纷时要尽力维护本村利益。(6)调解村民的小纠纷,协助调解村民之间的大纠纷。村民小组长一般由选举产生,但由于村民小组长报酬太少(大多一年不到2000元),目前已经有越来越多的村民小组采取抓阄轮流,一般是每人轮流做一年,如果轮到自己做,绝大多数会认真做。

其次是村中能人特别是从村中走出去的成功人士①在自然村的建设方面的作用不可替代。这些成功人士大多愿意为自己的村庄建设捐款捐物,也有回村带领乡亲发展产业致富的。如烟阁乡的瓦屋村是一个只有25户的自然村,2000年后长期在外工作(含打工或经商办厂)有40多人,其中在发达地区经商办厂的有10个(其中资产超过千万元的有3个)。2010年,这些人员捐钱成立了基金会,为村中修了水泥路,并安排了路灯。基金会还在每年(2020年疫情未聚会)腊月二十七在祠堂举办外出人员联谊会,聚餐交流外出经历,并宴请村中60岁以上老大爷,了解村中的发展和需求。2020年,村举办养老服务中心,就有人一下子捐了8万元。2021年,又在筹划将路灯全部换成太阳能灯和修门楼。烟阁乡长富村现任书记贺小云曾是一名较为成功的打工者,于2012年返乡种蔬菜,成功带领同村人致富,后被培养入党、被选举为村委会主任和村党支部书记。

自然村中的老干部、党员和能人团结起来可组织村民自筹资金对村庄进行整体改造。贺子珍的故乡——烟阁乡黄竹岭村是一个由贺、邝两姓组成的

---

① 村民称之为"在外面工作的人",学者将其称为村庄治理的第三种力量(前两者力量为国家力量、村庄自身力量),参见罗兴佐的《第三种力量》(《浙江学刊》2002年第1期)。

自然村①,也是一个村民小组。在 2014 年前村民的住房不仅破旧(大多是土墙屋)而且布局很混乱,通村的道路无法通车②。要扩路、将住房弄整齐,必须拆除旧房并占一些菜地(多是村民的自留地),也就是说,要对村庄的宅基地和自留地进行重新规划。这就必须打破祖业观念,对宅基地和自留地进行重新分配。2014 年,在村中能人贺晓庆的提议和老党员贺瑞仁、邝仙元等的支持下,成立了新农村建设理事会,理事会组织 40 多户村民反复讨论协商,达成了村庄改造的共识:对村庄进行重新规划,村中道路扩宽改直,并建停车场和活动广场,所有的旧房必须拆除③,所有的宅基地和自留地都收归村民小组;宅基地重新分配,严格执行一户一宅、每宅 103 平方米的政策,有 2 个男孩的可多申请 1 个宅基地,但必须在申请宅基地的 3 年之内按统一的户型和规格(3 层楼房)建房,申请宅基地后 3 年之内不建房的,收归村民小组;收归村民小组的宅基地和自留地在留足村庄建设用地(含预留的宅基地和公共场所用地)后,按户重新分配给农户做菜园;如所分宅基地面积超过原宅基地面积的要给予经济补偿(按每个宅基地 6000—8000 元计算),其补偿费作为村民小组平整土地的开支。黄竹岭村在整体改造后,成为一个红色景点④,每天都有前来参观学习的人,村民每天都可在家门口卖土特产;周末和节日,村中的餐馆、农家乐、农庄都是满座。

永新县为了培养村民自治能力,在脱贫攻坚和村庄环境整治的过程中,推行技术含量较低、投资额度不超过 20 万元项目由受益村民小组自选项目管理小组的管理模式(也可自建),村民小组在选举管理小组、决策建设方案、监

---

　　①　贺、邝两姓共建黄竹岭村的历史很长,由于两姓之间长期通婚,全村 40 多户都有亲戚关系,两家共用一个祠堂。

　　②　2014 年,多数村民外出打工后已有不少积蓄,但由于道路不通或宅基地不规则,村民都不愿花钱对住宅进行大改造。

　　③　不愿拆除旧房的,不能分新宅基地。其结果,全村所有的旧房都拆除了。

　　④　当然,村庄改造也得到了政府的支持,政府给每个建房户补贴 1.3 万元危房改造费,并扩建了通村公路和村中的公路;村中的在外工作人员在村庄基础设施建设和祠堂的改造中也捐款几百万元。

督管理项目建设的过程中培养了民主意识和自治能力。

（二）乡镇驻村工作的常态化和实体化

乡镇驻村工作的常态化，就是乡镇驻村工作组与村"两委"一起做村民的动员和组织工作，并成为推动村组工作的重要制度，使乡镇驻村工作组实体化。乡镇驻村工作组不同于帮扶工作组：帮扶工作组主要由县级及其以上党政机关或国有企事业单位的干部组成，主要帮助扶贫工作，并指导和监督村干部的工作，帮扶干部与村干部是帮扶关系；乡镇驻村工作组由乡镇干部组成，一般由乡镇副科级干部任组长，要负责指导和推动村委会的所有重要工作，其业绩就是村委会的综合考核得分，乡镇驻村干部与村干部成为"一条船上的人"。

乡镇驻村工作组的实体化，指由乡镇班子成员担任组长的乡镇驻村工作组逐渐由贫困村和问题村覆盖到所有村委会，逐渐由村委会重要工作的监督者和指导者演变为村委会重要工作的主要推动者和直接参与者，村组中心工作越来越需要驻村工作组直接面对群众，村民有问题也越来越愿意直接找驻村工作组。2018 年后，乡镇驻村工作组与村"两委"共同推进村组工作已经制度化。其基本做法是，乡镇党政联席会①决定驻村工作组人员配备及其所驻村庄，组长由乡镇党政联席会成员担任（党委书记和乡镇长要负责全面工作，一般不任组长），组员由乡镇一般干部担任（除党政办工作人员和便民服务中心的窗口服务人员不驻村外，其他乡镇工作人员必须驻村，每个村有 3—5 名组员），组长对组员有建议权。分组主要考虑乡镇工作总体布置、工作配合度

---

① 也称乡镇党政班子会，其成员都是乡镇科级或副科级干部，一般 13 名，包括所有乡镇党委委员、所有副乡（镇）长、司法所所长、人大主席、人大副主席等。如烟阁乡辖区总面积 58.99 平方千米，辖 7 个行政村和 1 个居委会，110 个村民小组，94 个自然村。2018 年末，烟阁乡有户籍人口 1.76 万人（常住人口 9337 人）。2021 年上半年，其班子成员应有 13 名，但由于司法所所长借调、人大主席缺、宣传、组织只有 1 人，实际只有 10 名，这 10 名成员除书记、乡长外，都担任组长，各负责 1 个村。

（主要是村支部书记与组长、组长与成员的配合度）、对村情的熟悉程度，要安排最有能力的班子成员到最容易出亮点或最容易出问题的村任组长，组长所驻村一般是与村支部书记关系比较密切的村，每个组都至少有一个特别熟悉所驻村的成员（一般为曾在所驻村长期生活或工作的），每个组都要尽可能老中青相结合。驻村工作组必须经常下村①，与村"两委"干部一起工作；驻村干部与村干部共同包村民小组，所有的村民小组会议都是包组的驻村干部与村干部共同组织，重要的村民小组会议是全体驻村干部和全体村"两委"干部一起组织。有重要任务要布置、重要工作要检查特别是时效性很强的任务（如村庄环境整治、早稻育秧等）要完成时，一般由组长带领全体驻村干部与村干部一起行动，这样可造成推动工作的强大势能，让所有村民更加重视。如果在工作过程中遇到需要乡镇相关部门解决的问题，组长因是领导，可直接安排相关部门干部解决；如果在工作过程中遇到重大困难或带全局性的问题，组长可直接向党委书记汇报或在党政联席会上提出讨论，这样就极大地降低了协调成本，提高了工作效率。

永新县乡镇驻村工作组实体化，主要有两个原因：一是新农村建设、扶贫攻坚、乡村振兴等工作需要村组落实的项目越来越多，这些项目占乡镇工作考核的权重越来越高，村组工作的好坏与乡镇工作的绩效联系越来越紧密。2020年，永新县对乡镇工作的考核项目有近50项，几乎每项都需要落实到村组。二是永新县的乡镇规模较小且一直保持稳定。改革开放以来，永新县的乡镇数量变化不大，1985年公社改乡镇后设28个乡、2个镇、1个农场，2001年合并成设25个乡镇场（10镇、13乡、2场），后来乡镇数量一直未变（只是其中1个变成了街道）②；乡镇干部也非常稳定，在2015年前乡镇大多数党政领

---

① 一般情况每周至少有3个半天进村，如有中心工作（如2020年4—5月要求落实早稻种植面积）几乎都要在村里工作，乡镇机关只有党政办的值班人员和便民服务中心的窗口服务人员。

② 1985—2019年，全国乡镇（含街道）数由91590个（82450个乡、9140个镇）下降为38753个（9221个乡、21013个镇、8519个街道），下降了57.69%。其数据根据中国统计年鉴计算。

导都会在一个乡镇连续任职 10 年以上,乡镇事业编制干部如果不转为公务员基本上只能在一个乡镇工作。但永新县村(居)委会数量下降较大,1985 年时为 366 个,2001 年为 325 个,2005 年后基本上稳定在 260 个左右(其中村委会 238 个)。也就是说,自 2005 年后大多数乡镇的村(居)委会数量不超过 10 个,每个乡镇都可让每个村(居)委会有一个乡镇副科级以上干部任驻村工作组组长、3 名以上的乡镇一般干部任驻村工作组成员。

(三)村民整治环境和发展生态产业的激励机制逐渐完善

永新县为了提高农村环境整治和生态产业发展的成效,想方设法激发村民的内生动力,力推贫困群众从被动扶持向主动发展转变。立足红色资源优势,依托"将军讲堂""民生讲堂""红色文艺轻骑兵下基层"等活动平台,开展"弘扬井冈山精神·讲好永新红色故事"活动,排演以脱贫攻坚为主题的永新小鼓和采茶戏,全面开展扶贫扶志感恩行动;充分发挥群众组织推进移风易俗和营造脱贫光荣的舆论的作用,引导贫困户树立自尊、自立、自强理念;建立反向约束机制,对懒、赌、不和睦的家庭进行教育惩戒;全面挖掘脱贫典型,用榜样的力量感染身边人;整合"雨露计划"、科技特派团等资源,持续开展实用技术、创业就业等培训,帮助贫困群众掌握致富技能。

永新县在环境整治过程中,建立了农户门前三包、长效保护和保洁员每天打扫的制度。设立红蓝榜(每月一次),特别好的评锦旗(一般每个村委会有 10 多个锦旗,每次奖 10—20 元),比较好的上红榜(70%),差的上蓝榜(30%)。驻村干部、村干部、部分党员参加评比。

第四章　国家重点生态功能区
贫困县整体脱贫之道

2021年2月25日,习近平庄严宣告,现行标准下832个贫困县全部摘帽,完成了消除绝对贫困的艰巨任务①。这标志着包括国家重点生态功能区贫困县在内的所有贫困县已实现全面建成小康社会的目标任务,进入全面建设社会主义现代化国家新征程。在这一转折时期,必须认真总结脱贫攻坚的经验特别是国家重点生态功能区贫困县在保护和改善生态环境中整体脱贫的经验。本章将从如下三个方面总结:宏观上,从中国共产党领导的制度优势、执政理念寻找中国减贫取得举世瞩目成效的密码;中观上,从区域发展战略分析国家重点生态功能区贫困县实施的在保护和改善生态环境中改善民生的政策实践,从中总结生态与民生协调改善的经验;微观上,着力于总结国家重点生态功能区贫困县在脱贫攻坚和生态环境保护中尊重和激发人民主体性的经验。

第一节　发挥党领导的制度优势

在发展中国家中,只有中国实现了快速发展和大规模减贫同步、贫困人口

---

① 《习近平谈治国理政》第4卷,外文出版社2022年版,第125页。

共享改革发展成果①;它彰显了中国共产党领导和我国社会主义制度的政治优势,凝聚了全党全国各族人民智慧和心血②。中国特色社会主义最本质的特征是中国共产党领导,中国特色社会主义制度的最大优势是中国共产党领导③。党的领导制度为新中国消除绝对贫困提供了政治保障。

一、党的领导是坚持共同富裕道路与完善共同富裕制度的保证

坚持走共同富裕的社会主义道路是党的性质、宗旨和使命决定的。中国共产党是以马克思主义信仰和共产主义理想组织起来的,其宗旨是全心全意为人民服务,其使命是为中国人民谋幸福、为中华民族谋复兴。党的历代领导人都认为只有社会主义制度才能让中国人民彻底摆脱贫困。毛泽东认为,只有进到社会主义时代才是真正幸福的时代④;只有完成了由生产资料的私人所有制到社会主义所有制的过渡,才利于社会生产力的迅速向前发展,才能满足人民日益增长的需要,提高人民的生活水平;全国大多数农民,为了摆脱贫困改善生活,为了抵御灾荒,只有联合起来,向社会主义大道前进,才能达到目的。⑤ 邓小平提出,中国要解决十亿人的贫困问题、十亿人的发展问题,如果搞资本主义,可能有少数人富裕起来,但大量的人会长期处于贫困状态,中国就会发生闹革命的问题;走社会主义道路,就是要逐步实现共同富裕。共同富裕的构想是这样提出的:一部分地区有条件先发展起来,一部分地区发展慢点,先发展起来的地区带动后发展的地区,最终达到共同富裕。⑥ 江泽民提出,坚持走中国特色社会主义道路,是我国各族人民实现共同富裕和国家富强

---

① 习近平:《在解决"两不愁三保障"突出问题座谈会上的讲话》,《求是》2019 年第 16 期。
② 习近平:《在决战决胜脱贫攻坚座谈会上的讲话》,《人民日报》2020 年 3 月 7 日。
③ 《习近平谈治国理政》第 3 卷,外文出版社 2020 年版,第 16 页。
④ 《毛泽东选集》第 2 卷,人民出版社 1991 年版,第 683 页。
⑤ 《毛泽东文集》第 6 卷,人民出版社 1999 年版,第 316、429 页。
⑥ 《邓小平文选》第 3 卷,人民出版社 1993 年版,第 229、373—374 页。

的必由之路①；发挥社会主义制度能够集中力量办大事的政治优势，把全社会各方面力量组织起来，形成强大合力，帮助贫困地区加快发展，是我们在扶贫开发实践中坚持贯彻的一条重要经验②。胡锦涛强调，扶贫开发是建设中国特色社会主义事业的一项历史任务，也是构建社会主义和谐社会的一项重要内容③；要积极扶持欠发达地区特别是革命老区、民族地区、边疆地区、贫困地区改善基础设施条件，加强生态环境治理和建设，发展优势特色产业，增强自我发展能力，走上共同富裕的道路。④ 习近平提出，消除贫困、改善民生、实现共同富裕，是社会主义的本质要求；全面建成小康社会，最艰巨最繁重的任务在农村、特别是在贫困地区。⑤

新中国成立以来，党对共同富裕制度的探索大体可分为改革开放前和改革开放后两个阶段。改革开放前，主要是通过城乡分治、计划经济制度分别将城、乡居民组织起来发展工业、农业，实现共同富裕。新中国成立后，在党的领导下，广大农民在土地改革之后就开始了互助合作道路，1953 年开始对农业、对手工业和对资本主义工商业进行社会主义改造，1956 年社会主义改造基本完成、社会主义基本经济制度建立。之后社会主义建设全面开展，计划经济体制逐步确立，城市逐步建立了单位制，企事业单位全部为国营制；农村逐步确立了队为基础、三级所有的集体所有制和政社合一的人民公社制。这一制度有利于工业化的原始积累迅速完成，也有利于农村教育事业和医疗卫生事业的迅速发展、农业生产条件的迅速改善和农村适用技术的迅速推广。但随着工业化程度的提高和农业机械化水平的提高，这一制度在束缚广大城乡居民积极性和创造性方面的问题越来越突出，人民生活水平特别是收入水平提高

---

① 江泽民：《全党全社会进一步动员起来 夺取八七扶贫攻坚决战阶段的胜利》，《人民日报》1999 年 7 月 21 日。

② 《江泽民文选》第 3 卷，人民出版社 2006 年版，第 252 页。

③ 《胡锦涛等作出指示 广泛动员加快扶贫开发进程》，《人民日报》2005 年 5 月 29 日。

④ 《胡锦涛文选》第 2 卷，人民出版社 2016 年版，第 374 页。

⑤ 《习近平谈治国理政》，外文出版社 2014 年版，第 189 页。

缓慢。1978 年以来的改革开放是从发扬经济民主、扩大厂矿企业和生产队的自主权开始的,其目的是让一部分地区、一部分人先富起来并带动后富的,达到共同富裕。邓小平认为,经济管理体制权力过于集中不利于充分发挥国家、地方、企业和劳动者个人四个方面的积极性,也不利于实行现代化的经济管理和提高劳动生产率,应该让地方和企业、生产队有更多的经营管理的自主权;要允许一部分地区、一部分企业、一部分工人农民由于辛勤努力成绩大而收入先多一些、生活先好起来并带动其他地区、其他单位的人,使全国各族人民都能比较快地富裕起来。[①] 扩大自主权,最初主要是实现责任制和发展商品经济:农村是推广、完善家庭联产承包责任制,企业也实行了各种责任制或承包制。后来,政社合一的人民公社解体,农村逐步形成了土地集体所有、家庭承包经营的经济体制,城市的企事业单位改革也逐渐展开,单位制逐渐被社区制取代,社会主义市场经济体制逐渐建立。允许部分人、部分地区先富起来,然后通过先富的带动、帮助,逐步实现共同富裕,始终是改革开放以来制度完善的目标。改革开放初期主要是通过承包责任制鼓励有经营头脑且勤劳的人先富起来、通过经济特区制度和外资企业制度鼓励吸引和利用外资、学习国外先进技术和经营管理方法的地区先富起来,于是,经济能人、东部沿海地区逐渐富裕起来。1984 年开始实施帮助贫困地区的制度(参见《中共中央　国务院关于帮助贫困地区尽快改变面貌的通知》),1985 年开始实施扶持农村贫困户的制度(参见《国务院批转民政部等部门关于扶持农村贫困户发展生产治穷致富的请示的通知》),1994 年开始沿海发达地区对口帮扶西部贫困地区的东西扶贫协作(参见《国家八七扶贫攻坚计划》),2000 年开始实施西部大开发战略,先富帮后富的制度逐渐建立并完善。

---

① 《邓小平文选》第 2 卷,人民出版社 1994 年版,第 145、152 页。

二、党的领导确保了我国始终重视农业发展和不断完善农村发展制度

中国贫困人口主要集中在农村,中国减贫的重点和难点在农村。新中国成立以来,党始终重视农业发展、农村进步和关心农民生活。毛泽东提出,全党一定要重视农业,农业关系国计民生极大;要说服工业部门面向农村,支援农业。① 邓小平认为,农业是根本,不要忘掉;中国人口的百分之八十在农村,如果不解决这百分之八十的人的生活问题,社会就不会安定;工业的发展、商业的和其他的经济活动不能建立在百分之八十的人口贫困的基础之上。② 江泽民提出,农业是国民经济的基础,农村稳定是整个社会稳定的基础,农民问题始终是我国革命、建设、改革的根本问题。③ 胡锦涛提出,解决好农业、农村、农民问题,事关全面建设小康社会大局,必须始终作为全党工作的重中之重。④ 习近平提出,全面建成小康社会,难点在农村;我们既要有工业化、信息化、城镇化,也要有农业现代化和新农村建设,两个方面要同步发展;要破除城乡二元结构,推进城乡发展一体化,把广大农村建设成农民幸福生活的美好家园。⑤

新中国成立以来的农业农村发展政策的演变历史大体上分为三个时期:集体化时期(1949—1978)、放权让利减负时期(1978—2005)、以工哺农时期(2005 年新农村建设以来)。这主要是根据城乡关系划分的,集体化时期主要是在工业化优先发展的背景下发展农业,放权让利减负时期主要是在市场经济的条件下城乡并行发展,以工哺农时期是工业反哺农业、城市支持农村。

---

① 《毛泽东文集》第 7 卷,人民出版社 1999 年版,第 199、200 页。
② 《邓小平文选》第 3 卷,人民出版社 1993 年版,第 23、117 页。
③ 《江泽民文选》第 1 卷,人民出版社 2006 年版,第 258 页。
④ 《胡锦涛文选》第 2 卷,人民出版社 2016 年版,第 630 页。
⑤ 《习近平在湖北考察改革发展工作时强调　坚定不移全面深化改革开放　脚踏实地推动经济社会发展》,《人民日报》2013 年 7 月 24 日。

集体化时期,为了支持工业化,发展农业的主要措施是通过合作社—人民公社将农民组织起来改善农业生产条件、推广农村适用技术、发展文化教育和医疗卫生。毛泽东认为,分散的个体生产使农民自己陷于永远的穷苦,克服这种状况的唯一办法就是逐渐地集体化,而达到集体化的唯一道路就是经过合作社。① 合作社的基础是土地集体所有,于1956年在除西藏等少数民族地区外的全国农村基本建立,后来又演变成队为基础、三级所有、政社合一的人民公社制度。改善农业生产条件、推广农村适用技术,就是组织和领导农民兴修水利、改造农田、改进生产工具(机械化)和耕作养殖技术、改良种子,提高农业生产效率和抗灾能力。发展文化教育和医疗卫生,就是通过扫除文盲、普及中小学教育、开展爱国卫生运动、建立健全农村公共医疗卫生体制等措施提高农民的文化素质和健康水平,增强其反贫困的能力。《1956年到1967年全国农业发展纲要》提出:全国水利事业的发展应当以修建中小型水利工程为主,同时修建必要的可能的大型水利工程,基本上消灭普通的水灾和旱灾;在一切可能的地方基本上消灭危害人民最严重的疾病;基本上扫除青年和壮年中的文盲,逐步普及小学教育;基本上普及农村广播网、电话网和邮政网②。《农村人民公社工作条例(修正草案)》提出,国家要尽可能地从各方面支援人民公社集体经济,发展农业生产,逐步进行农业技术改革,用几个五年计划的时间,在农业集体化的基础上,实现农业的机械化和电气化。③ 20世纪60年代,全国逐步建立了农村合作医疗制度和普及5年小学教育制度。另外,党发起和组织的知识青年上山下乡运动也在客观上促进了农村文化教育、医疗卫生的发展,尽管在主观上是主要为了解决城市就业问题。

改革开放始于农村。1978年,党的十一届三中全会提出,全党必须集中

---

① 《毛泽东选集》第3卷,人民出版社1991年版,第931页。

② 《建国以来重要文献选编》(第10册),中央文献出版社2011年版,第565、575、577—578页。

③ 《建国以来重要文献选编》(第15册),中央文献出版社2011年版,第521页。

主要精力把农业尽快搞上去,必须首先调动我国几亿农民的社会主义积极性,必须在经济上充分关心他们的物质利益,在政治上切实保障他们的民主权利。① 农村的改革开放在初期主要是放权、让利、减负。放权就是将农村集体的所有权及其经营管理的自主权下放给以生产队为基础、三级所有的农民集体,允许农民集体选择承包制、发展多种经营和兴办工业,并逐渐完善家庭承包制、农民经商办企业制度。1979 年,党的十一届四中全会提出,社队的多种经营是社会主义经济,社员自留地、自留畜、家庭副业和农村集市贸易是社会主义经济的附属和补充,社队企业要有一个大发展。1980 年中央 75 号文件规定,农民集体可以选择包产到户或包干到户,也可保留集体经营的权利;1982 年中央 1 号文件指出,包产到户、包干到户或大包干"都是社会主义生产责任制",尊重农民集体自由选择经营制度的权利。1984 年中央 1 号文件提出,土地承包期一般应在 15 年以上;允许农民办理自理口粮进城镇做工、经商和办企业。1993 年中央 11 号文件提出,在原定的耕地承包期到期之后,再延长 30 年不变;在坚持土地集体所有和不改变土地用途的前提下,经发包方同意,允许土地的使用权依法有偿转让;让更多的乡镇企业享有自营进出口权,直接参与国际市场竞争。1998 年,党的十六届三中全会决定,抓紧制定确保农村土地承包关系长期稳定的法律法规,赋予农民长期而有保障的土地使用权;培育具有市场开拓能力、能进行农产品深度加工、为农民提供服务和带动农户发展商品生产的"龙头企业";鼓励和引导农村个体、私营等非公有制经济有更大的发展。2002 年农村土地承包法颁布实施,农村土地承包当事人的权益得到了法律保护。让利就是在市场经济体制还没有确立、主要工农业产品还不是由市场确定的条件下,逐步提高农产品的收购价格和降低农用工业品的销售价格;在农产品价格主要由市场决定的条件下,对粮食等主要农产品实行保护价。减负就是减轻农民税费负担和劳务负担。1991 年开始实施农

---

① 《中国共产党第十一届中央委员会第三次全体会议公报》,《实事求是》1978 年第 4 期。

民承担费用和劳务管理条例,2000 年开始减免农业税和农村提留的改革。

2005 年,党的十六届五中全会决定,坚持把解决好"三农"问题作为全党工作的重中之重,实行工业反哺农业、城市支持农村,推进社会主义新农村建设,①标志着新农村建设时期的开始。这一时期,逐渐完善了财政支持"三农"制度、农村社会保障制度和公共体系建设制度、农民进城打工和市民化制度、党对农村领导的制度。(1)财政支持"三农"制度逐渐完善。党的十六届五中全会决定,加大各级政府对农业和农村增加投入的力度,扩大公共财政覆盖农村的范围,强化政府对农村的公共服务,建立以工促农、以城带乡的长效机制。2006 年全面取消了农业税,建立健全了财政支农资金稳定增长机制:国家财政支出、预算内固定资产投资和信贷投放,按照存量适度调整、增量重点倾斜的原则,不断增加对农业和农村的投入②。(2)完善农村社会保障制度和公共服务体系。2006 年,建立中央和地方分项目、按比例分担的农村义务教育经费保障机制,逐步将农村义务教育全面纳入公共财政保障范围,中央重点支持中西部地区,适当兼顾东部部分困难地区;建立了农村五保标准由县级以上人民政府制定并由财政供养的制度;完善了基层农业技术推广体系建设制度。2007 年,在全国建立了农村最低生活保障制度。2008 年,党的十七届三中全会提出,贯彻广覆盖、保基本、多层次、可持续原则,加快健全农村社会保障体系;按照个人缴费、集体补助、政府补贴相结合的要求,建立新型农村社会养老保险制度。③ 2016 年开始整合城镇居民基本医疗保险和新型农村合作医疗两项制度,建立统一的城乡居民基本医疗保险制度。④ (3)城乡统一、公平竞争

---

① 《中共中央关于制定国民经济和社会发展第十一个五年规划的建议》,《人民日报》2005 年 10 月 19 日。

② 《中共中央国务院关于推进社会主义新农村建设的若干意见》,《求是》2005 年第 6 期。

③ 《中共中央关于推进农村改革发展若干重大问题的决定》,《农村工作通讯》2008 年第 21 期。

④ 《国务院关于整合城乡居民基本医疗保险制度的意见》,《首都公共卫生》2016 年第 1 期。

的就业制度和进城农民市民化的制度逐步建立。2006 年,国务院提出,逐步建立城乡统一的劳动力市场和公平竞争的就业制度,建立保障农民工合法权益的政策体系和执法监督机制,建立惠及农民工的城乡公共服务体制和制度。① 2010 年中央 1 号文件提出,多渠道多形式改善农民工居住条件,鼓励有条件的城市将有稳定职业并在城市居住一定年限的农民工逐步纳入城镇住房保障体系。② 2013 年党的十八届三中全会提出,建立城乡统一的建设用地市场,健全城乡发展一体化体制机制,形成以工促农、以城带乡、工农互惠、城乡一体的新型工农城乡关系,让广大农民平等参与现代化进程、共同分享现代化成果。③ 2014 年开始实施新型城镇化规划,探索有序推进农业转移人口市民化的制度。④ (4)建立了鼓励大学生到农村基层的人才支持制度,完善了党领导农村工作的体制机制。2006 年实施组织高校毕业生到农村基层从事支教、支农、支医和扶贫工作的计划。2008 年实施大学生村官计划。2017 年党的十九大提出,加强农村基层基础工作,健全自治、法治、德治相结合的乡村治理体系;培养造就一支懂农业、爱农村、爱农民的"三农"工作队伍。

三、党的领导制度加强了对农村减贫事业的领导和完善了对农村减贫事业的投入制度

党领导的制度不仅确保了对农村减贫事业的领导不断加强,而且确保了对农村减贫事业的投入制度不断完善。新中国减贫事业的发展大体可分为集体化减贫(1949—1978)、开发式扶贫(1979—2012)、精准扶贫脱贫(2013 年以来)三个阶段。

---

① 《国务院关于解决农民工问题的若干意见》,《人民日报》2006 年 3 月 28 日。

② 《中共中央　国务院关于加大统筹城乡发展力度进一步夯实农业农村发展基础的若干意见》,《农村工作通讯》2010 年第 4 期。

③ 《中共中央关于全面深化改革若干重大问题的决定》,《人民日报》2013 年 11 月 16 日。

④ 中共中央、国务院:《国家新型城镇化规划(2014—2020 年)》,《农村工作通讯》2014 年第 6 期。

集体化减贫主要是通过发展农业生产、兴办文化教育和医疗卫生事业缓解所有农民收入贫困和增强所有农民发展能力(提高健康水平和文化程度),通过国家救济制度和集体帮扶制度解决特殊困难农民的生存问题。国家救济制度主要有困难户救济和灾害救济两种。[①] 集体帮扶制度就是通过合作社(人民公社)对特定社员进行帮扶,主要有"五保"制度和优待制度[②]。

开发式扶贫就是国家组织力量有计划、有重点地帮助贫困地区发展。1979 年,党的十一届四中全会提出,国家成立专门机构统筹规划和组织力量重点帮扶革命老根据地、偏远山区、少数民族地区和边境地区摆脱贫困,标志着开发式扶贫制度初步确立。1986 年中央 1 号文件提出,国务院和有关省、自治区都要建立贫困地区领导小组,加强领导;利用各种渠道为贫困地区培养干部,同时从中央、省、地三级机关抽调一批优秀干部并组织志愿服务者到贫困地区工作。这标志着开发式扶贫制度的正式确立。开发式扶贫的特点主要有:(1)国家有规划。国家先后制定了 3 个开发式扶贫计划:《国家八七扶贫攻坚计划(1994—2000 年)》(以下简称"八七扶贫计划")、《中国农村扶贫开发纲要(2001—2010 年)》(以下简称"2001 年扶贫纲要")、《中国农村扶贫开发纲要(2011—2020 年)》(以下简称"2011 年扶贫纲要")。"八七扶贫计划"目标为,力争用 7 年时间(1994—2000)基本解决全国农村 8000 万贫困人口的温饱问题。2001 年扶贫纲要目标为,2010 年底前,帮助贫困地区巩固温饱成果,为达到小康水平创造条件。2011 年扶贫纲要目标为,到 2020 年,稳定实现扶贫对象不愁吃、不愁穿,保障其义务教育、基本医疗和住房。(2)贫困标准多维、明确且随着社会经济发展逐渐提高。贫困标准既有收入标准,还有住房、教育、健康等其他标准,而且收入标准逐渐提高,其他标准逐渐丰富。农村人口贫困的收入标准除了随物价上涨逐年提高(最初是以 1978 年的不变价

---

① 王习明:《乡村治理中的老人福利》,湖北人民出版社 2007 年版,第 68—73 页。

② 参见《1956 年到 1967 年全国农业发展纲要》第 30 条和《农村人民公社工作条例(修正草案)》第 36 条。

100 元为标准）外，还大幅度提高了 2 次：2008 年提高了 38.4%，农村扶贫对象由此增加了近 3000 万人；2011 年提高了 80%，超过国际绝对贫困线标准，农村贫困人口增加了 1 亿人。① 最初的其他标准有食不果腹、衣不蔽体、房不避风雨、人畜饮水困难等；"八七扶贫计划"增加了与交通、用电、医疗、教育相关的标准；2001 年扶贫纲要增加了生态环境标准；2011 年扶贫纲要进一步明确了饮水安全、交通、用电、危房改造、教育、医疗卫生、公共文化、社会保障、生态等标准。(3)瞄准目标以区域（贫困县、贫困村）为主，扶贫方式以项目招标制为主。设立贫困县、贫困村都是为了集中资源，突出重点。贫困县，又称国家级贫困县、扶贫重点县，其范围一直在调整，其设立和调整既坚持了优先解决特困地区的贫困问题原则，又坚持了向革命老区、民族地区、边疆地区倾斜的原则，2011 年增加了向重点生态功能区倾斜的原则。贫困县于 1986 年开始设立，最初 258 个，1993 年增加到 331 个，1994 年增加到 592 个（其中东部为33 个），2001 年仍为 592 个（全部在中西部），2011 年扩大到 832 个县（全部为中西部地区，其中 680 个县在 14 个连片特困地区）。贫困村在实施 2001 年扶贫纲要时被国家认定的有 148500 个②。实行项目招标制是为了提高扶贫资金的使用效益，在贫困地区的经济开发中引入竞争机制。

　　精准扶贫脱贫主要是针对开发式项目招标制难以向真正贫困群体瞄准③、贫困村内部非贫困户的受益程度高于贫困户④等问题，要求直接瞄准贫困户，因人因地施策。精准扶贫脱贫是习近平总书记于 2012 年底首先提出的，他要求各级党委和政府要把帮助贫困地区困难群众脱贫致富摆在更加突

---

① 《我国现行贫困标准已高于世行标准》，《四川农业科技》2016 年第 1 期。

② 李小云等：《参与式村级扶贫规划系统的开发与运用》，《林业经济》2007 年第 1 期。

③ 贺雪峰：《中国农村反贫困战略中的扶贫政策与社会保障政策》，《武汉大学学报（哲学社会科学版）》2018 年第 3 期。

④ 王姮、汪三贵：《整村推进项目对农户饮水状况的影响分析》，《农业技术经济》2008 年第6 期。

出位置,因地制宜、科学规划、分类指导、因势利导,找对路子,多做雪中送炭的工作。① 后来,他又在不同场合进行了系统阐发。2013 年 11 月提出,扶贫要实事求是,因地制宜;要精准扶贫,切忌喊口号,也不要定好高骛远的目标。② 2015 年 1 月提出,要以更加明确的目标、更加有力的举措、更加有效的行动,深入实施精准扶贫、精准脱贫,项目安排和资金使用都要提高精准度,扶到点上、根上,让贫困群众真正得到实惠。③ 2015 年 6 月提出,各地都要在扶持对象精准、项目安排精准、资金使用精准、措施到户精准、因村派人(第一书记)精准、脱贫成效精准上想办法、出实招、见真效。要坚持因人因地施策、因贫困原因施策、因贫困类型施策,做到对症下药、精准滴灌、靶向治疗,不搞大水漫灌、走马观花、大而化之。④

　　相对于前两个时期,精准扶贫脱贫时期有如下特点:(1)形成了中央统筹、省(自治区、直辖市)负总责、市(地)县抓落实、省市县乡村五级书记负责的扶贫开发工作机制。自 2015 年以来,习近平总书记就打赢脱贫攻坚战召开了 7 个专题会议,中共中央、国务院先后颁布了《关于打赢脱贫攻坚战的决定》《关于打赢脱贫攻坚战三年行动的指导意见》;而且每年的中央 1 号文件都有关于农村扶贫的新政策,2018 年关于扶贫的政策扩充到一章,2019—2020 年扶贫攻坚政策成为第一章。不仅省市县乡村五级党政负责人要签订扶贫脱贫的责任书,而且各级党政部门、群团组织、企事业单位都要承担扶贫任务。(2)建立了扶贫对象精准识别、扶贫措施精准到户、脱贫成效精准考核的机制。在精准识别对象方面,国家于 2014 年制定了统一的扶贫对象识别办法,通过实地考察和民主评议等程序进行识别,将识别出的贫困户的基本情

---

① 《习近平谈治国理政》第 1 卷,外文出版社 2018 年版,第 190 页。
② 《习近平赴湘西调研扶贫攻坚》,《人民日报》2013 年 11 月 4 日。
③ 《习近平在云南考察工作时强调　坚决打好扶贫开发攻坚战　加快民族地区经济社会发展》,《人民日报》2015 年 1 月 22 日。
④ 《习近平在部分省区市党委主要负责同志座谈会上强调　谋划好"十三五"时期扶贫开发工作　确保农村贫困人口到 2020 年如期脱贫》,《人民日报》2015 年 6 月 20 日。

况、致贫原因、帮扶需求等信息建档立卡,建立全国统一的扶贫开发信息系统,实行有进有出的动态管理,确保了贫困人口应扶尽扶、已稳定脱贫的贫困户及时退出。在精准施策方面,因地制宜地实施了"五个一批"工程,即发展产业脱贫一批、易地搬迁脱贫一批、生态补偿脱贫一批、发展教育脱贫一批、社会保障兜底一批。在脱贫成效考核方面,明确规定贫困县、贫困村、贫困人口退出的标准、程序和后续政策,并采取第三方评估、明察暗访等形式,防止数字脱贫、虚假脱贫,确保脱贫质量。(3)财政投入和干部下派力度大,脱贫成效显著。2017 年贫困县获得的扶贫资金总额达到 4419.5 亿元,比 2010 年增加了 6 倍多,其中中央拨付 2053.6 亿元。① 中央拨付资金中,中央财政专项扶贫资金在 2017 年为 860.95 亿元,2019 年达到 1261 亿元。到 2020 年 2 月底,全国共派出 25.5 万个驻村工作队、290 多万名县级以上党政机关和国有企事业单位干部到贫困村和党组织软弱涣散村担任第一书记或驻村干部;960 多万贫困人口通过易地扶贫搬迁摆脱了"一方水土养活不了一方人"的困境;2013 年至 2019 年,832 个贫困县农民人均可支配收入由 6079 元增加到 11567 元,年均增长 9.7%,比同期全国农民人均可支配收入增幅高 2.2 个百分点;全国建档立卡贫困户人均纯收入由 2015 年的 3416 元增加到 2019 年的 9808 元,年均增幅 30.2%。②

新中国消除绝对贫困的历史,充分彰显了中国特色社会主义的制度优势,充分证明了党的领导这一最大制度优势可以转化为治理效能。党的领导制度不仅确保了我国坚持以实现共同富裕为目标的社会主义方向,而且推进了共同富裕制度的不断完善;不仅确保了我国始终关注农民这一最大的贫困群体和不断加强农业的基础地位,而且不断完善农村发展制度和对农业、农村、农民的支持制度;不仅确保了对农村减贫事业的领导力量不断加强,而且促进了

① 李小云等:《新中国成立后 70 年的反贫困历程及减贫机制》,《中国农村经济》2019 年第 10 期。

② 习近平:《在决战决胜脱贫攻坚座谈会上的讲话》,《人民日报》2020 年 3 月 7 日。

对农村减贫事业的投入制度不断完善。

第二节　坚持人的全面发展

2020 年中国如期消除了绝对贫困和区域性整体贫困,意味着中国共产党领导全国各族人民经过持续 71 年努力奋斗终于实现了新中国成立前夕的庄严承诺——"扫除旧中国所遗留下来的贫困和愚昧"①;中国成为发展中国家中唯一一个实现快速发展和大规模减贫同步的国家;它彰显了中国共产党领导和我国社会主义制度的政治优势②。正确评价新中国减贫成就,系统总结新中国成立以来的减贫经验,提炼其核心理念和重要举措,破解其成功密码,可以为绝对贫困消除后的相对贫困治理提供借鉴,促进本世纪中叶基本实现共同富裕。

一、发展理念坚持了人的全面发展的价值导向

新中国能如期消灭绝对贫困,最重要的原因是中国共产党在发展理念上坚持了人的全面发展的理念。人的全面发展的理念就是发展是为了满足全体人民的全面自由发展的需要,即生产力的发展应促进每个人的身心健康和提高每个人的思想道德素质及文化教育水平,让每个人有更大的自由;生产关系的变革和社会制度的创新能激发每个人创造物质财富和精神财富的主观能动性,让每个人都有充分发展才能的空间。毛泽东提出,新中国应该扫除文盲和发展医药卫生事业③;农业生产合作社应办技术夜校、办学校,让农民学习技术和文化,应解决鳏寡孤独缺乏劳动力和虽有劳动力但生活上十分困难的社

---

① 《毛泽东文集》第 5 卷,人民出版社 1996 年版,第 348 页。
② 习近平:《在决战决胜脱贫攻坚座谈会上的讲话》,《人民日报》2020 年 3 月 7 日。
③ 《毛泽东选集》第 3 卷,人民出版社 1991 年版,第 1083 页。

员的困难①。邓小平认为,共同富裕是社会主义的目的、最大优越性和本质体现。② 江泽民提出,社会主义的各项事业和一切工作都是要努力促进人的全面发展。③ 胡锦涛强调:中国特色社会主义道路,就是促进人的全面发展,逐步实现全体人民共同富裕。④ 习近平提出,社会主义现代化建设的根本目的是促进人的全面发展。⑤

由于中国没有经过资本主义充分发展阶段,是从一个贫穷落后的半殖民地半封建社会直接走向社会主义的,因此,中国共产党认识到,我们这样一个人口众多、情况复杂、经济落后的大国建成社会主义社会并不是轻而易举的事,必须采取各种切实可行的措施经过长期的艰苦奋斗,才能逐渐消除贫困,走向共同富裕,促进人的全面发展。毛泽东预计,建成强大的高度社会主义工业化的国家需要五十年的时间⑥;赶上和超过世界上最先进的资本主义国家至少要一百多年时间⑦;应进行大规模的经济建设和文化建设,扫除旧中国所遗留下来的贫困和愚昧,逐步地改善人民的物质生活和提高人民的文化生活⑧。邓小平认为,落后国家建设社会主义在开始的一段时间内生产力水平不如发达的资本主义国家,不可能完全消灭贫穷,必须大力发展生产力,逐步消灭贫穷,不断提高人民的生活水平。⑨ 江泽民认为,实现共产主义是一个非常漫长的历史过程,要在发展社会主义社会物质文明和精神文明的基础上,不断推进人的全面发展⑩。胡锦涛提出,在任何情况下都要牢牢把握社会主义

① 《毛泽东文集》第6卷,人民出版社1999年版,第450—451、455、465页。

② 《邓小平文选》第3卷,人民出版社1993年版,第110—111、364页。

③ 《江泽民文选》第3卷,人民出版社2006年版,第294页。

④ 《胡锦涛文选》第3卷,人民出版社2016年版,第621页。

⑤ 习近平:《全面贯彻落实党的十八大精神要突出抓好六个方面工作》,《求是》2013年第1期。

⑥ 《毛泽东文集》第6卷,人民出版社1999年版,第390页。

⑦ 《毛泽东文集》第8卷,人民出版社1999年版,第302页。

⑧ 《毛泽东文集》第5卷,人民出版社1996年版,第348页。

⑨ 《邓小平文选》第3卷,人民出版社1993年版,第10页。

⑩ 《江泽民文选》第3卷,人民出版社2006年版,第293—294页。

初级阶段这个最大国情,推进任何方面的改革发展都要牢牢立足社会主义初级阶段这个最大实际①。习近平认为,中国特色社会主义进入新时代,仍处于并将长期处于社会主义初级阶段;应"更好满足人民在经济、政治、文化、社会、生态等方面日益增长的需要,更好推动人的全面发展、社会全面进步"②。

为了逐渐消除贫穷,促进人的全面发展,中国共产党在制定各个历史阶段的发展目标与任务,特别是与人民群众的物质文化生活密切相关的民生建设目标与任务时,都始终以人的全面发展为价值导向统筹政治、经济、文化等多方面的规划。新中国成立的头三年是国民经济恢复时期,其主要任务是,医治战争创伤、完成民主革命的遗留任务——建立民主政权和进行土地制度改革、没收官僚资本、引导个体农民走互助合作道路、引导资本主义工商业走国家资本主义道路,迅速恢复工农业生产,发展教育和医疗事业,保障人民群众的物质文化生活。这一时期,尽管将政治制度的变革当成最重要的任务,但上层建筑、生产关系的变革的目的就是解放生产力③,因此一直非常注重发展生产力和提高人民的生活水平。在民生建设方面,毛泽东先后提出,军队参加生产建设工作,在军队中实施文化教育,重视人民群众来信,重视卫生、防疫、医疗工作,切实解决农民负担过重问题④。1952 年,国民经济恢复工作完成,党中央立即提出社会主义工业化和社会主义改造并举的过渡时期总路线,其目的也是为了通过变革生产关系和重点发展工业来促进生产力的快速发展。因为只有完成了由生产资料的私人所有制到社会主义所有制的过渡,才利于社会生产力迅速向前发展。⑤ 1956 年,社会主义改造基本完成,进入了全面建设社会主义的历史阶段。党的八大提出编制第二个五年(1958—1962)计划的建议。其中民生建设方面的建议是,改善职工和农民的物质生活(包括住房);努力

---

① 《胡锦涛文选》第 3 卷,人民出版社 2016 年版,第 625 页。
② 《习近平谈治国理政》第 3 卷,外文出版社 2020 年版,第 9 页。
③ 《毛泽东文集》第 8 卷,人民出版社 1999 年版,第 351 页。
④ 《毛泽东文集》第 6 卷,人民出版社 1999 年版,第 27—30、88—91、164、176、241 页。
⑤ 《毛泽东文集》第 6 卷,人民出版社 1999 年版,第 316 页。

扫除文盲和发展高等教育与中等专业教育,推广小学教育,开展工农群众的业余教育,逐步推行文字改革;广泛发展文学艺术、电影、出版、广播等事业;进一步发展保健事业,广泛开展群众性的体育运动①。1987 年,党的十三大提出"把发展科学技术和教育事业放在首要位置"②。2002 年,党的十六大提出把坚持党的先进性和发挥社会主义制度的优越性,落实到促进人的全面发展上来③。2017 年,党的十九大提出,在幼有所育、学有所教、劳有所得、病有所医、老有所养、住有所居、弱有所扶上不断取得新进展,不断促进人的全面发展、全体人民共同富裕④。

总之,以人的全面发展为价值导向的发展是政治、经济、文化、社会、生态的全面发展,是能让全体人民共享的发展,是能让每个人的体力和智力(即发展能力)提高的发展,为消除绝对贫困创造了条件。

二、不断完善的农村扶贫制度始终以促进人的全面发展为导向

新中国能如期消灭绝对贫困,第二个重要原因是以促进人的全面发展为导向不断完善农村扶贫制度。新中国成立以来,绝对贫困人口主要集中在农村,扶贫政策主要针对农村贫困人口。农村扶贫大体上可分为普惠扶贫和重点扶贫两个阶段。1984 年前为普惠扶贫阶段,是为了解决农村普遍贫困问题,包括新中国成立初期、合作化时期、人民公社时期和改革开放初期;1984 年后为重点扶贫阶段,针对贫困地区(主要是贫困县)采取重点扶持,实施的扶贫计划先后有"八七扶贫计划"⑤、2001 年扶贫纲要⑥、2011 年

---

①　《建国以来重要文献选编》(第 9 册),中央文献出版社 2011 年版,第 318—322 页。

②　《十三大以来重要文献选编》(上),人民出版社 2011 年版,第 15 页。

③　《江泽民文选》第 3 卷,人民出版社 2006 年版,第 538—539 页。

④　《习近平谈治国理政》第 3 卷,外文出版社 2020 年版,第 19—20 页。

⑤　《国家八七扶贫攻坚计划(1994—2000 年)》,《十四大以来重要文献选编》(上),人民出版社 2011 年版,第 673—686 页。

⑥　《中国农村扶贫开发纲要(2001—2010 年)》,《十五大以来重要文献选编》(下),人民出版社 2003 年版,第 1876—1888 页。

扶贫纲要①(见附录4)。在2011年扶贫纲要实施期间,自2013年实施精准扶贫战略以来,扶贫政策有较大变化,扶贫力度加大,先后出台《关于打赢脱贫攻坚战的决定》②(以下简称《决定》)、《关于打赢脱贫攻坚战三年行动的指导意见》③(以下简称《意见》)及其系列配套文件(见附录4和附录10),因此,2013年以来称作精准扶贫阶段,也叫脱贫攻坚阶段。这些文件,以人的全面发展为导向,从政治、经济、文化、社会、生态等多个领域综合施策,完善了扶贫制度。

第一,始终以变革农村土地所有制和农村政治经济管理体制为先导,注重以制度变革促进农村经济社会发展。新中国成立初期,在生产关系方面,实施了农村土地制度改革,将地主的土地、房屋、农具分给农村贫困人口,从根本上改变了贫苦农民受剥削的地位,让贫苦农民有了发展生产和改善生活的生产资料;在政治制度方面,建立了农村民主政权,动员贫下中农参加党领导的农村基层政权及各种组织,让贫困农民在政治上有了地位,能行使民主权利。合作化时期,引导个体农民通过参加互助组、初级社、高级社,逐渐变农村土地的私有制为公有制(集体所有制),走上了社会主义道路,有利于劳动力、土地资源(含水、肥)、生产工具的合理搭配,有利于组织农村劳动力进行农田水利建设和农村基础设施建设,提高了农民特别是劳动力弱、农具少的农户的生产效率,改善了农民的生活。人民公社时期,在经过"大跃进"带来的灾难之后,农村建立了队为基础、三级所有、政社合一的体制,有利于组织农民改善农业生产条件(如兴修水利)、推广农村适用技术、发展文化教育和医疗卫生,保障每一个农民的基本生存权和发展权④。改革开放开始于农村的经济体制改革,

---

① 《中国农村扶贫开发纲要(2011—2020年)》,《十七大以来重要文献选编》(下),中央文献出版社2013年版,第355—371页。

② 《中共中央国务院关于打赢脱贫攻坚战的决定》,《人民日报》2015年12月8日。

③ 《中共中央国务院关于打赢脱贫攻坚战三年行动的指导意见》,《人民日报》2018年8月20日。

④ "文革"时期仍有许多农民没有解决温饱问题,主要是由于"文革"造成的动乱和对农民集体经营自主权的干涉、限制,减缓了农民收入提高的速度。

首先就是落实和保护农民集体的所有权及其经营管理的自主权。农民集体有了所有权和经营管理自主权,才能选择家庭承包制、发展多种经营和兴办工业,我国农村才彻底解决了温饱问题,乡镇企业才迅速发展起来,农村的贫困人口才能迅速减少。在农村改革开放的进程中,农村集体土地制度也逐渐发生了变革,由"二权"(所有权、承包权)分立演变到了"三权"(所有权、承包权、经营权)分立,进一步促进了农村的发展和加快了工业化、城镇化的进程,有助于农民逐渐富裕。改革农村经济体制的同时改变了农村的政治体制,用乡政村治体制代替了人民公社体制,逐渐建立和完善了村民自治制度,保障了农民群众的民主权利,提高了农民集体组织的自治能力,有助于农村贫困人员的脱贫和农民的全面发展。进入重点扶贫阶段后,贫困地区较一般地区有了更灵活、更开放的政策,贫困地区的农牧民有了更大的经营主动权,在财政金融土地等方面得到了更大的政策优惠。"八七扶贫计划"提出,适当放宽贫困户和扶贫经济实体使用扶贫信贷资金的条件;可在3年内返还或部分返还"老、少、边、穷"地区新办企业的所得税。2001年扶贫纲要提出,适当延长贫困地区扶贫贷款的期限;《决定》提出,支持贫困地区培育发展农民资金互助组织,允许将城乡建设用地增减挂钩指标在省域范围内使用;《意见》提出,深度贫困地区开展城乡建设用地增减挂钩可不受指标规模限制,节余指标可跨省域调剂使用。

第二,始终重视思想政治教育,注重激发贫困农民用自己的双手创造幸福生活的主动性。扶贫首先要扶志,就是因为导致贫困的原因不仅是生产资料不足、劳动能力不强、就业和创收机会不多,还包括思想陈旧、"等靠要"思想严重、不愿勤劳致富。扶志,就是通过思想政治教育,帮助有劳动能力、无脱贫志气的贫困户克服思想惰性,激发内生动力;只有当他们意识到辛勤劳动摆脱贫困的可能、尝到了勤劳脱贫致富的甜头,才会有志气脱贫,才会主动脱贫,才能靠自己的劳动脱贫。扶志,还包括引导和鼓励贫困地区特别是贫困村的干部和群众团结起来,依靠自力更生通过艰苦奋斗摆脱贫困。我党在各个历史时期都注重通过思想政治教育培养农民依靠艰苦奋斗改变贫穷落后面貌的精神。思想政治教育的方法主要是树典型,以点带面。在合作化时期,毛泽东通过主持编辑《中国农村的社会主义高潮》和给收录的典型材料写按语,推广合作社的先进经验,如勤俭办社、办农业技术夜校、发动妇女群众参加生产活动、办技工学习班、发展养猪事业、发展多种经营、帮助贫困社员解决困难等。① 人民公社时期,树立了大寨这个自力更生艰苦奋斗改变穷山寨面貌的先进集体②,也树立了邢燕子、董耕田这类知识青年扎根农村带领农民增产增收的典型。③ 改革开放初期,在农村树立的典型主要是致富能人,并通过宣传营造了致富光荣的氛围,激发了贫困农民勤劳致富的积极性。进入 21 世纪后,各媒体不仅加大了对带头致富的贫困户的宣传,而且加大了对带领贫困户脱贫致富的优秀村干部、驻村干部、第一书记、合作社领导人和帮助贫困户脱贫致富成效显著的企事业单位、党政机关的宣传和表彰,营造了率先脱贫光荣、帮助农民脱贫有功的氛围。2001 年扶贫纲要提出,反对封建迷信,引导群众自觉移风易俗,革除落后生活习俗,不断发展社会主义精神文明。2011 年扶贫纲要提出,加强引导,更新观念,充分发挥扶贫对象的主动性和创造性。精准扶贫阶段,各地都建立了扶贫工作队干部、乡镇包村干部、村干部与贫困户结对子帮扶的制度,加强了对贫困户的思想政治教育工作,通过各种方法激发了他们改变贫困的内生动力:《决定》提出,倡导现代文明理念和生活方式,改变落后风俗习惯,善于发挥乡规民约在扶贫济困中的积极作用,激发贫困群众奋发脱贫的热情;《意见》提出,创办脱贫攻坚"农民夜校""讲习所"等,加强思想、文化、道德、法律、感恩教育,弘扬自尊、自爱、自强精神,防止政策养懒汉、助长不劳而获和"等靠要"等不良习气。

---

① 《毛泽东文集》第 6 卷,人民出版社 1999 年版,第 447—474 页。
② 参见 1964 年 2 月 10 日《人民日报》的通讯报道《大寨之路》。
③ 不容否认的是,"文革"时期的极左路线将农民个人的发家致富视为走资本主义道路进行批判,甚至鼓吹越穷越光荣,在一定程度上阻碍了农民脱贫致富。

第三,始终坚持以发展产业、扩大就业、增加收入为中心,注重提高贫困农民的物质生活水平。合作化和人民公社时期主要是通过农田水利建设、改良种子、推广先进技术、提高复种指数和发展多种经营来增加农业产量和农民收入[①]。改革开放初期,提高农民收入的来源主要有两条:一是农产品产量和价格的提高。产量的提高主要得益于化肥农药的使用量增加、杂交水稻等优良品种的推广、家庭承包制的实行。农产品价格的提高主要得益于国家提高了粮食、棉花、油料、糖料、畜产品、水产品、林产品等产品的收购价格。二是鼓励农民务工、经商、办经济实体。党的十一届四中全会明确提出大力发展社队企业;1984年中央1号文件提出,允许农民进城镇做工、经商和办企业。后来,随着改革开放的深入,农产品的统购派购政策逐渐被取消,除粮食等少数农产品外的农产品价格逐渐演变为由市场决定,农民的农业收入逐渐增加;支持农民外出务工、经商、办企业的政策越来越多,农民获得的非农收入也越来越多。重点扶贫阶段,国家制定了扶持贫困地区产业发展和劳务输出的特殊政策,而且扶持的力度逐渐加大。

第四,始终重视发展文化教育事业和医疗卫生事业、加强基础设施建设和改善生态环境、完善社会保障制度和公共服务体制机制,注重增强贫困农民的可行能力。普惠扶贫阶段,发展文化教育事业和医疗卫生事业的主要政策是,利用农闲时间办扫盲班和夜校,消除成人特别是青壮年的文盲;在大队办小学和初中、在公社办高中,普及中小学教育,提高适龄儿童的入学率和受教育程度;开展经常性的群众爱国卫生运动和群众体育活动、号召卫生部门把医疗卫生工作的重点放到农村、建立中西医结合预防为主的公共卫生体系和农村合作医疗体系,消灭严重危害群众健康的传染病、地方病,降低婴儿的死亡率和提高人民的健康水平;出版适合农民需要的通俗读物和书籍、发展农村广播网和电影放映队、组织文化娱乐,提高农民群众的文化水平。加强基础设施建设

---

① 改革开放前,农民人均收入增长比较缓慢、物质生活水平提高不大的主要原因是人口增长快、农产品价格低且限制贸易、禁止农村劳动力进城务工。

和改善生态环境的主要政策是,组织农民兴修水利、改造农田,提倡节制生育。在农村建立的社会保障制度和公共服务制度除了教育普及制度和农村合作医疗制度外,还有"五保"和救助制度。"五保"的对象是缺乏劳动力或完全丧失劳动力、生活没有依靠的老弱孤寡残疾的社员,内容是保吃、保穿、保住、保医、保葬(对老年人)或保教(对孤儿);救助主要有困难户救济和灾害救济两种。① 重点扶贫阶段,国家针对贫困地区制定了系列的发展文化教育事业和医疗卫生事业、加强基础设施建设和改善生态环境的扶持政策。"八七扶贫计划"提出,基本普及初等教育,积极扫除青壮年文盲;开展成人职业技术教育和技术培训,使大多数青壮年劳力掌握一到两门实用技术;改善医疗卫生条件,防治和减少地方病,预防残疾;基本解决人畜饮水困难;消灭无电县,绝大多数贫困乡用上电。2001 年扶贫纲要提出,力争绝大多数行政村通电、通路、通邮、通电话、通广播电视,大多数贫困乡有卫生院、贫困村有卫生室,确保在贫困地区实现九年义务教育;对目前极少数居住在生存条件恶劣、自然资源贫乏地区的特困人口实行搬迁扶贫。2011 年扶贫纲要提出,保障扶贫对象义务教育、基本医疗和住房,扭转贫困地区基本公共服务主要领域指标与全国平均水平差距扩大的趋势。《决定》提出,加快实施教育扶贫工程和健康扶贫工程,完善农村最低生活保障制度,加快实施易地扶贫搬迁工程,加强贫困地区基础设施(包括交通、水利、电力、互联网等)建设。《意见》提出,全面落实教育扶贫政策,稳步提升贫困地区义务教育质量;将贫困人口全部纳入城乡居民基本医疗保险、大病保险和医疗救助保障范围;深入推动易地扶贫搬迁,加强生态扶贫,强化综合保障性扶贫,加快补齐贫困地区基础设施短板。

三、社会主义革命和建设时期的发展战略体现了人的全面发展理念

新中国能如期消除绝对贫困,第三重要原因是社会主义革命和建设时期

① 王习明:《乡村治理中的老人福利》,湖北人民出版社 2007 年版,第 68—73 页。

的发展战略体现了人的全面发展理念。旧中国工业基础薄弱、人口众多，人民不仅普遍贫穷，而且体弱多病（被视为"东亚病夫"）、文化水平低（成人中文盲率高达80%）。为了改变这一面貌，我党在新中国成立前提出了"扫除文盲""积极地预防和医治人民的疾病"①"现代化和集体化""由农业国变为工业国"②的新中国发展战略，1953年提出了以共同富裕为目标的社会主义工业化战略③，后来又提出了"二步走"的现代化战略：在1980年前建立独立的、比较完整的工业体系，在不太长的历史时期内全面实现现代化④；同时致力于发展医疗卫生事业和文化教育事业。这些发展战略体现了人的全面发展理念：社会主义工业化可极大促进生产力发展，丰富人民的物质生活水平，为人的全面发展创造了最基本的物质条件；医疗卫生事业的发展可提升人的健康（体力）水平，文化教育事业的发展可提升人的文化技术（智力）水平，都直接促进了人的全面发展。

改革开放前，我国基本实现了消灭文盲、消灭流行病和地方病、建立独立的完整的工业体系的目标，我国的工农业生产能力、人的健康水平和文化水平有了很大提高。

首先，从工业生产能力及农业生产条件来看。新中国成立时，不能制造汽车、飞机、坦克、拖拉机，⑤工业主要集中在上海、天津、重庆、青岛、武汉、广州、辽宁和吉林⑥，而且交通通信也很落后。到改革开放前，我国已建立了门类比较齐全的工业体系，既能生产化纤、棉布等轻工业产品，又能生产飞机、汽车、大型机床等重工业产品，还能生产"两弹一星"等高科技产品。工业的区域布局也比较均衡，内陆各省都有比较大型的工业基地。同时，我国还建立了比较

① 《毛泽东选集》第3卷，人民出版社1991年版，第1083页。
② 《毛泽东选集》第4卷，人民出版社1991年版，第1432、1437页。
③ 《中共中央文件选集》第14册，人民出版社2013年版，第443—444页。
④ 《建国以来重要文献选编》（第19册），中央文献出版社2011年版，第423—424页。
⑤ 《毛泽东文集》第6卷，人民出版社1999年版，第329页。
⑥ 张宁：《近代中国工业布局的演变》，《光明日报》2017年12月4日。

强大的国防体系,不仅海陆空兵种齐全,而且拥有核威慑力;交通邮电事业也有了较大发展。1949—1978 年,工业生产总值由 142 亿元增长到 1745 亿元,工业生产总值占国民生产总值的比例由 20.88% 提高到 47.88%(见表 1-3)。全国铁路里程、公路里程、邮路里程、邮政服务局所数、电话用户数,新中国成立之初分别只有 2.2 万公里、8.1 万公里、70.6 万公里、2.6 万处、21.8 万户,到 1978 年末分别达到 5.2 万公里、89.0 万公里、486 万公里、5.0 万个 193 万户①。农业生产条件有了极大改善。1949—1978 年耕地面积基本保持稳定,只是由 9788 万 hm² 增长到 9939 万 hm²;但有效灌溉面积大幅度增长,由 1593 万 hm² 增长到 4497 万 hm²(见表 1-2),有效灌溉面积占耕地面积的比率由 16.3% 提高到 45.25%②。有效灌溉面积大幅度增长为粮食单产和总产大幅度增长奠定了基础:1978 年的有效灌溉面积、粮食单产、总产分别是 1949 年的 3 倍、2.46 倍、2.69 倍(见表 1-2)。强大的国防体系为改革开放后国家转向以经济建设为中心提供了安全保障;产业门类齐全、区域布局均衡的工业体系为改革开放后工业化、城市化程度的迅速提高奠定了基础;比较发达的交通邮电事业,既助力于当时的工业、国防建设,又打破了农村的封闭状态,"为停滞的社会注入一股新的兴奋点"③。农业生产条件的改善既为改革开放前人的全面发展提供了基本物质保障,又为改革开放后提高农业生产能力和改善人民生活奠定了基础。

其次,从人的健康(营养摄入、疾病)来看。中国已经在 1978 年前低水平地解决了人民群众的吃饭问题,满足了全国人口最基本的生活需求;建立了覆盖全民的公共医疗卫生体系,消灭了血吸虫、性病、麻风、天花、鼠疫、霍乱等恶

---

① 国家统计局:《交通运输铺就强国枢纽通途 邮电通信助力创新经济航船——新中国成立 70 周年经济社会发展成就系列报告之十六》,http://www.stats.gov.cn/tjsj/zxfb/201908/t20190813_1690833.html,2020 年 5 月 20 日。

② 韩洪云、赵连阁:《中国灌溉农业发展——问题与挑战》,《水利经济》2004 年第 1 期。

③ [英]理查德·HF.托尼:《中国的土地和劳动》,安佳译,商务印书馆 2014 年版,第 92 页。

性传染病,人均预期寿命有了大幅度提高。1949 年前,中国经常出现因饥饿导致群体疾病甚至死亡的现象。1949—1978 年,中国尽管人均占有粮食增长并不快,但由于采取了凭票限量供应粮食、跨区域调配粮食、从国外进口粮食①等措施,除 1959—1961 年外,人们最基本的口粮需求基本能保障,基本上没有出现因饥饿导致群体疾病甚至死亡的现象,避免了大多数发展中国家普遍出现的营养不良问题。1975—1977 年,中国居民平均每人每天摄取 2439 卡路里热量、63.4 克蛋白质、38.9 克脂肪,虽未达到世界平均水平,但超过发展中国家平均水平,远远超过印度的水平。② 世界银行考察团认为:实行中国制度的结果,许多发展中国家普遍存在的严重的营养不良情况(必然导致早死、体衰、其他的体质缺陷和智力迟钝)几乎已经消除。③ 印度学者森认为,我国人均寿命的增长幅度也远远高于同期的印度。1949 年我国人均预期寿命只有 40 岁,1979 年达到了 68 岁,而印度在 1949 年略高于 40 岁,1979 年只有 54 岁。④ 我国人均预期寿命的提高,还可以从死亡率的大幅度降低和人口的大幅度增长来证明。1949—1978 年,人口死亡率、自然出生率分别由 20.00‰、36.00‰降为 6.25‰、12‰,人口总数由 5.4167 亿人增长到 19.6259 亿人(见表 1-1)。正是由于死亡率的大幅度下降导致我国人口大幅度增长。

最后,从人的智力(教育)水平来看。1949—1978 年,普通本专科、高中、初中、小学的在校学生分别从 12 万人、21 万人、83 万人、2439 万人增长到 86 万人、1553 万人、4995 万人、14624 万人(见表 1-1),分别增长了 6.17 倍、

---

① 据统计,1950—1959 年,中国共出口粮食 2280 万吨,进口粮食 84 万吨,平均每年出品 220 万吨。1960—1976 年为第二阶段,这期间中国粮食进大于出,出口 4143 万吨,进口 8490 万吨,平均每年进口 256 万吨。转引自李永江的《中国粮食进出口贸易》(《国际贸易》1994 年第 8 期)。

② 范慕韩编:《世界经济统计摘要》,人民出版社 1985 年版,第 228—233 页。

③ 财政部外事财务司:《中国:社会主义经济的发展——世界银行经济考察团对中国经济的考察报告(主报告)》,中国财政经济出版社 1982 年版,第 126 页。

④ 阿玛蒂亚·森、丁启红:《社会发展中的和谐与不和谐——中印经验比较》,《国外理论动态》2009 年第 9 期。

72.95倍、59.18倍、5倍,基本上消灭了成人中的文盲。

我国在改革开放前重视健康和教育,更有利于减贫,是符合人均收入不高的发展中国家减贫的经验的。因为,当国民财富相对公平地用于改善普惠性福利(例如教育和医疗等)时,即使平均收入不高,国家整体贫困的缓解依然是显著的①。而且,健康与教育所体现的人力资本是影响农户收入水平的显著因素,对农村减贫具有显著作用;②教育和医疗保健越普及,则越有可能使那些本来会是穷人的人得到更好的机会去克服贫困③;健康方面,营养摄入和疾病对农村的劳动生产率的影响最为显著④。

总的来说,改革开放前虽出现了"大跃进""文化大革命"等错误,居民收入增长速度远低于改革开放以后⑤,但是,与同时期的其他发展中大国相比,其减贫成效也是巨大的,并且为改革开放后贫困人口的迅速减少创造了非常有利的初始条件⑥。正是这一时期建立的比较完善的农业灌溉设施、比较发达的交通邮电网络、门类齐全且区域布局均衡的工业体系、强大的国防能力和培养的大量的具有一定文化素质且身体健康的农村青壮年人口,为改革开放后的中国经济的腾飞和贫困人口的迅速减少打下了雄厚基础。这一说明改革开放前,我国发展战略总体上体现了人的全面发展理念并促进了人的全面发展,为新中国消灭绝对贫困奠定了坚实的基础。

---

① 李小云、于乐荣、唐丽霞:《新中国成立后70年的反贫困历程及减贫机制》,《中国农村经济》2019年第10期。

② 程名望等:《农村减贫:应该更关注教育还是健康?——基于收入增长和差距缩小双重视角的实证》,《经济研究》2014年第11期。

③ [印]阿玛蒂亚·森:《以自由看待发展》,任赜、于真译,中国人民大学出版社2002年版,第88页。

④ 张车伟:《营养、健康与效率——来自中国贫困农村的证据》,《经济研究》2003年第1期。

⑤ 其原因是多方面的,主要是这一时期存在着阶段性重大失误,如"大跃进"时共产风、瞎指挥导致的对农业生产力的破坏,"文革"时期割资本主义尾巴导致的对农民个人和生产队集体的束缚。

⑥ 李小云、于乐荣、唐丽霞:《新中国成立后70年的反贫困历程及减贫机制》,《中国农村经济》2019年第10期。

四、改革开放后制定的贫困标准体现了人的全面发展的基本需求

新中国能如期消灭绝对贫困,第四重要原因是改革开放后制定的农村贫困标准体现了人的全面发展的基本需求,是一个多维标准,既注重提高收入,解决物质生活困难;又重视解决在教育、医疗、交通、饮水等方面的困难,提升健康(体力)水平和文化(智力)水平。

1984 年,中央制定了历史上第一个专门的扶贫(帮助贫困地区发展)文件,其扶贫措施就包括放宽政策给农民更多经营主动权、减免贫困地区的农业税和企业所得税、解决交通能源问题,重点解决贫困地区的教育、科技、卫生工作等①。1994 年,我国制定的第一个扶贫计划,其脱贫标准既有收入方面的:人均纯收入达到 500 元以上(按 1990 年不变价格);又有提升健康和文化水平方面的,如基本解决人畜饮水困难、基本普及初等教育、扫除青壮年文盲、防治和减少地方病、预防残疾等②。

我国现行农村贫困人口脱贫标准也是一个多维标准:贫困家庭不愁吃、不愁穿和义务教育、基本医疗和住房安全有保障(以下简称"两不愁三保障"),贫困地区农民人均纯收入增长幅度高于全国平均水平、基本公共服务主要领域指标接近全国平均水平③。"两不愁"和"收入增长幅度"侧重于收入维度,但也涉及与人的健康、收入有关的生态环境维度,因为"两不愁"含有饮用水安全和食品安全,农业收入可持续增长必须以生态环境的改善为基础;义务教育、基本医疗分别指教育维度、健康维度,分别对应健康人力资本④和教育人

---

① 《十二大以来重要文献选编》(中),人民出版社 2011 年版,第 29—34 页。
② 《十四大以来重要文献选编》(上),人民出版社 2011 年版,第 674—675 页。
③ 《十七大以来重要文献选编》(下),中央文献出版社 2013 年版,第 358—360 页。
④ 王弟海:《健康人力资本、经济增长和贫困陷阱》,《经济研究》2012 年第 6 期。

力资本[1]，二者构成了人力资本并且成为可持续生计（或可行能力）的基础；住房安全和基本公共服务涉及生态环境、社会资本、人力资本等多个维度。

仅从收入的维度来看，我国现行贫困线已经远远高于联合国 2015 年后发展议程目标所设定的极端贫困标准。我国现行贫困线是 2011 年设定的：以 2010 年不变价计算，农民家庭每年人均纯收入 2300 元。[2] 而联合国 2015 年后发展议程目标所设定的极端贫困标准是世界银行根据最贫困国家的贫困线按平价购买力折算成的每人每天消费的最低水平，2015 年提高到 1.90 美元。[3] 按国家统计局测算，我国 2011 年农村贫困标准为 2536 元，按购买力平价指数计算并考虑到城乡物价差异，约为每人每天 2.3 美元，是世界银行每人每天 1.9 美元标准的 1.21 倍。如果把贫困人口实际享受到的"三保障"折算进收入，实际的脱贫标准比 2.3 美元的现行标准至少要高 20%。[4] 我国现行的贫困标准是随着物价水平和其他因素逐年增长的，2020 年为人均可支配收入不低于 4000 元，按购买力平价折合成美元，每人每天超过 3 美元，比 1.9 美元标准高出 50%。

我国现行脱贫标准还包括贫困地区农民人均可支配收入增长幅度高于全国平均水平、基本公共服务主要领域指标接近全国平均水平，这是为了从整体上改善贫困地区教育、医疗和生态环境。为了实现这一目标，对贫困地区特别是深度贫困地区农村教育、医疗卫生、交通、水利、通信、能源、生态环保等方面加大了投入，农村公共服务水平和生产生活的便利性不断提高，低保、养老、医疗等方面的社会保障制度不断完善；还对居住在自然条件特别恶劣地区的群

---

① 邹薇、郑浩：《贫困家庭的孩子为什么不读书：风险、人力资本代际传递和贫困陷阱》，《经济学动态》2014 年第 6 期。

② 《中央决定将农民人均纯收入 2300 元作为新扶贫标准》，http://www.china.com.cn/news/2011-11/29/content_24032431.htm，2020 年 2 月 20 日。

③ 叶兴庆、殷浩栋：《从消除绝对贫困到缓解相对贫困——中国减贫历程与 2020 年后的减贫战略》，《改革》2019 年第 12 期。

④ 鲜祖德、王萍萍、吴伟：《中国农村贫困标准与贫困监测》，《统计研究》2016 年第 9 期。

众加大易地扶贫搬迁力度,对生态环境脆弱的禁止开发区和限制开发区群众增加护林员等公益岗位。这些措施都有利于增强农村贫困人口的可行能力。

统计数据表明,我国农村贫困人口的迅速减少不仅表现在收入迅速增长方面,而且表现在住房、教育、医疗卫生、交通、通信、文化等方面都有了很大提高。2013—2020 年,贫困地区农村居民人均可支配收入由 6079 元增长到 12588 元[①],与同年全国农村居民人均可支配收入相比,比例由 68.33% 提高到 73.48%,与全国农村平均水平的差距迅速缩小,全国城乡收入差距也迅速缩小(见表 1-2);截至 2020 年底,贫困人口全面实现住房安全有保障,饮用水量和水质全部达标,自来水普及率达到 83%;贫困县九年义务教育巩固率达到 94.8%,贫困人口参加基本医疗保险达 99.9% 以上;贫困地区具备条件的乡镇和建制村全部通硬化路、通客车、通邮路,农村地区基本实现稳定可靠的供电服务全覆盖,贫困村通光纤和 4G 比例均超过 98%,远程医疗、电子商务覆盖所有贫困县。而且,贫困地区经济活力和发展后劲明显增强,生态环境明显改善,就业增收渠道明显增多,基本公共服务日益完善;基层治理能力明显提升,其较强的治理能力在这次新冠肺炎疫情防控及其复工复产中得到了彰显。而新中国成立时的 1949 年,我国农村居民人均可支配收入仅为 44 元,绝大多数农民处于营养不良状况;医疗卫生落后,农村孕产妇死亡率为 1500/10 万,农村婴儿死亡率 200‰;[②]绝大多数农民是文盲,其住房是竹草土坯房,出行以步行为主。

综上所述,我国现行的贫困标准高于联合国 2015 年后发展议程目标所设定的极端贫困标准,能够满足消除绝对贫困的需要;而且由于采用了多维贫困标准,在消除相对贫困——缩小农村内部的贫富差距和城乡之间的贫富差距

---

① 国务院新闻办公室:《人类减贫的中国实践》,人民出版社 2021 年版。本段所引 2013—2020 年的脱贫数据除注明外均来自于此。

② 国家统计局:《农村经济持续发展　乡村振兴迈出大步——新中国成立 70 周年经济社会发展成就系列报告之十三》,http://www.stats.gov.cn/tjsj/zxfb/201908/t20190807_1689636.html,2020 年 5 月 20 日。

方面也有很大进展。因此,我国能在 2020 年实现现行标准下农村贫困人口全部脱贫、贫困县全部摘帽,是一个了不起的人间奇迹。

但是,对这一人间奇迹的认识必须理性。我国现行贫困标准尽管比联合国 2015 年后发展议程目标所设定的极端贫困标准——每人每天 1.9 美元高出 50%,超过每人每天 3 美元,但 1.9 美元是世界银行根据 15 个最穷国家确定的低贫困线,世界银行根据 75 个中等偏下收入国家确定的高贫困线已在 2015 年上调到每人每天 3.1 美元,中等偏上收入国家的贫困线已达到每人每天 5.5 美元。① 由此可见,我国现行贫困线只是中等偏下收入国家贫困线。也就是说,即使按现行标准消除了贫困,我国仍是一个发展中国家,仍处于社会主义初级阶段,消除贫困特别是相对贫困仍是一个长期而艰巨的任务。因此,习近平在"了不起的人间奇迹"前加了限定词"在发展中国家中"②。他指出,脱贫摘帽不是终点,而是新生活、新奋斗的起点;接下来要做好乡村振兴这篇大文章,推动乡村产业、人才、文化、生态、组织等全面振兴。③

总之,中国能在 2020 年如期实现消灭绝对贫困的全面小康目标,是因为中国共产党在马克思主义的人的全面发展思想的指导下,对我国的贫困原因有了系统全面的认识。中国共产党执政后,在制定各个历史阶段的发展目标与任务,特别是与人民群众的物质文化生活密切相关的民生建设目标与任务时,能始终以人的全面发展为理念统筹政治、经济、文化等多方面的规划;在制定各个阶段的扶贫制度时,能始终以人的全面发展和共同富裕为导向,注重制定能够综合政治、经济、文化、社会、生态等多个领域共同发挥作用的扶贫制度;在制定现行农村贫困标准时,能既包含远高于世界银行的绝对贫困标准的收入标准又包括生态环境、社会资本、人力资本等多维度标准。

---

① 叶兴庆、殷浩栋:《从消除绝对贫困到缓解相对贫困——中国减贫历程与 2020 年后的减贫战略》,《改革》2019 年第 12 期。

② 习近平:《在解决"两不愁三保障"突出问题座谈会上的讲话》,《求是》2019 年第 16 期。

③ 《习近平在陕西考察时强调 扎实做好"六稳"工作落实"六保"任务 奋力谱写陕西新时代追赶超越新篇章》,《人民日报》2020 年 4 月 24 日。

2021年中国已开启全面建设社会主义现代化国家的新征程,为第二个百年目标——全体人民共同富裕基本实现而奋斗。全体人民共同富裕的基本实现就意味着相对贫困的基本消除,而要治理相对贫困必须继续坚持共同富裕和人的全面发展理念,并根据时代的发展制定相应的多维贫困标准和综合施策的扶贫制度。

第三节　坚持生态与民生协调改善

从区域发展战略来看,国家重点生态功能区贫困县整体脱贫的重要经验是坚持生态环境与人民生活协调改善。第二章介绍了国家重点生态功能区贫困县探索生态与民生协调改善的主要举措,第三章研究了海南岛中部山区热带雨林生态功能区的4个县(市)、册亨县、宣恩县、永新县等地的生态环境保护与民生建设实践的经验,本节将以习近平生态文明思想的核心理念——绿水青山就是金山银山为理论分析框架,从国家的区域发展战略角度总结国家重点生态功能区贫困县在整体脱贫过程中的基本经验。

"绿水青山就是金山银山"这一理念在国家重点生态功能区贫困县整体脱贫过程中体现为坚持生态环境与人民生活协调改善的原则,包含如下四个方面:一是优先实施能促进生态与民生同步改善的工程,即在财政投入的区域选择方面,将既能保护与改善生态环境又能提高人民生活水平的工程集中安排到国家重点生态功能区贫困县;二是建立与健全宁要绿水青山不要金山银山的激励机制,即通过完善生态补偿和转移支付制度,鼓励国家重点生态功能区贫困县在生态环境保护与经济发展相矛盾时选择前者;三是探索"绿水青山"向"金山银山"转化的机制,即通过建立生态改善(生态产品供给能力提高)的奖励制度,鼓励国家重点生态功能区贫困县通过改善生态环境(提高生态产品供给能力)和大力发展生态农业、生态旅游业、生态康养业来提高收入;四是致力于补齐基本公共服务的短板,即通过大力建设公共服务基础设施和完善基本公共服务体系,缩小国家重点生态功能区贫困县与全国基本公共服务差距,提高其生态产品供给能力和美好生活的创造能力。

一、优先实施生态环境与人民生活同步改善的重大工程

为了确保国家重点生态功能区中的贫困县在2020年如期整体脱贫和生态环境质量不降低且整体上有提高,在使用中央、省对国家重点生态功能区的转移支付和对贫困县的一般转移支付、专项扶贫资金(含扶贫发展、以工代赈、少数民族发展等)时,总是统筹整合,将其优先使用于既能保护和改善生态环境又能提高人民群众经济收入和生活质量的工程项目,主要有生态移民、易地扶贫搬迁、农村危房改造、农村人居环境改造、农田水利建设和农村生态环境治理等。

(一)生态移民和易地扶贫搬迁

生态移民指为了保护或者修复某个地区的生态而进行的人口迁移,主要面向国家公园和自然保护区的核心保护区内的居民;易地扶贫搬迁指为了特殊地区的整体脱贫而实施的人口迁移,主要面向生活在自然环境恶劣、生存条件极差、自然灾害频发地区很难实现就地脱贫的贫困人口。在许多情况下,二者是合一的。不论是生态移民,还是易地扶贫搬迁,国家重点生态功能区贫困县在脱贫攻坚阶段的规划时都兼顾了生态的保护和修复、人民生活水平提高、新型城镇化三个方面。迁出地因旧宅基地复垦复绿,人口活动频率减少和力度降低,生态系统会自然修复。迁入地大多在中心镇或县城,不仅住房是单元房,与城镇商品房质量一样,搬迁人口的居住条件明显改善;而且安置点配套设施齐全,有学校、医院、健身娱乐场所,方便入学、就医、休闲;附近建设有产业园区、扶贫车间、就业服务中心等,能提供较多就业岗位。搬迁人口既能够享受与城镇居民同等的基本公共服务,又有较多的就业机会,有稳定的收入。

国家重点生态功能区贫困县的生态移民和易地扶贫搬迁在脱贫攻坚阶

段,大多采取以自然村寨(村民小组)为基本单位的整体搬迁,规模大的还有整乡搬迁的,如册亨县①。其结果是迁出地形成了连片的无人居住区,不仅有利于生态的自然修复,而且有利于发展生态农业和生态旅游,为乡村振兴创造了条件;迁入地(主要是县城和中心镇)形成了人口聚集,促进了新型城镇化,既有利于提高公共服务的效率和档次,又促进了第三产业的发展,还方便青壮年有组织地外出打工。

(二)农村危房改造和农村人居环境改造

国家重点生态功能区贫困县在脱贫攻坚阶段都投入巨额资金实施农村危房改造和农村人居环境改造。农村危房改造不仅扩大了住房面积(一般不低于人均20平方米),提高了房屋的安全性能(一般要求采取钢筋混凝土结构,能够抗台风、抗暴雨、避免地质灾害),而且要求有三格化粪池的卫生厕所,其粪便不能直接排放。因此,农村危房改造不仅消灭了危房,改善了农民的居住条件;而且减少了水污染,使水质明显改善。农村人居环境改造主要是对村庄进行净化——治理生活垃圾和生活污水、绿化——在房前屋后和道路两旁种植树木花草,既改善了村民的居住环境,又减少了对土壤和水源的污染,增强了水土保持能力;而且还提高了吸碳能力,为碳达峰碳中和目标的实现作了贡献。

(三)农田水利建设和农村生态环境治理

在脱贫攻坚阶段,国家重点生态功能区贫困县的农田水利建设主要指小水窖、小水池、小泵站、小塘坝、小水渠等"五小水利"工程建设,病险水库水闸除险加固,农村饮水安全工程建设,农村土地综合整治和高标准农田建设;农村生态环境治理主要指中小河流治理、水土流失综合治理,其方式主要是退耕

---

① 参见第二章第二节和第三章第二节。

还林还草、天然林保护、防护林建设、石漠化治理等。而且,农村水利建设和农村生态环境治理还优先让贫困户受益,让有劳动能力的贫困群众就地转为护林员等生态保护人员,组织贫困群众积极参与农田水利建设和农村生态环境治理,为贫困的劳动力提供务工机会。这些措施在改善生态环境的同时,也改善了当地居民的生活生产条件,提高了贫困户的收入。

二、建立"宁要绿水青山不要金山银山"的激励机制

国家重点生态功能区应以保护和修复生态环境、提供生态产品为首要任务,其贫困县在发展经济摆脱贫困时,不仅不能损害生态环境,而且要为保护和修复生态环境实施退耕还林还草、天然林保护、生态移民。为了不让为保护和恢复生态环境作出牺牲的地方政府、企事业单位和当地居民受损,也为了让为保护环境而限制了经济发展的贫困农民尽快脱贫,中央和省级财政都加大了对国家重点生态功能区贫困县的转移支付力度,提高了退耕还林还草和天然林保护的补偿标准。2007 年中央 1 号文件明确提出"建立健全森林、草原和水土保持生态效益补偿制度",之后每年的中央 1 号文件都有提高生态补偿标准的政策(参见附录 1)。2014 年开始新一轮退耕还林还草,补偿标准大幅提高,退耕还林、还草补偿分别达到 1500 元、800 元①。2016 年国务院明确提出,重点领域和重点区域的生态补偿全覆盖,补偿水平与经济社会发展状况相适应。② 2018 年起,前一轮退耕还林补助政策到期的生态林,每亩每年补助 20 元,连续补助 5 年。2019 年,国家级公益林生态效益补偿标准由每亩每年

---

① 《新一轮退耕还林还草总体方案》(发改西部〔2014〕1772 号)。

② 2016 年,《国务院办公厅关于健全生态保护补偿机制的意见》(国办发〔2016〕31 号)提出,到 2020 年,实现森林、草原、湿地、荒漠、海洋、水流、耕地等重点领域和禁止开发区域、重点生态功能区等重要区域生态保护补偿全覆盖,补偿水平与经济社会发展状况相适应,跨地区、跨流域补偿试点示范取得明显进展,多元化补偿机制初步建立,基本建立符合我国国情的生态保护补偿制度体系,促进形成绿色生产方式和生活方式。

15 元提高到 16 元①。在实施生态移民和易地扶贫搬迁工程时,加大了对建房、建设配套设施的财政补贴(参见第二章第三节),并在建设用地指标方面给予优先保障,对移民的子女教育、就业、社会保障给予特殊的优惠政策。国家重点生态功能区贫困县的大多数贫困户移民被免费安排到政府指定的集中安置区居住,其子女可在安置区附近的城镇中小学上学,每家至少有一人就业。同时,建立了中央财政对国家重点生态功能区的转移支付根据生态环境考核评价结果进行奖惩的机制,生态环境变好的地区给予奖励,生态环境质量变差、发生重大环境污染事件、主要污染物排放超标、实行产业准入负面清单不力和生态扶贫工作成效不佳的地区予以扣减。其奖励的办法和幅度已让国家重点生态功能区贫困县的领导认识到,牺牲生态环境发展经济所带来的财政收入远远不及处罚的钱(含扣减的生态转移支付)。这些措施,不仅大幅度地提高了贫困群众的收入,改善了当地的生态环境,而且提高了地方政府和当地群众为保护生态而限制发展的自觉性。

三、建立健全"绿水青山"向"金山银山"转化的机制

在脱贫攻坚阶段,中央着力构建"绿水青山"转化为"金山银山"的政策制度体系,建立健全生态产品价值实现机制,推动国家重点生态功能区贫困县通过改善生态环境、增强生态产品供给能力来改善当地人民生活水平、提高当地居民的幸福感和获得感。其机制主要有:中央财政在实施对国家重点生态功能区的转移支付时奖励生态环境保护和恢复做出成绩的县;在长江流域和三江源国家公园等地开展生态产品价值实现机制试点,推进"绿水青山就是金山银山"实践创新基地建设,探索政府主导、企业和社会各界参与、市场化运作、可持续的生态产品价值实现路径,推动将自然生态优势转化为经济社会高

---

① 《"关于延长退耕还林补助期限、提高退耕还林补助标准的建议"复文(2020 年第 2397号)》,http://www.forestry.gov.cn/main/4861/20201210/143313622707270.html。

质量发展优势,激发生物多样性保护内生动力;通过制度激励,鼓励受益地区与保护生态地区、流域下游与上游通过资金补偿、对口协作、产业转移、人才培训、共建园区等方式建立横向补偿关系;探索建立水权、排污权、碳排放权交易制度,完善落实对绿色产品的财税金融支持和政府采购等政策;建立和健全支持国家重点生态功能区贫困县发展生态农业和生态旅游的政策体系,加快绿色食品、有机农产品、地理标志农产品的认证,打造地方特色的生态农产品品牌,促进生态保护与乡村旅游、生态康养业、生态农业、文化体育教育的结合(参见附录6)。云南勐腊河边村小组发展"嵌入式"休闲旅游,以高端休闲及小型论坛会址作为主导型产业,既吸引了上海、北京的市民带着小孩来度假,以感受热带雨林的丰富多彩的自然物种,体验瑶族特色的农村生活;又吸引扶贫专家、社会学者开会做研究;而且还通过网上直销的方式实现了生态产品的价值,将本村生态鸡蛋通过网上直销上海、北京的客户,向农户的收购价 5 元/只,到达客户的价为 10 元/只。四川汶川索桥网上直销大樱桃的单价比在市场零售价每斤高 10 元,且供不应求,除去快递费用,每斤高 5 元。

四、将补齐基础设施和基本公共服务的短板放到重要位置

出行难、用电难、通信难,是长期以来制约国家重点生态功能区贫困县生态与民生协调改善的瓶颈,加强道路、电力、通信等基础设施建设成为其提高生态保护能力和人民生活水平的基础工程。其主要措施有:以建好、管好、护好、运营好农村公路(以下简称"四好农村路")为牵引,积极推进国家重点生态功能区贫困县建设外通内联、通村畅乡、客车到村、安全便捷的交通运输网络;实施无电地区电力建设、农村电网改造升级、骨干电网和输电通道建设等电网专项工程,积极提升国家重点生态功能区贫困县的供电能力和服务水平;加强通信设施建设,扩大远程教育、远程医疗、电子商务在农村的覆盖面,实现家家能收看有线电视、村村通互联网和电子商务、校校通远程教育、所有医院通远程医疗。交通、电力、通信基础设施的改善,畅通了国家重点生态功能区

贫困县内部及其与外界的人流、物流、知识流、信息流,当地群众的见识增长了、视野开阔了,其开放意识、创新意识、科技意识、规则意识、市场意识、生态环境保护意识、脱贫致富和改善生态环境的能力等显著增强。

义务教育质量不高,学前教育学位不足和条件简陋,严重制约国家重点生态功能区贫困县人力资源的提高,也限制了当地劳动力外出务工,降低了教育移民的比例。在脱贫攻坚阶段,国家重点生态功能区贫困县在加强义务教育薄弱学校改造和寄宿学校建设、提高贫困生生活补贴标准和巩固率的基础上,率先普及学前教育和高中阶段教育,让未升入普通高中的初中毕业生都能接受中等职业教育,率先对建档立卡贫困家庭学生进行普通高中和中等职业教育免除学杂费并给予生活交通补贴,对在高等学校就读的贫困生给予学费贷款和生活补贴。学前教育的普及,不仅为幼儿开发智力提供了条件,而且为学前教育年龄段幼儿的父母务工创造了条件;高中和中等职业教育学校毕业的学生更容易进城就业,不仅可以带动整个家庭脱贫致富,而且还缓解了对当地生态资源的压力;大学毕业的学生更容易在城里就业安家,实现教育移民,在提高生活水平的同时减轻对迁出地的生态压力。

公共卫生服务体系不健全,医疗条件差,是国家重点生态功能区贫困县因病致贫、因病返贫的重要原因。在脱贫攻坚阶段,国家重点生态功能区贫困县医疗卫生基本服务能力有了很大提高,县、乡医院的医疗条件有了较大改善。健全了县、乡、村三级医疗卫生服务网,推进了公共卫生和基本医疗服务均等化,提高了新型农村合作医疗和大病保险的财政补贴水平,对贫困人口参加新型农村合作医疗个人缴费部分由财政给予补贴,将贫困人口全部纳入重特大疾病救助范围。这不仅提高当地群众的健康水平,大幅度降低了因病致贫、因病返贫的比例,而且提高了劳动力外出打工的比例,从而有利于生态环境的保护和改善。

通过完善社会保障制度来保障丧失劳动能力的贫困户的基本生存,是国家重点生态功能区贫困户促进生态与民生协调相互促进的重要措施。脱贫攻坚阶段,国家重点生态功能区贫困县的社会保障水平有很大提高。不仅每个60岁以上的农村老人的基础养老金上涨,在2020年达到每月100元左右,基本解决了老人的零花钱的问题;而且还提高了全国农村低保标准——从2012年每人每年2068元提高到2020年5962元,提高188.3%,贫困县农村低保标准全部超过国家扶贫标准①。扶贫部门与民政部门定期开展数据比对、摸排核实,实现贫困人口"应保尽保"。同时全面建立困难残疾人生活补贴和重度残疾人护理补贴制度,进一步健全特困人员(含农村五保人员)救助供养制度,实施特困人员供养服务设施改造提升工程。这些制度有效解决了无劳动能力人员的贫困问题。

第四节　坚持尊重和激发农民的主体性

国家重点生态功能区的农村居民是生态保护和民生改善的主体,只有充分调动他们劳动致富和保护环境的积极性,才能形成生态与民生协调改善的长效机制。通过加强农村基层党组织建设、完善以村民小组为基本单元的村民自治体系和适时按民主程序修改村规民约,激发培育当地群众主动地通过保护与改善生态环境来改善自己的生活条件和增加自己收入的积极性,增强他们协调改善生态与民生的能力,使他们成为生态环境保护和脱贫攻坚的贡献者,是国家重点生态功能区贫困县充分尊重和积极发挥当地人民群众主体作用的重要措施。

一、充分发挥基层党组织的领导作用

农村基层党组织是党在农村全部工作和战斗力的基础,是贯彻落实生态文明建设和扶贫开发战略的战斗堡垒。在脱贫攻坚阶段,国家重点生态功能

---

①　国务院新闻办公室:《人类减贫的中国实践》,人民出版社2021年版,第42、21页。

区贫困县首先采取措施提升农村基层党组织领导力。(一)所有贫困村都配备了第一书记。这些第一书记都是省(自治区、直辖市)党委组织部从省、市、县三级党政机关和国有企事业单位干部中的优秀的副科级以上干部或科级后备干部中选拔的,由县级组织部门统筹安排;其任期至少2年,在任第一书记期间必须将党组织关系转到贫困村,在工作上与原单位完全脱钩,接受贫困村所在的上级党委管理及考核,考核结果直接与评优晋级、提拔任用挂钩。贵州省规定:(1)第一书记主要从以下人员中选派,有一定农村工作经历或涉农方面专业技术特长的优先:县直以上部门综合素质好、有发展潜力、有培养前途的优秀年轻干部、后备干部;国有企事业单位的优秀人员;因年龄原因从领导岗位上调整下来、2年内达不到退休年龄且有较强帮扶意愿的干部。(2)第一书记的日常管理由县(市、区)党委组织部、乡镇党委和派出单位共同负责,市(州)党委组织部和省直工(党)委统筹指导。(3)第一书记任职期满,由派出单位会同县(市、区)党委组织部进行考核,其考核结果作为评选先进、提拔使用、评聘职称、晋升职级的重要依据①。(二)积极培养农村致富能手、退役军人、退休返乡职工或干部、外出务工经商返乡人员、农民合作社负责人、大学生村官等群体中具有奉献精神和勇于创新的非党员加入中国共产党,选配这些群体中的优秀党员担任村党组织书记、党小组长。海南中部山区热带雨林生态功能区通过提高村组干部的待遇和完善村"两委"选举制度,突出选人用人的能人导向,在村级干部换届选举时积极发展致富能手、农村专业合作组织和产业协会负责人、外出务工经商返乡人员、复员退伍军人、回乡大中专毕业生和大学生村官参加竞选,并引导村民选择其中的优秀者。(三)加强农村基层党组织的制度建设和党组织领导的村民自治体系建设。完善了农村基层党组织的"三会一课"制度,建立了村党组织全面领导村民委员会及村务监督委员会、村集体经济组织、农民合作组织、其他经济社会组织的制度,完善了村民

---

① 《贵州省村党组织第一书记管理办法(暂行)》,http://www.hxqdj.gov.cn/FileLibrary/site1/images/2018/5/21/87bffce5-094e-469b-ad2b-8af82e470fe3.pdf。

(代表)会议制度、村务党务财务公开制度和民主选举、民主决策、民主管理、民主监督制度。如江西永新县将基层党建"三化"(指标准化、规范化、信息化)建设作为"一号工程""书记工程"来抓,进一步完善了"三会一课"、主题党日、发展党员、"四议两公开"等工作制度和工作程序,进一步强化村干部任前资格联审、支部书记任职县级备案管理、党员干部违纪违法信息共享3项机制;加强农村微信公众号、微信群建设,每个村委会都有微信公众号或微信群、每个自然村(村民小组)都建有全体村民参加的微信群,并在群内公开党务、村务、财务,村民可通过微信群行使民主监督权和参加村组治理。(四)加强农村基层党组织的场所建设和壮大农村集体经济。如海南中部山区热带雨林生态功能区的每个村都有办公楼,不仅为村"两委"提供了办公场所,而且还配备了党员活动室、会议培训室、阅览室、卫生室、邮政室、爱心商店、电商服务点和文化活动广场。村民经常到村办公楼办事、开会、娱乐,增强了村党组织的凝聚力;公共服务设施的完善,也为村集体增收创造了条件。同时,在乡村篮球场、村活动中心、污水处理厂等村集体场所搭盖光伏板,为村集体增收;将集体耕地、林地、草地、荒山、荒沟、荒滩、水域等资源性资产和房屋、建设用地、基础设施等经营性资产的使用权评估折价,投资入股企业、合作社以及其他经济实体,然后按股分红,增加集体收入。

其次,农村基层党组织开展了各种形式的宣传教育,发挥了农村优秀党员的典型示范作用,组织村民进行评比竞赛并建立了奖惩制度。在党组织的引导下,当地群众坚定了"绿水青山就是金山银山""幸福是奋斗出来的"等信念,积极主动地投身于改善农村人居环境、发展农村经济、建设精神文明、提升生活品质的实践中,保持房前屋后庭院的整洁,并因地制宜地种植花草果木,既提升了庭院景观,又增加了收入,还为乡村旅游奠定了基础;同时大力发展生态农业,积极外出务工,以提高收入。如海南省保亭县创建"脱贫攻坚惠农超市",实施以表现换积分、以积分换物资的"多劳多得"激励模式,针对贫困户9个方面25项内容的评分标准和非贫困户7个方面17项内容的评分标准,制定评分兑换标准,户户可参与、人人可挣积分,有效地解决了贫困户和非贫困户互相攀比等问题。江西省永新县在环境整治过程中建立了农户门前三包、长效保护及其红蓝榜制度:特别好的发锦旗、有奖金;比较好上红榜,给予表彰;差的上蓝榜,给予批评教育。

二、完善以村民小组为基本单元的村民自治体系

国家重点生态功能区贫困县因交通不便和限制大规模高强度工业化城镇化开发,在脱贫攻坚之前,村民小组(多数是由原来的自然村演变而来的,在人民公社时为生产队或生产小队)的居住形态变化较小,小组之间往往相隔较远、往来较少,但小组内部交往频繁。其村民大多具有较强的村民小组共同体意识,将村民小组当成一个人情交往单位和合作的基本单元。外出务工人员在重大传统节日都会回村参加村民小组的集体庆典活动,在外工作人员退休后大多会回村定居。村民小组能化解邻里纠纷,能组织村民在婚丧嫁娶等人生大事上开展互助;在修建通村公路、村文化室、活动场所等公共设施涉及占用村民的承包地或宅基地时,只要村组干部思想工作到位,村民都会配合且不要任何补偿。

脱贫攻坚阶段,国家重点生态功能区贫困县为了激发村民保护生态环境和勤劳致富的积极性,保持了村民小组的稳定,并强化了其村民自治的基本单元功能。在农村集体土地确权时,其所有权大多确定给经生产队演变而来的原村民小组;在乡镇、村委会合并时,一般不合并村民小组;在生态移民和易地扶贫搬迁时,尽可能以村民小组为单位整体搬迁,且在整体迁入安置区的过渡期(一般3—5年)保持原村民小组的建制①。贫困户、低保户的民主评选,都

---

①　如贵州省册亨县在易地扶贫搬迁人数为87540人,其中整体搬迁自然村寨977个68940人,占78.75%;为方便管理,也为了促进搬迁居民尽快适应新环境,凡整体搬迁的,每个村民小组都集体安置在小区内相近的楼房,在设立楼长、居委会的同时,保留了原村民小组长和原村"两委"班子。

是首先经过村民小组全体村民或户主会议;危房改造、人居环境治理、美丽乡村建设,都是以村民小组为单元,且每个村民小组都有保洁员;村民小组间经常开展清洁卫生大评比并给予相应的奖惩,村民小组也经常组织农户开展清洁卫生评比并给予奖惩;林(草)地面积大的农村,每个村民小组都有护林(草)员;每个村民小组都有文化室、健身广场等公共活动广场。

以村民小组为基本单元的村民自治制度的完善,激发了村民保护和改善生态环境、用劳动创造美好生活的积极性。如海南中部山区热带雨林生态功能区以村民小组为单元开展危房改造、人居环境治理、美丽乡村建设。村庄的规划都是村民民主决定的,其房屋布局及外观设计都符合美丽乡村的整体规划,道路宽敞,有绿化带、停车场;内部结构都符合环保卫生原则——卫生间、厨房、三级化粪池达标,所有的污水都经三级化粪池处理;公共设施配套,一般都建有处理污水的人工湿地和固定的垃圾堆放点,还有设施较齐全的文化活动室和休闲娱乐广场。因为修路、建房、建广场和停车场占用村民林地的,村民都会积极配合。整体改造的自然村,生态环境和人居环境都有很大改善,也为发展乡村旅游(特别是民宿)打下了基础,村民保护环境和劳动致富的积极性更高了。江西永新县的村中能人特别是从村中走出去的成功人士都愿意为自己所在自然村的公共基础设施建设捐钱捐物,有的自然村中的老干部、党员和能人还团结起来组织村民自筹资金对村庄进行整体改造,如烟阁乡黄竹岭村(参见第三章第四节)。

三、完善村规民约,弘扬文明新风

国家重点生态功能区贫困县的村规民约一直在村民自治中发挥着较大作用。打响脱贫攻坚战后,国家重点生态功能区贫困县党委都组织村委会按程序修改了村规民约。在修改时,为了让村民达成共识,村"两委"组织村民通过村民小组会、村民代表会进行了充分讨论。如宣恩县要求各村在制定的过程中引导村民广泛参与,以确保制定的村规民约获得群众的认同、具有较强的针对性和对村民的普遍约束力。村"两委"在条文的初稿形成前不仅要通过召开座谈会、入户走访、发放征求意见表等多种形式广泛征求群众意见,在严格遵守政策、法律法规的前提下,让村民围绕社会稳定、村风民俗、执行处理等方面"自己找问题、自己定规矩、自己提措施";而且在条文的初稿形成后要先以村民小组为单位召开村民会议充分讨论提出修改意见,然后将修改意见提交全村党员和村民代表联合会议讨论通过。修改后的村规民约强化了保护生态环境、促进民生改善、破除低俗陋习、培育文明新风等规范。如云南勐腊曼岗将生病不宴请、禁止捕捉萤火虫和蝴蝶等写进了村规民约,贵州锦屏隆里将禁放烟花爆竹、不乱砍滥伐、卫生门前三包等加入了村规民约,湖北宣恩黄坪将禁燃鞭炮、不办无事酒、保护野生动物等加进了村规民约,海南白沙县村规民约规定可取消参与黑恶活动、黄赌毒盗和非法宗教活动且经劝阻无效的贫困人口获得帮扶和社会救助资格。村规民约修改后,各地进行了广泛宣传,并建立引导群众自觉践行和相互监督的机制。如宣恩县宣传新修改的村规民约的形式有张贴宣传栏和标语①、在"村村响"大喇叭不定时播放录制的音频资料、在村民微信群广泛发布相关内容;监督形式主要有通过宣恩网络问政平台公开检举违反村规民约的行为、直接向相关领导汇报。村规民约的修订及其执行,促进了文明新风的形成:村民都追求科学、健康、文明的生活方式,发扬了艰苦奋斗、勤劳致富、自尊自强、遵纪守法、孝亲敬老、邻里和睦、扶危济困、扶弱助残等优良传统,形成了俭朴节约、绿色环保、婚事新办、丧事简办、讲究卫生的社会风尚。

---

①　禁办无事酒的宣传标语有"无事整酒亲友怕,当面恭贺背后骂!""无事整酒伤人心,接客好比拉壮丁!"等。

告别绝对贫困，走向共同富裕（结语）

2020 年，包括 433 个国家重点生态功能区贫困县在内的所有贫困县如期摘帽，标志着我国已取得脱贫攻坚战的全面胜利，告别了绝对贫困，我们党在团结带领人民创造美好生活、实现共同富裕的道路上迈出了坚实的一大步①；也标志着我国进入全面建设社会主义现代化国家的新征程。在新征程中，促进全体人民共同富裕将摆在更加重要位置，将分阶段促进共同富裕：2025 年前，全体人民共同富裕将迈出坚实步伐，居民收入和实际消费水平差距逐步缩小；2035 年，全体人民的共同富裕将取得更为明显的实质性进展，基本公共服务实现均等化；本世纪中叶，全体人民共同富裕将基本实现，居民收入和实际消费水平差距缩小到合理区间②。

促进共同富裕，必须加强生态文明建设。改善生态环境，可增加农村居民特别是低收入者的收入，提高全体公民的健康水平和幸福感。建设生态文明，"可以推动实现更高质量、更有效率、更加公平、更可持续、更为安全的发展"③。国家重点生态功能区覆盖 676 个县，占全国陆地国土面积的 53%，中西部县超过 90%，地形以山区为主，不仅是生态文明建设的重点区域，其生态

①　习近平：《在全国脱贫攻坚总结表彰大会上的讲话》，《人民日报》2021 年 2 月 26 日。
②　习近平：《扎实推动共同富裕》，《求是》2021 年第 20 期。
③　《习近平谈治国理政》第四卷，外文出版社 2022 年版，第 361 页。

文明建设的成绩将直接影响我国生态环境质量的总体改善，从而影响全体人民健康水平和幸福感的提高；而且是共同富裕实现的难点地区，其基本公共服务、居民收入和实际消费水平提高的程度将直接决定我国共同富裕实现的程度。

国家重点生态功能区是推进共同富裕的难点地区，主要原因有二：一是国家重点生态功能区在整体上摆脱绝对贫困后，其共同富裕的程度仍远低于全国平均水平，主要表现在农村居民人均可支配收入等方面。2020年，白沙、琼中、五指山、保亭、册亨、宣恩、永新的农村居民人均可支配收入分别为13978元、14116元、13804元、14067元、10024元、11684元、12708元（见表3-1、表3-2、表3-3、表3-4、表3-9、表3-13、表3-15），而全国农村居民人均可支配收入为17132元（见表1-2）。二是国家重点生态功能区必须以提供生态产品为主，被限制发展工业，只能选择生态环保产业，随着共同富裕进程中人们对生态产品的需求日益增长，限制会越来越大，因此国家重点生态功能区增加收入的路径选择将更困难。

党的二十大提出，新征程的中心任务是"以中国式现代化全面推进中华民族伟大复兴"，而中国式现代化是"全体人民共同富裕的现代化""人与自然和谐共生的现代化"，2035年的目标是"全体人民共同富裕取得更为明显的实质性进展""生态环境根本好转"。其措施有"着力推进城乡融合和区域协调发展"，增强基本公共服务的均衡性和可及性，完善分配制度；"像保护眼睛一样保护自然和生态环境""坚持山水林田湖草沙一体化保护和系统治理""以国家重点生态功能区、生态保护红线、自然保护地等为重点，加快实施重要生态系统保护和修复重大工程"[①]。因此，在新征程中，国家重点生态功能区建设应放在推进生态文明建设和促进共同富裕的全局工作中的重要位置，进一步健全和完善在脱贫攻坚过程中形成的生态与民生协调改善的机制。

---

① 习近平：《高举中国特色社会主义伟大旗帜　为全面建设社会主义现代化国家而团结奋斗——在中国共产党第二十次全国代表大会上的报告》，人民出版社2022年版。

第一,进一步健全财政转移支付制度、完善对自然保护地的生态补偿制度、建立健全生态产品价值实现机制,缩小国家重点生态功能区内的县级财政人均支出与发达地区县级财政人均支出的差距。共同富裕促进的重要指标是区域人均财政支出差异逐渐缩小,而国家重点生态功能区的财政支出主要来自财政转移支付,因此,必须加大中央和省级财政对国家重点生态功能区的县级财政的转移支付,以缩小其与重点开发区和优化开发区的县级人均财政支出的差异。(一)将中央和省级财政对贫困县的扶贫资金逐渐并入对国家重点生态功能区县的财政转移支付,并建立财政的转移支付与生态指标挂钩的机制。生态指标要全面和科学,既能全方位地反映环境保护和生态建设的成效与问题,包括污染物排放、资源消耗、森林覆盖率、绿色经济发展、生物多样性维持、水质、空气质量等多方面指标;又能体现生态文明建设的最新理念和价值导向,吸收有关生态文明评价指标体系研究的最新成果。就森林覆盖率这一指标来说,既要看总的森林覆盖率,更要看天然林覆盖率和人工林的生态功能。因为某些单一树种的成片人工林,如果规模过大,不仅不会提高生态质量,而且会破坏生态。(二)完善对自然保护地的生态补偿制度。建立以国家公园为主体、自然保护区为基础、各类自然公园为补充的自然保护地分类系统,是贯彻习近平生态文明思想、提供高质量生态产品和推进美丽中国建设的重大举措,自然保护地占陆域国土面积的比例将在 2035 年达到 18% 以上[①]。国家公园、自然保护区特别是国家级自然保护区、自然公园特别是国家级森林公园和湿地公园,大多位于国家重点生态功能区内。因此,国家重点生态功能区的生态环境保护和开发利用也应根据自然保护地体系进行差别化管控:国家公园和自然保护区的核心保护区原则上应禁止人为活动,其居民应全部迁出,给予妥善安置;国家公园和自然保护区的一般控制区应限制人为活动,将保护价值低的建制城镇、村屯或人口密集区域、社区民生设施等有序迁出,其

---

① 中共中央办公厅、国务院办公厅:《关于建立以国家公园为主体的自然保护地体系的指导意见》,《人民日报》2019 年 6 月 27 日。

耕地实施退田还林还草还湖还湿，其原住居民可参与特许经营活动；非自然保护地，应发展低能耗、低污染、对生态环境要求较高的电子制造、医药制造、精密仪器制造等工业和生态农业及其加工业、乡村旅游业。国家公园和自然保护区的核心保护区的生态移民安置应统筹新型城镇化、生态保护、产业发展三方面的因素，优先安置在国家重点生态功能区内的县城和国家重点开发区的产业园区附近；少数民族的安置，还要既有利于促进民族融合和中华民族共同体意识的形成，又要有利于民族文化的保护与传承。（三）建立健全生态产品价值实现机制。就是要通过完善生态保护补偿和奖惩制度，让保护修复生态环境的行为获得合理回报，让破坏生态环境的行为付出相应代价，激励国家重点生态功能区内的地方政府、企业、居民保护生态环境。应通过完善碳排放统计核算制度和健全碳排放权市场交易制度，激励国家重点生态功能区提升生态系统碳汇能力，并从中提高收入。

第二，大力发展生态与民生协调改善的产业，缩小其居民收入和实际消费水平与发达地区的差距。（一）大力发展生态农业，做强做优地方特色的生态农产品，并建立从田间到餐桌的产品直销体系。在实现共同富裕的过程中，人民群众将更加注重健康和高质量生活，更希望生活在生态环境优美的地方和消费生态环保的食品。大力发展生态农业，做强做优地方特色鲜明的生态农产品，就是要加快转变农业发展方式和优化农业结构，推动传统农业向标准化、品牌化、生态化的农业转型升级，使每一个国家重点生态功能区的生态农业产品的数量和质量及其知名度迅速提高。这既需要充分利用国家重点生态功能区的独特的自然环境和珍贵的农业资源，大力发展具有生态价值且只能在当地种植养殖或加工制作的特色农产品；又要充分利用国家支持国家重点生态功能区大力发展生态农业和加快美丽乡村建设的政策，建立一些有利于实现和提升产品价值的绿色环保加工厂，加快绿色食品、有机农产品、地理标志农产品的认证，打造地方特色的生态农产品品牌；并建立直销网络，充分利用东西部扶贫协作、中央单位定点扶贫的机制和现代物流、通信技术，通过电子商务和快递业务让农产品直接从田间到餐桌,以减少流通环节,保证农产品的新鲜度和生产者、消费者双方的权益。国家重点生态功能区应优先应用5G技术,推进光纤网络、高速移动通信网络、电商业务、快递业务覆盖所有农业生产点和农村居民点,建设集商流、物流、信息流于一体的农产品冷链物流服务体系;并通过完善产品质量监督技术和健全物流跟踪体系,建立中西部国家重点生态功能区生态农产品从田间直接到东部大中城市消费者的直销渠道。在发展生态农业时,村委会和村民小组要发挥作用。村委会应经常邀请生态环境治理专家和绿色食品、有机农产品、地理标志农产品的认证专家进村培训村民,提高村民的生态环境保护意识和生态农产品的品牌意识;应重点做好公共服务的承接工作、社会保障制度的落地工作、国家重点生态功能区建设政策的落实工作。可以村民小组为单位建立农业专业合作社,发展生态循环农业;整体搬迁的村民小组可成立农业专业合作社负责原承包地和复垦后的宅基地的经营。(二)创新乡村旅游的发展模式,促进乡村旅游与生态康养业、生态农业、文化体育教育的结合。随着全体人民共同富裕的程度逐渐提高,人民群众的旅游需求和健康需求将迅速增长,且越来越不满足于仅限于欣赏风景的观光旅游和仅限于某个康养院的被动疗养,而更加重视旅游与养生、体验、教育的结合,更加追求在旅游过程中提升健康水平和文化素质、在康养中体验特色文化与多样性的生态环境。在逆全球化背景和美国对中国的封锁打击下,跨国旅游将明显减少,通过邮轮、航空等交通工具进行的长距离观光旅游降幅将更大,部分计划出国旅游的国人将转成以体验、休闲、康养、教育为目标的国内乡村旅游。国家重点生态功能区要吸引国内旅游者,必须以提升游客的体验度和获得感为着力点,充分发挥得天独厚的生态环境优势和绿色发展优势,突出其文化特色——传统农业特色、民族特色、边疆特色、革命老区特色等及其融合,促进乡村旅游与生态农业、生态康养业、特色文化产业的融合。(1)科学规划国家重点生态功能区内特色风情小镇、各类主题公园(如民族类、农业类、生态类、边疆文化类、红色文化类)、美丽乡村、休闲农庄、度假山村的布局,通过建设旅游联通绿道、服务信息共享平台和提升服务水平,将县域内的乡村旅游景点打造成一个可以网络化管理、充满生态农业气息和文化特色的大景区。每个乡村旅游景点的装修都应在确保客人舒适安全的前提下,尽量体现乡土味道和地域特色,其活动应着眼于体验,不仅要让客人品尝最具地方特色的传统美食,还应让客人体验美食制作过程和观察当地动植物的生长过程,并尽可能融入村民的生产与生活。(2)在不影响生态环境保护的前提下,设立若干生态康养休闲区,并与民宿(共享农庄)结合起来,建立高水平的医疗服务设施,支持有资质的机构和个人举办疗养院、康复医院、护理院、护理站、老年病和慢性病医疗机构,构建集旅游、休闲、医疗、康复、护理与居家养老服务等于一体的综合服务系统。也可以村民小组为单位发展乡村旅游业、生态康养休闲业。(3)优先在国家重点生态功能区内建设国家公园、自然保护区、自然公园,扶持和规范原住居民在自然保护地周边地区从事生态教育、自然体验、生态旅游等活动的管理和服务工作。(三)积极发展生态环境保护产业。加强山水林田湖草沙的综合治理、系统治理、源头治理,鼓励当地居民当护林员、护草员、护水员(巡河员)、保洁员、垃圾清运员,参与荒漠化、石漠化、水土流失综合治理;并在农村人居环境、小型水利、乡村道路、农田整治、水土保持、产业园区、林业草原基础设施等涉农项目建设和管护时广泛采取以工代赈方式。

第三,完善公共财政投入机制,分类推进基础设施建设,加快提升生态环境治理能力和公共服务水平。(一)国家重点生态功能区县、乡两级公共财政应优先用于农村居住环境治理和住房条件的改善。国家重点生态功能区农村住房条件和居住环境的改善,不仅可促进当地农民的共同富裕,而且可以改善当地生态环境,提升河流的水质、防止水土流失和风沙扩大,从而从整体上改善全国的生态环境。要建立农村脱贫人口住房安全动态监测机制,通过农村危房改造等多种方式保障低收入人口基本住房安全。应特别注意加强移民新社区公共基础设施特别是文化广场、幼儿园、社区公共服务中心的建设。

(二)国家重点生态功能区县级公共财政投入的重点应是教育、社会保障、医疗、交通、信息、农业技术推广等公共服务基础设施和体系建设。这样既可以降低他们的教育、医疗的支出和生产生活成本,又可以提高他们的生活质量①。尤其重要的是应进一步加大对基础教育的投入,健全控辍保学工作机制,每个中心村(或居民人口较多的社区)附近都应有幼儿园和小学低年级教学点,每个乡镇都应办好幼儿园、小学、初中,每个县都应办好普通高中或职业高中,优先建立让农村居民都能享受 15 年基础教育(学前 3 年+9 年义务教育+高中或中专 3 年)的保障体系,以提升基础教育整体水平,确保除身体原因不具备学习条件外的脱贫家庭义务教育阶段适龄儿童少年不失学辍学,从而促进传统农业向生态农业与农旅融合产业的转换、引导农村人口向国家重点生态功能区的县城或中心镇和国家重点开发区的城镇转移。应逐渐提高农村低保和农村养老金的标准,逐渐缩小其与发达地区城市居民的差距。

(三)严格控制国家重点生态功能区县、乡两级的公务开支和基建规模。国家重点生态功能区县级公共财政的主要来源是中央和省级财政转移支付,其财政转移支付的用途只能是提高生态产品的供给能力和改善当地人民的生活水平。从发展战略来说,国家重点生态功能区的人口应逐步减少,县、乡两级政府的职能除保护生态和保障民生外都应逐渐削弱,其中国家公园和自然保护区内的乡镇政府应撤销。因此,其行政人员编制也应逐渐减少,党政机关的办公场所及其配套的公租房建设应从严控制。公路、铁路、机场等建设应以不影响生态平衡为原则。(四)基础设施建设应坚持环保类超前、民生类适度、开发类受限的原则。环保类基础设施建设超前,就是要用最先进的技术建设垃圾分类处理、污水集中处理、清洁能源利用、生态农业等基础设施,让他们达到先进水平。民生类基础设施建设适度,就是教育、医疗、社会保障等基本公共服务设施只要接近全国平均水平就行了,不要好高骛远,不要吊高各方面胃

---

① 王习明、张鹏程:《国家重点生态功能区贫困县的精准扶贫之道》,《海南师范大学学报(社会科学版)》2018 年第 2 期。

口;要确保所有的居民都住上安全环保适用并有乡土气息的住房,不能贪大求洋,都盖成别墅。开发类基础设施要严格限制,就是要控制新增公路、铁路和居民点的建设规模,必须新建的,应事先规划好动物迁徙通道。在有条件的地区之间,要通过水系、绿带等构建生态廊道,避免形成"生态孤岛"。

第四,加强基层组织建设,提升乡村治理能力,激发人民群众劳动致富和改善生态环境的积极性。(一)继续坚持和进一步完善向国家重点生态功能区脱贫村、易地扶贫搬迁和生态移民安置村(社区)、党组织软弱涣散村选派第一书记和工作队的制度:坚持县级以上党委统筹,严格人选把关,其第一书记和工作队员必须是省市县机关和国有企事业单位中热爱农村工作、善于做群众工作、甘于奉献的优秀干部;加强管理考核,任期一般不少于 2 年,期满考核由派出单位会同所在县党委组织部门、农办、农业农村部门及乡村振兴部门和乡镇(街道)党(工)委进行,考核结果作为评先评优、提拔使用、晋升职级、评定职称的重要依据。(二)进一步完善在疫情防控、抗灾抢险、生态环境治理、产业发展等实践中考察、识别、评价、使用乡村干部和驻村干部的制度。凡是能不畏艰险、无私奉献且能依法办事、科学决策和善于做群众工作的都要提拔重用,凡是不愿深入细致地做群众工作的都不能提拔重用,凡是不敢担当、作风漂浮、弄虚作假的都要严肃问责,凡是工作简单粗暴甚至违法的都要坚决撤职查办。(三)推进乡村治理体系和治理能力现代化,提升乡村善治水平。进一步健全党组织领导的自治、法治、德治相结合的乡村治理体系,加强村党组织对村各类组织和各项工作的全面领导,形成治理合力;推动规范村务运行,完善村民自治、村级议事决策、民主管理监督、民主协商等制度机制;完善农村网络化治理体系,利用大数据、互联网、网络员,消除治理的死角,弥补治理的漏洞,规范清理各种统计表格,杜绝重复报表;健全公共卫生服务体系和防治结合、联防联控、群防群治工作机制,加强基层防控能力建设。要充分发挥村民小组在村民自治中的基本单元作用:环境治理、产业服务、邻里互助、集体性文娱活动都应以村民小组为基本单位。村民小组的治理应充分发挥生态农业能手、网上直销能手、退休返村人员、老党员、护林员(护草员)、保洁员、护路员、网络员、护水员的作用,也要发挥民间组织和村规民约的作用。要适度提高村组干部的待遇,鼓励和引导返乡的大学生、退休人员、退伍人员、经商务工人员及村中致富能人担任村组干部;加强村组干部的培训,侧重于培训发展山地生态农业、乡村旅游业、生态康养休闲业的能力和网上直销能力。还要有计划地培养山地生态农业能手、网上直销能手、乡村旅游业和生态康养休闲业的经营管理能手入党并选拔他们任村干部。在设立国家公园、自然保护区、自然公园的地区,应建立与自然保护地体系的分类管理体制相适应的农村基层管理体系,提升农村基层组织特别是村组两级的生态治理能力和生态产业发展能力。(四)进一步完善调动人民群众积极主动劳动致富和改善生态环境的激励机制。党组织要通过宣传教育、典型示范、村规民约、竞赛与奖惩引导群众坚定"绿水青山就是金山银山""幸福是奋斗出来的"等信念,积极投身于促进共同富裕和建设生态文明的实践中,形成良好公共卫生习惯和绿色的生产生活方式,学会使用网络进行学习、购物、销售,增加劳动致富的能力。

重 要 表 格

表 1-1　全国城乡人口和在校学生变化表

	年底总人口	城镇	乡村	城镇化率（%）	人口出生率（‰）	人口死亡率（‰）	人口自然增长率（‰）	普通本专科	普通高中	初中	普通小学	特殊教育	学前教育
1949	54167	5765	48402	10.64	36	20	16	12	21	83	2439		
1950	55196	6169	49027	11.18	37	18	19	14	24	107	2892		14
1951	56300	6632	49668	11.78	37.8	17.8	20	15	18	138	4315		38
1952	57482	7163	50319	12.46	37	17	20	19	26	223	5110		42
1953	58796	7826	50970	13.31	37	14	23	21	36	257	5166	1	43
1954	60266	8249	52017	13.69	37.97	13.18	24.79	25	48	311	5122	1	48
1955	61465	8285	53180	13.48	32.6	12.28	20.32	29	58	332	5313	1	56
1956	62828	9185	53643	14.62	31.9	11.4	20.5	40	78	438	6347	1	108
1957	64653	9949	54704	15.39	34.03	10.8	23.23	44	90	538	6428	1	109
1958	65994	10721	55273	16.25	29.22	11.98	17.24	66	118	734	8640	1	2950
1959	67207	12371	54836	18.41	24.78	14.59	10.19	81	144	774	9118	2	2172
1960	66207	13073	53134	19.75	20.86	25.43	-4.57	96	168	859	9379	3	2933
1961	65859	12707	53152	19.29	18.13	14.33	3.8	95	153	699	7579	2	290
1962	67295	11659	55636	17.33	37.22	10.08	27.14	83	134	619	6924	2	145
1963	69172	11646	57526	16.84	43.6	10.1	33.5	75	124	638	7158	2	147
1964	70499	12950	57549	18.37	39.34	11.56	27.78	69	125	729	9295	2	159
1965	72538	13045	59493	17.98	38.06	9.55	28.51	67	131	803	11621	2	171

续表

	年底总人口	城镇	乡村	城镇化率(%)	人口出生率(‰)	人口死亡率(‰)	人口自然增长率(‰)	普通本专科	普通高中	初中	普通小学	特殊教育	学前教育
1966	74542	13313	61229	17.86	35.21	8.87	26.34	53	137	1113	10342		
1967	76368	13548	62820	17.74	34.12	8.47	25.65	41	127	1097	10244		
1968	78534	13838	64696	17.62	35.75	8.25	27.5	26	141	1252	10036		
1969	80671	14117	66554	17.50	34.25	8.06	26.19	11	189	1832	10067		
1970	82992	14424	68568	17.38	33.59	7.64	25.95	5	350	2292	10528		
1971	85229	14711	70518	17.26	30.74	7.34	23.4	8	559	2569	11211		
1972	87177	14935	72242	17.13	29.92	7.65	22.27	19	858	2724	12549		
1973	89211	15345	73866	17.20	28.07	7.08	20.99	31	923	2523	13570	3	245
1974	90859	15595	75264	17.16	24.95	7.38	17.57	43	1003	2648	14481	3	264
1975	92420	16030	76390	17.34	23.13	7.36	15.77	50	1164	3302	15094	3	620
1976	93717	16341	77376	17.44	20.01	7.29	12.72	57	1484	4353	15006	3	1396
1977	94974	16669	78305	17.55	19.03	6.91	12.12	63	1800	4980	14618	3	897
1978	96259	17245	79014	17.92	18.25	6.25	12	86	1553	4995	14624	3	788
1979	97542	18495	79047	18.96	17.82	6.21	11.61	102	1292	4613	14663	3	879
1980	98705	19140	79565	19.39	18.21	6.34	11.87	114	970	4538	14627	3	1151
1981	100072	20171	79901	20.16	20.91	6.36	14.55	128	715	4145	14333	3	1056
1982	101654	21480	80174	21.13	22.28	6.6	15.68	115	641	3888	13972	3	1113
1983	103008	22274	80734	21.62	20.19	6.9	13.29	121	629	3769	13578	4	1140
1984	104357	24017	80340	23.01	19.9	6.82	13.08	140	690	3864	13557	4	1295
1985	105851	25094	80757	23.71	21.04	6.78	14.26	170	741	3965	13370	4	1480
1986	107507	26366	81141	24.52	22.43	6.86	15.57	188	773	4117	13183	5	1629
1987	109300	27674	81626	25.32	23.33	6.72	16.61	196	774	4174	12836	5	1808
1988	111026	28661	82365	25.81	22.37	6.64	15.73	207	746	4016	12536	6	1855
1989	112704	29540	83164	26.21	21.58	6.54	15.04	208	716	3838	12373	6	1848
1990	114333	30195	84138	26.41	21.06	6.67	14.39	206	717	3869	12241	7	1972
1991	115823	31203	84620	26.94	19.68	6.7	12.98	204	723	3961	12164	9	2209
1992	117171	32175	84996	27.46	18.24	6.64	11.6	218	705	4066	12201	13	2428
1993	118517	33173	85344	27.99	18.09	6.64	11.45	254	657	4082	12421	17	2553
1994	119850	34169	85681	28.51	17.7	6.49	11.21	280	665	4317	12823	21	2630

续表

	年底总人口	城镇	乡村	城镇化率（%）	人口出生率（‰）	人口死亡率（‰）	人口自然增长率（‰）	普通本专科	普通高中	初中	普通小学	特殊教育	学前教育
1995	121121	35174	85947	29.04	17.12	6.57	10.55	291	713	4658	13195	30	2711
1996	122389	37304	85085	30.48	16.98	6.56	10.42	302	769	4970	13615	32	2666
1997	123626	39449	84177	31.91	16.57	6.51	10.06	317	850	5168	13995	34	2519
1998	124761	41608	83153	33.35	15.64	6.5	9.14	341	938	5363	13954	36	2403
1999	125786	43748	82038	34.78	14.64	6.46	8.18	413	1050	5722	13548	37	2326
2000	126743	45906	80837	36.22	14.03	6.45	7.58	556	1201	6256	13013	38	2244
2001	127627	48064	79563	37.66	13.38	6.43	6.95	719	1405	6514	12544	39	2022
2002	128453	50212	78241	39.09	12.86	6.41	6.45	903	1684	6687	12157	38	2036
2003	129227	52376	76851	40.53	12.41	6.4	6.01	1109	1965	6691	11690	37	2004
2004	129988	54283	75705	41.76	12.29	6.42	5.87	1334	2220	6528	11246	37	2089
2005	130756	56212	74544	42.99	12.4	6.51	5.89	1562	2409	6215	10864	36	2179
2006	131448	58288	73160	44.34	12.09	6.81	5.28	1739	2515	5958	10712	36	2264
2007	132129	60633	71496	45.89	12.1	6.93	5.17	1885	2522	5736	10564	42	2349
2008	132802	62403	70399	46.99	12.14	7.06	5.08	2021	2476	5585	10332	42	2475
2009	133450	64512	68938	48.34	11.95	7.08	4.87	2145	2434	5441	10072	43	2658
2010	134091	66978	67113	49.95	11.9	7.11	4.79	2232	2427	5279	9941	43	2977
2011	134735	69079	65656	51.27	11.93	7.14	4.79	2309	2455	5067	9926	40	3424
2012	135404	71182	64222	52.57	12.1	7.15	4.95	2391	2467	4763	9696	38	3686
2013	136072	73111	62961	53.73	12.08	7.16	4.92	2468	2436	4440	9361	37	3895
2014	136782	74916	61866	54.77	12.37	7.16	5.21	2548	2401	4385	9451	40	4051
2015	137462	77116	60346	56.10	12.07	7.11	4.96	2625	2374	4312	9692	44	4265
2016	138271	79298	58973	57.35	12.95	7.09	5.86	2696	2367	4329	9913	49	4414
2017	139008	81374	57661	58.54	12.43	7.11	5.32	2754	2375	4442	10094	58	4600
2018	139538	83137	56401	59.58	10.94	7.13	3.81	2831	2375	4653	10339	67	4656
2019	140005	84843	55162	60.60	10.48	7.14	3.34	3032	2414	4827	10561	79	4714
2020	141212	90220	50992	63.89	8.52	7.07	1.45	3285	4500	4914	10725	88	4818

数据来源：《中国统计年鉴》（http：//www.stats.gov.cn/tjsj/ndsj/）和《新中国六十五年数据表》（ht-tp：//www.stats.gov.cn/ztjc/ztsj/201502/t20150212_682681.html），单位：万人。

表1-2 全国农业生产条件、主要农产品与城乡区域收入差距变化表

	耕地面积(千公顷)	播种面积(千公顷)	粮食面积(千公顷)	有效灌溉面积(千公顷)	化肥施用量(万吨)	粮食(万吨)	棉花(万吨)	油料(万吨)	城镇居民家庭人均可支配收入(元)	农村居民家庭人均纯收入(元)	城乡居民家庭人均纯收入比	浙江省农村居民家庭人均纯收入(元)	甘肃省农村居民家庭人均纯收入(元)	浙甘农村居民人均纯收入比
1949	97881	124286	109959	15983		11318	44	256		44				
1950	100356	128826	114406			13213	69	297						
1951	103671	132860	117769			14369	103	362						
1952	107919	141256	123979	19959	8	16392	130	419						
1953	108529	144035	126637			16683	118	386						
1954	109355	147925	128995			16952	107	431						
1955	110157	151081	129839			18394	152	483						
1956	111825	159173	136339			19275	145	509						
1957	111830	157244	133633	27339	37	19505	164	420		73				
1958	106901	151995	127613	32791	55	19765	197	477						
1959	104579	142405	116023	35010	54	16968	171	410						
1960	104861	150642	122429	35083	66	14385	106	194						
1961	103311	143214	121443	32078	45	13650	80	181						
1962	102903	140229	121621	30545	63	15441	75	200		100				
1963	102727	140218	120741	30060	104	17000	120	246						
1964	103312	143531	122103	31518	129	18750	166	337		102				
1965	103594	143291	119627	33055	194	19453	210	363		107				
1966	102958	146829	120988			21400	234	392						
1967	102564	144943	119230			21782	235	399						
1968	101553	139827	116157			20906	235	343						
1969	101460	140944	117604			21097	208	333						
1970	101135	143487	119267	36000	351	23996	228	377						
1971	100699	145684	120846	36441	365	25014	211	411						
1972	100615	147919	121209	38005	421	24048	196	412						
1973	100213	148547	121156	39223	511	26494	256	419						
1974	99912	148635	120976	41269	486	27527	246	441						
1975	99708	149545	121062	43284	537	28452	238	452						

续表

	耕地面积(千公顷)	播种面积(千公顷)	粮食面积(千公顷)	有效灌溉面积(千公顷)	化肥施用量(万吨)	粮食(万吨)	棉花(万吨)	油料(万吨)	城镇居民家庭人均纯(可支配)收入(元)	农村居民家庭人均纯(可支配)收入(元)	城乡居民人均纯收入比	浙江省农村居民家庭人均纯收入(元)	甘肃省农村居民家庭人均纯收入(元)	浙甘农村居民人均纯收入比
1976	99388	149723	120743	44981	583	28631	206	401						
1977	99247	149333	120400	44999	648	28273	205	402		117				
1978	99389	150104	120587	44965	884	30477	217	522	343	134	2.57		98	
1979	99498	148477	119263	45003	1086	33212	221	644	405	160	2.53			
1980	99305	146380	117234	44888	1269	32056	271	769	478	191	2.50	219	153	1.43
1981	99037	145157	114958	44574	1335	32502	297	1021	500	223	2.24			
1982	98606	144755	113462	44177	1513	35450	360	1182	535	270	1.98			
1983	98359	143994	114047	44644	1660	38728	464	1055	565	310	1.82			
1984	97854	144221	112884	44453	1740	40731	626	1191	652	355	1.84			
1985	96846	143626	108845	44036	1776	37911	415	1578	739	397	1.86	549	255	2.15
1986	96230	144204	110933	44226	1931	39151	354	1474	828	424	1.95			
1987	95889	144957	111268	44403	1999	40298	425	1528	916	463	1.98			
1988	95722	144869	110123	44376	2142	39408	415	1320	1119	545	2.05			
1989	95656	146554	112205	44917	2357	40755	379	1295	1260	602	2.09			
1990	95673	148362	113466	47403	2590	44624	451	1613	1387	630	2.20	1099	431	2.55
1991	95653	149586	112314	47822	2805	43529	568	1638	1570	710	2.21			
1992	95426	149007	110560	48590	2930	44266	451	1641	1826	784	2.33			
1993	95101	147741	110509	48728	3152	45649	374	1804	2337	921	2.54			
1994	94907	148241	109544	48759	3318	44510	434	1990	3179	1220	2.61			
1995	94971	149879	110060	49281	3594	46662	477	2250	3893	1578	2.47	2966	880	3.37
1996	130039	152381	112548	50381	3828	50454	420	2211	4839	1926	2.51			
1997	130039	153969	112912	51239	3981	49417	460	2157	5160	2090	2.47	3684	1185	3.11
1998	130039	155706	113787	52296	4084	51230	450	2314	5425	2162	2.51	3815	1393	2.74
1999	130039	156373	113161	53158	4124	50839	383	2601	5854	2210	2.65	3948	1357	2.91
2000	130039	156300	108463	53820	4146	46218	442	2955	6280	2253	2.79	4254	1429	2.98
2001	130039	155708	106080	54249	4254	45264	532	2865	6860	2366	2.90	4582	1509	3.04
2002	130039	154636	103891	54355	4339	45706	492	2897	7703	2476	3.11	4940	1596	3.09

国家重点生态功能区贫困县生态与民生协调改善之道

续表

	耕地面积(千公顷)	播种面积(千公顷)	粮食面积(千公顷)	有效灌溉面积(千公顷)	化肥施用量(万吨)	粮食(万吨)	棉花(万吨)	油料(万吨)	城镇居民家庭人均纯(可支配)收入(元)	农村居民家庭人均纯(可支配)收入(元)	城乡居民家庭人均纯收入比	浙江省农村居民家庭人均纯收入(元)	甘肃省农村居民家庭人均纯收入(元)	浙甘农村居民人均纯收入比
2003	130039	152415	99410	54014	4412	43070	486	2811	8472	2622	3.23	5431	1673	3.25
2004	130039	153553	101606	54478	4637	46947	632	3066	9422	2936	3.21	5944	1852	3.21
2005	130039	155488	104278	55029	4766	48402	571	3077	10493	3255	3.22	6660	1980	3.36
2006	121736	152150	104958	55751	4928	49804	753	2640	11759	3587	3.28	7335	2134	3.44
2007	121735	153464	105638	56518	5108	50160	762	2569	13786	4140	3.33	8265	2329	3.55
2008	121716	156266	106793	58472	5239	52871	749	2953	15781	4761	3.31	9258	2724	3.40
2009	121720	158614	108986	59261	5404	53082	638	3154	17175	5153	3.33	10007	2980	3.36
2010	121720	160675	109876	60348	5562	54648	596	3230	19109	5919	3.23	11303	3425	3.30
2011	121720	162283	110573	61682	5704	57121	660	3307	21810	6977	3.13	13071	3909	3.34
2012	121720	163416	111205	62491	5839	58958	684	3437	24565	7917	3.10	14552	4507	3.23
2013	135157	164627	111956	63473	5912	60194	630	3517	26955	8896	3.03	17494	5589	3.13
2014	135157	165446	112723	64540	5996	63965	630	3372	28844	10489	2.75	19373	6277	3.09
2015	135000	166929	118963	65873	6023	66060	591	3391	31195	11422	2.73	21125	6936	3.05
2016	134900	166939	119230	67141	5984	66044	534	3400	33616	12363	2.72	22866	7457	3.07
2017	134900	166332	117989	67816	5859	66161	565	3475	36396	13432	2.71	24956	8076	3.09
2018	134900	165902	117038	68272	5653	65789	610	3433	39251	14617	2.69	27302	8804	3.10
2019	127900	165931	116064	68679	5404	66384	589	3493	42359	16021	2.64	29876	9629	3.10
2020	127900	167487	116768	69161	5251	66949	591	3585	43834	17131	2.56	31930	10344	3.09

注:(1)2013 年前的数据主要来自《新中国六十五年数据表》(http://www.stats.gov.cn/ztjc/ztsj/201502/t20150212_682681.html),2014—2020 年数据来源于《中国统计年鉴》(http://www.stats.gov.cn/tjsj/ndsj/);(2)空白表示数据缺失;(3)将浙江省与甘肃省的农村居民家庭人均收入进行比较是因为浙江省、甘肃省的农村居民家庭人均纯收入分别代表最高省、最低省。

表1-3　1952—2020年国民经济发展主要指标

	国内生产总值(亿元)	第一产业(亿元)	第一产业占比(%)	第二产业(亿元)	第二产业占比(%)	第三产业(亿元)	第三产业占比(%)	进出口货物贸易(亿元)	占国内生产总值的比(%)	全社会固定资产投资(亿元)	固定资产投资占总值比例(%)	房地产投资(亿元)	房地产投资占固定资产投资比例(%)	旅游收入(亿元)	旅游收入占生产总值的比(%)	国际旅游收入(亿美元)	美元兑人民币汇率	国内旅游收入(亿元)
1952	679	346	50.96	142	20.88	191	28.16	65	9.51									
1953	824	381	46.28	193	23.36	250	30.37	81	9.82									
1954	859	396	46.02	212	24.63	252	29.35	85	9.86									
1955	911	425	46.64	222	24.40	264	28.96	110	12.06									
1956	1029	448	43.53	281	27.28	300	29.19	109	10.56									
1957	1069	434	40.58	317	29.65	318	29.78	105	9.77									
1958	1308	450	34.39	484	36.96	375	28.65	129	9.84									
1959	1440	387	26.88	616	42.73	438	30.38	149	10.37									
1960	1458	344	23.59	648	44.47	466	31.94	128	8.81									
1961	1221	445	36.46	389	31.85	387	31.70	91	7.43									
1962	1151	457	39.72	359	31.21	335	29.08	81	7.03									
1963	1236	502	40.60	408	32.97	327	26.43	86	6.93									
1964	1456	564	38.75	514	35.28	378	25.97	98	6.70									
1965	1717	657	38.25	602	35.07	458	26.68	118	6.89									
1966	1873	709	37.82	710	37.88	455	24.30	127	6.79									
1967	1780	721	40.48	603	33.86	457	25.66	112	6.30									
1968	1730	733	42.35	537	31.05	460	26.59	109	6.27									
1969	1946	743	38.17	689	35.41	514	26.41	107	5.50									
1970	2261	800	35.40	912	40.34	549	24.26	113	4.99									
1971	2435	834	34.23	1023	42.00	579	23.76	121	4.96									
1972	2530	835	32.99	1084	42.85	611	24.16	147	5.81									
1973	2733	916	33.50	1173	42.91	645	23.59	221	8.07									
1974	2804	954	34.02	1192	42.52	658	23.47	292	10.42									
1975	3013	980	32.52	1371	45.48	663	22.00	290	9.64									
1976	2962	976	32.95	1337	45.15	649	21.90	264	8.92									
1977	3221	951	29.51	1509	46.85	761	23.64	273	8.46									
1978	3645	1028	28.19	1745	47.88	873	23.94	355	9.74									
1979	4063	1270	31.27	1914	47.10	879	21.63	455	11.19									

续表

	国内生产总值(亿元)	第一产业(亿元)	第一产业占比(%)	第二产业(亿元)	第二产业占比(%)	第三产业(亿元)	第三产业占比(%)	进出口货物贸易(亿元)	占国内生产总值的比(%)	全社会固定资产投资(亿元)	固定资产投资占总值比例(%)	房地产投资(亿元)	房地产投资占固定资产投资比例(%)	旅游收入(亿元)	旅游收入占生产总值的比(%)	国际旅游收入(亿美元)	美元兑人民币汇率	国内旅游收入(亿元)
1980	4546	1372	30.17	2192	48.22	982	21.60	570	12.54									
1981	4892	1560	31.88	2256	46.11	1077	22.01	735	15.03	961	19.65							
1982	5323	1777	33.39	2383	44.76	1163	21.85	771	14.49	1230	23.11							
1983	5963	1978	33.18	2646	44.38	1338	22.44	860	14.42	1430	23.98							
1984	7208	2316	32.13	3106	43.09	1786	24.78	1201	16.66	1833	25.43							
1985	9016	2564	28.44	3867	42.89	2585	28.67	2067	22.92	2543	28.21							
1986	10275	2789	27.14	4493	43.72	2994	29.14	2580	25.11	3121	30.37	101	3.24					
1987	12059	3233	26.81	5252	43.55	3574	29.64	3084	25.58	3792	31.44	150	3.95					
1988	15043	3865	25.70	6587	43.79	4590	30.51	3822	25.41	4754	31.60	257	5.41					
1989	16992	4266	25.10	7278	42.83	5448	32.06	4156	24.46	4410	25.96	273	6.18					
1990	18668	5062	27.12	7717	41.34	5888	31.54	5560	29.78	4517	24.20	253	5.61					
1991	21782	5342	24.53	9102	41.79	7337	33.69	7226	33.17	5595	25.68	336	6.01					
1992	26924	5867	21.79	11700	43.45	9357	34.76	9120	33.87	8080	30.01	731	9.05					
1993	35334	6964	19.71	16454	46.57	11916	33.72	11271	31.90	13072	37.00	1938	14.82					
1994	48198	9573	19.86	22445	46.57	16180	33.57	20382	42.29	17042	35.36	2554	14.99					
1995	60794	12136	19.96	28680	47.18	19979	32.86	23500	38.66	20019	32.93	3149	15.73					
1996	71177	14015	19.69	33835	47.54	23326	32.77	24134	33.91	22914	32.19	3216	14.04					
1997	78973	14442	18.29	37543	47.54	26988	34.17	26967	34.15	24941	31.58	3178	12.74					
1998	84402	14818	17.56	39004	46.21	30581	36.23	26850	31.81	28406	33.66	3614	12.72					
1999	89677	14770	16.47	41034	45.76	33873	37.77	29896	33.34	29855	33.29	4103	13.74					
2000	99215	14945	15.06	45556	45.92	38714	39.00	39273	39.58	32918	33.18	4984	15.14					
2001	109655	15781	14.39	49512	45.15	44362	40.46	42184	38.47	37213	33.94	6344	17.05					
2002	120333	16537	13.74	53897	44.79	49899	41.47	51378	42.70	43500	36.15	7791	17.91	5566	4.63	204	8.28	3878
2003	135823	17382	12.80	62436	45.97	56005	41.23	70484	51.89	55567	40.91	10154	18.27	4883	3.60	174	8.28	3442
2004	159878	21413	13.39	73904	46.23	64561	40.38	95539	59.76	70477	44.08	13158	18.67	6842	4.28	257	8.28	4711
2005	184937	22420	12.12	87598	47.37	74919	40.51	116922	63.22	88774	48.00	15909	17.92	7685	4.16	293	8.19	5286
2006	216314	24040	11.11	103720	47.95	88555	40.94	140974	65.17	109998	50.85	19423	17.66	8935	4.13	339	7.97	6230
2007	265810	28627	10.77	125831	47.34	111352	41.89	166864	62.78	137324	51.66	25289	18.42	10956	4.12	419	7.60	7771

	国内生产总值(亿元)	第一产业(亿元)	第一产业占比(%)	第二产业(亿元)	第二产业占比(%)	第三产业(亿元)	第三产业占比(%)	进出口货物贸易(亿元)	占国内生产总值的比(%)	全社会固定资产投资(亿元)	固定资产投资占总值比例(%)	房地产投资(亿元)	房地产投资占固定资产投资比例(%)	旅游收入(亿元)	旅游收入占生产总值的比(%)	国际旅游收入(亿美元)	美元兑人民币汇率	国内旅游收入(亿元)
2008	314045	33702	10.73	149003	47.45	131340	41.82	179922	57.29	172828	55.03	31203	18.05	11588	3.69	408	6.95	8749
2009	340903	35226	10.33	157639	46.24	148038	43.43	150648	44.19	224599	65.88	36242	16.14	12893	3.78	397	6.83	10184
2010	401513	40534	10.10	187383	46.67	173596	43.24	201722	50.24	251684	62.68	48259	19.17	15681	3.91	458	6.77	12580
2011	473104	47486	10.04	220413	46.59	205205	43.37	236402	49.97	311485	65.84	61797	19.84	22436	4.74	485	6.46	19305
2012	519470	52374	10.08	235162	45.27	231935	44.65	244160	47.00	374695	72.13	71804	19.16	25863	4.98	500	6.31	22706
2013	568845	56957	10.01	249684	43.89	262204	46.09	258169	45.38	446294	78.46	86013	19.27	29474	5.18	517	6.19	26276
2014	643563	55626	8.64	277283	43.09	310654	48.27	264242	41.06	512021	79.56	95036	18.56	33806	5.25	569	6.14	30312
2015	688858	57775	8.39	281339	40.84	349745	50.77	245503	35.64	562000	81.58	95979	17.08	41275	5.99	1137	6.23	34195
2016	746395	60139	8.06	295428	39.58	390828	52.36	243387	32.61	606466	81.25	102581	16.91	47358	6.34	1200	6.64	39390
2017	832036	62099	7.46	331581	39.85	438356	52.68	278099	33.42	641238	77.07	109799	17.12	53991	6.49	1234	6.75	45661
2018	919281	64745	7.04	364835	39.69	489701	53.27	305008	33.18	645675	70.24	120165	18.61	59693	6.49	1271	6.62	51278
2019	990865	70466	7.11	386165	38.97	534233	53.92	315627	31.85	560874	56.60	132194	23.57	66307	6.69	1313	6.90	57251
2020	1015986	77754	7.70	384255	37.80	553977	54.5	321557	31.65	527270	51.90	141443	26.83				6.89	22286

数据来源:1952—2013 年国民总收入、国民生产总值及三个产业总值来源于《新中国六十五年数据表》(http://www.stats.gov.cn/ztjc/ztsj/201502/t20150212_682681.html),其他数据来源于《中国统计年鉴》(http://www.stats.gov.cn/tjsj/)。

表 1-4　2007—2020 年一般公共预算主要支出项目　　单位:亿元、%

年份	合计	一般公共服务	占比	国防	占比	公共安全	教育	占比	科学技术	占比	社会保障和就业	占比	医疗卫生	占比	环境保护	占比	交通运输	占比	城乡社区事务	占比	农林水	占比	住房保障	占比
2007	49781	8514	17.10	3555	7.14	3486	7.00	7122	14.31	1783	3.58	5447	10.94	1990	4.00	996	2.00	1915	3.85	3245	6.52	3405	6.84	
2008	62593	9796	15.65	4179	6.68	4510	7.20	9010	14.39	2129	3.40	6804	10.87	2757	4.40	1427	2.28	2354	3.76	4206	6.72	4544	7.26	
2009	76300	9164	12.01	4951	6.49	4744	6.22	10438	13.68	2745	3.60	7607	9.97	3994	5.23	1934	2.53	4648	6.09	5108	6.69	6720	8.81	726	0.95
2010	89874	9337	10.39	5333	5.93	5518	6.14	12550	13.96	3250	3.62	9131	10.16	4804	5.35	2442	2.72	5488	6.11	5987	6.66	8130	9.05	2377	2.64
2011	109248	10988	10.06	6028	5.52	6304	5.77	16497	15.10	3828	3.50	11109	10.17	6430	5.89	2641	2.42	7498	6.86	7621	6.98	9938	9.10	3821	3.50
2012	125953	12700	10.08	6692	5.31	7112	5.65	21242	16.87	4453	3.54	12586	9.99	7245	5.75	2963	2.35	8196	6.51	9079	7.21	11974	9.51	4480	3.56

国家重点生态功能区贫困县生态与民生协调改善之道

续表

年份	合计	一般公共服务	占比	国防	占比	公共安全	占比	教育	占比	科学技术	占比	社会保障和就业	占比	医疗卫生	占比	环境保护	占比	交通运输	占比	城乡社区事务	占比	农林水	占比	住房保障	占比
2013	140212	13755	9.81	7411	5.29	7787	5.55	22002	15.69	5084	3.63	14491	10.33	8280	5.91	3435	2.45	9349	6.67	11166	7.96	13350	9.52	4481	3.20
2014	151786	13268	8.74	8290	5.46	8357	5.51	23042	15.18	5314	3.50	15969	10.52	10177	6.70	3816	2.51	10400	6.85	12959	8.54	14174	9.34	5044	3.32
2015	175878	13548	7.70	9088	5.17	9380	5.33	26272	14.94	5863	3.33	19019	10.81	11953	6.80	4803	2.73	12356	7.03	15886	9.03	17380	9.88	5797	3.30
2016	187755	14791	7.88	9766	5.20	11032	5.88	28073	14.95	6564	3.50	21591	11.50	13159	7.01	4735	2.52	10499	5.59	18395	9.80	18587	9.90	6776	3.61
2017	203085	16510	8.13	10432	5.14	12461	6.14	30153	14.85	7267	3.58	24612	12.12	14451	7.12	5617	2.77	10674	5.26	20585	10.14	19089	9.40	6552	3.23
2018	220904	18375	8.32	11280	5.11	13781	6.24	32169	14.56	8327	3.77	27012	12.23	15624	7.07	6298	2.85	11283	5.11	22124	10.02	21086	9.55	6806	3.08
2019	238858	20345	8.52	12122	5.08	13902	5.82	34797	14.57	9471	3.97	29379	12.30	16665	6.98	7390	3.09	11818	4.95	24895	10.42	22863	9.57	6401	2.68
2020	245679	20061	8.17	12919	5.26	13863	5.64	36360	14.80	9018	3.67	32569	13.26	19216	7.82	6337	2.58	12198	4.97	19946	8.12	23949	9.75	7106	2.89

注:(1)数据来源于《中国统计年鉴》(http://www.stats.gov.cn/tjsj/);(2)"环境保护"于2011年起更名为"节能环保";"医疗卫生"于2013年起更名为"医疗卫生与计划生育"、于2018年更名为"卫生健康";"农林水事务"包括农业支出、林业支出、水利支出、扶贫支出、农业综合开发支出等;"城乡社区事务"包括城乡社区管理事务、城乡社区规划与管理、城乡社区公共设施、城乡社区住宅、城乡社区环境卫生、建设市场管理与监督、政府住房基金支出、土地有偿使用支出、城镇公用事业附加支出、其他城乡社区事务支出等10项;"一般公共服务"主要用于保障机关事业单位正常运转和支持各机关单位履行职能,包括"三公"经费(因公出国或出境费、公务用车购置及运行费、公务接待费)和干部的教育培训费。

表 1-5　全国荒漠化和沙化土地监测结果

	荒漠化土地面积			沙化土地面积		
	规模（万 km²）	占国土面积（%）	年均增减（万 km²）	规模（万 km²）	占国土面积（%）	年均增减（万 km²）
1994 年底	262.2	27.31		172.592	17.98	
1999 年底	267.4	27.9%	+1.04	174.31	18.2	+0.3436
2004 年底	263.62	27.46	−0.7585	173.97	18.12	−0.1283
2009 年底	262.37	27.33	−0.2491	173.11	18.03	−0.1717
2014 年底	261.158	27.2	−0.2424	172.1198	17.93	−0.198

数据来源:《第三次全国荒漠化和沙化监测主要结果》(http://www.forestry.gov.cn/main/65/content-758164.html);《国家林业局发布第四次全国荒漠化和沙化监测成果》(http://www.forestry.gov.cn/portal/main/s/195/content-457769.html);《全国荒漠化和沙化土地监测结果显示出五大特点》(http://www.scio.gov.cn/xwfbh/xwbfbh/wqfbh/2015/33953/zy33957/Document/1460474/1460474.htm)。

表 1-6 我国省级行政区主体功能区规划颁布时间

行政区名称	颁布时间	消息来源
黑龙江省	20120607	http://internal. my399. com/system/2012068/000401253. html
甘肃省	20120814	http://gsjjb. gansudaily. com. cn/system/2012/08/15/012667983.shtml
内蒙古自治区	20120815	http://www.nmg. xinhuanet.com/xwzx/2012 - 08/15/content_25539065.htm
广东省	20120914	http://zwgk. gd. gov. cn/006939748/201211/t20121107_352873.html
北京市	20120917	http://www. bj. chinanews. com/news/2012/0918/25580. html
天津市	20121011	http://www. tianjinwe. com/tianjin/tbbd/201210/t2012 1011_6516950.html
广西壮族自治区	20121210	http://politics. people. com. cn/n/2012/1211/c99014 - 19865594.html
湖南省	20121227	http://www.hnfgw.gov.cn/site/ZXGH/36039.html
福建省	20130114	http://finance. eastmoney. com/news/1350, 201301152 68221525.html
上海市	20130123	http://news.sh.soufun.com/2013 - 01 - 29/9457245_2.html
江西省	20130206	http://www.fcwlwz.gov.cn/e/action/ShowInfo.php? classid = 14&id = 32574
新疆生产建设兵团	20130221	http://politics. people. com. cn/n/2013/0221/c99014 - 20559693.html
重庆市	201302	http://news. 163. com/13/0201/21/8MLK5CGQ00014AED. html
湖北省	20130301	http://www.changjiangtimes.com/2013/03/434825.html
新疆维吾尔自治区	20130317	http://business.sohu.com/20130318/n369270356.shtml
山东省	20130320	http://www. mlr. gov. cn/xwdt/hyxw/201302/t20130221_1183343.htm
陕西省	20130407	http://www. ddsx. cn/a/estate/news/20130408/1365408 89938626.html
四川省	20130416	http://www. sc. gov. cn/10462/10883/11066/2013/4/23/10258501.shtml
吉林省	20130514	http://cds. nlc. gov. cn/jlsfz/zfgb/615743a/201312/t2013 1217_4477644.htm? classid = 355

续表

行政区名称	颁布时间	消息来源
贵州省	20130517	http://www.gzgov.gov.cn/xxgk/gwgb/qff/106661.shtml
河北省	20130528	http://www.jiwu.com/news/1573155.html
浙江省	20130818	http://www.zjdpc.gov.cn/art/2013/10/21/art_719_588513.html
安徽省	20131223	http://ah.anhuinews.com/system/2013/12/25/006244784.shtml
海南省	20131228	http://www.hainan.gov.cn/data/hnzb/2014/02/2874/
江苏省	20140305	http://www.sdx.js.cn/art/2014/3/5/art_6125_48561.html
河南省	20140318	http://henan.sina.com.cn/luoyang/tongcheng/2014-03-20/142111647.html
山西省	20140411	http://jjsx.china.com.cn/lm235/2014/234679.htm
青海省	20140416	http://finance.sina.com.cn/stock/t/20140417/09441882 9148.shtml
云南省	20140514	http://news.yntv.cn/content/15/201405/15/15_890740.shtml
辽宁省	20140527	http://www.lndp.gov.cn/Article_Show.asp?ArticleID=3548
宁夏回族自治区	20140628	http://www.nx.gov.cn/zwgk/gtwj/nzf/93470.htm
西藏自治区	20141124	http://www.xdrc.gov.cn/index.php?m=Show&a=index&cid=130&id=2520

表1-7　2017—2020年中央对地方重点生态功能区转移支付分配表

单位:亿元

地区	2017 提	2017 补	2017 合	2018 提	2018 补	2018 合	2019 提	2019 补	2019 合	2020 提	2020 补	2020 合
合计	513.01	113.99	627.00	564.31	156.69	721.00	648.89	139.22	788.11	707.17	87.33	794.50
北京市	1.84	0.45	2.29	2.06	0.23	2.29	2.06	0.23	2.29	1.98	0.06	2.04
天津市	0.59	0.06	0.65	0.59	0.06	0.65	0.59	0.06	0.65	0.79	0.00	0.79
河北省	25.52	4.64	30.16	27.14	3.63	30.77	27.69	12.26	39.95	33.86	5.78	39.64
山西省	7.42	0.87	8.29	7.46	1.83	9.29	8.36	2.45	10.81	8.65	1.49	10.14
内蒙古自治区	27.61	5.02	32.63	29.37	3.39	32.76	29.48	5.20	34.68	30.24	3.39	33.63

续表

地区	2017 提	2017 补	2017 合	2018 提	2018 补	2018 合	2019 提	2019 补	2019 合	2020 提	2020 补	2020 合
辽宁省	3.83	0.82	4.65	4.19	0.56	4.75	4.28	1.40	5.68	5.33	0.57	5.90
大连市	0.16	0.02	0.18	0.16	0.02	0.18	0.16	0.02	0.18	0.16	0.02	0.18
吉林省	9.41	1.12	10.53	9.48	1.31	10.79	9.71	1.26	10.97	9.33	0.93	10.26
黑龙江省	24.36	3.08	27.44	24.70	2.36	27.06	24.35	4.16	28.51	24.53	3.86	28.39
上海市	0.20	0.02	0.22	0.20	0.48	0.68	0.61	0.07	0.68	0.61	0.07	0.68
江苏省	0.61	0.07	0.68	0.61	1.42	2.03	1.83	0.20	2.03	1.83	0.20	2.03
浙江省	1.66	1.54	3.20	2.88	1.98	4.86	4.37	0.49	4.86	4.15	0.46	4.61
安徽省	14.18	2.96	17.14	15.43	5.11	20.54	18.49	4.97	23.46	20.69	2.61	23.30
福建省	11.82	6.06	17.88	16.09	3.20	19.29	17.36	1.74	19.10	11.57	1.38	12.95
江西省	14.47	4.00	18.47	16.62	9.06	25.68	23.11	2.57	25.68	19.09	2.19	21.28
山东省	6.63	1.49	8.12	7.31	0.97	8.28	7.45	1.35	8.80	8.18	0.74	8.92
河南省	13.59	6.02	19.61	17.65	5.44	23.09	20.78	3.21	23.99	21.08	1.80	22.88
湖北省	25.76	4.76	30.52	27.47	5.83	33.30	29.97	6.25	36.22	31.87	4.19	36.06
湖南省	35.19	5.76	40.95	36.86	7.63	44.49	40.04	6.89	46.93	41.13	4.21	45.34
广东省	10.18	1.84	12.02	10.82	1.74	12.56	11.30	1.26	12.56	11.30	1.26	12.56
广西壮族自治区	18.39	3.73	22.12	19.91	2.91	22.82	20.54	9.41	29.95	26.16	3.06	29.22
海南省	17.16	1.91	19.07	17.16	1.96	19.12	17.21	3.05	20.26	17.18	1.91	19.09
重庆市	18.48	2.52	21.00	18.90	5.33	24.23	21.81	3.44	25.25	22.29	2.89	25.18
四川省	24.99	4.17	29.16	26.24	16.49	42.73	38.46	4.45	42.91	44.45	4.13	48.58
贵州省	38.00	8.40	46.40	41.76	11.05	52.81	47.53	14.47	62.00	51.68	6.56	58.24
云南省	25.69	6.51	32.20	28.98	15.25	44.23	39.81	19.35	59.16	54.30	5.45	59.75
西藏自治区	11.46	1.92	13.38	12.04	6.42	18.46	16.61	1.85	18.46	24.19	1.74	25.93
陕西省	24.07	4.65	28.72	25.84	2.73	28.57	25.71	7.20	32.91	28.25	8.97	37.22
甘肃省	38.30	13.40	51.70	46.53	10.94	57.47	51.72	11.59	63.31	60.24	6.57	66.81
青海省	20.73	8.31	29.04	26.14	8.20	34.34	30.91	0.15	31.06	36.28	2.87	39.15
宁夏回族自治区	13.06	2.45	15.51	13.96	1.80	15.76	14.18	3.51	17.69	15.26	3.30	18.56
新疆维吾尔自治区	27.65	5.42	33.07	29.76	17.36	47.12	42.41	4.71	47.12	40.52	4.67	45.19

注：(1)"提"指提前支付资金，"补"指补助资金，"合"指年度合计资金。(2)资料来源：http://yss.mof.
gov.cn/ybxzyzf/zdstgnqzyzf/。

表 3-1　2009—2020 年白沙县国民经济和社会发展主要指标

	2009	2010	2011	2012	2013	2014	2015	2016	2017	2018	2019	2020
生产总值(亿元)	12.25	14.94	29.78	31.11	32.91	36.54	39.90	44.27	47.14	50.21	56.64	56.85
第一产业增加值(亿元)	6.42	8.07	19.19	18.59	18.34	17.79	18.96	20.99	21.33	20.88	23.11	23.59
一产业占生产总值比例(%)	52.46	54.01	64.45	59.75	55.73	48.69	47.53	47.41	45.25	41.60	40.80	41.50
第二产业增加值(亿元)	1.99	2.37	3.99	4.73	5.51	4.38	4.49	4.71	5.17	5.64	5.97	6.59
二产业占生产总值比例(%)	16.24	15.86	13.40	15.21	16.75	11.97	11.25	10.63	10.97	11.20	10.50	12.20
第三产业增加值(亿元)	3.83	4.50	6.60	7.79	9.06	14.35	16.45	18.58	20.64	23.69	27.56	26.30
三产业占生产总值比例(%)	31.31	30.13	22.15	25.05	27.52	39.28	41.22	41.96	43.78	47.20	48.70	46.30
公共财政支出(亿元)	8.68	11.08	13.84	17.29	18.35	19.23	20.65	25.20	31.56	35.47	43.41	38.32
一般预算收入(亿元)	0.64	0.86	1.22	1.86	2.54	2.81	2.82	1.60	1.62	1.68	1.76	1.82
公共财政支出与一般预算收入比	13.51	12.89	11.34	9.30	7.24	6.84	7.32	15.72	19.48	21.11	24.70	21.06
全社会固定资产投资(亿元)	3.81	5.17	7.37	12.52	19.07	21.10	21.88	14.15	16.37	20.43	23.29	28.55
固定资产投资占总值比例(%)	31.14	34.59	24.74	40.23	57.96	57.75	54.84	31.95	34.73	40.69	41.12	50.22
其中:房地产投资(亿元)		0.13	0.57	0.44	0.74	4.53	8.68	4.47	3.18	3.51	3.87	4.81
房地产投资占固定资产投资比例(%)		2.45	7.79	34.84	38.96	21.49	39.69	31.57	19.43	17.18	16.62	50.22
旅游营业总收入(亿元)			0.35			1.30	1.39	1.55	2.01	2.40	2.90	4.81
旅游占生产总值比例(%)			1.16			3.56	3.48	3.50	4.26	4.78	5.12	16.85
农民人均纯收入(元)	3079	3656	4738	5785	6701	7902	8732	9649	10739	11732	12921	13978
居民人均可支配收入(元)	10461	12983	15006	17257	19380	20698	22416	24355	26342	28492	31128	31956

	2009	2010	2011	2012	2013	2014	2015	2016	2017	2018	2019	2020
城乡收入比	3.40	3.55	3.17	2.98	2.89	2.62	2.57	2.52	2.45	2.43	2.41	2.29
年末户籍人口（人）	199365	202792	202873	198481	194667							
年末常住人口（人）		167918	168219	168534	169526	169300	171000	171600	172500	173400	175300	164699

注:2020年年末常住人口数据来源于第七次全国人口普查,其他数据来源于国民经济和社会发展统计
公报,空白表示无数据,2011年开始包括了县内农场产值。

表3-2　2009—2020年琼中县国民经济和社会发展主要指标

	2009	2010	2011	2012	2013	2014	2015	2016	2017	2018	2019	2020
生产总值(亿元)	10.56	24.44	26.78	28.04	32.01	35.84	39.10	43.42	47.67	49.50	57.48	59.00
其中:第一产业（亿元）	5.10	15.73	15.95	14.59	14.51	16.01	16.76	18.30	20.00	18.74	20.68	21.15
一产占比（%）	48.28	64.38	59.54	52.05	45.33	44.67	42.88	42.14	41.96	37.90	35.98	35.84
第二产业(亿元)	1.54	2.20	3.17	3.79	4.93	5.65	6.12	6.50	7.02	7.92	8.60	9.11
二产占比（%）	14.58	8.98	11.85	13.53	15.41	15.76	15.64	14.97	14.73	16.00	14.96	15.44
第三产业(亿元)	3.92	6.51	7.66	9.65	12.56	14.19	16.22	18.62	20.65	22.84	28.20	28.75
三产占比（%）	37.14	26.63	28.62	34.42	39.26	39.57	41.48	42.89	43.32	46.10	49.06	48.72
一般预算收入(亿元)	0.63	1.03	1.42	2.24	3.09	3.36	3.69	4.29	2.82	2.78	3.00	3.20
公共财政支出总额(亿元)	8.61	11.50	14.18	16.95	19.45	20.73	21.28	34.70	35.47	36.15	38.41	39.71
公共财政支出与一般预算收入比	13.74	11.17	10.00	7.57	6.29	6.17	5.77	8.08	12.58	13.01	12.79	12.41
固定资产投资(亿元)	4.39	7.60	12.60	18.56	26.25	35.74	38.38	43.79	46.45	37.02	26.54	31.61
固定资产投资占生产总值比(%)	41.57	31.10	47.03	66.19	82.02	99.71	98.17	100.86	97.44	74.80	46.18	53.58

续表

	2009	2010	2011	2012	2013	2014	2015	2016	2017	2018	2019	2020
房地产投资（亿元）		0.52	1.24	2.70	3.81	4.26	4.33	5.19	2.60	1.18	0.89	0.67
房地产投资占固定资产投资比（%）		6.80	9.87	14.53	14.53	11.93	11.29	11.85	5.60	3.19	3.37	2.12
旅游总收入（亿元）		0.11	0.25	0.34	0.75	1.04	1.74	3.79	5.10	5.90	6.84	4.90
旅游总收入占生产总值比		0.45	0.95	1.20	2.35	2.89	4.45	8.72	10.70	11.92	11.90	8.31
农民人均纯收入（元）	2709	3341	4383	5546	6478	7883	8810	9713	10840	11897	12968	14116
城镇居民人均可支配收入(元)	10008	11903	14593	17088	19395	20752	22827	24819	27095	29360	31929	33417
城乡收入比	3.69	3.56	3.33	3.08	2.99	2.63	2.59	2.56	2.50	2.47	2.46	2.37
年末户籍人口（万人）		17.93	17.96	17.97	18.01	18.02	18.04	18.07	21.62			
年末常住人口（万人）		19.41	19.42	19.45	19.54	19.61	19.72	19.77	17.89	18.02	18.22	17.96
年末城镇居民户籍人口（万人）		9.64	9.71	9.75	9.78	9.81	9.84	9.87	6.4			

注：2020年年末常住人口数据来源于第七次全国人口普查，其他数据来源于国民经济和社会发展统计公报，2010年开始包括县内农场产值，空白表示数据缺失。

表 3-3　2009—2020 年五指山市国民经济和社会发展主要指标

	2009	2010	2011	2012	2013	2014	2015	2016	2017	2018	2019	2020
生产总值(亿元)	11.07	14.16	15.90	16.58	18.31	21.39	22.29	24.48	27.19	28.99	30.73	34.05
其中:第一产业（亿元）	2.86	3.64	4.74	4.89	4.89	5.16	5.46	6.23	6.41	6.36	6.38	7.37
一产占比（%）	25.83	25.69	29.83	29.51	26.71	24.10	24.48	25.43	23.57	21.90	20.76	21.60
第二产业（亿元）	1.92	2.43	2.63	2.94	3.32	4.57	4.65	5.21	5.77	6.49	6.38	6.82
二产占比（%）	17.35	17.15	16.55	17.73	18.15	21.36	20.84	21.29	21.22	22.40	20.78	20.00

续表

	2009	2010	2011	2012	2013	2014	2015	2016	2017	2018	2019	2020
第三产业(亿元)	6.29	8.10	8.53	8.75	10.10	11.67	12.19	13.04	15.00	16.14	17.96	19.86
三产占比(%)	56.82	57.16	53.62	52.76	55.14	54.54	54.69	53.27	55.17	55.70	58.46	58.40
一般预算收入(亿元)	1.21	2.01	2.53	3.07	3.59	4.33	3.48	3.16	3.67	4.13	3.23	2.76
公共财政支出总额(亿元)	7.70	9.24	11.42	13.18	15.02	16.09	15.87	16.49	20.98	22.66	29.33	29.66
公共财政支出与一般预算收入比	6.38	4.59	4.51	4.29	4.19	3.72	4.56	5.21	5.72	5.49	9.08	10.75
固定资产投资(亿元)	8.74	12.60	16.72	21.58	28.43	30.98	33.90	31.95	30.02	30.29	30.29	31.46
固定资产投资占生产总值比(%)	78.96	89.00	105.16	130.19	155.28	144.83	152.04	130.51	110.40	104.47	98.56	92.38
房地产投资(亿元)	5.41	7.17	8.45	8.81	12.79	15.54	13.34	12.64	13.20	10.02	9.27	9.82
房地产投资占固定资产投资比(%)	61.85	56.86	50.52	40.81	44.99	50.16	39.36	39.56	43.97	33.07	30.59	31.22
旅游总收入(亿元)	0.50	0.65	0.75	1.21	1.44	1.87	2.20	2.53	3.26	4.13	6.12	7.21
旅游总收入占生产总值比	4.55	4.59	4.72	7.30	7.86	8.74	9.87	10.34	11.99	14.25	19.92	21.17
农民人均纯收入(元)	3201	3779	4780	5783	6650	7568	8490	9398	10476	11478	12683	13804
城镇居民人均可支配收入(元)	9429	11436	13584	15924	17915	19424	21306	23339	25635	27917	30709	32067
城乡收入比	2.95	3.03	2.84	2.75	2.69	2.57	2.51	2.48	2.45	2.43	2.42	2.32
年末户籍人口(人)	114075	114472	112909	112695	112607	112858						
年末常住人口(万人)		10.42	10.43万	10.44	10.5	10.51	10.56	10.6	10.65	10.71		11.22

注:2020年年末常住人口数据来源于第七次全国人口普查,其他数据来源于国民经济和社会发展统计公报,空白表示无数据。

表 3-4 2009—2020 年保亭县国民经济和社会发展主要指标

	2009	2010	2011	2012	2013	2014	2015	2016	2017	2018	2019	2020
生产总值(亿元)	16.65	20.20	25.71	30.44	33.75	36.72	38.56	41.56	45.09	48.63	55.70	56.27
第一产业增加值(亿元)	7.96	9.05	12.01	14.01	14.37	15.46	15.94	16.25	16.91	17.88	19.34	19.86
一 产 占 比(%)	47.81	44.80	46.71	46.02	42.58	42.10	41.34	39.10	37.50	36.77	34.72	35.3
第二产业增加值(亿元)	1.68	2.17	2.97	3.66	4.12	4.54	4.76	5.21	5.96	6.86	6.46	6.01
二 产 占 比(%)	10.09	10.74	11.55	12.02	12.21	12.36	12.34	12.54	13.22	14.11	11.60	10.7
第三产业增加值(亿元)	7.01	9.98	10.73	12.77	15.26	16.72	17.86	20.10	22.22	23.90	29.90	31.4
三 产 占 比(%)	42.10	49.41	41.73	41.95	45.21	45.53	46.32	48.36	49.28	49.15	53.68	54.0
一般预算收入(亿元)	0.81	1.56	2.30	3.29	4.25	4.85	4.13	4.55	4.91	4.55	4.78	4.01
公共财政支出总额(亿元)	6.72	9.23	12.85	14.42	15.37	15.02	16.68	17.35	21.79	30.27	31.77	34.25
公共财政支出与一般预算收入比	8.30	5.90	5.58	4.38	3.61	3.10	4.04	3.81	4.44	6.65	6.65	8.54
全社会固定资产投资(亿元)	10.15	14.63	27.62	33.41	34.42	38.08	25.49	30.79	34.26	37.90	38.30	33.24
固定资产投资占生产总值比(%)	60.98	72.41	107.45	109.76	101.98	103.70	66.10	74.09	75.99	77.94	68.76	59.07
其中:房地产投资(亿元)	2.85	4.20	9.75	17.03	15.60	25.88	15.97	19.58	23.00	17.80	14.97	11.54
房地产投资占固定资产投资比(%)	28.03	28.72	35.28	50.96	45.31	67.97	62.65	63.58	67.13	46.97	39.09	34.72
旅游营业总收入(亿元)	1.81	2.34	3.03	3.98	4.87	6.00	8.20	9.67	13.69	16.60	19.40	6.84
旅游总收入占生产总值比(%)	10.87	11.58	11.79	13.07	14.43	16.34	21.27	23.27	30.36	34.14	34.83	12.16
农民人均纯收入(元)	2872	3453	4300	5598	6443	7834	8735	9696	10792	11856	12935	14067
城镇居民人均可支配收入(元)	10423	12977	14600	17840	19645	21020	23021	25127	27382	29726	32536	33564

续表

	2009	2010	2011	2012	2013	2014	2015	2016	2017	2018	2019	2020
城乡收入比	3.63	3.76	3.40	3.19	3.05	2.68	2.64	2.59	2.54	2.51	2.52	2.39
年末户籍人口（人）	168774	170398	173685	173273	172374	173737	167605	167876	167816	167717	168208	168165
年末常住人口（万人）				14.74	14.85		15.02	15.08	15.19	15.28	15.45	15.61
年末城镇居民户籍人口（人）							56722	56447	56042	56362	56149	55593
人口出生率（‰）	14.47						12.83	13.17	12.31	11.5	11.4	

注：2020 年年末常住人口数据来源于第七次全国人口普查，其他数据来源于国民经济和社会发展统计公报，空白表示无数据。

表 3-5 2009—2020 年白沙县公共财政支出

	2009	2010	2011	2012	2013	2014	2015	2016	2017	2018	2019	2020
公共财政支出	86809	110801	138337	172874	183511	192255	206518	251952	314592	354691	434142	383237
一般公共服务	13616	17390	23267	30279	36325	26792	27623	38396	30465	37451	45803	39417
占公共财政支出比	15.69	15.69	16.82	17.52	19.79	13.94	13.38	15.24	9.68	10.56	10.55	10.29
公共安全	6630	6932	8024	10522	11981	10473	13876	11101	11576	14748	16061	16490
占公共财政支出比	7.64	6.26	5.80	6.09	6.53	5.45	6.72	4.41	3.68	4.16	3.70	4.30
教育	13311	19830	25806	33438	32665	28939	31958	38989	39200	58592	53683	54110
占公共财政支出比	15.33	17.90	18.65	19.34	17.80	15.05	15.47	15.47	12.46	16.52	12.37	14.12
科学技术	886	1506	1714	1930	2237	2114	2141	2248	1254	929	1083	1006
占公共财政支出比	1.02	1.36	1.24	1.12	1.22	1.10	1.04	0.89	0.40	0.26	0.25	0.26
文化体育与传媒	1459		1798	2931	3664	2840	3070	7798	7365	6695	9265	9230
占公共财政支出比	1.68		1.30	1.70	2.00	1.48	1.49	3.10	2.34	1.89	2.13	2.41
社会保障和就业	14024	10185	17992	14376	15447	19084	24676	21715	22617	25805	35467	36423
占公共财政支出比	16.16	9.19	13.01	8.32	8.42	9.93	11.95	8.62	7.19	7.28	8.17	9.50
医疗卫生	5300	6517	7581	9017	11122	13534	15021	17574	21925	27540	40025	41106

续表

	2009	2010	2011	2012	2013	2014	2015	2016	2017	2018	2019	2020
占公共财政支出比	6.11	5.88	5.48	5.22	6.06	7.04	7.27	6.98	6.97	7.76	9.22	10.73
节能环保	4253	1504	3825	5109	2092	5682	6616	16210	6071	22043	12551	21600
占公共财政支出比	4.90	1.36	2.76	2.96	1.14	2.96	3.20	6.43	1.93	6.21	2.89	5.64
城乡社区事务	7353	15197	9606	7911	5669	6857	13795	15175	22146	28144	30902	12990
占公共财政支出比	8.47	13.72	6.94	4.58	3.09	3.57	6.68	6.02	7.04	7.93	7.12	3.39
农林水事务	16476	18019	21910	33034	33920	41617	42601	64328	115127	106754	160682	124643
占公共财政支出比	18.98	16.26	15.84	19.11	18.48	21.65	20.63	25.53	36.60	30.10	37.01	32.52
交通运输	191	509	672	2648	4188	7428	8554	2053	11571	11784	3606	4166
占公共财政支出比	0.22	0.46	0.49	1.53	2.28	3.86	4.14	0.81	3.68	3.32	0.83	1.09
资源勘探电力信息等	532	622	820	951	2192	2419	3222	3673	9788	2989	2932	1048
占公共财政支出比	0.61	0.56	0.59	0.55	1.19	1.26	1.56	1.46	3.11	0.84	0.68	0.27
商业服务业等事务		693	1921	1717	1955	847	1106	1891	2670	1415	812	911
占公共财政支出比		0.63	1.39	0.99	1.07	0.44	0.54	0.75	0.85	0.40	0.19	0.24
国土资源气象等事务		844	422	1549	1925	1157	2635	1502	1185	1826	3702	
占公共财政支出比		0.76	0.31	0.90	1.05	0.60	1.28	0.60	0.38	0.51	0.85	
住房保障支出		6567	12294	12885	14622	14296	7168	6451	6295	5635	6417	5412
占公共财政支出比		5.93	8.89	7.45	7.97	7.44	3.47	2.56	2.00	1.59	1.48	1.41

注:数据来源于白沙县财政局财政决算报告;空白为无数据;单位为"万元、%"。

表3-6　2009—2020年琼中县公共财政支出

	2009	2010	2011	2012	2013	2014	2015	2016	2017	2018	2019	2020
公共财政支出总额	86137	114964	139361	165398	194451	207305	212833	346985	354736	361513	384072	397114

续表

	2009	2010	2011	2012	2013	2014	2015	2016	2017	2018	2019	2020
一般公共服务	9999	13189	15175	17918	19126	15501	15619	29622	23589		26790	28806
占公共财政支出	11.61	11.47	10.89	10.83	9.84	7.48	7.34	8.54	6.65		6.98	7.25
公共安全	5187	6752	7360	7796	7760	9918	9688	9261	9708		12743	14119
占公共财政支出	6.02	5.87	5.28	4.71	3.99	4.78	4.55	2.67	2.74		3.32	3.56
教育	13564	24640	34570	44594	50418	35759	39048	56021	57561	60874	64479	64618
占公共财政支出	15.75	21.43	24.81	26.96	25.93	17.25	18.35	16.15	16.23	16.84	16.79	16.27
科学技术	1504	1966	2224	2763	3238	4237	4449	4695	7792	424	1219	2917
占公共财政支出	1.75	1.71	1.60	1.67	1.67	2.04	2.09	1.35	2.20	0.12	0.32	0.73
文化体育与传媒	2042	2471	2989	3412	5058	4560	5249	7228	5617	8076	6437	7031
占公共财政支出	2.37	2.15	2.14	2.06	2.60	2.20	2.47	2.08	1.58	2.23	1.68	1.77
社会保障和就业	15483	13153	15580	16671	22882	22604	23013	42904	43719	32443	39721	47641
占公共财政支出	17.97	11.44	11.18	10.08	11.77	10.90	10.81	12.36	12.32	8.97	10.34	12.00
医疗卫生与计划生育	6302	7540	9795	12961	13008	15013	18317	22887	33622	29953	42771	43932
占公共财政支出	7.32	6.56	7.03	7.84	6.69	7.24	8.61	6.60	9.48	8.29	11.14	11.06
节能环保	4901	3189	2742	5363	6811	8834	9712	10308	11418	28566	17271	28257
占公共财政支出	5.69	2.77	1.97	3.24	3.50	4.26	4.56	2.97	3.22	7.90	4.50	7.12
城乡社区事务	6990	4995	5287	3735	3406	11487	2917	18465	15340	22104	12398	18181
占公共财政支出	8.11	4.34	3.79	2.26	1.75	5.54	1.37	5.32	4.32	6.11	3.23	4.58
农林水事务	15322	20337	25246	28556	34885	44606	45825	64168	82596	105934	105960	105991
占公共财政支出	17.79	17.69	18.12	17.27	17.94	21.52	21.53	18.49	23.28	29.30	27.59	26.69
交通运输	253	4637	780	1729	3763	11428	19081	42221	5698	6173	19582	3009
占公共财政支出	0.29	4.03	0.56	1.05	1.94	5.51	8.97	12.17	1.61	1.71	5.10	0.76
资源勘探电力信息等事务	572	184	428	806	761	794	1476	762	4614		1121	1467
占公共财政支出	0.66	0.16	0.31	0.49	0.39	0.38	0.69	0.22	1.30		0.29	0.37
商业服务业等事务		2309	1230	1132	1415	541	1848	3265	11423	2567	1698	290
占公共财政支出		2.01	0.88	0.68	0.73	0.26	0.87	0.94	3.22	0.71	0.44	0.07
国土资源气象等事务		588	584	1125	1147	940	843	1210	3671	13717	13813	4421
占公共财政支出		0.51	0.42	0.68	0.59	0.45	0.40	0.35	1.03	3.79	3.6	1.11

续表

	2009	2010	2011	2012	2013	2014	2015	2016	2017	2018	2019	2020
住房保障支出		7191	15371	16837	18052	16860	9648	28371	31073	13717	13813	12174
占公共财政支出		6.26	11.03	10.18	9.28	8.13	4.53	8.18	8.76	3.79	3.60	3.07

注:数据来源于琼中县财政局财政决算报告;空白为数据缺失或为零;单位为"万元、%"。

表 3-7 2009—2020 年保亭县公共财政支出

	2009	2010	2011	2012	2013	2014	2015	2016	2017	2018	2019	2020
公共财政支出总额	66801	92259	128450	144218	153671	150168	195461	215850	217949	302747	317703	342470
一般公共服务	10204	11795	15349	15980	19250	19201	15709	18287	21133	30423	33210	32372
占公共财政支出	15.28	12.78	11.95	11.08	12.53	12.79	8.04	8.47	9.70	10.05	10.45	9.45
公共安全	4743	7234	10045	8184	8456	8873	10301	7474	7567	11183	11760	11792
占公共财政支出	7.10	7.84	7.82	5.67	5.50	5.91	5.27	3.46	3.47	3.69	3.70	3.44
教育	11815	16854	21050	24943	30213	30549	31110	34015	35157	51557	49222	46191
占公共财政支出	17.69	18.27	16.39	17.30	19.66	20.34	15.92	15.76	16.13	17.03	15.49	13.49
科学技术	452	613	1024	1243	559	274	695	428	312	483	371	752
占公共财政支出	0.68	0.66	0.80	0.86	0.36	0.18	0.36	0.20	0.14	0.16	0.12	0.22
文化体育与传媒	1912	2626	5191	4835	4292	5387	4633	3893	4214	4399	11246	5984
公共财政支出	2.86	2.85	4.04	3.35	2.79	3.59	2.37	1.80	1.93	1.45	3.54	1.75
社会保障和就业	10367	10969	13473	14297	13082	14662	17094	15634	19007	34127	28643	31963
占公共财政支出	15.52	11.89	10.49	9.91	8.51	9.76	8.75	7.24	8.72	11.27	9.02	9.33
医疗卫生与计划生育	5221	6584	10253	8945	11322	11060	15973	17318	20210	24403	35746	52541
占公共财政支出	7.82	7.14	7.98	6.20	7.37	7.37	8.17	8.02	9.27	8.06	11.25	15.34
节能环保	4414	1986	5579	5242	1977	1332	1630	6325	4525	25586	24729	24605
占公共财政支出	6.61	2.15	4.34	3.63	1.29	0.89	0.83	2.93	2.08	8.45	7.78	7.18
城乡社区事务	2627	2402	4295	7077	7607	4098	9165	7789	10553	16813	14816	15881
占公共财政支出	3.93	2.60	3.34	4.91	4.95	2.73	4.69	3.61	4.84	5.55	4.66	4.64
农林水事务	11610	22612	21754	28416	30597	30610	22074	27842	50650	64106	67016	77396
占公共财政支出	17.38	24.51	16.94	19.70	19.91	20.38	11.29	12.90	23.24	21.17	21.09	22.60
交通运输	251	255	1031	1376	1345	6791	2381	1767	3228	11099	11021	7786
占公共财政支出	0.38	0.28	0.80	0.95	0.88	4.52	1.22	0.82	1.48	3.67	3.47	2.27

	2009	2010	2011	2012	2013	2014	2015	2016	2017	2018	2019	2020
资源勘探电力信息等	513	380	503	988	1123	619	930	826	765		2345	1070
占公共财政支出	0.77	0.41	0.39	0.69	0.73	0.41	0.48	0.38	0.35		0.74	0.31
商业服务业等事务	435	807	2315	814	2561	626	1232	1230	1557		1472	745
占公共财政支出	0.65	0.87	1.80	0.56	1.67	0.42	0.63	0.57	0.71		0.46	0.22
国土资源气象等事务	531	270	539	414	624	584	2375	896	3357		1986	2342
占公共财政支出	0.79	0.29	0.42	0.29	0.41	0.39	1.22	0.42	1.54		0.63	0.68
住房保障支出	357	4701	11405	12391	9158	4392	9108	23735	23395	14539	9536	20303
占公共财政支出	0.53	5.10	8.88	8.59	5.96	2.92	4.66	11.00	10.73	4.80	3.00	5.93

注:数据来源于保亭县财政局财政决算报告;空白为无数据;单位为"万元、%"。

表3-8 五指山市2009—2020年公共财政支出

	2009	2010	2011	2012	2013	2014	2015	2016	2017	2018	2019	2020
公共财政支出总额	76988	92357	114245	131814	150248	160876	158653	164433	209780	226784	293259	296601
一般公共服务	9138	10981	12155	14079	14815	14441	14072	14537	15290	18947	24366	30760
占公共财政支出	11.87	11.89	10.64	10.68	9.86	8.98	8.87	8.84	7.29	8.35	8.31	10.37
公共安全	4889	7200	7253	7045	8830	11092	10547	6972	5799	10735	13308	12263
占公共财政支出	6.35	7.80	6.35	5.34	5.88	6.89	6.65	4.24	2.76	4.73	4.54	4.13
教育	9237	13695	16109	20075	23714	23771	27536	26562	30758	30998	37049	49988
占公共财政支出	12.00	14.83	14.10	15.23	15.78	14.78	17.36	16.15	14.66	13.67	12.63	16.52
科学技术	767	1044	1036	678	704	427	605	322	488	527	754	2720
占公共财政支出	1.00	1.13	0.91	0.51	0.47	0.27	0.38	0.20	0.23	0.23	0.26	0.92
文化体育与传媒	1807	1868	3307	3680	3991	4033	4183	4005	3605	6162	7639	12538
占公共财政支出	2.35	2.02	2.89	2.79	2.66	2.51	2.64	2.44	1.72	2.72	2.60	4.23
社会保障和就业	9603	8722	10350	15892	15607	16654	19116	22014	14460	23717	21652	22358
占公共财政支出	12.47	9.44	9.06	12.06	10.39	10.35	12.05	13.39	6.89	10.46	7.38	7.54
医疗卫生	5096	7835	8917	10549	9990	10842	13036	18015	15994	20726	25664	25066
占公共财政支出	6.62	8.48	7.81	8.00	6.65	6.74	8.22	10.96	7.62	9.14	8.75	8.45
节能环保	9591	4931	5096	3658	1837	5106	8890	4412	28210	22714	36184	32315

续表

	2009	2010	2011	2012	2013	2014	2015	2016	2017	2018	2019	2020
占公共财政支出	12.46	5.34	4.46	2.78	1.22	3.17	5.60	2.68	13.45	10.02	12.34	10.90
城乡社区事务	5649	3522	7043	8963	17469	14614	8726	12592	16605	15519	20408	16254
占公共财政支出	7.34	3.81	6.16	6.80	11.63	9.08	5.50	7.66	7.92	6.84	6.96	5.48
农林水事务	15521	16162	20545	19326	30206	30244	28993	34429	48311	49846	71661	71258
占公共财政支出	20.16	17.50	17.98	14.66	20.10	18.80	18.27	20.94	23.03	21.98	24.44	24.12
交通运输	200	501	960	1283	1160	3087	6114	3666	10508	11667	20884	5667
占公共财政支出	0.26	0.54	0.84	0.97	0.77	1.92	3.85	2.23	5.01	5.14	7.12	1.91
资源勘探电力信息事务	753	474	5472	745	1273	814	390	1141	405	1121	1461	1586
占公共财政支出	0.98	0.51	4.79	0.57	0.85	0.51	0.25	0.69	0.19	0.49	0.50	0.53
商业服务等事务		767	2631	2606	1506	2010	4518	2179	2764	3548	1774	1980
占公共财政支出		0.83	2.30	1.98	1.00	1.25	2.85	1.33	1.32	1.56	0.60	0.67
国土资源气象等事务		451	751	1008	666	1915	1318	956	1332	1429	1143	1.151
占公共财政支出		0.49	0.66	0.76	0.44	1.19	0.83	0.58	0.63	0.63	0.39	0.39
住房保障支出		10999	7412	18397	14644	19053	8092	7848	11948	6478	5573	4217
占公共财政支出		11.91	6.49	13.96	9.75	11.84	5.10	4.77	5.70	2.86	1.90	1.42

注:数据来源于五指山市财政局财政决算报告;空白为无数据;单位为"万元、%"。

表3-9 2009—2020年册亨县国民经济和社会发展主要指标

	2009	2010	2011	2012	2013	2014	2015	2016	2017	2018	2019	2020
生产总值(亿元)	10.55	11.58	14.38	18.96	23.14	28.96	36.81	45.14	51.89	56.44	74.22	80.32
其中:第一产业(亿元)	3.61	3.93	4.57	5.86	7.12	9.30	14.24	17.56	19.28	20.25	21.42	24.29
一产占比(%)	34.23	33.96	31.81	30.88	30.77	32.10	38.69	38.90	37.16	35.88	28.86	30.24
第二产业(亿元)	1.35	1.31	2.03	2.73	3.31	3.64	4.08	4.51	5.26	5.88	19.35	20.42
二产占比(%)	12.78	11.29	14.13	14.40	14.29	12.57	11.08	10.00	10.14	10.42	26.06	25.42
第三产业(亿元)	5.59	6.34	7.78	10.38	12.71	16.05	18.49	23.07	27.35	30.31	33.46	35.61

	2009	2010	2011	2012	2013	2014	2015	2016	2017	2018	2019	2020
三产占比(%)	52.99	54.75	54.06	54.73	54.94	55.41	50.23	51.10	52.70	53.70	45.08	44.34
一般预算收入(亿元)	0.54	0.69	0.84	1.45	1.86	2.20	2.70	3.03	3.39	3.61	3.72	3.89
公共财政支出总额(亿元)	6.17	7.35	9.53	12.15	13.92	14.83	17.51	17.94	23.78	30.38	32.51	28.40
公共财政支出与一般预算收入比	11.51	10.66	11.33	8.38	7.50	6.73	6.49	5.93	7.01	8.43	8.75	7.30
固定资产投资(亿元)	4.94	8.32	12.20	17.26	22.55	30.71	39.89	32.54	39.97	47.56	51.61	57.75
固定资产投资占生产总值比(%)	46.82	71.84	84.83	91.02	97.44	106.02	108.37	72.07	77.03	84.28	69.53	71.90
房地产投资(亿元)			0.60	1.27	0.90	1.40	1.48	9.28	2.00	4.01	2.30	
房地产投资占固定资产投资比(%)			4.91	7.35	4.00	4.55	3.72	28.52	5.01	8.43	4.46	
旅游总收入(亿元)		0.21	0.24	2.64	3.16	4.07	5.23	7.80	11.56	17.34	22.90	19.85
旅游总收入占生产总值比(%)		1.85	1.67	13.92	13.66	14.05	14.21	17.28	22.28	30.72	30.85	24.72
农民人均纯收入(元)	2245	2760	3317	3970	4637	5361	6047	6712	7478	8278	9213	10024
城镇居民人均可支配收入(元)	9460	10820	12468	15682	17919	19714	21942	24158	26187	28780	31571	33434
城乡收入比	4.21	3.92	3.76	3.95	3.86	3.68	3.63	3.60	3.50	3.48	3.43	3.34
年末户籍人口(人)	232656	235457	236683	237599	237518	238641	240575	242930	244079	246542	240349	249749
年末常住人口(万人)	21.97	19	18.98	19.1	19.15	19.14	19.16	18.65	18.66	18.69	18.6	18.97
年末城镇居民户籍人口(人)		14060	14282	14364	14625	14694	47445	57682	48332	54035	75849	93140
人口出生率(‰)	14.95	12.5	12.97	12.97	12.6	11.3	10.48	11.56	17.11	17.84	15.88	15.27
年末森林覆盖率(%)	58	59	60	61	62	64.03	67.56	69.36	67.66	68.62	69.74	72.37

注:2020年年末常住人口数据来源于第七次全国人口普查,其他数据来源于国民经济和社会发展统计公报,空白表示数据无。

表 3-10 2009—2020 年册亨县公共财政支出

	2009	2010	2011	2012	2013	2014	2015	2016	2017	2018	2019	2020
公共财政支出总额（万元）	61693	73543	95317	121519	139239	148272	175073	179411	237877	303830	325121	284022
一般公共服务（万元）	10629	8609	12966	20508	24360	24222	23476	29514	29303	36345	65175	32467
占支出总额(%)	17.23	11.71	13.60	16.88	17.50	16.34	13.41	16.45	12.32	11.96	20.05	11.43
公共安全（万元）	2849	3089	4554	4394	5167	8040	7147	9375	9646	8565	8479	8818
占支出总额(%)	4.62	4.20	4.78	3.62	3.71	5.42	4.08	5.23	4.06	2.82	2.61	3.10
教育（万元）	12427	13730	17063	26272	30036	31043	40686	47992	48374	61770	61288	59005
占支出总额(%)	20.14	18.67	17.90	21.62	21.57	20.94	23.24	26.75	20.34	20.33	18.85	20.77
科学技术（万元）	59	53	86	311	356	1608	996	1252	2472	7598	8463	7786
占支出总额(%)	0.10	0.07	0.09	0.26	0.26	1.08	0.57	0.70	1.04	2.50	2.60	2.74
文化体育与传媒（万元）	804	638	1145	1217	1491	1766	1861	2717	2689	4236	3922	2352
占支出总额(%)	1.30	0.87	1.20	1.00	1.07	1.19	1.06	1.51	1.13	1.39	1.21	0.83
社会保障和就业（万元）	8054	6483	8493	10125	11138	11466	14733	13468	18312	35976	33413	38331
占支出总额(%)	13.05	8.82	8.91	8.33	8.00	7.73	8.42	7.51	7.70	11.84	10.28	13.5
医疗卫生（万元）	4282	4616	11615	9870	11303	15676	18387	10840	19116	21279	22674	19845
占支出总额(%)	6.94	6.28	12.19	8.12	8.12	10.57	10.50	6.04	8.04	7.00	6.97	6.99
节能环保（万元）							5465	10074	11255	12975	15475	9648
占支出总额(%)							3.12	5.62	4.73	4.27	4.76	3.4
城乡社区事务（万元）	5977	3155	6426	7406	8558	1143	3123	2683	6139	9392	9855	3530
占支出总额(%)	9.69	4.29	6.74	6.09	6.15	0.77	1.78	1.50	2.58	3.09	3.03	1.24
农林水事务（万元）	7777	12855	16017	20039	29470	33995	37458	34715	43970	62121	63734	80709
占支出总额(%)	12.61	17.48	16.80	16.49	21.17	22.93	21.40	19.35	18.48	20.45	19.60	28.42
交通运输（万元）	1855	1804	1717	2039	987	574	2992	2785	16015	5759	7380	4569
占支出总额(%)	3.01	2.45	1.80	1.68	0.71	0.39	1.71	1.55	6.73	1.90	2.27	1.61
资源勘探电力信息等事务（万元）	203	3402	203	3004	1136	326	952	875	439	700	411	
占支出总额(%)	0.33	4.63	0.21	2.47	0.82	0.22	0.54	0.49	0.18	0.23	0.13	

续表

	2009	2010	2011	2012	2013	2014	2015	2016	2017	2018	2019	2020
商业服务业等事务（万元）	855	987	740	778	964	97	70	1142	500	334	1391	
占支出总额(%)	1.39	1.34	0.78	0.64	0.69	0.07	0.04	0.64	0.21	0.11	0.43	
国土资源气象等事务（万元）		237	333	855	254	471	2486	1314	5137	3427	6029	
占支出总额(%)		0.32	0.35	0.70	0.18	0.32	1.42	0.73	2.16	1.13	1.85	
住房保障支出（万元）		4167	8375	10670	9209	13257	12396	8148	22587	30336	9226	4020
占支出总额(%)		5.67	8.79	8.78	6.61	8.94	7.08	4.54	9.50	9.98	2.84	1.42

注:数据来源于册亨县财政局编制的财政决算报告。

表 3-11　2011—2019 年册亨县农林牧渔业增加值

	2011	2012	2013	2014	2015	2016	2017	2018	2019
农林牧渔业增加值	45744	58554	71195	98759	148695	185095	203035	212959	228335
种植业	21380	30451	36846	48509	77137	94557	104081	109228	120475
林业	9967	11363	14090	17785	20332	22332	26039	36583	38042
畜牧业	10720	12542	15038	24428	38527	50107	53699	53600	53133
渔业	2262	2669	3311	5083	6393	8393	9023		2523
农林牧渔服务业	1415	1529	1910	2954	6306	9706	10193		14162

注:数据来源于册亨县的统计公报,空白为数据无,单位为"万元"。

表 3-12　2011—2019 年册亨县主要农产品产量

指标名称	2011	2012	2013	2014	2015	2016	2017	2018	2019
粮食作物	34492	48800	49090	52200	51830	53713	53378	65000	59500
#稻谷	9730	18114	18156	20143	20017	20487	20838	28000	29300
小麦	2240	2517	1601	2747	3649	3855	3560		
玉米	17207	23164	23210	23750	23642	24171	22463	26000	18700
#马铃薯	1043	1046	2906	2555	1636	1535	1555		
油料作物	1902	2498	2423	3684	4109	4471			
#油菜籽	1714	2305	2251	3440	3960	4315			

续表

指标名称	2011	2012	2013	2014	2015	2016	2017	2018	2019
花生	169	172	134	200	98	102			
蔬菜	96447	133881	145091	165566	176626	187634			
甘蔗	29640	465432	417672	491792	419396	418580			
水果	6476	6620	7179	7240	7508	10148			

注:数据来源于册亨县的统计公报;空白表示数据缺失;单位为"吨"。

表3-13 宣恩县2009—2020年国民经济和社会发展主要指标

	2009	2010	2011	2012	2013	2014	2015	2016	2017	2018	2019	2020
生产总值(亿)	25.65	29.14	34.64	40.28	45.28	50.06	55.01	60.23	66.16	72.22	79.05	79.73
其中:第一产业(亿元)	10.18	10.71	11.51	12.53	13.45	13.91	14.65	15.46	16.13	17.43	18.91	21.16
一产占比(%)	39.66	36.77	33.22	31.12	29.71	27.79	26.63	25.67	24.37	24.13	23.92	26.54
第二产业(亿元)	5.41	6.79	8.82	10.80	12.85	14.36	15.85	18.05	19.09	19.29	11.87	10.51
二产占比(%)	21.08	23.29	25.45	26.81	28.39	28.68	28.81	29.96	28.86	26.71	15.02	13.18
第三产业(亿元)	10.15	11.64	14.32	16.95	18.97	21.96	24.51	28.42	30.94	35.50	48.27	48.05
三产占比(%)	39.56	39.94	41.33	42.07	41.91	43.87	44.55	47.17	46.77	49.15	61.06	60.27
一般预算收入(亿元)	0.82	1.01	1.48	1.81	2.19	2.59	2.98	3.29	3.55	3.83	3.96	3.06
公共财政支出总额(亿元)	8.33	10.41	13.39	15.03	17.46	20.18	26.20	27.70	29.92	34.80	37.14	42.67
公共财政支出与一般预算收入比	10.15	10.31	9.05	8.29	7.98	7.81	8.80	8.43	8.43	9.09	9.38	13.94
固定资产投资(亿元)	11.71	15.24	19.19	25.19	31.03	37.51	45.77	44.67	53.05	59.63	60.72	53.61
固定资产投资占生产总值比(%)	45.66	52.29	55.39	62.55	68.53	74.93	83.20	74.16	80.19	82.56	76.81	67.24
房地产投资(亿元)	0.75	0.89	1.04	0.26	0.93	4.79	7.48	4.42	5.43	6.21	13.73	
房地产投资占固定资产投资比(%)	6.37	5.81	5.41	1.04	3.00	12.78	16.34	9.90	10.24	10.41	22.62	

续表

	2009	2010	2011	2012	2013	2014	2015	2016	2017	2018	2019	2020
旅游总收入（亿元）	0.38	0.45	1.83	2.23	2.68	3.76	4.80	6.25	8.55	11.75	14.85	11.8
旅游总收入占生产总值比(%)	1.49	1.53	5.29	5.54	5.93	7.51	8.73	10.38	12.92	16.27	18.79	14.80
农民人均纯收入（元）	2804	3240	3893	4513	5173	7048	7805	8550	9408	10340	11396	11684
城镇居民人均可支配收入(元)	9952	10792	12502	14344	15974	18870	20606	22784	24954	26953	29466	28865
城乡收入比	3.55	3.33	3.21	3.18	3.09	2.68	2.64	2.66	2.65	2.61	2.59	2.47
年末户籍人口（万人）	35.35	35.56	35.85	36.07	36.18	36.37	36.04	36.11	35.8	35.81	35.76	35.71
年末常住人口（万人）		31.04	30	30.08	30.14	30.19	30.26	30.44	30.58	30.73	30.92	28.5
年末城镇居民户籍人口(万人)		2.56	2.58	2.57	3.36	5.44	8.03	10.69				
人口出生率(‰)	12.95	12.8	11.74				11.2	11.2	10.28	8.6	8.69	7.39
年末森林覆盖率（%）	67	67.8					57.7	60.3		62.9	63.83	77.72

注：2020 年年末常住人口数据来源于第七次全国人口普查，其他数据来源于国民经济和社会发展统计公报，数据空白表示无数据。

表 3-14　宣恩县 2010—2020 年公共财政支出

	2010	2011	2012	2013	2014	2015	2016	2017	2018	2019	2020
公共财政支出(万元)	104123	133898	150282	174550	201808	261983	276999	299224	347999	371385	426667
一般公共服务(万元)	12413	12413	16609	11132	63855	22183	28394	31320	32813	33834	32958
占公共财政支出(%)	11.92	9.27	11.05	6.38	31.64	8.47	10.25	10.47	9.43	9.11	7.72
公共安全(万元)	5366	5366	5584	3227	4165	6380	7516	8405	8727	8398	8280
占公共财政支出(%)	5.15	4.01	3.72	1.85	2.06	2.44	2.71	2.81	2.51	2.26	1.94
教育(万元)	16582	23789	30610	32454	36528	39262	43528	51626	45168	52755	53360
占公共财政支出(%)	15.93	17.77	20.37	18.59	18.10	14.99	15.71	17.25	12.98	14.20	12.51
科学技术(万元)	444	861	1209	1602	1990	2118	2705	2917	3569	4026	4293
占公共财政支出(%)	0.43	0.64	0.80	0.92	0.99	0.81	0.98	0.97	1.03	1.08	1.01

国家重点生态功能区贫困县生态与民生协调改善之道

续表

	2010	2011	2012	2013	2014	2015	2016	2017	2018	2019	2020
文化体育与传媒（万元）	1054	1920	1980	2042	2616	4352	8005	5393	4109	5299	13732
占公共财政支出(%)	1.01	1.43	1.32	1.17	1.30	1.66	2.89	1.80	1.18	1.43	3.22
社会保障和就业（万元）	8969	15009	18251	20441	22453	33287	35221	36068	45823	50322	56153
占公共财政支出(%)	8.61	11.21	12.14	11.71	11.13	12.71	12.72	12.05	13.17	13.55	13.16
医疗卫生（万元）	8377	12950	13020	14595	20743	23936	29693	37437	34459	39025	48753
占公共财政支出(%)	8.05	9.67	8.66	8.36	10.28	9.14	10.72	12.51	9.90	10.51	11.43
节能环保（万元）	6511	6758	5518	6940	6227	12683	8058	7037	17638	18069	10157
占公共财政支出(%)	6.25	5.05	3.67	3.98	3.09	4.84	2.91	2.35	5.07	4.87	2.38
城乡社区事务（万元）	3904	2836	3304	3979	3421	9458	10515	7431	16803	19752	6391
占公共财政支出(%)	3.75	2.12	2.20	2.28	1.70	3.61	3.80	2.48	4.83	5.32	1.50
农林水事务（万元）	24724	28168	30089	30979	38247	40389	53281	57619	73895	77783	115702
占公共财政支出(%)	23.74	18.46	20.02	17.75	18.95	15.42	19.24	19.26	21.23	20.94	27.12
交通运输（万元）	8287	8886	11453	13199	17571	38247	25017	29018	34295	37769	27065
占公共财政支出(%)	7.96	6.64	7.62	7.56	8.71	14.60	9.03	9.70	9.85	10.17	6.34
资源勘探电力信息等事务（万元）	651	1280	967	6623	1499	4712	1305	797	730	714	14823
占公共财政支出(%)	0.63	0.96	0.64	3.79	0.74	1.80	0.47	0.27	0.21	0.19	3.47
商业服务业等事务（万元）	2034	846	1134	2881	1977	2836	1388	2155	3028	1184	1950
占公共财政支出(%)	1.95	0.63	0.75	1.65	0.98	1.08	0.50	0.72	0.87	0.32	0.46
国土资源气象等事务（万元）	576	3310	4197	4217	2717	2124	3084	5170	9623	1952	2573
占公共财政支出(%)	0.55	2.47	2.79	2.42	1.35	0.81	1.11	1.73	2.77	0.53	0.60
住房保障支出（万元）	2807	2229	5667	6042	12736	16659	12247	11379	12494	10230	15318
占公共财政支出(%)	2.70	1.66	3.77	3.46	6.31	6.36	4.42	3.80	3.59	2.75	3.59

数据来源：2010—2018年的来源于统计年鉴，2019—2020年的来源于政府决算表。

表 3-15　2009—2020 年永新县国民经济和社会发展主要指标

	2009	2010	2011	2012	2013	2014	2015	2016	2017	2018	2019	2020
生产总值(亿元)	37.93	46.18	56.58	62.25	68.17	74.48	78.78	84.55	92.51	102.05	109.08	115.13
其中：第一产业(亿元)	10.20	11.11	12.74	13.81	14.40	15.11	17.05	17.03	16.51	15.63	16.10	17.78
一产占比(%)	26.88	22.51	22.18	21.12	20.29	21.64	20.15	17.85	15.32	15.32	14.76	15.45
第二产业(亿元)	16.38	21.21	25.41	27.49	31.08	33.02	31.28	29.36	23.67	25.43	28.03	28.89
二产占比(%)	43.19	45.93	44.91	44.16	45.59	44.33	39.70	34.72	25.58	24.92	25.70	25.09
第三产业(亿元)	11.35	13.86	18.44	20.96	22.70	26.35	30.46	38.16	52.34	60.98	64.94	68.46
三产占比(%)	29.93	24.49	29.61	30.74	30.48	33.45	36.02	41.25	51.28	59.76	59.54	59.46
一般预算收入(亿元)	2.50	2.58	3.49	4.42	5.47	6.40	7.18	7.42	7.04	7.23	7.62	7.60
公共财政支出总额(亿元)	9.70	11.07	14.19	17.50	20.17	22.48	24.48	28.69	32.15	34.45	37.41	40.34
公共财政支出与一般预算收入比	3.88	4.30	4.07	3.96	3.69	3.51	3.41	3.87	4.57	4.77	4.91	5.31
固定资产投资(亿元)	48.48	68.31	50.51	64.79	70.77	84.15	98.63	112.89	126.46	71.71	79.24	81.56
固定资产投资占生产总值比(%)	127.8	120.7	81.13	95.03	95.02	106.8	116.6	122.02	123.92	70.27	72.65	70.84
房地产投资(亿元)	0.61	0.88	0.90	0.81	5.08	5.50	3.28	4.85	8.69	6.94	5.60	9.25
房地产投资占固定资产投资比(%)	1.26	1.29	1.79	1.25	7.18	6.54	3.33	4.29	6.87	9.67	7.07	11.34
旅游总收入(亿元)	2.78	3.35	3.60	3.80	12.00	13.90	16.00	17.50	26.77	33.56	39.16	
旅游总收入占生产总值比	7.33	7.25	6.36	6.10	17.61	18.66	20.31	20.70	28.94	32.89	35.90	
农民人均纯收入(元)	4484	4799	5406	5137	5808	6667	7587	8520	9453	10458	11614	12708
城镇居民人均可支配收入(元)					16337	17938	19517	21039	23301	24836	26798	28272
城乡收入比	0.00	0.00	0.00	0.00	2.81	2.69	2.57	2.47	2.47	2.37	2.31	2.22
年末户籍人口(万人)	49.46	50.17	51.44	51.73	51.54	52.46	52.78	53.14	52.88	52.93	52.99	52.52

续表

	2009	2010	2011	2012	2013	2014	2015	2016	2017	2018	2019	2020
年末常住人口（万人）		47.56	47.88	47.99	48.11	48.26	48.43	48.2	48.84	48.98	49.01	39.4
年末城镇常住人口（万人）		18.23	19.23	19.85	20.39	21.09	21.93	22.82	23.77	24.5	25.21	20.26
年末常住城镇化率（%）		38.33	40.17	41.37	42.38	43.70	45.28	46.95	48.66	50.02	51.44	51.41
人口出生率(‰)	11.62	13.43	12.09	12.8	12.36	12.49	12.19	12.98	12.63	12.63	8.98	7.34
森林覆盖率(%)	67.76	67.76	67.76	67.76	67.76	67.76	67.76	67.76	67.76	64.9	65.47	

注:2020年年末人口数据来源于第七次全国人口普查,其他数据来源于国民经济和社会发展统计公报,空白表示无数据。

表 3-16 2009—2020 年永新县公共财政支出结构

	2009	2010	2011	2012	2013	2014	2015	2016	2017	2018	2019	2020
公共财政支出	96964	110725	141877	175001	201697	224825	244787	286870	321534	344547	374137	403300
一般公共服务	9135	10816	12386	16076	17162	13036	15348	18934	20906	25558	27767	18400
占公共财政支出比	9.42	9.77	8.73	9.19	8.51	5.80	6.27	6.60	6.50	7.42	7.42	4.56
公共安全	4360	4994	5335	7609	7665	8631	10088	11367	15407	15155	18269	21900
占公共财政支出比	4.50	4.51	3.76	4.35	3.80	3.84	4.12	3.96	4.79	4.40	4.88	5.43
教育	21215	20457	33227	49335	52962	56655	64020	65937	68162	74605	80938	86000
占公共财政支出比	21.88	18.48	23.42	28.19	26.26	25.20	26.15	22.98	21.20	21.65	21.63	21.32
科学技术	348	512	325	368	3402	5959	6000	6120	6726	7062	7526	7600
占公共财政支出比	0.36	0.46	0.23	0.21	1.69	2.65	2.45	2.13	2.09	2.05	2.01	1.88
文化体育与传媒	1479	1950	1712	1943	2372	3696	3814	3900	3399	5349	3827	
占公共财政支出比	1.53	1.76	1.21	1.11	1.18	1.64	1.56	1.36	1.06	1.55	1.02	
社会保障和就业	13409	16448	21873	22038	24457	32803	35468	40878	43350	53264	64237	57600
占公共财政支出比	13.83	14.85	15.42	12.59	12.13	14.59	14.49	14.25	13.48	15.46	17.17	14.28
医疗卫生	9499	11741	16387	18244	21558	24050	36527	34674	36920	39554	51599	54400

	2009	2010	2011	2012	2013	2014	2015	2016	2017	2018	2019	2020
占公共财政支出比	9.80	10.60	11.55	10.43	10.69	10.70	14.92	12.09	11.48	11.48	13.79	13.49
节能环保	2487	1801	949	2873	6555	3489	3271	4043	3187	4473	4617	5400
占公共财政支出比	2.56	1.63	0.67	1.64	3.25	1.55	1.34	1.41	0.99	1.30	1.23	1.34
城乡社区事务	2611	3728	2359	3654	3484	4831	5843	13572	12078	11038	19086	18000
占公共财政支出比	2.69	3.37	1.66	2.09	1.73	2.15	2.39	4.73	3.76	3.20	5.10	4.46
农林水事务	20843	20838	19822	34480	35314	41597	42009	46810	89757	66287	67303	
占公共财政支出比	21.50	18.82	13.97	19.70	17.51	18.50	17.16	16.32	27.92	19.24	17.99	
交通运输	2922	2482	1577	2688	77177	1749	3252	4916	2237	5373	3487	
占公共财政支出比	3.01	2.24	1.11	1.54	38.26	0.78	1.33	1.71	0.70	1.56	0.93	
资源勘探电力信息等	2602	5565	14279	1197	2551	15236	1077	8438	2511	6227	1643	
占公共财政支出比	2.68	5.03	10.06	0.68	1.26	6.78	0.44	2.94	0.78	1.81	0.44	
商业服务业等事务		1972	1334	2040	2167	959	2111	2529	2414	12257	8776	
占公共财政支出比	0.00	1.78	0.94	1.17	1.07	0.43	0.86	0.88	0.75	3.56	2.35	
国土资源气象等事务		432	757	875	923	1382	3099	1421	2891	6107	2811	
占公共财政支出比	0.00	0.39	0.53	0.50	0.46	0.61	1.27	0.50	0.90	1.77	0.75	
住房保障支出		2666	4480	5062	9393	6265	9644	16903	4315	4780	2381	
占公共财政支出比	0.00	2.41	3.16	2.89	4.66	2.79	3.94	5.89	1.34	1.39	0.64	

说明:数据来源于永新县 2009—2019 年统计年鉴、2020 年国民经济和社会发展统计公报,空白表示无数据,单位为"万元、%"。

索　引

A

爱国卫生运动　41,42,126,214,229

B

八七扶贫攻坚计划　30,38,52,117,125,
　131,212,218,225

白沙县　86,136,143,153,154,157,158,
　160—165,186,251,274,279,280

保亭县　86, 124, 136, 152, 156, 158—
　164,186,248,278,282,283

边疆地区　2, 63, 83, 85—87, 133, 211,
　219

边境地区　49,83,218

边远地区　83

C

册亨县　35, 103, 104, 112, 113, 116,
　120—122, 125, 128—130, 132—134,
　138,140,149,166—175,186,239,241,
　249,284,286—288

厕所革命　183,196

产业扶贫　22, 26—28, 104, 114, 115,
　143,163,178

城乡融合发展　60

传统手工业　98,111

春蕾计划　132

村规民约　142,143,183—185,202,203,
　246,250,251,260

村民小组　134, 137, 138, 146, 165, 184,
　185, 202—207, 241, 246, 248—251,
　256,257,259

村社集体　141,144

D

大同　3,5,6,8

低保　118,136,157,158,177,179,180,
　185,187,236,246,249,258

地方特色品牌农业模式　101,104

地理标志农产品　101,244,255,256

第一书记　35, 63, 98, 120, 146—148,
　164,165,220,221,228,247,259

附　　录

1. 历次中央 1 号文件关于"三农"、扶贫、环保的重要举措

文件名及时间	解决"三农"问题的重要举措	扶贫举措	环保举措
全国农村工作会议纪要,1982	(1)土地等基本生产资料公有制长期不变,生产责任制长期不变;(2)改善农村商品流通,农副产品收购要坚持国家、集体、个人三兼顾;(3)恢复和健全各级农业技术推广机构,充实加强技术力量;(4)提高经济效益、改善生产条件;(5)加强思想政治工作和基层组织建设	照顾烈属军属和安排困难户的生产、生活等	(1)严禁在承包土地上盖房、葬坟、起土;严格控制机关、企业、团体、部队、学校、社队占用耕地。(2)抓紧土地、水、生物等资源和重点开发地区的调查,特别要加强农业资源的保护工作,制止某些地区生态环境继续恶化。(3)重视利用农家肥、绿肥、豆科作物,发展薪炭林、小水电、沼气池,实行秸秆还田,以调节土壤化学物理性能,增加土壤有机质

文件名及时间	解决"三农"问题的重要举措	扶贫举措	环保举措
当前农村经济政策的若干问题,1983	(1)走农林牧副渔全面发展、农工商综合经营的道路;(2)稳定和完善农业生产责任制;(3)发展多种多样的合作经济(允许股金分红);(4)实行政社分设;(5)社队企业可以试行经理(厂长)承包责任制;(6)农村个体工商户和种养业的能手可请帮手、带徒弟;(7)加强农村各种文化、卫生设施的建设	目前有些边远山区和少数民族地区,生产水平仍然很低,群众生活还有很多困难。必须给以高度关注,切实加强工作,力争尽快改变贫困面貌	(1)严格控制人口增长,合理利用自然资源,保持良好的生态环境;(2)注意发扬传统农业所具有的精耕细作、节能低耗、维持生态平衡等等优点,尽快发展取代高毒低效的农药;(3)发动群众造林、护林,绿化祖国,增加植被,建设生态屏障;林木谁种谁有,个人所造林木有继承权
关于一九八四年农村工作的通知,1984	(1)延长土地承包期(土地承包期一般应在十五年以上);(2)继续减少统派购的品种和数量;(3)制止对农民的不合理摊派,减轻农民额外负担,保证农村合理的公共事业经费;(4)饲料工业、食品工业、建筑建材业和小能源工业应有计划地优先发展	要多方开辟食物来源,改善生态环境,并逐步提高少数民族地区和贫困地区的经济文化水平	根据国家或集体的安排,在荒山、荒沙、荒滩种草种树,谁种谁有,长期不变,可以继承,可以折价转让
关于进一步活跃农村经济的十项政策,1985	(1)改革农产品统派购制度;(2)大力帮助农村调整产业结构;(3)进一步放宽山区、林区政策;(4)积极兴办交通事业;(5)鼓励农民发展采矿和其他开发性事业;(6)发展对外经济、技术交流	国家支援不发达地区资金和支援穷社穷队资金,由各省、自治区的管理机构统一使用,根据统一规划的建设方案,按项目定向投放,改变以往平均分散使用的方法	山区二十五度以上的坡耕地要有计划有步骤地退耕还林还牧,以发挥地利优势。口粮不足的,由国家销售或赊销

国家重点生态功能区贫困县生态与民生协调改善之道

文件名及时间	解决"三农"问题的重要举措	扶贫举措	环保举措
关于一九八六年农村工作的部署，1986	（1）在工业化过程中必须力求避免出现农业停滞的现象；（2）适当减少粮食合同定购数量，扩大市场议价收购比重；（3）积极扶持乡镇企业；（4）允许一部分人、一部分地区先富起来	把重点放在帮助那些至今尚未解决温饱的最困难地区；国务院和有关省、自治区要建立贫困地区领导小组，加强领导，利用各种渠道为贫困地区培养干部，同时从中央、省、地三级机关抽调一批优秀干部并组织志愿服务者到贫困地区工作	化肥供应量应逐年有所增加，同时扭转近年忽视有机肥的倾向，增加土壤有机质。继续加强江河治理，改善农田水利，对已有工程进行维修、更新改造和配套。要有计划地改造中低产田
关于促进农民增加收入若干政策的意见，2004	（1）集中力量支持粮食主产区发展粮食产业，促进种粮农民增加收入；（2）在小麦、大豆等粮食优势产区扩大良种补贴范围；（3）城市政府要切实把对进城农民工的职业培训、子女教育、劳动保障及其他服务和管理经费，纳入正常的财政预算；（4）鼓励发展各类农产品专业合作组织、购销大户和农民经纪人；（5）加强农村基础设施建设；（6）国家将全面放开粮食收购和销售市场，逐步降低农业税税率	（1）对尚未解决温饱的贫困人口，进一步采取更有针对性的扶贫措施，切实做到扶贫到村到户。（2）有条件的地方要探索建立农民最低生活保障制度	（1）对天然林保护、退耕还林还草和湿地保护等生态工程，要统筹安排，因地制宜，巩固成果，注重实效。（2）要切实落实最严格的耕地保护制度

文件名及时间	解决"三农"问题的重要举措	扶贫举措	环保举措
关于进一步加强农村工作提高农业综合生产能力若干政策的意见,2005	(1)继续加大"两减免、三补贴"等政策实施力度,建立稳定增长的支农资金渠道;(2)坚决实行最严格的耕地保护制度,切实提高耕地质量;(3)加强农田水利和生态建设,提高农业抗御自然灾害的能力;(4)落实新增教育、卫生、文化、计划生育等事业经费主要用于农村的规定,用于县以下的比例不低于70%	(1)增加扶贫开发投入,加强贫困地区农村基础设施建设,引导农民治水改土修路,实施整村推进扶贫规划,完善扶贫开发机制,加快脱贫致富步伐。(2)国家扶贫开发工作重点县农村义务教育阶段贫困家庭学生享受免书本费、免杂费、补助寄宿生生活费	(1)控制非农建设占用耕地,确保基本农田总量不减少、质量不下降、用途不改变,并落实到地块和农户。(2)推广测土配方施肥,推行有机肥综合利用与无害化处理,引导农民多施农家肥,增加土壤有机质。(3)坚持不懈搞好生态重点工程建设。(4)禁止生产、销售和使用高毒、高残留农药。(5)加强艾滋病、血吸虫病等重点疾病的防治工作,推动改水改厕等农村环境卫生综合治理
关于推进社会主义新农村建设的若干意见,2006	(1)扩大公共财政覆盖农村的范围,建立健全财政支农资金稳定增长机制;(2)完善全国鲜活农产品"绿色通道"网络,实现省际互通;(3)稳定、完善、强化对农业和农民的直接补贴政策;(4)加强农村基础设施建设;(5)加快发展农村社会事业;(6)在全国范围取消农业税	对缺乏生存条件地区的贫困人口实行易地扶贫	(1)加快发展循环农业。(2)大力加强农田水利、耕地质量和生态建设。(3)加强村庄规划和人居环境治理

国家重点生态功能区贫困县生态与民生协调改善之道

文件名及时间	解决"三农"问题的重要举措	扶贫举措	环保举措
关于积极发展现代农业扎实推进社会主义新农村建设的若干意见,2007	(1)大幅度增加对"三农"的投入,健全农业支持补贴制度;(2)加强基础设施建设,加快改变农村生产生活条件落后的局面;(3)提高科技对农业增长的贡献率,促进农业集约生产、清洁生产、安全生产和可持续发展;(4)注重开发农业的多种功能;(5)强化农村流通基础设施建设,发展现代流通方式和新型流通业态;(6)培养新型农民	加大对中西部地区特别是老少边穷地区发展社会事业、改善生产生活条件的支持力度。继续搞好开发式扶贫,实行整村推进扶贫方式,分户制定更有针对性的扶贫措施,提高扶贫开发成效	(1)切实提高耕地质量,加快发展农村清洁能源,提高农业可持续发展能力;(2)大力推广资源节约型农业技术
关于切实加强农业基础建设进一步促进农业发展农民增收的若干意见,2008	(1)坚持做到县级以上各级财政每年对农业总投入增长幅度高于其财政经常性收入增长幅度,坚持把国家基础设施建设和社会事业发展的重点转向农村;(2)加强以农田水利为重点的农业基础设施建设;(3)着力强化农业科技和服务体系基本支撑;(4)在全国普遍建立新型农村合作医疗制度,推动城乡客运协调发展;(5)采取强有力的措施,建立农民工工资正常增长和支付保障机制;(6)加强以村党组织为核心的村级组织配套建设,逐步健全并落实村干部报酬待遇和相应的社会保障制度	(1)国家在国家扶贫开发工作重点县新安排的病险水库除险加固、生态建设等公益性强的基本建设项目,根据不同情况,逐步减少或取消县及县以下配套;(2)逐步提高扶贫标准,集中力量解决革命老区、民族地区、边疆地区和特殊类型地区贫困问题,重视解决农村困难群众住房安全问题	(1)建立健全森林、草原和水土保持生态效益补偿制度,加强农村节能减排工作,鼓励发展循环农业,加大农业面源污染防治力度;(2)支持有条件的农牧区发展太阳能、风能。有序推进村庄治理,继续实施乡村清洁工程,开展创建"绿色家园"行动

文件名及时间	解决"三农"问题的重要举措	扶贫举措	环保举措
关于2009年促进农业稳定发展农民持续增收的若干意见，2008	(1)国家在中西部地区安排的病险水库除险加固、生态建设、农村饮水安全、大中型灌区配套改造等公益性建设项目，取消县及县以下资金配套；(2)落实村级防疫员补助经费；(3)在全国范围内免收整车合法装载鲜活农产品的车辆通行费；(4)赋予农民更加充分而有保障的土地承包经营权；(5)建立个人缴费、集体补助、政府补贴的新型农村社会养老保险制度；(6)抓紧制定适合农民工特点的养老保险办法	(1)对中等职业学校农村家庭经济困难学生和涉农专业学生实行免费。(2)坚持开发式扶贫方针，制定农村最低生活保障制度与扶贫开发有效衔接办法。实行新的扶贫标准，对农村没有解决温饱的贫困人口、低收入人口全面实施扶贫政策，尽快稳定解决温饱并实现脱贫致富，重点提高农村贫困人口的自我发展能力	(1)扩大水产健康养殖示范区(场)建设，继续实行休渔、禁渔制度，强化增殖放流等水生生物资源养护措施。(2)支持建设绿色和有机农产品生产基地。(3)加快高标准农田建设；(4)提高中央财政森林生态效益补偿标准，启动草原、湿地、水土保持等生态效益补偿试点。安排专门资金，实行以奖促治，支持农业农村污染治理。(5)设立统一的永久基本农田保护标志，尽快出台基本农田保护补偿具体办法
关于加大统筹城乡发展力度进一步夯实农业农村发展基础的若干意见，2010	(1)健全强农惠农政策体系，推动资源要素向农村配置；(2)提高现代农业装备水平，促进农业发展方式转变；(3)加快改善农村民生，缩小城乡公共事业发展差距；(4)协调推进城乡改革，增强农业农村发展活力；(5)加强农村基层组织建设，巩固党在农村的执政基础	逐步扩大扶贫开发和农村低保制度有效衔接试点，对农村低收入人口全面实施扶贫政策，着力提高贫困地区群众自我发展能力，确保扶贫开发工作重点县农民人均纯收入增长幅度高于全国平均水平	(1)扩大测土配方施肥、土壤有机质提升补贴规模和范围。(2)在重点生态脆弱区和重要生态区位，结合扶贫开发和库区移民，适当增加安排退耕还林。提高中央财政对属集体林的国家级公益林森林生态效益补偿标准。(3)坚决守住耕地保护红线，建立保护补偿机制，加快划定基本农田，实行永久保护
关于加快水利改革发展的决定，2011	(1)突出加强农田水利等薄弱环节建设；(2)全面加快水利基础设施建设；(3)建立水利投入稳定增长机制；(4)实行最严格的水资源管理制度；(5)不断创新水利发展体制机制	支持山丘区小水窖、小水池、小塘坝、小泵站、小水渠等"五小水利"工程建设，重点向革命老区、民族地区、边疆地区、贫困地区倾斜	(1)大力推进污水处理回用；(2)搞好水土保持和水生态保护；(3)合理开发水能资源；(4)建立用水总量和效率控制、水功能区限制纳污制度

续表

文件名及时间	解决"三农"问题的重要举措	扶贫举措	环保举措
关于加快推进农业科技创新持续增强农产品供给保障能力的若干意见，2012	(1)加大投入强度和工作力度；(2)依靠科技创新驱动；(3)提升农业技术推广能力；(4)加强教育科技培训；(5)改善设施装备条件；(6)提高市场流通效率	加大高等学校对农村特别是贫困地区的定向招生力度	探索完善森林、草原、水土保持等生态补偿制度。研究建立公益林补偿标准动态调整机制，进一步加大湿地保护力度。草原生态保护补助奖励政策覆盖到国家确定的牧区半牧区县(市、旗)。把农村环境整治作为环保工作的重点
关于加快发展现代农业进一步增强农村发展活力的若干意见，2013	(1)建立重要农产品供给保障机制；(2)健全农业支持保护制度；(3)培育和壮大新型农业生产经营组织；(4)加快构建公益性服务与经营性服务相结合、专项服务与综合服务相协调的新型农业社会化服务体系；(5)加强农村基层党建工作，强化村干部"一定三有"政策，健全村级组织运转和基本公共服务经费保障机制，提升推动农村发展、服务农民群众能力	设立专项资金，对在连片特困地区乡、村学校和教学点工作的教师给予生活补助；继续提高新型农村合作医疗政府补助标准，积极推进异地结算；加强农村最低生活保障的规范管理，有条件的地方研究制定城乡最低生活保障相对统一的标准；加大扶贫开发投入，全面实施连片特困地区区域发展与扶贫攻坚规划	加大三北防护林、天然林保护等重大生态修复工程实施力度，推进荒漠化、石漠化、水土流失综合治理；探索开展沙化土地封禁保护区建设试点工作；加强国家木材战略储备基地和林区基础设施建设，提高中央财政国家级公益林补偿标准，增加湿地保护投入，完善林木良种、造林、森林抚育等林业补贴政策，积极发展林下经济；继续实施草原生态保护补助奖励政策；加强农作物秸秆综合利用；搞好农村垃圾、污水处理和土壤环境治理，实施乡村清洁工程，加快农村河道、水环境综合整治

文件名及时间	解决"三农"问题的重要举措	扶贫举措	环保举措
关于全面深化农村改革加快推进农业现代化的若干意见,2014	(1)完善国家粮食安全保障体系,启动东北和内蒙古大豆、新疆棉花目标价格补贴试点;(2)强化农业支持保护制度,新增补贴向粮食等重要农产品、新型农业经营主体、主产区倾斜;(3)建立农业可持续发展长效机制;(4)构建新型农业经营体系,发展多种形式规模经营;(5)加快农村金融制度创新,强化金融机构服务"三农"职责,发展新型农村合作金融组织,加大农业保险支持力度;(6)建立稳定的村级组织运转经费保障制度;农村社区建设试点单位和集体土地所有权在村民小组的地方,可开展以社区、村民小组为基本单元的村民自治试点	以西部和集中连片特困地区为重点加快农村公路建设,加强农村公路养护和安全管理,推进城乡道路客运一体化;加快改善农村义务教育薄弱学校基本办学条件,适当提高农村义务教育生均公用经费标准;深化农村基层医疗卫生机构综合改革,实施中西部全科医生特岗计划;加强农村最低生活保障的规范管理;着力创新扶贫开发工作机制,改进对国家扶贫开发工作重点县的考核办法,提高扶贫精准度	(1)促进生态友好型农业发展,分区域规模化推进高效节水灌溉行动,支持开展病虫害绿色防控和病死畜禽无害化处理;(2)开展农业资源休养生息试点;(3)加大生态保护建设力度,实施江河湖泊综合整治、水土保持重点建设工程,开展生态清洁小流域建设;(4)开展村庄人居环境整治,以治理垃圾、污水为重点,提高农村饮水安全工程建设标准,因地制宜发展户用沼气和规模化沼气,在地震高风险区实施农村民居地震安全工程

文件名及时间	解决"三农"问题的重要举措	扶贫举措	环保举措
关于加大改革创新力度加快农业现代化建设的若干意见,2015	(1)强化对粮食主产省和主产县的政策倾斜,启动实施油料、糖料、天然橡胶生产能力建设规划,推进海南、甘肃、四川三大国家级育种制种基地建设;(2)持续增加财政农业农村支出,中央基建投资继续向农业农村倾斜;稳定和加强基层农技推广等公益性服务机构,健全经费保障和激励机制,改善基层农技推广人员工作和生活条件;(3)完善随迁子女在当地接受义务教育和参加中高考相关政策,探索农民工享受城镇保障性住房的具体办法;(4)解决无电人口用电问题,全面改善农村义务教育薄弱学校基本办学条件,加快发展高中阶段教育,逐步实现免费中等职业教育;(5)继续开展好媳妇、好儿女、好公婆等评选表彰活动,开展寻找最美乡村教师、医生、村官等活动	(1)制定并落实建档立卡的贫困村和贫困户帮扶措施;加强集中连片特困地区基础设施建设、生态保护和基本公共服务,加大用地政策支持力度,实施整村推进、移民搬迁、乡村旅游扶贫等工程;扶贫项目审批权原则上要下放到县;全面公开扶贫对象、资金安排、项目建设等情况;建立健全贫困县考核、约束、退出等机制。(2)加快推进西部地区和集中连片特困地区农村公路建设,落实好集中连片特困地区乡村教师生活补助政策	(1)全面开展永久基本农田划定工作和推进建设占用耕地剥离耕作层土壤再利用,统筹实施全国高标准农田建设总体规划;(2)加强农业生态治理,提高天然林资源保护工程补助和森林生态效益补偿标准;(3)推进山水林田路综合治理,加快推进农村河塘综合整治,开展农村垃圾专项整治,加大农村污水处理和改厕力度,加强农村周边工业"三废"排放和城市生活垃圾堆放监管治理

文件名及时间	解决"三农"问题的重要举措	扶贫举措	环保举措
关于落实发展新理念加快农业现代化实现全面小康目标的若干意见,2016	(1)大规模推进高标准农田和农田水利建设,强化现代农业科技创新推广体系建设,加快推进现代种业发展,优化农业生产结构和区域布局;(2)加强资源保护和生态修复,推动农业绿色发展;(3)推动农产品加工业转型升级,加强农产品流通设施和市场建设,大力发展休闲农业和乡村旅游,完善农业产业链与农民的利益联结机制;(4)加快农村基础设施建设,提高农村公共服务水平,推进农村劳动力转移就业创业和农民工市民化;(5)坚持将农业农村作为国家固定资产投资的重点领域,发展农村普惠金融,扩大农业保险覆盖面,增加保险品种、提高风险保障水平	(1)通过产业扶持、转移就业、易地搬迁等措施解决 5000 万左右贫困人口脱贫;对完全或部分丧失劳动能力的 2000 多万贫困人口,全部纳入低保覆盖范围,实行社保政策兜底脱贫;(2)实行最严格的脱贫攻坚考核督查问责	;(1)加强农业资源保护和高效利用,推进耕地数量、质量、生态"三位一体"保护,划定农业空间和生态空间保护红线;(2)加快农业环境突出问题治理,实施化肥农药零增长行动和种养业废弃物资源化利用、无害化处理区域示范工程;(3)加强农业生态保护和修复,实施新一轮草原生态保护补助奖励政策,适当提高补奖标准,全面停止天然林商业性采伐;(4)实施农村生活垃圾治理 5 年专项行动,普遍建立村庄保洁制度,逐步把农村环境整治支出纳入地方财政预算;(5)加大对农产品主产区和重点生态功能区的转移支付力度

续表

文件名及时间	解决"三农"问题的重要举措	扶贫举措	环保举措
关于深入推进农业供给侧结构性改革加快培育农业农村发展新动能的若干意见,2017	(1)统筹调整粮经饲种植结构,发展规模高效养殖业,做大做强优势特色产业,积极发展生产、供销、信用"三位一体"综合合作;(2)推行绿色生产方式,增强农业可持续发展能力;(3)大力发展乡村休闲旅游产业,推进农村电商发展,加快发展现代食品产业,培育宜居宜业特色村镇;(4)补齐农业农村短板,夯实农村共享发展基础;(5)深化粮食等重要农产品价格形成机制和收储制度改革,完善农业补贴制度,改革财政支农投入机制,落实涉农贷款增量奖励政策	完善农村危房改造政策,提高补助标准,集中支持建档立卡贫困户、低保户、分散供养特困人员和贫困残疾人家庭等重点对象;扎实推进农村低保制度与扶贫开发政策有效衔接,做好农村低保兜底工作;激发贫困人口脱贫致富积极性主动性,建立健全稳定脱贫长效机制;加强扶贫资金监督管理,在所有贫困县开展涉农资金整合	(1)引导企业争取国际有机农产品认证,加快提升国内绿色、有机农产品认证的权威性和影响力;(2)推进农业清洁生产,大规模实施农业节水工程,集中治理农业环境突出问题,加强重大生态工程建设;(3)持续加强农田基本建设,深入开展农村人居环境治理和美丽宜居乡村建设;(4)深入实施新一轮草原生态保护补助奖励政策,健全林业补贴政策,扩大湿地生态效益补偿实施范围
关于实施乡村振兴战略的意见,2018	夯实农业生产能力基础,实施质量兴农战略,构建农村一二三产业融合发展体系,促进小农户和现代农业发展有机衔接;推进乡村绿色发展,打造人与自然和谐共生发展新格局;繁荣兴盛农村文化,焕发乡风文明新气象;加强农村基层基础工作,构建乡村治理新体系;提高农村民生保障水平,塑造美丽乡村新风貌;打好精准脱贫攻坚战,增强贫困群众获得感;推进体制机制创新,强化乡村振兴制度性供给;汇聚全社会力量,强化乡村振兴人才支撑;开拓投融资渠道,强化乡村振兴投入保障	全面改善薄弱学校基本办学条件,加强寄宿制学校建设;实施农村义务教育学生营养改善计划,发展农村学前教育,推进农村普及高中阶段教育,逐步分类推进中等职业教育免除学杂费,健全学生资助制度;完善统一的城乡居民基本医疗保险制度、大病保险制度、基本养老保险制度和最低生活保障制度;瞄准贫困人口精准帮扶,聚焦深度贫困地区集中发力,激发贫困人口内生动力,强化脱贫攻坚责任和监督	全面落实永久基本农田特殊保护制度,加快划定和建设粮食生产功能区、重要农产品生产保护区,完善支持政策;统筹山水林田湖草系统治理,加强农村突出环境问题综合治理,建立市场化多元化生态补偿机制;实施农村人居环境整治三年行动计划,以农村垃圾、污水治理和村容村貌提升为主攻方向;严格控制未利用地开垦,集中力量推进高标准农田建设

文件名及时间	解决"三农"问题的重要举措	扶贫举措	环保举措
关于坚持农业农村优先发展做好"三农"工作的若干意见,2019	聚力精准施策,决战决胜脱贫攻坚;夯实农业基础,保障重要农产品有效供给;扎实推进乡村建设,加快补齐农村人居环境和公共服务短板;发展壮大乡村产业,拓宽农民增收渠道;全面深化农村改革,激发乡村发展活力;完善乡村治理机制,保持农村社会和谐稳定;发挥农村党支部战斗堡垒作用,全面加强农村基层组织建设;加强党对"三农"工作的领导,落实农业农村优先发展总方针	坚持现行扶贫标准,防止盲目拔高标准、吊高胃口,杜绝数字脱贫、虚假脱贫;重大工程建设项目继续向深度贫困地区倾斜;注重发展长效扶贫产业,强化易地扶贫搬迁后续措施,坚持扶贫与扶志扶智相结合,关心关爱扶贫干部,持续开展扶贫领域腐败和作风问题专项治理;研究解决收入水平略高于建档立卡贫困户的群众缺乏政策支持等新问题,做好脱贫攻坚与乡村振兴的衔接	扎实推进生态扶贫,促进扶贫开发与生态保护相协调;确保永久基本农田保持在15.46亿亩以上;到2020年确保建成8亿亩高标准农田,并优先安排到粮食生产功能区和重要农产品生产保护区;降低江河湖泊和近海渔业捕捞强度,全面实施长江水生生物保护区禁捕;全面推进以农村垃圾污水治理、厕所革命和村容村貌提升为重点的农村人居环境整治,加强农村污染治理和生态环境保护,实现畜牧养殖大县粪污资源化利用整县治理全覆盖,开展湿地生态效益补偿和退耕还湿
关于抓好"三农"领域重点工作确保如期实现全面小康的意见,2020	坚决打赢脱贫攻坚战;对标全面建成小康社会加快补上农村基础设施和公共服务短板;保障重要农产品有效供给和促进农民持续增收;加强农村基层治理;强化农村补短板保障措施	在普遍实现"两不愁"基础上,全面解决"三保障"和饮水安全问题,确保剩余贫困人口如期脱贫;健全监测预警机制,为巩固脱贫成果提供制度保障;严把贫困退出关,严格执行贫困退出标准和程序,扎实做好脱贫攻坚宣传工作;坚持贫困县摘帽不摘责任、不摘政策、不摘帮扶、不摘监管;研究建立解决相对贫困的长效机制;加强贫困地区学前儿童普通话教育	扩大贫困地区退耕还林还草规模;分类推进农村厕所革命,支持农民群众开展村庄清洁和绿化行动,鼓励有条件的地方对农村人居环境公共设施维修养护进行补助;大力推进畜禽粪污资源化利用,基本完成大规模养殖场粪污治理设施建设;深入开展农药化肥减量行动,加强农膜污染治理,推进秸秆综合利用;在长江流域重点水域实行常年禁捕,启动实施东北黑土地保护性耕作行动计划,启动农村水系综合整治试点

2. 党的十二大以来历次党代会报告关于"三农"、扶贫和环保的重要观点

	关于农业、农村和农民	关于农村扶贫	关于保护生态环境
党的十二大报告，1982年9月	(1)农业是我国国民经济的基础,只要农业上去了,其他事情就比较好办了。(2)近几年在农村建立的多种形式的生产责任制,进一步解放了生产力,必须长期坚持下去,只能在总结群众实践经验的基础上逐步加以完善,决不能违背群众的意愿轻率变动,更不能走回头路	在农村中的一部分低产地区和受灾地区,农民还很贫困,要积极扶助他们发展生产,增加收入	今后必须在坚决控制人口增长、坚决保护各种农业资源、保持生态平衡的同时,加强农业基本建设,改善农业生产条件,实行科学种田
党的十三大报告,1987年10月	(1)农业的稳定增长和农村产业结构的改善,是整个国民经济长期稳定发展的基础。在社会主义初级阶段,我国农业生产条件还比较落后,发展还很不稳定,加强农业建设尤为迫切和重要。(2)要巩固和完善以家庭经营为主的多种形式的联产承包责任制,积极鼓励兼业经营,建立社会化服务体系。有条件的地方,要在坚持自愿互利的基础上鼓励和提倡多种形式的合作与联合,逐步达到合理的经营规模	(1)在初级阶段,为了摆脱贫穷和落后,尤其要把发展生产力作为全部工作的中心。(2)在共同富裕的目标下鼓励一部分人通过诚实劳动和合法经营先富起来。(3)对少数民族地区和贫困地区,要给予必要的支援	(1)人口控制、环境保护和生态平衡是关系经济和社会发展全局的重要问题。(2)在推进经济建设的同时,要大力保护和合理利用各种自然资源,努力开展对环境污染的综合治理,加强生态环境的保护,把经济效益、社会效益和环境效益很好地结合起来
党的十四大报告,1992年10月	(1)农业是国民经济的基础,必须坚持把加强农业放在首位,全面振兴农村经济。树立大农业观念,保持粮食、棉花稳定增产,继续调整农业内部结构,积极发展农、林、牧、副、渔各业,努力开发高产优质高效农业。(2)要把家庭联产承包为主的责任制,统分结合的双层经营体制,作为一项基本制度长期稳定下来,并不断充实完善。积极发展多种形式的农业社会化服务体系	贫困地区尽快脱贫致富,是实现第二步战略目标的重要组成部分。对少数民族地区以及革命老根据地、边疆地区和贫困地区,国家要采取有效政策加以扶持,经济比较发达地区要采取多种形式帮助他们加快发展	(1)认真执行控制人口增长和加强环境保护的基本国策;(2)增强全民族的环境意识,保护和合理利用土地、矿藏、森林、水等自然资源,努力改善生态环境

	关于农业、农村和农民	关于农村扶贫	关于保护生态环境
党的十五大报告，1997年9月	要多渠道增加投入，加强农业基础设施建设，不断改善生产条件。大力推进科教兴农，发展高产、优质、高效农业和节水农业。积极发展农业产业化经营，形成生产、加工、销售有机结合和相互促进的机制，推进农业向商品化、专业化、现代化转变。综合发展农林牧副渔各业，继续发展乡镇企业，形成合理的产业结构。搞好小城镇规划建设。长期稳定以家庭联产承包为主的责任制，完善统分结合的双层经营体制，逐步壮大集体经济实力。改革粮棉购销制，实行合理的价格政策。建立健全农业社会化服务体系、农产品市场体系和国家对农业的支持、保护体系。要尊重农民的生产经营自主权，保护农民的合法权益，切实减轻农民负担，使广大农民从党在农村的各项政策和工作中得到实惠	(1)进一步发展东部地区同中西部地区多种形式的联合和合作。更加重视和积极帮助少数民族地区发展经济。从多方面努力，逐步缩小地区发展差距。(2)国家从多方面采取措施，加大扶贫攻坚力度，到本世纪末基本解决农村贫困人口的温饱问题	在现代化建设中必须实施可持续发展战略。坚持计划生育和保护环境的基本国策，正确处理经济发展同人口、资源、环境的关系。统筹规划国土资源开发和整治，严格执行土地、水、森林、矿产、海洋等资源管理和保护的法律。实施资源有偿使用制度。加强对环境污染的治理，植树种草，搞好水土保持，防治荒漠化，改善生态环境。控制人口增长，提高人口素质，重视人口老龄化问题
党的十六大报告，2002年11月	(1)加强农业基础地位，推进农业和农村经济结构调整，保护和提高粮食综合生产能力，健全农产品质量安全体系，增强农业的市场竞争力。(2)消除不利于城镇化发展的体制和政策障碍，引导农村劳动力合理有序流动。(3)坚持党在农村的基本政策，长期稳定并不断完善以家庭承包经营为基础、统分结合的双层经营体制。有条件的地方可按照依法、自愿、有偿的原则进行土地承包经营权流转，逐步发展规模经营。(4)加大对农业的投入和支持，加快农业科技进步和农村基础设施建设。改善农村金融服务。继续推进农村税费改革，减轻农民负担，保护农民利益	(1)支持革命老区和少数民族地区加快发展，国家要加大对粮食主产区的扶持。(2)集体经济是公有制经济的重要组成部分，对实现共同富裕具有重要作用。(3)有条件的地方，探索建立农村养老、医疗保险和最低生活保障制度。(4)继续大力推进扶贫开发，巩固扶贫成果，尽快使尚未脱贫的农村人口解决温饱问题，并逐步过上小康生活	(1)促进人与自然的和谐，推动整个社会走上生产发展、生活富裕、生态良好的文明发展道路。(2)必须把可持续发展放在十分突出的地位，坚持计划生育、保护环境和保护资源的基本国策。(3)树立全民环保意识，搞好生态保护和建设。(4)(西部要)重点抓好基础设施和生态环境建设，争取十年内取得突破性进展

国家重点生态功能区贫困县生态与民生协调改善之道

	关于农业、农村和农民	关于农村扶贫	关于保护生态环境
党的十七大报告，2007年10月	(1)要加强农业基础地位,走中国特色农业现代化道路,建立以工促农、以城带乡长效机制,形成城乡经济社会发展一体化新格局。坚持把发展现代农业、繁荣农村经济作为首要任务,加强农村基础设施建设,健全农村市场和农业服务体系。(2)坚持农村基本经营制度,稳定和完善土地承包关系,按照依法自愿有偿原则,健全土地承包经营权流转市场,有条件的地方可以发展多种形式的适度规模经营。探索集体经济有效实现形式,发展农民专业合作组织,支持农业产业化经营和龙头企业发展	(1)加大对革命老区、民族地区、边疆地区、贫困地区发展扶持力度。(2)扶持贫困地区、民族地区教育,健全学生资助制度,保障经济困难家庭、进城务工人员子女平等接受义务教育。(3)探索建立农村养老保险制度。(4)全面推进新型农村合作医疗制度建设。(5)完善城乡居民最低生活保障制度,逐步提高保障水平	(1)建设生态文明,基本形成节约能源资源和保护生态环境的产业结构、增长方式、消费模式。(2)加强能源资源节约和生态环境保护,重点加强水、大气、土壤等污染防治。(3)优化国土开发格局,按照形成主体功能区的要求,完善区域政策,调整经济布局
党的十八大报告,2012年11月	(1)加快改革户籍制度,有序推进农业转移人口市民化,努力实现城镇基本公共服务常住人口全覆盖。(2)要加大统筹城乡发展力度,增强农村发展活力,逐步缩小城乡差距,促进城乡共同繁荣。坚持工业反哺农业、城市支持农村和多予少取放活方针,加大强农惠农富农政策力度,让广大农民平等参与现代化进程、共同分享现代化成果。(3)加快完善城乡发展一体化体制机制,着力在城乡规划、基础设施、公共服务等方面推进一体化,促进城乡要素平等交换和公共资源均衡配置,形成以工促农、以城带乡、工农互惠、城乡一体的新型工农、城乡关系	(1)采取对口支援等多种形式,加大对革命老区、民族地区、边疆地区、贫困地区扶持力度。(2)大力促进教育公平,合理配置教育资源,重点向农村、边远、贫困、民族地区倾斜。(3)整合城乡居民基本养老保险和基本医疗保险制度。(4)坚持预防为主、以农村为重点、中西医并重,按照保基本、强基层、建机制要求,重点推进医疗保障、医疗服务、公共卫生、药品供应、监管体制综合改革	(1)必须树立尊重自然、顺应自然、保护自然的生态文明理念,把生态文明建设放在突出地位,融入经济建设、政治建设、文化建设、社会建设各方面和全过程。(2)坚持节约资源和保护环境的基本国策,坚持节约优先、保护优先、自然恢复为主的方针,着力推进绿色发展、循环发展、低碳发展,形成节约资源和保护环境的空间格局、产业结构、生产方式、生活方式,从源头上扭转生态环境恶化趋势

	关于农业、农村和农民	关于农村扶贫	关于保护生态环境
党的十九大报告，2017年10月	(1)实施乡村振兴战略。农业农村农民问题是关系国计民生的根本性问题，必须始终把解决好"三农"问题作为全党工作重中之重。要坚持农业农村优先发展，按照产业兴旺、生态宜居、乡风文明、治理有效、生活富裕的总要求，建立健全城乡融合发展体制机制和政策体系，加快推进农业农村现代化。巩固和完善农村基本经营制度，深化农村土地制度改革，完善承包地"三权"分置制度。保持土地承包关系稳定并长久不变，第二轮土地承包到期后再延长三十年。深化农村集体产权制度改革，保障农民财产权益，壮大集体经济。确保国家粮食安全，把中国人的饭碗牢牢端在自己手中。构建现代农业产业体系、生产体系、经营体系，完善农业支持保护制度，发展多种形式适度规模经营，培育新型农业经营主体，健全农业社会化服务体系，实现小农户和现代农业发展有机衔接。促进农村一二三产业融合发展，支持和鼓励农民就业创业，拓宽增收渠道。加强农村基层基础工作，健全自治、法治、德治相结合的乡村治理体系。培养造就一支懂农业、爱农村、爱农民的"三农"工作队伍。(2)以城市群为主体构建大中小城市和小城镇协调发展的城镇格局，加快农业转移人口市民化	(1)深入开展脱贫攻坚，保证全体人民在共建共享发展中有更多获得感，不断促进人的全面发展、全体人民共同富裕。(2)加大力度支持革命老区、民族地区、边疆地区、贫困地区加快发展。(3)要动员全党全国全社会力量，坚持精准扶贫、精准脱贫，坚持中央统筹省负总责市县抓落实的工作机制，强化党政一把手负总责的责任制，坚持大扶贫格局，注重扶贫同扶志、扶智相结合，深入实施东西部扶贫协作，重点攻克深度贫困地区脱贫任务，确保到二○二○年我国现行标准下农村贫困人口实现脱贫，贫困县全部摘帽，解决区域性整体贫困，做到脱真贫、真脱贫	(1)必须树立和践行绿水青山就是金山银山的理念，坚持节约资源和保护环境的基本国策，像对待生命一样对待生态环境，统筹山水林田湖草系统治理，实行最严格的生态环境保护制度，形成绿色发展方式和生活方式，坚定走生产发展、生活富裕、生态良好的文明发展道路。(2)我们要建设的现代化是人与自然和谐共生的现代化，既要创造更多物质财富和精神财富以满足人民日益增长的美好生活需要，也要提供更多优质生态产品以满足人民日益增长的优美生态环境需要。必须坚持节约优先、保护优先、自然恢复为主的方针，形成节约资源和保护环境的空间格局、产业结构、生产方式、生活方式，还自然以宁静、和谐、美丽

3. 党的十二大以来五年计划（规划）建议中关于"三农"和农村环保的重要论述

	关于"三农"（含扶贫）的主要建议	关于保护农村生态环境的主要建议
中共中央关于制定国民经济和社会发展第七个五年计划的建议，1985年9月	坚持依靠政策和科学，进一步改善生产条件，继续促进农业的全面稳定发展；要根据农林牧副渔全面发展、农工商运综合经营的原则，进一步调整农村产业结构；对乡镇企业积极扶持，合理规划，正确引导，加强管理；继续完善和发展家庭联产承包责任制等经营方式，进一步放开和调整农副产品价格，适当增加国家对农业的投入，制止各种不合理的摊派，减轻农民负担	按照自然规律和经济规律的客观要求，认真进行国土开发和整治的研究及实施规划；加速植树造林，搞好水土保持，改善农业生态环境；在一切生产建设中，都必须遵守保护环境和生态平衡的有关法律与规定，十分注意有效保护和节约使用水资源、土地资源、矿产资源和森林资源，严格控制非农业占用耕地，尤其要注意逐步解决北方地区的水资源问题；大力种草、种树，逐步改变水土流失严重的状况和控制某些地区的沙化倾向
中共中央关于制定国民经济和社会发展十年规划和"八五"计划的建议，1990年12月	积极发展社会化服务体系，健全和完善统分结合的双层经营体制，把集体经营的优越性和农民家庭经营的积极性结合起来，逐步壮大集体经济实力。在有条件的地区，根据农民自愿，可以因地制宜，采取不同形式实行适度规模经营。继续抓好科技、教育兴农。积极改革农产品流通体制，大力发展农产品流通。扶持贫困地区人民脱贫致富。促进乡镇企业继续健康发展，农业和乡镇企业要互为依托，因地制宜，采取亦工亦农、离土不离乡等多种形式，吸纳农村富余劳动力	要加强大江大河大湖的治理，有计划地建设一批防洪、蓄水、引水的大中型项目，提高抗御自然灾害的能力；抓紧进行南水北调工程的建设，缓解北方水资源紧缺的矛盾；巩固和完善现有灌溉工程，努力扩大灌溉面积，积极建设旱涝保收、稳产高产农田；分批改造中低产田，有步骤地开垦宜农荒地，改造和建设草原；加强速生丰产用材林、防护林、经济林和薪炭林体系的建设，改善生态环境；努力增加化肥、农药、农膜、农业机械的供应并提高它们的使用效益，大力提倡施用农家肥。切实加强土地管理，珍惜和合理利用土地；保护森林资源

	关于"三农"（含扶贫）的主要建议	关于保护农村生态环境的主要建议
中共中央关于制定国民经济和社会发展"九五"计划和2010年远景目标的建议，1995年9月	确保农业和农村经济持续稳定增长：实施科教兴农战略，重视农村科技队伍建设；加强大江大河大湖治理，疏浚中小河流，增强抗御水旱灾害的能力；大力改造中低产田；加快发展农用工业，增加农业生产资料的供应，提高农业机械化和现代化水平；鼓励农村种植业、养殖业、加工业的有机结合，推动农工贸一体化，促进农业向高产、优质、高效方向发展；搞好农业综合开发，全面发展林、牧、副、渔各业；乡镇企业要充分利用当地资源优势，积极发展农产品加工和为农服务的产业，与小城镇建设结合起来；继续推进国有农场的改革和发展；进一步理顺农产品和农业生产资料价格，建立健全以批发市场为中心的农产品市场体系；积极发展农村社会化服务，办好供销合作社和信用合作社等合作经济组织，不断壮大集体经济；采取切实措施减轻农民负担。贫困地区要发扬艰苦创业精神，主要依靠自己的力量脱贫致富；从中央到地方，都要加大扶贫工作的力度，动员全社会关心扶贫工作	实现经济增长方式从粗放型向集约型转变，促进国民经济持续、快速、健康发展和社会全面进步；要靠经济体制改革，形成有利于节约资源、降低消耗、增加效益的企业经营机制；建立健全基本农田保护制度，积极发展节水型农业和节粮型畜禽养殖；生产、建设、流通、消费等各领域，都必须节水、节地、节能、节材、节粮，千方百计减少资源的占用与消耗；制定和完善保护环境资源的法律；严格控制人口增长，提高人口质量；坚持经济建设、城乡建设与环境建设同步规划、同步实施、同步发展；所有建设项目都要有环境保护规划和要求，特别要加强工业污染控制和治理；搞好环境保护宣传教育，增强全民环保意识；大力发展生态农业，保护农业生态环境；加快水土流失地区的综合治理和防护林体系建设；提高森林覆盖率，增加城镇绿化面积；依法保护并合理开发利用土地、水、森林、草原、矿产和其他自然资源；城乡建设都要合理规划，严格控制用地；完善自然资源有偿使用制度和价格体系，逐步建立资源更新的经济补偿机制

续表

	关于"三农"（含扶贫）的主要建议	关于保护农村生态环境的主要建议
中共中央关于制定国民经济和社会发展第十个五年计划的建议，2000年10月	高度重视保护和提高粮食生产能力，建设稳定的商品粮基地；大力调整农业结构，积极拓宽农民增收领域，加大对农业的支持和保护力度，切实减轻农民负担；引导乡镇企业推进结构调整、技术进步和体制创新；加快农村土地制度法制化建设，长期稳定以家庭承包经营为基础、统分结合的双层经营体制；深化农产品流通体制市场取向的改革，发展农产品销售、储运、保鲜等产业，发挥各类中介组织在搞活农产品流通中的积极作用；完善粮食收购保护价、粮食储备和风险基金制度。积极稳妥地推进城镇化。重点做好中西部的少数民族地区、革命老区、边疆地区和特困地区的扶贫工作。坚持开发式扶贫，增加扶贫投入，加强贫困地区的基础设施建设，注重发展贫困地区的教育、文化、卫生事业	着力改善基础设施和生态环境，实现可持续发展；水资源可持续利用是我国经济社会发展的战略问题，核心是提高用水效率，把节水放在突出位置；优化能源结构，提高利用效率，加强环境保护；有计划分步骤地抓好退耕还林还草等生态建设工程，改善西部地区生产条件和生态环境；稳定现行计划生育政策，保持低生育水平，促进优生优育；大力植树种草，推进东北、华北、西北防护林体系建设，抓好长江上游、黄河上中游等天然林保护工程；加快小流域治理，减少水土流失；加强草原建设，防止超载过牧，遏制草原退化和荒漠化；广泛开展城市绿化；抓紧环京津生态圈工程建设；加强自然保护区和生态示范区建设，保护陆地和海洋生物多样性；完善生态建设和环境保护的法律法规，加强执法和监督；开展环保教育，提高全民环保意识
中共中央关于制定国民经济和社会发展第十一个五年规划的建议，2005年10月	坚持把解决好"三农"问题作为全党工作的重中之重，实行工业反哺农业、城市支持农村，推进社会主义新农村建设，促进城镇化健康发展。要按照生产发展、生活宽裕、乡风文明、村容整洁、管理民主的要求，坚持从各地实际出发，尊重农民意愿，扎实稳步推进新农村建设。推进现代农业建设：提高农业综合生产能力，确保国家粮食安全。逐步建立城乡统一的劳动力市场和公平竞争的就业制度，依法保障进城务工人员的权益。增强村级集体经济组织的服务功能，鼓励和引导农民发展各类专业合作经济组织，提高农业的组织化程度。大力发展农村公共事业：实施农村计划生育家庭奖励扶助制度和"少生快富"扶贫工程。因地制宜地实行整村推进的扶贫开发方式。对缺乏生存条件地区的贫困人口实行易地扶贫，对丧失劳动能力的贫困人口建立救助制度	要把节约资源作为基本国策，发展循环经济，保护生态环境，加快建设资源节约型、环境友好型社会，促进经济发展与人口、资源、环境相协调；推进国民经济和社会信息化，切实走新型工业化道路，坚持节约发展、清洁发展、安全发展，实现可持续发展；积极推行节水灌溉，科学使用肥料、农药，促进农业可持续发展；关闭破坏资源、污染环境和不具备安全生产条件的企业；坚持节约优先、立足国内、煤为基础、多元发展，构筑稳定、经济、清洁的能源供应体系；各地区要根据资源环境承载能力和发展潜力，按照优化开发、重点开发、限制开发和禁止开发的不同要求，明确不同区域的功能定位，并制定相应的政策和评价指标，逐步形成各具特色的区域发展格局；大力发展循环经济，强化从源头防治污染和保护生态，加强自然保护区、重要生态功能区和海岸带的生态保护与管理

	关于"三农"(含扶贫)的主要建议	关于保护农村生态环境的主要建议
中共中央关于制定国民经济和社会发展第十二个五年规划的建议,2010年10月	坚持工业反哺农业、城市支持农村和多予少取放活方针,加大强农惠农力度,夯实农业农村发展基础,提高农业现代化水平和农民生活水平,建设农民幸福生活的美好家园。实施全国新增千亿斤粮食生产能力规划,加大粮食主产区投入和利益补偿。严格保护耕地,加快农村土地整理复垦,大规模建设旱涝保收高标准农田。加强农村基础设施建设和公共服务。深入推进开发式扶贫,逐步提高扶贫标准,加大扶贫投入,加快解决集中连片特殊困难地区的贫困问题,有序开展移民扶贫,实现农村低保制度与扶贫开发政策有效衔接。拓宽农民增收渠道。完善农村发展体制机制。推进集体林权和国有林区林权制度改革,完善草原承包经营制度	坚持把建设资源节约型、环境友好型社会作为加快转变经济发展方式的重要着力点;深入贯彻节约资源和保护环境基本国策,节约能源,降低温室气体排放强度,发展循环经济,推广低碳技术,积极应对气候变化,促进经济社会发展与人口资源环境相协调,走可持续发展之路;发展节水农业,推广清洁环保生产方式,治理农业面源污染;基本形成适应主体功能区要求的法律法规、政策和规划体系,完善绩效考核办法和利益补偿机制,引导各地区严格按照主体功能定位推进发展;积极应对全球气候变化,大力发展循环经济,以解决饮用水不安全和空气、土壤污染等损害群众健康的突出环境问题为重点加强综合治理,加强资源节约和管理,加强生态保护和防灾减灾体系建设
中共中央关于制定国民经济和社会发展第十三个五年规划的建议,2015年10月	加快转变农业发展方式,发展多种形式适度规模经营,发挥其在现代农业建设中的引领作用。着力构建现代农业产业体系、生产体系、经营体系,提高农业质量效益和竞争力,推动粮经饲统筹、农林牧渔结合、种养加一体、一二三产业融合发展,走产出高效、产品安全、资源节约、环境友好的农业现代化道路。稳定农村土地承包关系,完善土地所有权、承包权、经营权分置办法,依法推进土地经营权有序流转,构建培育新型农业经营主体的政策体系。坚持最严格的耕地保护制度,全面划定永久基本农田。推进农业标准化和信息化。健全从农田到餐桌的农产品质量安全全过程监管体系、现代农业科技创新推广体系、农业社会化服务体系。实施脱贫攻坚工程。实施精准扶贫、精准脱贫,扩大贫困地区基础设施覆盖面	必须坚持节约资源和保护环境的基本国策,坚持可持续发展,坚定走生产发展、生活富裕、生态良好的文明发展道路,加快建设资源节约型、环境友好型社会,形成人与自然和谐发展现代化建设新格局,推进美丽中国建设,为全球生态安全作出新贡献;划定农业空间和生态空间保护红线,构建科学合理的城市化格局、农业发展格局、生态安全格局、自然岸线格局;发布全国主体功能区规划图和农产品主产区、重点生态功能区目录,推动各地区依据主体功能定位发展;以市县级行政区为单元,建立由空间规划、用途管制、领导干部自然资源资产离任审计、差异化绩效考核等构成的空间治理体系;推进交通运输低碳发展,实行公共交通优先,加强轨道交通建设,鼓励自行车等绿色出行;强化约束性指标管理,实行能源和水资源消耗、建设用地等总量和强度双控行动

续表

	关于"三农"(含扶贫)的主要建议	关于保护农村生态环境的主要建议
中共中央关于制定国民经济和社会发展第十四个五年规划和二〇三五年远景目标的建议,2020年10月	全面实施乡村振兴战略,强化以工补农、以城带乡,推动形成工农互促、城乡互补、协调发展、共同繁荣的新型工农城乡关系,加快农业农村现代化;提高农业质量效益和竞争力,健全农业支持保护制度;实施乡村建设行动,完善乡村水、电、路、气、通信、广播电视、物流等基础设施,提升农房建设质量;深化农村改革,健全城乡统一的建设用地市场;实现巩固拓展脱贫攻坚成果同乡村振兴有效衔接,在西部地区脱贫县中集中支持一批乡村振兴重点帮扶县。推进以人为核心的新型城镇化,完善财政转移支付和城镇新增建设用地规模与农业转移人口市民化挂钩政策	因地制宜推进农村改厕、生活垃圾处理和污水治理,实施河湖水系综合整治,改善农村人居环境。构建国土空间开发保护新格局,支持生态功能区把发展重点放到保护生态环境、提供生态产品上,支持生态功能区的人口逐步有序转移。深入实施可持续发展战略,完善生态文明领域统筹协调机制,构建生态文明体系,促进经济社会发展全面绿色转型,建设人与自然和谐共生的现代化。加快推动绿色低碳发展,制定2030年前碳排放达峰行动方案;持续改善环境质量,深入打好污染防治攻坚战;提升生态系统质量和稳定性,构建以国家公园为主体的自然保护地体系;全面提高资源利用效率

4. 中共中央、国务院颁布的帮助贫困地区的重要文件的主要内容

名称及时间	贫困状况	目标	原则	主要措施	生态扶贫或环保措施
关于帮助贫困地区尽快改变面貌的通知,1984—09—29	几千万人口的地区未摆脱贫困,温饱问题未完全解决。绝大部分是山区,有的是民族地区、革命老区、边远地区	摆脱贫困,赶上全国经济发展的步伐;集中力量解决十几个连片贫困地区的问题	纠正单纯救济观点,依靠当地人民自己的力量增强经济的内部活力;财政扶持;突出重点	进一步放宽政策(耕地承包期延长到30年,允许转让承包权);减轻负担、给予优惠(减免农业税,兴办开发性企业五年内免交所得税);搞活商品流通,加速商品周转(首先解决由县通到乡的道路);增加智力投资	二十五度以上的陡坡耕地原则上要逐步分期退耕,由原耕者造林种草,谁种谁有,长期经营,允许继承

名称及时间	贫困状况	目标	原则	主要措施	生态扶贫或环保措施
关于加强贫困地区经济开发工作的通知，1987—10—30	贫困地区的经济开发已经起步，但扶贫没有完全落实到户，解决温饱不够稳	1990年前解决温饱问题，重点是食不果腹、衣不蔽体、房不避风雨的"三不户"	摸清底数，明确对象；先易后难，分批解决；分解目标，落实责任	发展商品经济，强化社会服务体系（改造传统的种养业、发展乡镇企业和各种家庭工副业、组织劳务输出）；依靠能人兴办扶贫经济实体；扶贫项目要公开招标，实行承包开发；资金要按使用效益分配；把智力开发摆到重要位置	贫困县要做到经济开发和计划生育两手抓，尽快改变某些地区人口增长超过粮食增长和经济发展的非正常状况
国家八七扶贫攻坚计划（1994—2000年），1994—04—15	实现了从救济式扶贫向开发式扶贫的转变；全国农村的贫困问题已经明显缓解，没有完全稳定解决温饱的贫困人口已经减少到八千万人	到本世纪末解决贫困人口温饱（户年人均纯收入达到500元以上）；基本解决人畜饮水困难；消灭无电县；基本普及初等教育	发扬自力更生、艰苦奋斗的精神，在国家的扶持下，以市场需求为导向，依靠科技进步，开发利用当地资源，发展商品生产	发展种植业、养殖业和相关的加工业、运销业；发展资源开发型和劳动密集型的乡镇企业；有计划有组织地发展劳务输出；实施"星火计划"（科技开发和科技服务）、"燎原计划"；建立和完善三级医疗预防保健网；中央和地方党政机关有条件的企事业单位与贫困县定点挂钩扶贫；沿海较为发达的省对口帮助贫困省、区；大专院校、科研单位选派科技副县长、副乡长	严格实行计划生育，将人口自然增长率控制在国家规定的范围内；对极少数生存和发展条件特别困难的村庄和农户，实行开发式移民；加快植被建设、防风治沙，降低森林消耗，改善生态环境

国家重点生态功能区贫困县生态与民生协调改善之道

名称及时间	贫困状况	目标	原则	主要措施	生态扶贫或环保措施
中国农村扶贫开发纲要（2001—2010年），2001—06—13	初步解决温饱问题的群众生产生活条件尚未得到根本改变，温饱还不稳定；基本解决温饱的贫困人口温饱的标准还很低	巩固温饱成果，提高贫困人口的生活质量和综合素质，加强贫困乡村的基础设施建设，改善生态环境，逐步改变贫困地区经济、社会、文化的落后状况，为达到小康水平创造条件	坚持开发式扶贫方针；坚持综合开发、全面发展；坚持可持续发展；坚持自力更生、艰苦奋斗；坚持政府主导、全社会共同参与	继续把发展种养业作为扶贫开发的重点；积极推进农业产业化经营；进一步改善贫困地区的基本生产生活条件（绝大多数行政村通电、通路、通邮、通电话、通广播电视，大多数贫困乡有卫生院、贫困村有卫生室，基本控制贫困地区的主要地方病，实现九年义务教育）；加大科技扶贫力度；努力提高贫困地区群众的科技文化素质；积极稳妥地扩大贫困地区劳务输出；稳步推进自愿移民搬迁；鼓励多种所有制经济组织参与扶贫开发；进一步增加财政扶贫资金；继续安排并增加扶贫贷款	发展种养业，要以增加贫困人口的收入为中心，依靠科技进步，着力优化品种、提高质量、增加效益；要以有利于改善生态环境为原则，加强生态环境的保护和建设；对目前极少数居住在生存条件恶劣、自然资源贫乏地区的特困人口，要结合退耕还林还草实行搬迁扶贫

续表

名称及时间	贫困状况	目标	原则	主要措施	生态扶贫或环保措施
中国农村扶贫开发纲要（2011—2020年），2011—12—01	我国扶贫开发已经从以解决温饱为主要任务的阶段转入巩固温饱成果、加快脱贫致富、改善生态环境、提高发展能力、缩小发展差距的新阶段	稳定实现扶贫对象不愁吃、不愁穿，保障其义务教育、基本医疗和住房（"两不愁三保障"）。贫困地区农民人均纯收入增长幅度高于全国平均水平，基本公共服务主要领域指标接近全国平均水平（"一高于一接近"）	政府主导，分级负责；突出重点，分类指导；部门协作，合力推进；自力更生，艰苦奋斗；社会帮扶，共同致富；统筹兼顾，科学发展；改革创新，扩大开放	专项扶贫：易地扶贫搬迁；整村推进（水、电、路、气、房和环境改善"六到农家"）；以工代赈；产业扶贫；就业促进（雨露计划）；扶贫试点；革命老区建设。行业扶贫：发展特色产业；开展科技扶贫；完善基础设施；发展教育文化事业（加快寄宿制学校建设，逐步提高农村义务教育家庭经济困难寄宿生生活补助标准）；改善公共卫生和人口服务管理；完善社会保障制度；重视能源和生态环境建设。社会扶贫：加强定点扶贫；推进东西部扶贫协作；发挥军队和武警部队的作用；动员企业和社会各界参与扶贫	坚持自愿原则，对生存条件恶劣地区扶贫对象实行易地扶贫搬迁，充分考虑资源条件，因地制宜，有序搬迁，改善生存与发展条件；开展水土保持、小流域治理和片区综合开发，增强抵御自然灾害能力；加强中小河流治理、山洪地质灾害防治及水土流失综合治理；加大农村环境综合整治力度，大力支持退牧还草工程

国家重点生态功能区贫困县生态与民生协调改善之道

续表

名称及时间	贫困状况	目标	原则	主要措施	生态扶贫或环保措施
关于打赢脱贫攻坚战的决定，2015—11—29	我国扶贫开发已进入啃硬骨头、攻坚拔寨的冲刺期。中西部贫困人口规模依然较大，剩下的贫困人口贫困程度较深，减贫成本更高，脱贫难度更大	到2020年，稳定实现农村贫困人口"两不愁三保障"。实现贫困地区"一高于一接近"。确保我国现行标准下农村贫困人口实现脱贫，贫困县全部摘帽，解决区域性整体贫困	坚持党的领导，夯实组织基础；坚持政府主导，增强社会合力；坚持精准扶贫，提高扶贫成效；坚持保护生态，实现绿色发展；坚持群众主体，激发内生动力；坚持因地制宜，创新体制机制	实施精准扶贫方略：健全精准扶贫工作机制（扶持对象、项目安排、资金使用、措施到户、因村派人、脱贫成效等六个精准）；发展特色产业脱贫；引导劳务输出脱贫；实施易地搬迁脱贫；结合生态保护脱贫；着力加强教育脱贫（健全学前教育资助制度，稳步推进贫困地区农村义务教育阶段学生营养改善计划，加强寄宿制学校建设，普及高中阶段教育，普通高中免除学杂费、中等职业教育免除学杂费）；开展医疗保险和医疗救助脱贫（对贫困人口参加新型农村合作医疗个人缴费部分由财政给予补贴，将贫困人口全部纳入重特大疾病救助范围）；实行农村最低生活保障制度兜底脱贫；探索资产收益扶贫；健全留守儿童、留守妇女、留守老人和残疾人关爱服务体系。加强贫困地区基础设施建设；强化政策保障；广泛动员全社会力量；大力营造良好氛围	对居住在生存条件恶劣、生态环境脆弱、自然灾害频发等地区的农村贫困人口，加快实施易地扶贫搬迁工程；积极整合交通建设、农田水利、土地整治、地质灾害防治、林业生态等支农资金和社会资金，支持安置区配套公共设施建设和迁出区生态修复；重大生态工程进一步向贫困地区倾斜；增加重点生态功能区转移支付；贫困人口转为生态保护人员；加大贫困地区新一轮退耕还林还草力度；开展贫困地区生态综合补偿试点

名称及时间	贫困状况	目标	原则	主要措施	生态扶贫或环保措施
关于打赢脱贫攻坚战三年行动的指导意见，2018—06—15	未来 3 年，还有 3000 万左右农村贫困人口需要脱贫，其中因病、因残致贫比例居高不下；"三区三州"等深度贫困地区贫困发生率高、贫困程度深，基础条件薄弱、致贫原因复杂、发展严重滞后、公共服务不足	2020 年，现行标准下农村贫困人口实现脱贫，消除绝对贫困；贫困县全部摘帽，解决区域性整体贫困；实现贫困地区"一高于一接近"	坚持精准扶贫精准脱贫基本方略，坚持中央统筹、省负总责、市县抓落实的工作机制，坚持大扶贫工作格局，坚持脱贫攻坚目标和现行扶贫标准，聚焦深度贫困地区和特殊贫困群体	着力改善深度贫困地区发展条件（交通、饮水、水利、电网、互联网、农田）；着力解决深度贫困地区群众特殊困难（健康扶贫、禁毒脱贫、守边固边）；着力加大深度贫困地区政策倾斜力度（增加对深度贫困地区专项扶贫资金、教育医疗保障等转移支付）；加大产业扶贫力度；全力推进就业扶贫；深入推动易地扶贫搬迁（鼓励实施整村整组搬迁）；加强生态扶贫；着力实施教育脱贫攻坚行动（确保贫困家庭适龄学生不因贫失学辍学，实施好农村义务教育学生营养改善计划，学生资助政策实现应助尽助）；深入实施健康扶贫工程（加快推进县乡村三级卫生服务标准化建设）；加快推进农村危房改造；强化综合保障性扶贫；开展贫困残疾人脱贫行动；开展扶贫扶志行动；加快补齐贫困地区基础设施短板	推进西藏、四省藏区、新疆南疆退耕还林还草、退牧还草工程；加快岩溶地区石漠化综合治理、西藏生态安全屏障、青海三江源生态保护、祁连山生态保护和综合治理等重点工程建设；新增选聘生态护林员、草管员岗位 40 万个，吸纳贫困人口参与防沙治沙、石漠化治理、防护林建设、储备林营造和参与管理天然林、集体公益林，加大贫困地区新一轮退耕还林还草支持力度

续表

名称及时间	贫困状况	目标	原则	主要措施	生态扶贫或环保措施
关于实现巩固拓展脱贫攻坚成果同乡村振兴有效衔接的意见，2020—12—16	我国现行标准下农村贫困人口全部实现脱贫、贫困县全部摘帽、区域性整体贫困得到解决	2025 年脱贫攻坚成果巩固拓展，乡村振兴全面推进；2035 年脱贫地区经济实力显著增强，乡村振兴取得重大进展	坚持党的全面领导；坚持有序调整、平稳过渡；坚持群众主体、激发内生动力；坚持政府推动引导、社会市场协同发力	建立健全巩固拓展脱贫攻坚成果长效机制：保持主要帮扶政策总体稳定（过渡期内"四个不摘"）；健全防止返贫动态监测和帮扶机制；巩固"两不愁三保障"成果；做好易地扶贫搬迁后续扶持工作；加强扶贫项目资产管理和监督。聚力做好脱贫地区巩固拓展脱贫攻坚成果同乡村振兴有效衔接重点工作。健全农村低收入人口常态化帮扶机制。着力提升脱贫地区整体发展水平。加强脱贫攻坚与乡村振兴政策有效衔接	支持脱贫地区因地制宜推进农村厕所革命、生活垃圾和污水治理、村容村貌提升

5. 1978—2012 年中共中央、国务院颁布的生态环境保护文件的重要内容

名称及颁布时间	重要论述	关于农村环保的专门论述
中共中央国务院关于大力开展植树造林的指示,1980 年 3 月	植树造林是一项根本的农业基本建设;搞好绿化,对于防治空气污染,保护和美化环境,增强人民身心健康也有着重大意义;实行大地园林化,把森林覆盖率提高到百分之三十;各行各业都要积极造林,加速城市绿化建设;办好社队林场,实行群众造林和专业队管理相结合,加强经营管理,积极巩固和发展造林成果;林工商综合经营是建设我国现代化林业的方向;积极开展封山育林、封沙育草	坚韧不拔地抓好西北、华北东部和东北西部防护林体系,华北、中原、东北等地的农田林网化和"四旁"绿化;坚持贯彻依靠社队集体造林为主,积极发展国营造林,并鼓励社员个人植树的方针,国家、集体、个人都来兴办林业;鼓励社员在房前屋后和生产队指定的地方植树造林
国务院关于在国民经济调整时期加强环境保护工作的决定,1981 年 2 月	新建、改建、扩建的基本建设项目要严格执行"三同时"制度和环境影响评价制度,布局不合理、污染严重的项目要停止建设;环境敏感区域的污染企业实行有计划地关停并转;工业企业要按谁污染谁治理的原则,切实治理污染,缴纳排污费;制止对水土资源和森林资源的破坏,搞好自然保护区的建设,维护生态平衡;搞好首都北京和杭州、苏州、桂林的环境保护	小型企业和社队、街道、农工商联合企业的建设,也必须合理布局,严格执行"三同时"的规定;做好农业自然资源调查和农业区划工作至关重要,必须严格遵循自然规律,充分利用调查和区划的成果,进行农业调整,促进生态系统的良性循环
中共中央国务院关于保护森林发展林业若干问题的决定,1981 年 3 月	稳定山权林权,落实林业生产责任制;木材实行集中统一管理,根据用材林的消耗量低于生长量的原则严格控制采伐量;加大对林业的经济扶持;木材综合利用和节约代用;抓紧林区的恢复和建设;大力造林育林;发展林业科学技术和教育;加强党和政府对林业的领导	社员在房前屋后、自留山和生产队指定的其他地方种植的树木,永远归社员个人所有,允许继承;努力改变林区烧好材的习惯;农村社队都应因地制宜地每年安排适当的劳动日从事造林育林

名称及颁布时间	重要论述	关于农村环保的专门论述
国务院关于环境保护工作的决定，1984年5月	成立国务院环境保护委员会，办事机构设在城乡建设环境保护部；新建、扩建、改建项目（包括小型建设项目）和技术改造项目，以及一切可能对环境造成污染和破坏的工程建设和自然开发项目，都必须严格执行防治污染和生态破坏的措施与主体工程同时设计、施工、投产的规定	区、镇、乡人民政府也应有专职或兼职干部做环境保护工作；要认真保护农业生态环境，各级环境保护部门要会同有关部门积极推广生态农业，防止农业环境的污染和破坏
国务院关于进一步加强环境保护工作的决定，1990年12月	浪费资源和能源、严重污染环境的企业限期治理或分别采取关、停、并、转等措施；直接危害城镇饮用水源的企业一律关停；禁止在饮用水源保护区和环境敏感地区及自然保护区新建污染环境的建设项目；在资源开发利用中重视生态环境的保护，利用多种形式开展环境保护宣传教育，积极研究开发环境保护科学技术和参与解决全球环境问题的国际合作，实行环境保护目标责任制	制止乱砍滥伐森林，提高森林覆盖率、造林质量和绿化工作管理水平；在开发利用水资源时，应充分注意对自然生态的影响；控制农药、化肥、农膜对环境的污染，推广植物病虫害的综合防治；根据当地资源和环境保护要求，合理调整农业结构，积极发展农业生产
国务院关于环境保护若干问题的决定，1996年8月	实施污染物排放总量控制，抓紧建立全国主要污染物排放总量指标体系和定期公布的制度；建设对环境有影响的项目必须依法严格执行环境影响评价制度和环境保护设施与主体工程同时设计、同时施工、同时投产的"三同时"制度；加快治理老污染，禁止转嫁废物污染，保护和合理开发自然资源，严格环保执法，大力发展环境保护产业，提高全民环境意识	切实加强水污染防治工作，确保工农业生产和人民生活用水安全；大幅度提高乡镇企业处理污染能力，根本扭转乡镇企业对环境污染和生态破坏加剧的状况；发展生态农业，控制农药、化肥、农膜等对农田和水源的污染；努力提高森林覆盖率，加快水土流失地区的综合治理

名称及颁布时间	重要论述	关于农村环保的专门论述
全国生态环境建设规划,1998 年11 月	力争到下个世纪中叶,使全国适宜治理的水土流失地区基本得到整治,适宜绿化的土地植树种草,"三化"草地基本得到恢复,建立起比较完善的生态环境预防监测和保护体系,大部分地区生态环境明显改善,基本实施中华大地山川秀美;将全国生态环境建设划分为八个类型区域,2010 年前把黄河长江上中游地区、风沙区和草原区作为全国生态环境建设的重点地区,并将这些地区的基本农田、优质草地、水源涵养林和防风固沙林建设起来,形成带网片结合、纵横交错、相互联结、结构合理的林草植被体系和水土流失防治体系。建立健全稳定的投入保障机制	宣传和普及植树种草、水土保持、防治荒漠化、草原建设、节水农业、旱作农业、生态农业等方面的科技知识;大力培育和推广适应不同区域特点的优良品种,推广先进适用技术,如小流域综合治理技术,径流林业技术,生根粉技术,节水灌溉技术等;继续深化"四荒"承包改革,稳定和完善有关鼓励政策;继续完善劳动积累工制度,利用农村剩余劳动力和农闲时间组织群众开展生态环境建设
国务院关于进一步做好退耕还林还草试点工作的若干意见,2000 年9 月	实行省级政府对退耕还林还草试点工作负总责和市(地)、县(市)政府目标责任制;坚持"全面规划、分步实施,突出重点、先易后难,先行试点、稳步推进"的原则;认真落实"退耕还林(草)、封山绿化、以粮代赈、个体承包"的措施,切实把国家无偿向退耕户提供粮食、现金、种苗的补助政策落实到户;健全种苗生产供应机制,确保种苗的数量和质量;合理确定林草种结构和植被恢复方式	应与改善生态环境、调整农业结构和农民脱贫致富相结合;坚持政策引导和农民自愿原则;把退耕还林还草与扶贫开发、农业综合开发、水土保持等政策措施结合起来;实行"谁退耕、谁造林(草)、谁经营、谁受益"的政策,将责权利紧密结合起来,植树种草以后,承包期一律延长到 50 年
全国生态环境保护纲要,2000 年11 月	基本原则是生态环境保护与生态环境建设并举,污染防治与生态环境保护并重,谁开发谁保护、谁破坏谁恢复、谁使用谁付费。目标是通过生态环境保护,遏制生态环境破坏,减轻自然灾害的危害;促进自然资源的合理、科学利用,实现自然生态系统良性循环;维护国家生态环境安全,确保国民经济和社会的可持续发展。重要生态功能区、重点资源、生态良好地区要重点保护	加大农业面源污染控制力度,鼓励畜禽粪便资源化,确保养殖废水达标排放,严格控制氮、磷严重超标地区的氮肥、磷肥施用量;发展牧业要坚持以草定畜,防止超载过牧;生物物种资源的开发应在保护物种多样性和确保生物安全的前提下进行;海洋和渔业资源开发利用必须按功能区划进行

名称及 颁布时间	重要论述	关于农村环保的专门论述
国务院关于进一步完善退耕还林政策措施的若干意见，2002年4月	坚持生态效益优先，兼顾农民吃饭、增收以及地方经济发展；坚持生态建设与生态保护并重，采取综合措施，制止边治理边破坏问题；坚持政策引导和农民自愿相结合，充分尊重农民的意愿；坚持尊重自然规律，科学选择树种；坚持因地制宜，统筹规划，突出重点，注重实效。责权利相结合	凡是水土流失严重和粮食产量低而不稳的坡耕地和沙化耕地，应按国家批准的规划实施退耕还林。退耕还林要以营造生态林为主，营造的生态林比例以县为核算单位，不得低于80%；对超过规定比例多种的经济林，只给种苗和造林补助费，不补助粮食和现金
国务院关于编制全国主体功能区规划的意见，2007年7月	全国主体功能区规划是战略性、基础性、约束性的规划，是国民经济和社会发展总体规划、人口规划、区域规划、城市规划、土地利用规划、环境保护规划、生态建设规划、流域综合规划、水资源综合规划、海洋功能区划、海域使用规划、粮食生产规划、交通规划、防灾减灾规划等在空间开发和布局的基本依据。在坚持实施区域发展总体战略基础上，前瞻性、全局性地谋划好未来全国人口和经济的基本格局，引导形成主体功能定位清晰，人口、经济、资源环境相互协调，公共服务和人民生活水平差距不断缩小的区域协调发展格局	坚持城乡统筹，防止城镇化地区对农村地区的过度侵蚀，同时，也为农村人口进入城市提供必要的空间；优化开发和重点开发区域的主体功能是集聚经济和人口，但其中也要有生态区、农业区、旅游休闲区等；以农业为主的地区，原则上要确定为限制开发区域；实行差别化的土地利用政策，确保18亿亩耕地数量不减少、质量不下降
全国主体功能区规划，2010年12月	推进形成主体功能区，就是要根据不同区域的资源环境承载能力、现有开发强度和发展潜力，统筹谋划人口分布、经济布局、国土利用和城镇化格局，确定不同区域的主体功能，并据此明确开发方向，完善开发政策，控制开发强度，规范开发秩序，逐步形成人口、经济、资源环境相协调的国土空间开发格局。我国国土空间分为以下主体功能区：按开发方式，分为优化开发区域、重点开发区域、限制开发区域和禁止开发区域；按开发内容，分为城市化地区、农产品主产区和重点生态功能区；按层级，分为国家和省级两个层面。各有关部门要根据本规划调整完善现行政策和制度安排，建立健全保障形成主体功能区布局的法律法规、体制机制、规划和政策及绩效考核评价体系	把农产品主产区作为限制进行大规模高强度工业化城镇化开发的区域，是为了切实保护这类农业发展条件较好区域的耕地，使之能集中各种资源发展现代农业，不断提高农业综合生产能力。同时，也可以使国家强农惠农的政策更集中地落实到这类区域，确保农民收入不断增长，农村面貌不断改善。此外，通过集中布局、点状开发，在县城适度发展非农产业，可以避免过度分散发展工业带来的对耕地过度占用等问题

6. 党的十八大以来颁布的生态文明建设重要文件的重要内容

	重要意义	推进生态文明建设的新举措	推进农村生态环境保护与治理的重要举措	关于重点生态功能区建设的重要举措
中共中央国务院关于加快推进生态文明建设的意见(简称"意见"),2015年4月	确立了2020年前生态文明建设的指导思想、基本原则、主要目标。是关于生态文明建设的顶层设计和系统设计	强化主体功能定位,优化国土空间开发格局;推动技术创新和结构调整,提高发展质量和效益;全面促进资源节约循环高效使用,推动利用方式根本转变;加大自然生态系统和环境保护力度,切实改善生态环境质量;健全生态文明制度体系;加强生态文明建设统计监测和执法监督;加快形成推进生态文明建设的良好社会风尚;切实加强组织领导	加强农村基础设施建设,强化山水林田路综合治理,加快农村危旧房改造,支持农村环境集中连片整治,开展农村垃圾专项治理,加大农村污水处理和改厕力度。加快转变农业发展方式,推进农业结构调整,大力发展农业循环经济,治理农业污染,提升农产品质量安全水平。依托乡村生态资源,在保护生态环境的前提下,加快发展乡村旅游休闲业。引导农民在房前屋后、道路两旁植树护绿。强化农田生态保护,实施耕地质量保护与提升行动,加大退化、污染、损毁农田改良和修复力度,加强耕地质量调查监测与评价。加强农业面源污染防治,加大种养业特别是规模化畜禽养殖污染防治力度,科学施用化肥、农药,推广节能环保型炉灶,净化农产品产地和农村居民生活环境	明确禁止开发区域、限制开发区域准入事项,禁止和限制发展的产业。在重点生态功能区、生态环境敏感区和脆弱区等区域划定生态红线,确保生态功能不降低、面积不减少、性质不改变。结合深化财税体制改革,完善转移支付制度,归并和规范现有生态保护补偿渠道,加大对重点生态功能区的转移支付力度,逐步提高其基本公共服务水平。对农产品主产区和重点生态功能区,分别实行农业优先和生态保护优先的绩效评价;对禁止开发的重点生态功能区,重点评价其自然文化资源的原真性、完整性

	重要意义	推进生态文明建设的新举措	推进农村生态环境保护与治理的重要举措	关于重点生态功能区建设的重要举措
生态文明体制改革总体方案(简称"方案"),2015 年 9 月	确立了生态文明体制改革的指导思想、理念、原则、目标和建立自然资源资产产权制度、国土空间开发保护制度、空间规划体系等制度的内容。标志着生态文明制度的"四梁八柱"基本建立	其目标是2020年构建起产权清晰、多元参与、激励约束并重、系统完整的生态文明制度体系,推进生态文明领域国家治理体系和治理能力现代化	完善基本农田保护制度,划定永久基本农田红线,按照面积不减少、质量不下降、用途不改变的要求,将基本农田落地到户、上图入库,实行严格保护,除法律规定的国家重点建设项目选址确实无法避让外,其他任何建设不得占用。加强耕地质量等级评定与监测,强化耕地质量保护与提升建设。完善耕地占补平衡制度,对新增建设用地占用耕地规模实行总量控制,严格实行耕地占一补一、先补后占、占优补优。编制耕地、草原、河湖休养生息规划,调整严重污染和地下水严重超采地区的耕地用途,逐步将25度以上不适宜耕种且有损生态的陡坡地退出基本农田。开展退田还湖还湿试点,推进长株潭地区土壤重金属污染修复试点、华北地区地下水超采综合治理试点。建立以绿色生态为导向的农业补贴制度,加快制定和完善相关技术标准和规范,加快推进化肥、农药、农膜减量化以及畜禽养殖废弃物资源化和无害化,鼓励生产使用可降解农膜。完善农作物秸秆综合利用制度。健全化肥农药包装物、农膜回收贮运加工网络。采取财政和村集体补贴、住户付费、社会资本参与的投入运营机制,加强农村污水和垃圾处理等环保设施建设。采取政府购买服务等多种扶持措施,培育发展各种形式的农业面源污染治理、农村污水垃圾处理市场主体。强化县乡两级政府的环境保护职责,加强环境监管能力建设。财政支农资金的使用要统筹考虑增强农业综合生产能力和防治农村污染	统筹国家和省级主体功能区规划,健全基于主体功能区的区域政策,根据城市化地区、农产品主产区、重点生态功能区的不同定位,加快调整完善财政、产业、投资、人口流动、建设用地、资源开发、环境保护等政策。加强对重要生态系统的保护和永续利用,改革各部门分头设置自然保护区、风景名胜区、文化自然遗产、地质公园、森林公园等的体制,对上述保护区进行功能重组,合理界定国家公园范围。国家公园实行更严格保护,除不损害生态系统的原住民生活生产设施改造和自然观光科研教育旅游外,禁止其他开发建设,保护自然生态和自然文化遗产原真性、完整性。探索建立多元化补偿机制,逐步增加对重点生态功能区转移支付,完善生态保护成效与资金分配挂钩的激励约束机制。制定横向生态补偿机制办法,以地方补偿为主,中央财政给予支持。按照山水林田湖系统治理的要求,完善相关资金使用管理办法,整合现有政策和渠道,在深入推进国土江河综合整治的同时,更多用于青藏高原生态屏障、黄土高原—川滇生态屏障、东北森林带、北方防沙带、南方丘陵山地带等国家生态安全屏障的保护修复

	重要意义	推进生态文明 建设的新举措	推进农村生态环境 保护与治理的重要举措	关于重点生态功能区 建设的重要举措
关于全面加强生态环境保护坚决打好污染防治攻坚战的意见（简称"攻坚战意见"），2018年6月	是决胜全面建成小康社会阶段全面加强生态环境保护、打好污染防治攻坚战的纲领性文件	提出了深入贯彻习近平生态文明思想和全面加强党对生态环境保护的领导的战略部署；明确了新时代生态文明建设的总体目标和基本原则；提出了重点打赢蓝天碧水净土三大保卫战、推动形成绿色发展方式和生活方式、加快生态保护与修复、改革完善生态环境治理体系的重要举措	以建设美丽宜居村庄为导向，持续开展农村人居环境整治行动，实现全国行政村环境整治全覆盖。减少化肥农药使用量，制修订并严格执行化肥农药等农业投入品质量标准，严格控制高毒高风险农药使用，推进有机肥替代化肥、病虫害绿色防控替代化学防治和废弃农膜回收，完善废旧地膜和包装废弃物等回收处理制度。坚持种植和养殖相结合，就地就近消纳利用畜禽养殖废弃物。合理布局水产养殖空间，深入推进水产健康养殖，开展重点江河湖库及重点近岸海域破坏生态环境的养殖方式综合整治。严格管控重度污染耕地，严禁在重度污染耕地种植食用农产品。实施耕地土壤环境治理保护重大工程，开展重点地区涉重金属行业排查和整治	按照应保尽保、应划尽划的原则，将生态功能重要区域、生态环境敏感脆弱区域纳入生态保护红线。建立以国家公园为主体的自然保护地体系。增加中央财政对国家重点生态功能区、生态保护红线区域等生态功能重要地区的转移支付，继续安排中央预算内投资对重点生态功能区给予支持
关于建立国土空间规划体系并监督实施的若干意见，2019年5月	科学布局生产空间、生活空间、生态空间，是加快形成绿色生产方式和生活方式、推进生态文明建设、建设美丽中国的关键举措	将主体功能区规划、土地利用规划、城乡规划等空间规划融合为统一的国土空间规划；分级分类建立国土空间规划，明确各级国土空间总体规划编制重点，强化对专项规划的指导约束作用，在市县及以下编制详细规划	在城镇开发边界外的乡村地区，以一个或几个行政村为单元，由乡镇政府组织编制"多规合一"的实用性村庄规划，作为详细规划，报上一级政府审批；划定生态保护红线、永久基本农田、城镇开发边界等空间管控边界以及各类海域保护线，强化底线约束	对以国家公园为主体的自然保护地、重要海域和海岛、重要水源地、文物等实行特殊保护制度

7. "八七" 计划期间国家重点扶持贫困县名单

河北省 （39）	灵寿县、赞皇县、平山县、青龙自治县、大名县、涉县、广平县、魏县、临城县、巨鹿县、广宗县、阜平县、涞源县、易县、顺平县、张北县、康保县、沽源县、尚义县、蔚县、阳原县、怀安县、万全县、赤城县、崇礼县、平泉县、滦平县、隆化县、丰宁自治县、宽城自治县、围场自治县、东光县、海兴县、盐山县、南皮县、献县、孟村自治县、武邑县、武强县

国家重点生态功能区贫困县生态与民生协调改善之道

山西省（35）	右玉、苛岚、静乐、河曲、五寨、保德、岚县、榆社、柳林、方山、广灵、天镇、平陆、偏关、娄烦、中阳、沁源、五台、石楼、神池、临县、沁县、平顺、兴县、武乡、大宁、永和、灵丘、万荣、阳高、夏县、闻喜、离石、垣曲、繁峙
内蒙古自治区（31）	托克托县、和林格尔县、清水河县、固阳县、巴林左旗、巴林右旗、林西县、克什克腾旗、翁牛特旗、喀喇沁旗、宁城县、敖汉旗、科尔沁左翼中、扎赉特旗、库伦旗、奈曼旗、太仆寺旗、多伦县、武川县、化德县、商都县、察哈尔右前旗、察哈尔右中旗、察哈尔右后旗、达尔罕联合旗、四子王旗、准格尔旗、鄂托克前旗、杭锦旗、乌审旗、伊金霍洛旗
辽宁省（9）	康平县、岫岩自治县、新宾自治县、桓仁自治县、义县、朝阳县、建平县、喀喇沁左翼县、建昌县
吉林省（5）	靖宇县、镇赉县、通榆县、大安市、汪清县
黑龙江省（11）	泰来县、甘南县、克东县、林甸县、杜尔伯特县、桦南县、抚远县、同江市、延寿县、青冈县、明水县
浙江省（3）	文成县、泰顺县、景宁自治县
安徽省（17）	长丰县、枞阳县、潜山县、太湖县、宿松县、岳西县、临泉县、阜南县、颍上县、利辛县、六安市、寿县、霍丘县、舒城县、金寨县、霍山县、无为县
福建省（8）	屏南县、寿宁县、周宁县、柘荣县、长汀县、上杭县、武平县、连城县
江西省（18）	莲花县、修水县、赣县、上犹县、安远县、宁都县、于都县、兴国县、会昌县、寻乌县、上饶县、横峰县、余干县、波阳县、遂川县、永新县、宁冈县、广昌县
山东省（10）	泗水县、沂南县、沂水县、费县、平邑县、蒙阴县、庆云县、沾化县、莘县、冠县
河南省（28）	新安县、栾川县、嵩县、汝阳县、宜阳县、洛宁县、伊川县、鲁山县、台前县、渑池县、卢氏县、桐柏县、淅川县、南召县、虞城县、宁陵县、睢县、确山县、上蔡县、平舆县、新蔡县、淮滨县、信阳县、光山县、固始县、商城县、罗山县、新县
湖北省（25）	郧县、郧西县、竹山县、竹溪县、房县、丹江口市、秭归县、长阳自治县、孝昌县、大悟县、麻城市、红安县、罗田县、英山县、蕲春县、阳新县、恩施市、利川市、建始县、巴东县、宣恩县、咸丰县、来凤县、鹤峰县、神农架林区
湖南省（10）	隆回县、平江县、桑植县、安化县、新田县、新化县、沅陵县、花垣县、保靖县、永顺县
广东省（3）	乳源自治县、陆河县、阳山县
广西壮族自治区（28）	隆安县、马山县、天等县、龙州县、三江自治县、融水自治县、金秀自治县、忻城县、龙胜自治县、田东县、平果县、德保县、靖西县、那坡县、凌云县、乐业县、田林县、隆林自治县、西林县、罗城自治县、环江自治县、南丹县、天峨县、凤山县、东兰县、巴马自治县、都安自治县、大化自治县

海南省 （5）	通什市、屯昌县、陵水自治县、保亭自治县、琼中自治县
四川省 （31）	叙永县、古蔺县、旺苍县、苍溪县、南部、仪陇县、阆中市、兴文县、宣汉县、渠县、黑水县、壤塘县、白玉县、巴塘县、乡城县、得荣县、木里自治县、盐源县、普格县、布拖县、金阳县、昭觉县、喜德县、越西县、美姑县、雷波县、广安县、通江县、南江县、广元市朝天区、南充市嘉陵区
重庆市 （12）	酉阳、石柱、黔江、彭水、忠县、巫溪、城口、秀山、云阳、武隆、天城区、五桥区
贵州省 （48）	盘县特区、六枝特区、水城县、正安县、务川自治县、凤冈县、习水县、石阡县、印江自治县、德江县、沿河自治县、松桃自治县、兴仁县、普安县、晴隆县、贞丰县、望谟县、册亨县、安龙县、大方县、织金县、纳雍县、威宁自治县、赫章县、息烽县、普定县、关岭自治县、镇宁自治县、紫云自治县、黄平县、施秉县、三穗县、岑巩县、天柱县、剑河县、台江县、黎平县、榕江县、从江县、雷山县、麻江县、丹寨县、荔波县、独山县、平塘县、罗甸县、长顺县、三都自治县
云南省 （73）	禄劝自治县、东川市辖区、昭通市、鲁甸县、巧家县、盐津县、大关县、永善县、绥江县、镇雄县、彝良县、威信县、富源县、寻甸自治县、会泽县、双柏县、牟定县、南华县、姚安县、大姚县、永仁县、武定县、屏边自治县、石屏县、泸西县、元阳县、红河县、金平自治县、绿春县、文山县、砚山县、西畴县、麻栗坡县、马关县、丘北县、广南县、富宁县、墨江自治县、景东自治县、镇沅自治县、江城自治县、孟连自治县、澜沧自治县、西盟自治县、漾濞自治县、祥云县、宾川县、弥渡县、南涧自治县、巍山自治县、永平县、云龙县、洱源县、剑川县、施甸县、滕冲县、龙陵县、昌宁县、宁蒗自治县、泸水县、福贡县、贡山自治县、兰坪自治县、中甸县、德钦县、维西自治县、临沧县、凤庆县、云县、永德县、镇康县、双江自治县、沧源自治县
西藏 自治区 （5）	察雅县、南木林县、定日县、嘉黎县、索县
陕西省 （50）	蓝田县、铜川市辖区、耀县、宜君县、麟游县、永寿县、彬县、长武县、旬邑县、淳化县、合阳县、浦城县、西乡县、宁强县、略阳县、镇巴县、安康市、汉阴县、宁陕县、紫阳县、岚皋县、镇坪县、白河县、商州市、洛南县、丹凤县、商南县、山阳县、镇安县、柞水县、延安市、延长县、延川县、子长县、安塞县、志丹县、吴旗县、宜川县、榆林市、神木县、府谷县、横山县、靖边县、定边县、绥德县、米脂县、佳县、吴堡县、清涧县、子洲县
甘肃省 （41）	永登县、榆中县、靖远县、会宁县、景泰县、清水县、秦安县、甘谷县、武山县、张家川自治县、古浪县、天祝自治县、定西县、通渭县、陇西县、渭源县、临洮县、漳县、岷县、武都县、宕昌县、康县、文县、西和县、礼县、庄浪县、静宁县、庆阳县、环县、华池县、临夏县、康乐县、永靖县、广河县、和政县、东乡族自治县、积石山自治县、临潭县、卓尼县、舟曲县、平川区
青海省 （14）	大通自治县、平安县、民和自治县、湟源县、化隆自治县、循化自治县、同仁县、泽库县、班玛县、达日县、玉树县、杂多县、治多县、囊谦县

续表

宁夏回族 自治区 （8）	盐池县、同心县、固原县、海原县、西吉县、隆德县、泾源县、彭阳县
新疆 维吾尔 自治区 （25）	巴里坤自治县、木垒自治县、乌什县、柯坪县、阿图什市、阿克陶县、阿合奇县、乌恰县、疏附县、疏勒县、英吉沙县、叶城县、岳普湖县、塔什库尔干县、和田市、和田县、墨玉县、皮山县、洛浦县、策勒县、于田县、民丰县、尼勒克县、托里县、福海县

资料来源：列入《国家八七扶贫攻坚计划》的592个贫困县（《中国贫困地区》1995年第1期）

8. 全国革命老区县市名单

省	数量	一类	二类	三类	四类
赣	81	兴国、瑞金、宁都、于都、会昌、寻乌、石城、万载、宜丰、铜鼓、上饶、广丰、铅山、横峰、弋阳、万年、德兴、吉安、吉水、峡江、永丰、泰和、遂川、万安、安福、永新、宁冈、井冈山、黎川、南丰、乐安、宜黄、资溪、广昌、安远、上犹、信丰、贵溪、分宜、彭泽、德安、修水、莲花、浮梁、乐平（45）	南康、大余、崇义、定南、全南、龙南、赣县、余江、永修、渝水区、湖口、都昌、星子、武宁、九江、瑞金、萍乡市区、奉新、高安、宜春、靖安、波阳、婺源、吉安、新干、金溪、景德镇市区（27）	赣州、樟树、上高、玉山、余干、南城、崇仁（7）	东乡、丰城（2）
闽	62	龙岩、上杭、长汀、永定、连城、武平、漳平、宁化、建宁、泰宁、宁德、福安、屏南、柘荣、武夷山、安溪、福鼎、寿宁、永春、晋江、惠安、光泽、连江、德化、平和（25）	周宁、清流、沙县、明溪、将乐、霞浦、松溪、罗源、仙游、莆田、古田、建阳、云霄、政和、同安、邵武、福清、南安、诏安、漳浦、南靖、长泰（22）	建瓯、浦城、永安、龙溪、南平、延平区、顺昌、长乐、平潭、永泰、闽侯、闽清、石狮、龙海、华安（15）	
琼	19	琼山市、文昌、琼海、万宁、陵水黎族自治县、白沙黎族自治县、澄迈、儋州、东方黎族自治县、屯昌（10）	琼中黎族苗族自治县、定安、临高、昌江、三亚（5）	海口、昌江黎族自治县、乐东黎族自治县、保亭黎族苗族自治县、通什（5）	

省	数量	一类	二类	三类	四类
桂	85	凤山、东兰、巴马瑶族自治县、田东、大化瑶族自治县、德保、乐业、武宣、龙州、天等、博白、宁明、凭祥市、防城港市港口区、西林、贵港市、港南区、覃塘管理区、上思、灌阳(20)	百色、田阳、靖西、那坡、田林、隆林、都安瑶族自治县、天峨、河池、崇左、马山、隆安、大新、横县、上林、象州、合山市、来宾、陆川、贵港北区、平南、钦州港区、浦北、灵山、防城区、贺州、昭平、临桂、灵川、全州、兴安、资源、龙胜、铁山港区(34)	平果、凌云、宜州市、罗城、扶绥、宾阳、融水、金秀、融安、鹿寨、忻城、柳城、柳江、玉林市、北流市、桂平市、东兴、合浦、钟山、富川、武鸣、邕宁、平乐、恭城、阳朔(25)	南丹、三江、容县、岑溪、荔浦、钦州市钦南区(6)
湘	68	茶陵、炎陵、韶山市、邵阳市、郴州市北湖区、资兴市、永兴、汝城、桂东、安仁、永顺、张家界市永定区、慈利、桑植、浏阳、龙山、保靖、石门、岳阳、华容、汨罗、临湘、宜章、湘潭、攸县、醴陵、平江(27)	长沙市郊区、长沙、望城、宁乡、株洲市郊区、南岳区、衡山、祁东、武陵源区、蓝山、祁阳、津市市、澧县、冷水江、双峰、沅江、南县、安化、武冈、邵阳、汉寿、临澧、安乡、衡南、衡东、衡阳、常宁、湘阴、云溪区、岳阳楼区、新化、涟源、桂阳、苏仙区、嘉禾、临武、赫山区、湘乡市、株洲、溆浦、鼎城区(41)		
贵	19	毕节市(1)	大方、黔西、遵义、湄潭(4)	纳雍、沿河、印江、德江、松桃、遵义市、桐梓(7)	金沙、赫章、威宁、习水、赤水、绥阳、凤冈(7)
川	59	巴中市、南江、通江、平昌、达川市、万源、宣汉、蓬安、新龙、秀山、梓潼、雅安市、天全、荥经、芦山、宝兴、理县、茂县、金川、小金、城口、石柱、彭水、黔江、古蔺、叙永、蓬溪(27)	达县、渠县、江油市、北川、汶川、马尔康、道孚、炉霍、甘孜、阆中市、仪陇、营山、南部、广元市中区、朝天区、元坝区、青川、西阳、平武、丹巴、旺苍、剑阁、苍溪(23)	开江、松潘、黑水、壤塘、康定、邛崃市、雅江、涪陵市(8)	泸定县(1)
云	5	富宁、威信(2)	广南、镇雄、彝良(3)		

续表

省	数量	一类	二类	三类	四类
鄂	74	红安、麻城、罗田、英山、蕲春、黄梅、黄州、洪湖、监利、京山、阳新、房县、竹溪、鹤峰、兴山、当阳、五峰、枝江、远安、仙桃、潜江、大悟、孝昌、广水、枣阳、蒲圻（26）	秭归、长阳、枝城、荆门、钟祥、荆州、松滋、石首、公安、天门、随州、保康、谷城、南漳、襄阳、宜城、巴东、宣恩、来凤、建始、咸丰、郧县、丹江口、通山、通城、咸宁、崇阳、浠水、武穴、黄陂、新洲、大冶、鄂州、汉川、应城、云梦、安陆、孝南（38）	郧西、竹山、嘉鱼、恩施、利川、宜昌、老河口、蔡甸、江夏、神农架（10）	
陕	50	神木、横山、靖边、定边、绥德、米脂、佳县、吴堡、清涧、子洲、延安、延长、延川、子长、安塞、志丹、吴旗、甘泉、富县、洛川、宜川、黄龙、黄陵、宜君、旬邑、淳化、丹凤、旬阳（28）	榆林市、府谷、耀县、宁强、商南、三原、宁陕（7）	泾阳、彬县、商州市、富平、洛南、山阳、镇安、柞水、南郑、城固、洋县、西乡、勉县、镇巴、蓝田（15）	
甘	7	庆阳、正宁、合水、华池、环县（5）	宁县（1）	镇原（1）	
晋	105	娄烦、古交、灵邱、广灵、盂县、平定、晋城郊区、泽州、阳城、高平、陵川、沁水、河曲、保德、偏关、五寨、岢岚、神池、宁武、静乐、五台、原平、代县、繁峙、定襄、忻州、兴县、临县、方山、岚县、柳林、离石、中阳、交口、石楼、交城、左权、榆社、和顺、昔阳、榆次市、平顺、黎城、武乡、襄垣、屯留、壶关、沁县、沁源、长治、安泽、古县、浮山、洪洞、乡宁、大宁、吉县、永和、隰县、蒲县、汾西、夏县、右玉、平鲁（64）	阳曲、浑源、阳泉市郊区、孝义市、汾阳、文水、寿阳、太谷、祁县、平遥、介休市、灵石、长子县、潞城市、长治市郊区、临汾市、霍州市、翼城、曲沃、襄汾、平陆、垣曲、应县（23）	天镇、阳高、左云、大同、侯马市、芮城、永济市、运城市、临猗、万荣、河津市、稷山、绛县、闻喜、山阴、怀仁、朔州市朔城区（17）	新绛（1）

省	数量	一类	二类	三类	四类
蒙	25	凉城、鄂托克前旗(2)	宁城、喀喇沁、察右前旗、察右中旗、卓资、丰镇、和林、清水河(8)	兴和、察右后旗、武川、四子王旗、呼市郊区、土默特左旗、土默特右旗、准格尔、鄂托克、乌审、杭锦、达拉特、乌拉特前旗(13)	达茂、固阳(2)
宁	6	盐池、同心、彭阳(3)	西吉县(1)	固原、海原(2)	
津	10	蓟县(1)	宝坻(1)	静海、宁河、武清、西青、北辰、东丽、大港、津南(8)	
豫	85	新县、商城、泌阳、确山、桐柏、永城、清丰、台前、濮阳、范县、南乐、杞县、林州市、内黄县(14)	信阳、罗山、固始、夏邑、滑县、光山、睢县、淇县、洛宁、新安、卢氏、辉县市、济源市、舞钢市、长垣、获嘉(16)	巩义、卫辉、禹州、荥阳、沁阳、新密、登封、通许、兰考、偃师、宜阳、伊川、孟津、修武、博爱、温县、武陟、孟县、安阳、渑池、陕县、唐河、商丘、宁陵、民权、西华、扶沟、淮阳、太康、遂平、汝南、潢川、郾城、嵩县、栾川、汝阳、鲁山、鄢陵、舞阳、南召、西平、鹤壁郊区、延津、封丘、原阳、新乡、正阳、汝州、郏县、鹿邑、商水、安阳市郊区(52)	上蔡、郸城、浚县(3)

国家重点生态功能区贫困县生态与民生协调改善之道

省	数量	一类	二类	三类	四类
京	10	门头沟区、房山、昌平、通县、顺义、大兴、平谷、密云、怀柔、延庆(10)			
鲁	107	沂水、苍山、沂南、莒南、平邑、费县、郯城、临沭、蒙阴、兰山区、河东区、罗庄区、莒县、东港区、五莲、梁山、邹城、汶上、微山、泗水、鱼台、金乡、单县、郓城、牡丹区、曹县、巨野、鄄城、东明、成武县、定陶、莘县、冠县、茌平、临清、东昌区、阳谷、高唐、东阿、莱城区、钢城区、莱州、莱阳、海阳、栖霞、蓬莱、龙口、招远、牟平区、福山区、长岛、荣城、文登、乳山、利津、广饶、垦利、东营区、河口区(59)	惠民、邹平、无棣、沾化、阳信、滨城区、青州、寿光、安丘、昌邑、昌乐、临朐、山亭区、滕州、峄城区、薛城区、台儿庄区、新泰、肥城、宁阳、东平、泰安郊区、泰山区、乐陵、陵县、齐河、禹城、宁津、夏津、临邑、武城、庆云、章丘、商河、济阳、长清区、平阴、沂源、淄川区、临淄区、博山区、桓台、高青、平度、即墨、胶南、莱西、胶州(48)		
辽	9	桓仁、凤城、新宾、本溪、凌源、建昌 (6)	宽甸、清原(2)	绥中县(1)	
吉	33	磐石、通化、柳河、辉南、临江、长白、抚松、靖宇、和龙、汪清、安图、图们市、龙井、桦甸、珲春、延吉市(16)	东丰、东辽、蛟河市、舒兰、集安市、敦化市、梅河口市、通化市东昌区、二道江区(9)	伊通、永吉、榆树市、白山市八道江区和三岔子区、辽源龙山区、西安区(7)	双阳县(1)

338

省	数量	一类	二类	三类	四类
黑	56	尚志、方正、延寿、饶河、穆棱、林口、桦川、汤原(8)	密山、鸡东、勃利、桦南(4)	五常、通河、巴彦、木兰、宾县、宁安、虎林、东宁、宝清、集贤、富锦、依兰、佳木斯市郊区、嘉阴、庆安、铁力、海伦、肇州、肇源、呼玛、伊春、鹤岗、抚远、双鸭山市(24)	海林、鸡西、同江、绥化、萝北、北安、德都、瑷珲、逊克、孙吴、嫩江、绥棱、安达、肇东、克东、克山、依安、拜泉、讷河、甘南(20)
沪	9			上海、嘉定、宝山、川沙、南汇、青浦、崇明(7)	奉贤、松江(2)
冀	132	武安、涉县、丘县、永年、井陉、鹿泉市、行唐、平山、灵寿、满城、易县、唐县、顺平、涞源、望都、定州、曲阳、阜平、遵化、迁西、迁安、安平、饶阳、赞皇(24)	大名、馆陶、曲周、磁县、成安、广平、宁晋、南宫市、邢台、隆尧、巨鹿、沙河市、平乡、广宗、新河、威县、临城、清河、深泽、束鹿(今辛集市)、藁城、安新、高阳、涞水、蠡县、安国、博野、涿鹿、赤城、蔚县、崇礼、阳原、怀来、张北、沽源、怀安、宣化、承德、兴隆、滦平、丰润、卢龙、河间市、献县、文安、武强、鸡泽、肃宁、枣强(49)	正定、栾城、高邑、无极、元氏、赵县、晋州、新乐、香河、深州、景县、冀州、阜城、武邑、丰南、滦县、滦南、玉田、青龙、昌黎、抚宁、邯郸、肥乡、内丘、柏乡、临西、平泉、宽城、沧县、青县、东光、盐山、南皮、吴桥、泊头、任丘、黄骅市、三河、固安、永清、大厂、霸州、清苑、涿州、雄县、容城、衡水、故城(49)	乐亭、魏县、临漳、任县、南和、高碑店市、徐水、定兴、孟村、海兴(10)
苏	65	新沂、沭阳、洪泽、盱眙、响水、滨海、阜宁、射阳、建湖、盐城郊区、大丰、东台、宝应、泰兴、海安、如皋、如东、启东、武进、句容、金坛、高淳、江阴、沛县、涟水、兴化、高邮、江都、姜堰、海门、通州(31)	丰县、睢宁、邳州、东海、赣榆、宿迁、泗阳、淮阴、泗洪、金湖、靖江市、淮安市、丹徒、邗江、仪征市、丹阳、溧水、溧阳、宜兴、扬中、锡山、常熟、吴县市、昆山、六合、江宁、青浦区(27)	铜山、灌南、灌云、张家港市、江浦、太仓市、吴江市(7)	

续表

省	数量	一类	二类	三类	四类
浙	63	镇海、文成、余姚、遂昌(4)	慈溪、泰顺、永嘉、松阳、庆元、上虞、平阳、青田、景宁、乐清、玉环、龙泉、武义、苍南、诸暨、永康、云和、缙云、瑞安、丽水、长兴、鄞县、瓯海、安吉、开化、仙居(26)	淳安、义乌(以上为省府命名的老区)、江北、奉化、黄岩、兰溪、常山、三门、富阳、定海、温岭、建德、嵊州、宁海、金华、磐安、岱山、德清、江山、天台、临海、临安、桐庐、普陀、余杭、路桥(26)	湖州市郊、东阳、萧山、浦江、衢县、新昌、龙游(7)
皖	62	霍山、岳西、潜山、天长、定远、铜陵、六安、霍邱、舒城、金寨、广德、郎溪、无为、来安、嘉山、涡阳、东至、黟县、黄山市黄山区(19)	六安、怀宁、太湖、宿松、枞阳、望江、泾县、宁国、绩溪、旌德、巢湖、桐城、怀远、休宁、和县、滁州、全椒、凤阳、萧县、宿州、灵璧、泗县、蒙城、亳县、贵池、石台、歙县、屯溪、祁门、长丰、五河、当涂、芜湖、濉溪(34)	寿县、宣州市、含山、庐江、砀山、青阳、肥东、肥西、固镇(9)	
粤	7	汕尾城区、海丰、陆河、陆丰、化州、揭西、普宁(7)			
渝	7	酉阳、秀山、黔江、彭水、石柱、城口、涪陵(7)			

资料来源:http://www.360doc.com/content/17/1130/20/6017453_708737695.shtml。

9. 国家重点生态功能区中的贫困县

	第一批	第二批	合计
河北	张北县、康保县、沽源县、尚义县、丰宁县、围场县(6)	灵寿县、赞皇县、青龙满族自治县、邢台县、阜平县、涞源县、易县、曲阳县、顺平县、宣化区、蔚县、阳原县、怀安县、万全区、涿鹿县、赤城县、崇礼区、承德县、(18)	24
山西	神池县、五寨县、岢岚县、河曲县、保德县、偏关县、吉县、大宁县、隰县、永和县、汾西县、兴县、临县、石楼县、中阳县(15)		15
内蒙古	阿鲁科尔沁旗、巴林右旗、翁牛特旗、科尔沁左翼中旗、科尔沁左翼后旗、库伦旗、莫力达瓦达斡尔族自治旗、察哈尔右翼中旗、察哈尔右翼后旗、四子王旗、阿尔山市、科尔沁右翼前旗、科尔沁右翼中旗、扎赉特旗、苏尼特右旗、太仆寺旗、正镶白旗(17)	化德县(1)	18
吉林	靖宇县、通榆县、和龙市、汪清县、安图县(5)		5
黑龙江	延寿县、甘南县、绥滨县、饶河县、抚远县、同江市(6)		6
安徽	潜山县、太湖县、岳西县、霍邱县、金寨县、石台县(6)		6
江西	上犹县、安远县、寻乌县、井冈山市(4)	莲花县、修水县、石城县、遂川县、万安县、永新县、广昌县(7)	11
河南	新县、商城县(2)	卢氏县、内乡县、淅川县、桐柏县、光山县(5)	7
湖北	郧县、郧西县、竹山县、竹溪县、房县、丹江口市、秭归县、长阳县、孝昌县、大悟县、红安县、罗田县、英山县、麻城市、利川市、建始县、巴东县、宣恩县、咸丰县、来凤县、鹤峰县、神农架林区、保康县、五峰县(24)		24

国家重点生态功能区贫困县生态与民生协调改善之道

	第一批	第二批	合计
湖南	桑植县、桂东县、新田县、泸溪县、凤凰县、花垣县、保靖县、古丈县、永顺县、龙山县、宜章县、汝城县、炎陵县、慈利县、石门县、辰溪县、麻阳苗族自治县(17)	茶陵县、绥宁县、新宁县、城步苗族自治县、安化县、沅陵县、会同县、新晃侗族自治县、芷江侗族自治县、靖州苗族侗族自治县、通道侗族自治县、新化县(12)	29
广西	马山县、上林县、融水县、三江县、龙胜县、凌云县、乐业县、凤山县、东兰县、巴马县、都安县、大化县、忻城县、天等县(14)	德保县、那坡县、西林县、富川瑶族自治县、罗城仫佬族自治县、环江毛南族自治县、金秀瑶族自治县(7)	21
海南	五指山市、白沙县、保亭县、琼中县(4)		4
重庆	城口县、武隆县、云阳县、奉节县、巫山县、巫溪县、石柱县、秀山县、酉阳县、彭水县(10)		10
四川	旺苍县、苍溪县、万源市、通江县、南江县、小金县、黑水县、壤塘县、甘孜县、德格县、石渠县、色达县、理塘县、盐源县、康定县、泸定县、丹巴县、雅江县、道孚县、稻城县、得荣县、木里藏族自治县、汶川县、北川县、茂县、理县、平武县、九龙县、炉霍县、新龙县、巴塘县、乡城县、马尔康县、金川县、松潘县、九寨沟县、阿坝县、若尔盖县、红原县(39)	普格县、布拖县、金阳县、昭觉县、喜德县、越西县、甘洛县、美姑县、雷波县(9)	48
贵州	镇宁县、关岭县、紫云县、望谟县、册亨县、威宁县、赫章县、平塘县、罗甸县(9)	赤水市、习水县、江口县、石阡县、印江土家族苗族自治县、沿河土家族自治县、黄平县、施秉县、锦屏县、剑河县、台江县、榕江县、从江县、雷山县、三都水族自治县(16)	25
云南	屏边县、金平县、文山市、西畴县、马关县、广南县、富宁县、勐腊县、剑川县、福贡县、贡山县、香格里拉县、德钦县、维西县、玉龙纳西族自治县、勐海县、泸水县(不包括六库镇)(17)	东川区、巧家县、盐津县、大关县、永善县、绥江县、永胜县、宁蒗彝族自治县、景东彝族自治县、镇沅彝族哈尼族拉祜族自治县、孟连傣族拉祜族佤族自治县、西盟佤族自治县、双柏县、大姚县、永仁县、麻栗坡县、永平县、漾濞彝族自治县、南涧彝族自治县、巍山彝族回族自治县(20)	37

	第一批	第二批	合计
陕西	太白县、白水县、洋县、西乡县、勉县、宁强县、略阳县、镇巴县、留坝县、佛坪县、绥德县、米脂县、佳县、吴堡县、清涧县、子洲县、汉阴县、石泉县、宁陕县、紫阳县、岚皋县、镇坪县、白河县、柞水县、镇安县、旬阳县、平利县、周至县、南郑县(29)	宜川县、洛南县(2)	31
甘肃	会宁县、张家川县、天祝县、庄浪县、静宁县、环县、华池县、镇原县、通渭县、武都区、文县、宕昌县、康县、两当县、临夏县、康乐县、和政县、积石山县、合作市、临潭县、卓尼县、舟曲县、夏河县、玛曲县、碌曲县、永登县、古浪县、庆城县(28)		28
青海	泽库县、甘德县、达日县、玛多县、杂多县、治多县、囊谦县、曲麻莱县、同德县、兴海县、泽库县、河南蒙古族自治县、玛沁县、班玛县、久治县、玉树县、称多县、格尔木市唐古拉山镇(藏区)、天峻县、祁连县、刚察县、门源回族自治县(22)		22
宁夏	盐池县、同心县、西吉县、隆德县、泾源县、彭阳县、海原县(7)		7
新疆	阿克陶县、阿合奇县、乌恰县、英吉沙县、叶城县、岳普湖县、伽师县、塔什库尔干塔吉克自治县、墨玉县、皮山县、洛浦县、策勒县、于田县、民丰县、青河县、吉木乃县、巴楚县、泽普县、莎车县(19)	乌什县、柯坪县、疏附县、疏勒县、和田县、托里县(6)	25
西藏	墨脱县、察隅县、错那县、班戈县、尼玛县、日土县、革吉县、改则县(8)	当雄县、定日县、康马县、定结县、仲巴县、亚东县、吉隆县、聂拉木县、萨嘎县、岗巴县、江达县、贡觉县、类乌齐县、丁青县、措美县、洛扎县、隆子县、浪卡子县、嘉黎县、普兰县、札达县、措勤县(22)	30
合计	308	125	433

注:根据《全国主体功能区规划》(国发〔2010〕46号)、《国务院关于同意新增部分县(市、区、旗)纳入国家重点生态功能区的批复》(国函〔2016〕161号)、《国家扶贫开发工作重点县名单》(http://www.cpad.gov.cn/publicfiles/business/htmlfiles/FPB/fpqy/201203/175445.html)、《扶贫办关于公布全国连片特困地区分县名单的说明》(http://www.gov.cn/gzdt/2012-06/14/content_2161045.htm)绘制。

10. 1949—2020 年关于"三农"、环保和扶贫的重要文件(按文件通过的时间为序)

中国人民政治协商会议共同纲领(1949 年 9 月 29 日中国人民政治协商会议第一届全体会议通过)

中共中央关于农业生产互助合作的决议(草案)(1951 年 12 月 15 日)

中共中央关于发展农业生产合作社的决议(1953 年 12 月 16 日)

中共中央关于农业合作化问题决议(1955 年 10 月 11 日中国共产党第七届中央委员会第六次全体会议(扩大)通过)

1956 年到 1967 年全国农业发展纲要(1956 年 1 月 23 日中共中央政治局提出草案,1957 年 10 月 25 日中共中央提出修正草案,1960 年 4 月 10 日中华人民共和国第二届全国人民代表大会第二次会议通过)

中共中央关于在农村建立人民公社问题的决议(1958 年 8 月 29 日)

中共中央关于人民公社若干问题的决议(1958 年 12 月 10 日中国共产党第八届中央委员会第六次全体会议通过)

国务院关于积极保护和合理利用野生动物资源的指示(1962 年 9 月 14 日)

农村人民公社工作条例(修正草案)(1962 年 9 月 27 日中国共产党第八届中央委员会第十次全体会议通过)

中共中央、国务院关于认真提倡计划生育的指示(1962 年 12 月 18 日)

国务院转发卫生部军管会、商业部、燃料化学工业部"关于做好计划生育工作的报告"(1971 年国发文 51 号)

关于保护和改善环境的若干规定(试行草案)(1973 年 8 月 29 日)

中国共产党第十一届中央委员会第三次全体会议公报(1978 年 12 月 22 日通过)

中共中央关于加快农业发展若干问题的决定(1979 年 9 月 29 日中国共

产党第十一届中央委员会第四次全体会议通过)

中共中央、国务院关于大力开展植树造林的指示(1980年3月5日)

中共中央印发《关于进一步加强和完善农业生产责任制的几个问题》的通知(中发〔1980〕75号)

中共中央关于控制我国人口增长问题致全体共产党员共青团员的公开信(1980年9月25日)

中共中央　国务院关于保护森林发展林业若干问题的决定(1981年3月8日)

国务院关于在国民经济调整时期加强环境保护工作的决定(国发〔1981〕27号)

全国农村工作会议纪要(中发〔1982〕1号)

国务院关于发布征收排污费暂行办法的通知(国发〔1982〕21号)

当前农村经济政策的若干问题(中发〔1983〕1号)

中共中央、国务院关于实行政社分开建立乡政府的通知(中发〔1983〕35号)

国务院关于结合技术改造防治工业污染的几项规定(国发〔1983〕20号)

中共中央关于一九八四年农村工作的通知(中发〔1984〕1号)

中共中央、国务院转发农牧渔业部和部党组《关于开创社队企业新局面的报告》的通知(中发〔1984〕4号)

中共中央、国务院关于帮助贫困地区尽快改变面貌的通知(中发〔1984〕19号)

国务院关于环境保护工作的决定(国发〔1984〕64号)

中共中央、国务院关于进一步活跃农村经济的十项政策(中发〔1985〕1号)

国务院批转民政部等部门关于扶持农村贫困户发展生产治穷致富的请示的通知(国发〔1985〕65号)

中共中央、国务院关于一九八六年农村工作的部署(中发〔1986〕1号)

中共中央、国务院关于加强土地管理、制止乱占耕地的通知(中发〔1986〕7号)

把农村改革引向深入(中发〔1987〕5号)

国务院关于加强贫困地区经济开发工作的通知(国发〔1987〕95号)

中共中央、国务院关于一九九一年农业和农村工作的通知(中发〔1990〕18号)

中共中央关于制定国民经济和社会发展十年规划和"八五"计划的建议(1990年12月30日中国共产党第十三届中央委员会第七次全体会议通过)

国务院关于进一步加强环境保护工作的决定(国发〔1990〕65号)

中共中央、国务院关于加强计划生育工作严格控制人口增长的决定(1991年5月12日)

中共中央关于进一步加强农业和农村工作的决定(1991年12月29日中国共产党第十三届中央委员会第八次全体会议通过)

中共中央、国务院关于当前农村和农业经济发展若干政策措施(中发〔1993〕11号)

国家八七扶贫攻坚计划(1994—2000年)(国发〔1994〕30号)

国务院批转农业部《关于稳定和完善土地承包关系的意见》(国发〔1995〕7号)

中共中央关于制定国民经济和社会发展"九五"计划和2010年远景目标的建议(1995年9月28日中国共产党第十四届中央委员会第五次全体会议通过)

中共中央、国务院关于切实做好减轻农民负担工作的决定(中发〔1996〕13号)

中共中央、国务院关于尽快解决农村贫困人口温饱问题的决定(中发〔1996〕12号)

国务院关于环境保护若干问题的决定(国发〔1996〕31 号)

国务院办公厅关于治理开发农村"四荒"资源进一步加强水土保持工作的通知(国办发〔1996〕23 号)

国务院办公厅:国家扶贫资金管理办法(国办发〔1997〕24 号)

全国生态环境建设规划(国发〔1998〕36 号)

中共中央关于农业和农村工作若干重大问题的决定(1998 年 10 月 14 日中国共产党第十五届中央委员会第三次全体会议通过)

中共中央、国务院关于灾后重建、整治江湖、兴修水利的若干意见(中发〔1998〕15 号)

国务院办公厅关于进一步做好治理开发农村"四荒"资源工作的通知(国办发〔1999〕102 号)

中共中央、国务院关于进行农村税费改革试点工作的通知(中发〔2000〕7 号)

中共中央关于制定国民经济和社会发展第十个五年计划的建议(2000 年 10 月 11 日中国共产党第十五届中央委员会第五次全体会议通过)

国务院关于进一步做好退耕还林还草试点工作的若干意见(国发〔2000〕24 号)

全国生态环境保护纲要(国发〔2000〕38 号)

国务院关于进一步做好农村税费改革试点工作的通知(国发〔2001〕5 号)

中国农村扶贫开发纲要(2001—2010 年)(国发〔2001〕23 号)

中共中央、国务院关于进一步加强农村卫生工作的决定(中发〔2002〕13 号)

国务院关于进一步完善退耕还林政策措施的若干意见(国发〔2002〕10 号)

中共中央、国务院关于做好农业和农村工作的意见(中发〔2003〕3 号)

国务院关于全面推进农村税费改革试点工作的意见(国发〔2003〕12号)

中共中央、国务院关于促进农民增加收入若干政策的意见(中发〔2004〕1号)

中共中央、国务院关于进一步加强农村工作提高农业综合生产能力若干政策的意见(中发〔2005〕1号)

中共中央关于制定国民经济和社会发展第十一个五年规划的建议(2005年10月11日中国共产党第十六届中央委员会第五次全体会议通过)

国务院关于深化农村义务教育经费保障机制改革的通知(国发〔2005〕43号)

中共中央、国务院关于推进社会主义新农村建设的若干意见(中发〔2006〕1号)

中华人民共和国国民经济和社会发展第十一个五年规划纲要(2006年3月14日第十届全国人民代表大会第四次会议批准)

关于解决农民工问题的若干意见(国发〔2006〕5号)

关于深化改革加强基层农业技术推广体系建设的意见(国发〔2006〕30号)

关于做好农村综合改革工作有关问题的通知(国发〔2006〕34号)

农村五保供养工作条例(国务院令2006年第456号)

中共中央、国务院关于积极发展现代农业扎实推进社会主义新农村建设的若干意见(中发〔2007〕1号)

国务院关于在全国建立农村最低生活保障制度的通知(国发〔2007〕19号)

国务院关于编制全国主体功能区规划的意见(国发〔2007〕21号)

关于印发《关于在贫困地区实施"雨露计划"的意见》和《贫困青壮年劳动力转移培训工作实施指导意见》的通知(国开办发〔2007〕15号)

环境保护部:国家重点生态功能保护区规划纲要(环发〔2007〕165号)

中共中央、国务院关于切实加强农业基础建设进一步促进农业发展农民增收的若干意见(中发〔2008〕1号)

环境保护部:全国生态脆弱区保护规划纲要(环发〔2008〕92号)

中共中央、国务院关于2009年促进农业稳定发展农民持续增收的若干意见(中发〔2009〕1号)

国务院关于开展新型农村社会养老保险试点的指导意见(国发〔2009〕32号)

中共中央、国务院关于加大统筹城乡发展力度进一步夯实农业农村发展基础的若干意见(中发〔2010〕1号)

中共中央、国务院关于深入实施西部大开发战略的若干意见(中发〔2010〕11号)

中共中央关于制定国民经济和社会发展第十二个五年规划的建议(2010年10月18日中国共产党第十七届中央委员会第五次全体会议通过)

国务院关于印发全国主体功能区规划的通知(国发〔2010〕46号)

中共中央、国务院关于加快水利改革发展的决定(中发〔2011〕1号)

中华人民共和国国民经济和社会发展第十二个五年规划纲要(2011年3月14日第十一届全国人民代表大会第四次会议批准)

中国农村扶贫开发纲要(2011—2020年)(中发〔2011〕10号)

国务院关于促进牧区又好又快发展的若干意见(国发〔2011〕17号)

财政部:国家重点生态功能区转移支付办法(财预〔2011〕428号)

中共中央、国务院关于加快推进农业科技创新持续增强农产品供给保障能力的若干意见(中发〔2012〕1号)

中共中央、国务院关于加快发展现代农业进一步增强农村发展活力的若干意见(中发〔2013〕1号)

中共中央关于全面深化改革若干重大问题的决定(2013年11月12日中国共产党第十八届中央委员会第三次全体会议通过)

中共中央办公厅、国务院办公厅:关于创新机制扎实推进农村扶贫开发工作的意见(中办发〔2013〕25号)

国务院关于印发大气污染防治行动计划的通知(国发〔2013〕37号)

环境保护部、发展改革委、财政部:关于加强国家重点生态功能区环境保护和管理的意见(环发〔2013〕16号)

中共中央、国务院关于全面深化农村改革加快推进农业现代化的若干意见(中发〔2014〕1号)

关于加强基层服务型党组织建设的意见(中办发〔2014〕6号)

扶贫开发建档立卡工作方案(国开办发〔2014〕24号)

建立精准扶贫工作机制实施方案(国开办发〔2014〕30号)

国土资源部　农业部关于进一步做好永久基本农田划定工作的通知(国土资发〔2014〕128号)

中共中央、国务院关于加大改革创新力度加快农业现代化建设的若干意见(中发〔2015〕1号)

中共中央　国务院关于加快推进生态文明建设的意见(2015年4月25日)

中共中央、国务院:生态文明体制改革总体方案(2015年9月22日)

中共中央关于制定国民经济和社会发展第十三个五年规划的建议(2015年10月29日中国共产党第十八届中央委员会第五次全体会议通过)

中共中央国务院关于打赢脱贫攻坚战的决定(2015年11月29日)

水污染防治行动计划(国发〔2015〕17号)

全国海洋主体功能区规划(国发〔2015〕42号)

国务院关于全面建立困难残疾人生活补贴和重度残疾人护理补贴制度的意见(国发〔2015〕52号)

中共中央办公厅、国务院办公厅:党政领导干部生态环境损害责任追究办法(试行)

中共中央办公厅、国务院办公厅:生态环境损害赔偿制度改革试点方案
(中办发〔2015〕57号)

中共中央办公厅、国务院办公厅关于深入推进农村社区建设试点工作的
指导意见(2015年5月31日)

中共中央办公厅、国务院办公厅:深化农村改革综合性实施方案(2015年
11月2日)

国务院办公厅关于进一步加强乡村医生队伍建设的实施意见(国办发
〔2015〕13号)

国务院办公厅关于推进农村一二三产业融合发展的指导意见(国办发
〔2015〕93号)

中共中央组织部、中央农村工作领导小组办公室、国务院扶贫开发领导小
组办公室关于做好选派机关优秀干部到村任第一书记工作的通知(2015年
5月)

中共中央国务院关于落实发展新理念加快农业现代化实现全面小康目标
的若干意见(中发〔2016〕1号)

中共中央　国务院关于稳步推进农村集体产权制度改革的意见(2016年
12月26日)

中共中央办公厅、国务院办公厅:省级党委和政府扶贫开发工作成效考核
办法(2016年2月)

中共中央办公厅、国务院办公厅关于设立统一规范的国家生态文明试验
区的意见(2016年8月22日)

中共中央办公厅、国务院办公厅:国家生态文明试验区(福建)实施方案
(2016年8月22日)

中共中央办公厅、国务院办公厅关于省以下环保机构监测监察执法垂直
管理制度改革试点工作的指导意见(中办发〔2016〕63号)

中共中央办公厅、国务院办公厅:脱贫攻坚责任制实施办法(2016年

10 月）

中共中央办公厅　国务院办公厅关于完善农村土地所有权承包权经营权分置办法的意见（2016 年 11 月 30 日）

国务院关于整合城乡居民基本医疗保险制度的意见（国发〔2016〕3 号）

国务院关于深入推进新型城镇化建设的若干意见（国发〔2016〕8 号）

国务院关于加强农村留守儿童关爱保护工作的意见（国发〔2016〕13 号）

国务院关于进一步健全特困人员救助供养制度的意见（国发〔2016〕14 号）

土壤污染防治行动计划（国发〔2016〕31 号）

"十三五"脱贫攻坚规划（国发〔2016〕64 号）

国务院关于同意新增部分县（市、区、旗）纳入国家重点生态功能区的批复（国函〔2016〕161 号）

国务院办公厅关于健全生态保护补偿机制的意见（国办发〔2016〕31 号）

国务院办公厅转发民政部等部门关于做好农村最低生活保障制度与扶贫开发政策有效衔接指导意见的通知（国办发〔2016〕70 号）

关于建立城镇建设用地增加规模同吸纳农业转移人口落户数量挂钩机制的实施意见（国土资发〔2016〕123 号）

重点生态功能区产业准入负面清单编制实施办法（发改规划〔2016〕2205 号）

中共中央国务院关于深入推进农业供给侧结构性改革加快培育农业农村发展新动能的若干意见（中发〔2017〕1 号）

中共中央　国务院关于加强和完善城乡社区治理的意见（2017 年 6 月 12 日）

中共中央办公厅、国务院办公厅关于划定并严守生态保护红线的若干意见（2017 年 2 月 7 日）

中共中央办公厅、国务院办公厅：建立国家公园体制总体方案（中办发

〔2017〕55 号)

中共中央办公厅、国务院办公厅关于支持深度贫困地区脱贫攻坚的实施意见(厅字〔2017〕41 号)

中共中央办公厅、国务院办公厅关于创新体制机制推进农业绿色发展的意见(2017 年 10 月 1 日)

中共中央办公厅、国务院办公厅:国家生态文明试验区(贵州)实施方案(2017 年 10 月 1 日)

中共中央办公厅、国务院办公厅:国家生态文明试验区(江西)实施方案(2017 年 10 月 1 日)

中共中央办公厅、国务院办公厅关于建立健全村务监督委员会的指导意见(2017 年 12 月 4 日)

中共中央办公厅、国务院办公厅:生态环境损害赔偿制度改革方案(2017 年 12 月 18 日)

中共中央办公厅、国务院办公厅关于加强贫困村驻村工作队选派管理工作的指导意见(2017 年 12 月 25 日)

国务院办公厅关于转发国家发展改革委、住房城乡建设部生活垃圾分类制度实施方案的通知(国办发〔2017〕26 号)

民政部　国务院扶贫办关于进一步加强农村最低生活保障制度与扶贫开发政策有效衔接的通知(民发〔2017〕152 号)

中央财政专项扶贫资金管理办法(财农〔2017〕8 号)

中央对地方重点生态功能区转移支付办法(财预〔2017〕126 号)

利用集体建设用地建设租赁住房试点方案(国土资发〔2017〕100 号)

国土资源部　国家发展改革委关于深入推进农业供给侧结构性改革做好农村产业融合发展用地保障的通知(国土资规〔2017〕12 号)

中共中央国务院关于实施乡村振兴战略的意见(中发〔2018〕1 号)

中共中央关于修改宪法部分内容的建议(2018 年 1 月 19 日中国共产党

第十九届中央委员会第二次全体会议通过）

中共中央关于深化党和国家机构改革的决定（2018 年 2 月 28 日中国共产党第十九届中央委员会第三次全体会议通过）

深化党和国家机构改革方案（2018 年 2 月 28 日中国共产党第十九届中央委员会第三次全体会议通过）

中共中央国务院关于全面加强生态环境保护坚决打好污染防治攻坚战的意见（2018 年 6 月 16 日）

中共中央国务院关于打赢脱贫攻坚战三年行动的指导意见（2018 年 6 月 15 日）

中共中央、国务院：乡村振兴战略规划（2018—2022 年）（2018 年 9 月 27 日）

中共中央办公厅、国务院办公厅：农村人居环境整治三年行动方案（2018 年 2 月 5 日）

国家发展改革委、国家林业局、财政部、水利部、农业部、国务院扶贫办：生态扶贫工作方案（发改农经〔2018〕124 号）

国务院扶贫办、中央组织部、中央宣传部、中央文明办、国家发展改革委、公安部、司法部、财政部、水利部、农业农村部、文化和旅游部、国家卫生健康委、国家医疗保障局(13 部门)关于开展扶贫扶志行动的意见（2018 年 10 月 29 日）

深度贫困地区教育脱贫攻坚实施方案（2018—2020 年）（教发〔2018〕1 号）

交通运输脱贫攻坚三年行动计划（2018—2020 年）（交办规划〔2018〕85 号）

水利扶贫行动三年（2018—2020 年）实施方案（水扶贫〔2018〕200 号）

医疗保障扶贫三年行动实施方案（2018—2020 年）（医保发〔2018〕18 号）

农村危房改造脱贫攻坚三年行动方案（建村〔2018〕115 号）

生态环境部关于生态环境保护助力打赢精准脱贫攻坚战的指导意见（环科财〔2018〕162号）

中共中央　国务院关于坚持农业农村优先发展做好"三农"工作的若干意见（中发〔2019〕1号）

中共中央：中国共产党农村基层组织工作条例（2019年1月10日）

中共中央国务院关于建立健全城乡融合发展体制机制和政策体系的意见（2019年4月15日）

中共中央国务院关于建立国土空间规划体系并监督实施的若干意见（2019年5月23日）

中共中央：中国共产党农村工作条例（2019年9月2日）

中共中央关于坚持和完善中国特色社会主义制度、推进国家治理体系和治理能力现代化若干重大问题的决定（2019年10月31日中国共产党第十九届中央委员会第四次全体会议通过）

中共中央、国务院关于保持土地承包关系稳定并长久不变的意见（2019年11月27日）

中共中央办公厅、国务院办公厅关于促进小农户和现代农业发展有机衔接的意见（2019年2月22日）

中共中央办公厅、国务院办公厅：中央农办、农业农村部、国家发展改革委关于深入学习浙江"千村示范、万村整治"工程经验扎实推进农村人居环境整治工作的报告（2019年3月7日）

中共中央办公厅、国务院办公厅：关于统筹推进自然资源资产产权制度改革的指导意见（2019年4月15日）

中共中央办公厅、国务院办公厅：数字乡村发展战略纲要（2019年5月17日）

中共中央办公厅、国务院办公厅：中央生态环境保护督察工作规定（2019年6月18日）

中共中央办公厅、国务院办公厅：关于加强和改进乡村治理的指导意见（2019 年 6 月 23 日）

中共中央办公厅、国务院办公厅：关于建立以国家公园为主体的自然保护地体系的指导意见（2019 年 6 月 27 日）

中共中央办公厅、国务院办公厅：关于在国土空间规划中统筹划定落实三条控制线的指导意见（2019 年 11 月 2 日）

国务院办公厅关于加强农业种质资源保护与利用的意见（国办发〔2019〕56 号）

中国人民银行　银保监会　证监会　财政部　农业农村部关于金融服务乡村振兴的指导意见（2019 年 2 月 11 日）

国家发展改革委等：关于进一步加大易地扶贫搬迁后续扶持工作力度的指导意见（发改振兴〔2019〕1156 号）

中共中央国务院关于新时代推进西部大开发形成新格局的指导意见（2020 年 5 月 18 日）

中国共产党基层组织选举工作条例（2020 年 6 月 29 日中共中央政治局会议审议批准　2020 年 7 月 13 日中共中央发布）

中共中央关于制定国民经济和社会发展第十四个五年规划和二〇三五年远景目标的建议（2020 年 10 月 29 日中国共产党第十九届中央委员会第五次全体会议通过）

中共中央　国务院关于实现巩固拓展脱贫攻坚成果同乡村振兴有效衔接的意见（2020 年 12 月 16 日）

中共中央办公厅、国务院办公厅：关于构建现代环境治理体系的指导意见（2020 年 3 月 4 日）

中共中央办公厅、国务院办公厅：关于调整完善土地出让收入使用范围优先支持乡村振兴的意见（2020 年 9 月 23 日）

中央全面依法治国委员会：关于加强法治乡村建设的意见（2020 年 3 月

25 日)

国家发展改革委等:关于印发 2020 年易地扶贫搬迁后续扶持若干政策措施的通知(发改振兴[2020]374 号)

民政部等:关于做好易地扶贫搬迁集中安置社区治理工作的指导意见(2020 年 10 月 23 日)

中共中央办公厅、国务院办公厅:关于全面推行林长制的意见(2020 年 12 月 28 日)

中共中央国务院关于新时代推动中部地区高质量发展的意见(2021 年 4 月 23 日)

中共中央国务院关于加强基层治理体系和治理能力现代化建设的意见(2021 年 4 月 28 日)

中共中央国务院:国家标准化发展纲要(2021 年 10 月 10 日)

中共中央　国务院关于完整准确全面贯彻新发展理念做好碳达峰碳中和工作的意见(2021 年 9 月 22 日)

中共中央办公厅、国务院办公厅:关于加快推进乡村人才振兴的意见(2021 年 2 月 20 日)

中共中央办公厅、国务院办公厅:关于建立健全生态产品价值实现机制的意见(2021 年 4 月 27 日)

中共中央办公厅:关于向重点乡村持续选派驻村第一书记和工作队的意见(2021 年 5 月 11 日)

中共中央办公厅、国务院办公厅:关于深化生态保护补偿制度改革的意见(2021 年 9 月 13 日)

国务院关于加快建立健全绿色低碳循环发展经济体系的指导意见(国发[2021]4 号)

主要参考文献

（一）马克思主义经典著作与党的重要文献

《马克思恩格斯文集》（1—10 卷），人民出版社 2009 年版。

《列宁选集》（1—4 卷），人民出版社 2012 年版。

《毛泽东文集》（1—8 卷），人民出版社，1—2：1993 年版；3—5：1996 年版；6—8：1999 年版。

《毛泽东选集》（1—4 卷），人民出版社 1991 年版。

《邓小平文选》（1—3 卷），人民出版社，1—2：1994 年版；3：1993 年版。

《江泽民文选》（1—3 卷），人民出版社 2006 年版。

《胡锦涛文选》（1—3 卷），人民出版社 2016 年版。

《习近平谈治国理政》（1—4 卷），外文出版社 2018、2017、2020、2022 年版。

中共中央文献研究室编：《建国以来重要文献选编》（1949 年 9 月—1965 年 12 月）（1—20 册），中央文献出版社 2011 年版。

中共中央文献研究室、中央档案馆编：《建党以来重要文献选编》（1921—1949）（1—26 册），中央文献出版社 2011 年版。

中央档案馆、中共中央文献研究室编：《中共中央文件选集》（1949 年 10 月—1966 年 5 月）（1—50 册），人民出版社 2013 年版。

中共中央文献研究室编：《三中全会以来重要文献选编》（上、下），中央文献出版社 2011 年版。

中共中央文献研究室编：《十二大以来重要文献选编》（上、中、下），中央文献出版社 2011 年版。

中共中央文献研究室编:《十三大以来重要文献选编》(上、中、下),中央文献出版社 2011 年版。

中共中央文献研究室编:《十四大以来重要文献选编》(上、中、下),中央文献出版社 2011 年版。

中共中央文献研究室编:《十五大以来重要文献选编》(上、中、下),人民出版社 2000、2001、2003 年版。

中共中央文献研究室编:《十六大以来重要文献选编》(上、中、下),中央文献出版社 2005、2006、2008 年版。

中共中央文献研究室编:《十七大以来重要文献选编》(上、中、下),中央文献出版社 2009、2011、2013 年版。

中共中央文献研究室编:《十八大以来重要文献选编》(上、中),中央文献出版社 2014、2016 年版。

中共中央党史和文献研究院编:《十八大以来重要文献选编》(下),中央文献出版社 2018 年版。

中共中央党史和文献研究院编:《十九大以来重要文献选编》(上、中),中央文献出版社 2019、2021 年版。

中共中央文献研究室编:《毛泽东年谱(1949—1976)》(1—6 卷),中央文献出版社 2013 年版。

中共中央文献研究室编:《毛泽东年谱(1893—1949)修订本》(上、中、下),中央文献出版社 2013 年版。

(二)地方志

白沙黎族自治县地方志编纂委员会编:《白沙县志》,南方出版公司 1992 年版。

海南省五指山市地方志编纂委员会编:《通什市志》,方志出版社 2009 年版。

琼中黎族苗族自治县地方志办公室编:《琼中县志》,海南摄影美术出版社 1995 年版。

宣恩县地方志编纂委员会编:《宣恩县志(1979—2000)》,方志出版社 2011 年版。

宣恩县志编纂委员会编:《宣恩县志》,武汉工业大学出版社 1995 年版。

贵州省册亨县地方志编纂委员会编:《册亨县志》,贵州人民出版社 2002 年版。

贵州省赫章县地方志编纂委员会编:《赫章县志》,贵州人民出版社 2001 年版。

江西省永新县志编纂委员会编:《永新县志》,新华出版社 1992 年版。

（三）学术著作（按作者音序排列）

阿班·毛力提汗:《新疆农村贫困问题研究》,新疆人民出版社 2006 年版。

蔡华杰:《另一个世界可能吗?》,社会科学文献出版社 2014 年版。

蔡华杰:《走出传统节约观的迷思——基于社会主义生态文明视角的研究》,人民出版社 2018 年版。

陈冰波:《主体功能区生态补偿》,社会科学文献出版社 2009 年版。

陈纯:《教育精准扶贫与代际流动》,华东师范大学出版社 2018 年版。

陈学明:《谁是罪魁祸首:追寻生态危机的根源》,人民出版社 2012 年版。

丁四保等编著:《主体功能区的生态补偿研究》,科学出版社 2009 年版。

杜发春:《三江源生态移民研究》,中国社会科学出版社 2014 年版。

杜黎明:《主体功能区区划与建设》,重庆大学出版社 2007 年版。

樊胜根:《中国西部地区公共政策和农村贫困研究》,科学出版社 2010 年版。

方鹏骞:《中国农村贫困人口社会医疗救助制度研究》,科学出版社 2008 年版。

费孝通:《乡土中国 生育制度》,北京大学出版社 1998 年版。

高国力等:《我国主体功能区划分与政策研究》,中国计划出版社 2008 年版。

国务院发展研究中心:《主体功能区形成机制和分类管理政策研究》,中国发展出版社 2008 年版。

黄德林、陈讯:《贵州册亨经济社会发展报告（2016）》,中国社会科学出版社 2016 年版。

黄德林、陈讯:《贵州册亨经济社会发展报告（2017）》,中国社会科学出版社 2017 年版。

黄德林、王义飞:《贵州册亨经济社会发展报告（2018）》,中国社会科学出版社 2018 年版。

黄国勤:《生态文明建设的实践与探索》,中国环境科学出版社 2009 年版。

姬振海:《生态文明论》,人民出版社 2007 年版。

焦国栋:《农村贫困问题研究》,中国经济出版社 2004 年版。

李崇富:《生态文明研究与两型社会建设》,中国社会科学出版社 2011 年版。

李惠斌、薛晓源等:《生态文明与马克思主义》,中央编译出版社 2008 年版。

李文:《中国农村贫困若干问题研究》,中国农业出版社 2009 年版。

李潇:《基于生态补偿的国家重点生态功能区转移支付制度改革研究》,经济科学出版社 2018 年版。

联合国开发计划署:《1997 年人类发展报告》,中国财政经济出版社 1997 年版。

刘安超:《生态文明观与中国可持续发展走向》,中国科学技术出版社 1997 年版。

刘思华:《刘思华文集》,湖北人民出版社 2003 年版。

罗平汉:《当代历史问题札记二集》,广西师范大学出版社 2006 年版。

清华大学中国发展规划研究中心课题组编著:《中国主体功能区政策研究》,经济科学出版社 2009 年版。

孙成民:《四川知青史》(三卷本),四川人民出版社 2015 年版。

王俊文:《当代中国农村贫困与反贫困问题研究》,湖南师范大学出版社 2010 年版。

王明初、王睿:《探索与实践:海南生态文明发展之路》,人民出版社 2021 年版。

王习明:《乡村治理中的老人福利》,湖北人民出版社 2007 年版。

王习明:《川西平原的村社治理》,山东人民出版社 2009 年版。

王习明:《城乡统筹进程中的乡村治理变革研究》,人民出版社 2012 年版。

王习明等:《谱写美丽中国海南篇章——海南生态文明建设研究》,海南出版社 2019 年版。

王雨林:《中国农村贫困与反贫困问题研究》,浙江大学出版社 2008 年版。

吴凤章:《生态文明建设·理论与实践》,中央编译出版社 2008 年版。

徐诗举:《促进主体功能区建设的财政政策研究》,经济科学出版社 2011 年版。

严耕、杨志华:《生态文明的理论与系统建构》,中央编译出版社 2009 年版。

杨国涛:《中国西部农村贫困演进与分布研究》,中国财政经济出版社 2009 年版。

杨立雄:《中国农村贫困线研究》,中国经济出版社 2013 年版。

杨润高编著:《限制开发类主体功能区主体行为与发展机制研究(以云南省怒江州为例)》,中国环境科学出版社 2012 年版。

杨云彦等:《南水北调与湖北区域可持续发展》,武汉理工大学出版社 2011 年版。

银平均:《社会排斥视角下的中国农村贫困》,知识产权出版社 2008 年版。

余谋昌:《生态文明论》,中央编译出版社 2010 年版。

张坤民:《关于中国可持续发展的政策与行动》,中国环境科学出版社 2004 年版。

张林波等:《国家重点生态功能区生态系统状况评估与动态变化》,中国环境出版集团 2018 年版。

张朔人、詹兴文:《海南人口与生态问题历史研究》,中国社会科学出版社 2018 年版。

中国科学院可持续发展战略研究组:《2009 中国可持续发展战略报告》,科学出版社 2009 年版。

朱金鹤、崔登峰：《以限制开发为主的边疆地区主体功能区建设研究：以新疆生产建设兵团为例》，中国农业出版社 2013 年版。

[法]安德列·高兹：《资本主义、社会主义和生态》，彭姝祎译，商务印书馆 2018 年版。

[加]威廉·莱斯：《自然的控制》，岳长龄译，重庆出版社 2007 年版。

[挪威]斯泰恩·汉森：《发展中国家的环境与贫困危机——发展经济学的展望》，朱荣法译，商务印书馆国际有限公司 1994 年版。

[美]奥尔多·利奥波德：《沙乡年鉴》，朱敏译，上海科学普及出版社 2014 年版。

[美]彼得·辛格：《动物解放》，祖述宪译，青岛出版社 2004 年版。

[美]迪帕·纳拉扬等：《谁倾听我们的声音》，付岩梅译，中国人民大学出版社 2001 年版。

[美]费正清：《美国与中国》第四版，张理京译，世界知识出版社 2003 年版。

[美]亨利·戴维·梭罗：《瓦尔登湖》，李暮译，生活·读书·新知三联书店 2008 年版。

[美]蕾切尔·卡逊：《寂静的春天》，许亮译，北京理工大学出版社 2014 年版。

[美]迈克尔·塞尼：《移民与发展：世界银行移民政策与经验研究》，水库移民经济研究中心编译，河海大学出版社 1996 年版。

[美]西奥多·舒尔茨：《对人进行投资》，吴珠华译，商务印书馆 2017 年版。

[美]西奥多·舒尔茨：《经济增长与农业》，郭熙保译，中国人民大学出版社 2015 年版。

[美]约翰·巴勒斯：《醒来的森林》，程虹译，生活·读书·新知三联书店 2012 年版。

[美]约翰·贝拉米·福斯特：《反对资本主义的生态学》，耿建新、宋兴无译，上海译文出版社 2006 年版。

[美]约翰·贝拉米·福斯特：《马克思的生态学》，刘仁胜、肖峰译，高等教育出版社 2006 年版。

[美]易明：《一江黑水：中国未来的环境挑战》，姜智芹译，江苏人民出版社 2012 年版。

[美]詹姆斯·奥康纳：《自然的理由——生态学马克思主义研究》，唐正东、臧佩洪译，南京大学出版社 2003 年版。

[孟]穆罕默德·尤努斯：《穷人的银行家》，吴士宏译，生活·读书·新知三联书

店 2006 年版。

［日］岩佐茂：《环境的思想与伦理》，冯雷等译，中央编译出版社 2011 年版。

［印］阿玛蒂亚·森：《以自由看待发展》，任赜、于真译，中国人民大学出版社 2002 年版。

［印］阿比吉特·班纳吉等：《贫穷的本质》（修订本），景芳译，中信出版集团 2018 年版。

［英］戴维·佩珀：《生态社会主义：从深生态学到社会正义》，刘颖译，山东大学出版社 2012 年版。

［英］乔纳森·休斯：《生态与历史唯物主义》，张晓琼译，江苏人民出版社 2011 年版。

［英］伊懋可：《大象的退却：一部中国环境史》，梅雪芹、毛利霞、王玉山译，江苏人民出版社 2014 年版。

世界银行：《2000/2001 年世界发展报告：与贫困做斗争》，本报告翻译组译，中国财政经济出版社 2001 年版。

（四）博士学位论文（按作者音序排列）

鲍曙光：《农村基本公共服务制度研究：基于减贫的视角》，财政部财政科学研究所，2014 年。

陈健生：《生态脆弱地区农村慢性贫困研究：基于 600 个国家扶贫重点县的监测证据》，西南财经大学，2008 年。

陈忠文：《山区农村贫困机理及脱贫机制实证研究：一个交易成本视角》，华中农业大学，2013 年。

陈作成：《新疆重点生态功能区生态补偿机制研究》，石河子大学，2014 年。

仇荀：《马克思主义贫困理论及当代中国贫困治理实践研究》，吉林大学，2016 年。

丁汉文：《资本主义的生态批判与生态社会主义的理论构建》，吉林大学，2018 年。

龚晓宽：《中国农村扶贫模式创新研究》，四川大学，2006 年。

郝涛：《习近平扶贫思想研究》，湖南大学，2017 年。

胡敬斌：《我国西部地区可持续发展的制度安排》，吉林大学，2013 年。

李嘉岩：《农村反贫困与人口可持续发展研究》，中国社会科学院研究生院，2002 年。

李生：《当代中国生态移民战略研究：以内蒙古草原生态移民为例》，吉林大学，2012 年。

李旭阁:《"控制自然"批判与"和谐共存"构建:威廉·莱斯生态学马克思主义思想研究》,吉林大学,2018年。

李艳芳:《习近平生态文明建设思想研究》,大连海事大学,2018年。

刘静:《中国特色社会主义生态文明建设研究》,中共中央党校,2011年。

卢云辉:《社会治理创新视域下的农村扶贫开发研究》,武汉大学,2016年。

吕春晖:《资本主义生态批判与新陈代谢断裂理论的构建》,吉林大学,2017年。

吕书奇:《中国农村扶贫政策及成效研究》,中国农业科学院,2008年。

苏礼和:《新中国成立以来中国共产党扶贫思想与实践研究》,福建师范大学,2017年。

孙天蕾:《乔纳森·休斯"生产力的生态良性发展"思想研究》,山东师范大学,2018年。

唐雄:《中国特色社会主义生态文明建设研究》,华中师范大学,2018年。

许继芳:《建设环境友好型社会中的政府环境责任研究》,苏州大学,2010年。

许源源:《中国农村扶贫瞄准问题研究》,中山大学,2006年。

杨发庭:《绿色技术创新的制度研究:基于生态文明的视角》,中共中央党校,2014年。

杨世迪:《中国生态文明建设的非正式制度研究》,西北大学,2017年。

尹飞霄:《人力资本与农村贫困研究:理论与实证》,江西财经大学,2013年。

于天宇:《历史唯物主义的生态性维护与生产力的生态化发展》,吉林大学,2018年。

翟屿潼:《马克思主义文明思想及当代价值研究》,哈尔滨师范大学,2017年。

张华丽:《社会主义生态文明话语体系研究》,中共中央党校,2018年。

张剑:《中国社会主义生态文明建设研究》,中国社会科学院研究生院,2009年。

张赛玉:《马克思主义反贫困理论视阈下的农村老年贫困精准治理研究》,福建师范大学,2017年。

张忠跃:《资本主义生态批判与生态社会主义构想》,吉林大学,2018年。

左太安:《西南喀斯特山区石漠化贫困效应研究:以毕节试验区为例》,西南大学,2014年。

（五）期刊论文（按作者音序排列）

柏振忠、李亮:《武陵山片区农民合作社助力精准扶贫研究——以恩施土家族苗族自治州为例》,《中南民族大学学报(人文社会科学版)》2017年第5期。

北京师范大学中国扶贫研究中心课题组:《绿色减贫理论综述》,《经济研究参考》2015 年第 10 期。

北京师范大学中国扶贫研究中心课题组:《中国绿色减贫研究总论》,《经济研究参考》2015 年第 10 期。

毕军平、罗岳平、易敏、胡树林:《湖南省重点生态功能区县域生态环境质量考核探索》,《环境保护》2014 年第 12 期。

蔡华杰:《社会主义生态文明的"社会主义"意涵》,《教学与研究》2014 年第 1 期。

蔡科云:《政府与社会组织合作扶贫的权力模式与推进方式》,《中国行政管理》2014 年第 9 期。

蔡晓良、谢强、陈宝国:《习近平新时代精准扶贫思想研究》,《广西社会科学》2017 年第 12 期。

曹莉萍、周冯琦:《我国生态公平理论研究动态与展望》,《经济学家》2016 年第 8 期。

曹孟勤、徐海红:《马克思劳动概念的生态意蕴及其当代价值》,《马克思主义与现实》2010 年第 5 期。

曹诗颂、赵文吉、段福洲:《秦巴特困连片区生态资产与经济贫困的耦合关系》,《地理研究》2015 年第 7 期。

曹文泽:《打造教育扶贫服务社会新名片》,《中国高等教育》2007 年第 21 期。

曹新:《论制度文明与生态文明》,《社会科学辑刊》2002 年第 2 期。

曾建平、邹平林:《环境制度的伦理困境与环境伦理的制度困境——兼论新〈环境保护法〉》,《南京林业大学学报(人文社会科学版)》2015 年第 3 期。

查道林、黄胜忠:《村庄财政与反贫困的瞄准目标》,《理论月刊》2004 年第 10 期。

陈大柔、谢艳:《高校教育扶贫的问题及对策》,《教育科学》2004 年第 3 期。

陈恩:《产业扶贫为什么容易失败?——基于贫困户增能的结构性困境分析》,《西北农林科技大学学报(社会科学版)》2019 年第 4 期。

陈健生:《论退耕还林与减缓山区贫困的关系》,《当代财经》2006 年第 10 期。

陈莉、钟玲:《农民合作社参与扶贫的可行路径——以小农为基础的农业产业发展为例》,《农村经济》2017 年第 5 期。

陈晓宇:《谁更有机会进入好大学——我国不同质量高等教育机会分配的实证研究》,《高等教育研究》2012 年第 2 期。

陈绪敖:《秦巴山区生态环境保护与产业精准扶贫互动发展研究》,《甘肃社会科学》2016 年第 6 期。

陈延斌、周斌:《新中国成立以来中国共产党对生态文明建设的探索》,《中州学刊》2015 年第 3 期。

陈映:《西部限制开发区域产业政策探析:以国家层面的农产品主产区和重点生态功能区为例》,《经济体制改革》2013 年第 5 期。

陈永森:《超越资本与自然的矛盾:评福斯特的生态社会主义》,《福建师范大学学报(哲学社会科学版)》2009 年第 6 期。

陈忠言:《产业扶贫典型模式的比较研究——基于云南深度贫困地区产业扶贫的实践》,《兰州学刊》2019 年第 5 期。

程名望等:《农村减贫:应该更关注教育还是健康?——基于收入增长和差距缩小双重视角的实证》,《经济研究》2014 年第 11 期。

程臻宇、刘春宏:《国外生态补偿效率研究综述》,《经济与管理评论》2015 年第 6 期。

褚光荣:《包容性治理:石漠化地区的减贫与发展的新思路》,《云南师范大学学报(哲学社会科学版)》2015 年第 4 期。

单菁菁:《中国生态文明建设:进程、问题与对策》,《中州学刊》2013 年第 12 期。

邓维杰:《精准扶贫的难点、对策与路径选择》,《农村经济》2014 年第 6 期。

邓小海、曾亮、罗明义:《精准扶贫背景下旅游扶贫精准识别研究》,《生态经济》2015 年第 4 期。

东梅:《生态移民与农民收入——基于宁夏红寺堡移民开发区的实证分析》,《中国农村经济》2006 年第 3 期。

杜洪燕、武晋:《生态补偿项目对缓解贫困的影响分析——基于农户异质性的视角》,《北京社会科学》2016 年第 1 期。

杜娟、刘小进、胡亚平、朱述斌:《生态文明视角下经济增长与森林生态环境压力脱钩评价:基于国家首批生态文明试验区的比较研究》,《林业经济》2019 年第 3 期。

杜双燕、杨斌:《国家生态文明试验区(贵州)建设中的生态旅游发展制度创新研究》,《贵州社会科学》2019 年第 3 期。

杜志雄、詹琳:《实施精准扶贫新战略的难题和破解之道》,《中国发展观察》2015 年第 8 期。

范卿泽、张健、钟儒成:《基于深度贫困地区教育现状实施教育精准扶贫的对策研究》,《当代教育科学》2019 年第 6 期。

方堃、吴旦魁:《习近平对马克思主义反贫困理论的创新》,《中南民族大学学报(人文社会科学版)》2019 年第 3 期。

方世南:《生态权益:马克思恩格斯生态文明思想的一个重大亮点》,《鄱阳湖学刊》2011年第5期。

封贵平:《侗族习惯法对侗族地区生态环境的影响与启示:以贵州黔东南为例》,《贵州社会科学》2013年第9期。

伏润民、缪小林:《中国生态功能区财政转移支付制度体系重构:基于拓展的能值模型衡量的生态外溢价值》,《经济研究》2015年第3期。

付少平、赵晓峰:《精准扶贫视角下的移民生计空间再塑造研究》,《南京农业大学学报(社会科学版)》2015年第6期。

傅先庆:《略论"生态文明"的理论内涵与实践方向》,《福建论坛(经济社会版)》1997年第12期。

甘永涛:《教育扶贫看"思源":对"教育移民"扶贫新模式的探索》,《民族论坛》2013年第11期。

高国力:《美国区域和城市规划及管理的做法和对我国开展主体功能区划的启示》,《中国发展观察》2006年第11期。

高吉喜、杨兆平:《生态功能恢复:中国生态恢复的目标与方向》,《生态与农村环境学报》2015年第1期。

高帅:《社会地位、收入与多维贫困的动态演变——基于能力剥夺视角的分析》,《上海财经大学学报》2015年第3期。

葛志军、邢成举:《精准扶贫:内涵、实践困境及其原因阐释:基于宁夏银川两个村庄的调查》,《贵州社会科学》2015年第5期。

巩固:《理解生态文明不能脱离"后工业"》,《浙江学刊》2013年第3期。

苟颖萍、王佳佳:《新中国成立以来中国共产党人生态文明建设思想探析》,《学理论》2013年第34期。

顾宝昌:《实行生育限制的理由已不复存在》,《人口与社会》2015年第2期。

郭辉军、施本植:《基于生态足迹的生态税费机制探讨》,《学术探索》2013年第9期。

郭家骥:《生计方式与民族关系变迁——以云南西双版纳州山区基诺族和坝区傣族的关系为例》,《云南社会科学》2012年第5期。

郭君平、荆林波、张斌:《国家级贫困县"帽子"的"棘轮效应":基于全国2073个区县的实证研究》,《中国农业大学学报:社会科学版》2016年第4期。

郭来喜、姜德华:《中国贫困地区环境类型研究》,《地理研究》1995年第2期。

郭儒鹏、王建华、罗兴奇:《从"嵌入"到"互嵌":民族地区贫困治理研究的视角转换》,《贵州社会科学》2019 年第 11 期。

韩斌:《推进集中连片特困地区精准扶贫初析:以滇黔桂石漠化片区为例》,《学术探索》2015 年第 6 期。

郝大江:《主体功能区形成机制研究:基于要素适宜度视角的分析》,《经济学家》2012 年第 6 期。

何海狮:《生态移民中的摆动模式——以粤北方洞瑶族村为例》,《广东社会科学》2013 年第 4 期。

何立环、刘海江、李宝林、王业耀:《国家重点生态功能区县域生态环境质量考核评价指标体系设计与应用实践》,《环境保护》2014 年第 12 期。

洪兴建、邓倩:《中国农村贫困的动态研究》,《统计研究》2013 年第 5 期。

侯东民、张耀军、孟向京、蔡林、周祝平:《西部生态移民跟踪调查——兼对西部扶贫战略的再思考》,《人口与经济》2014 年第 3 期。

侯静、陈帆、滕飞:《加强国家重点生态功能区建设 积极应对气候变化》,《环境保护》2019 年第 1 期。

侯鹏、王桥等:《国家生态保护重要区域植被长势遥感监测评估》,《生态学报》2013 年第 3 期。

胡建、余保玲:《析新中国的生态文明之理路:从毛泽东时期到胡锦涛时期》,《中共浙江省委党校学报》2011 年第 3 期。

胡建:《"生态社会主义"的本质定位——析"生态社会主义"与"生态中心主义"的质底差异》,《浙江社会科学》2011 年第 5 期。

胡静林:《加大财政扶贫投入力度支持打赢脱贫攻坚战》,《行政管理改革》2016 年第 8 期。

胡勇:《进一步完善我国易地搬迁扶贫政策》,《宏观经济管理》2009 年第 1 期。

华正学:《胡锦涛同志对马克思主义反贫困理论中国化的新贡献》,《毛泽东思想研究》2012 年第 3 期。

黄爱宝:《论中国特色社会主义生态政治的主要特征》,《理论探讨》2012 年第 5 期。

黄成、杜宇、吴传清:《主体功能区建设与"胡焕庸线"破解》,《学习与实践》2019 年第 4 期。

黄承伟、覃志敏:《统筹城乡发展:农业产业扶贫机制创新的契机》,《农村经济》2013 年第 2 期。

黄承伟、周晶:《减贫与生态耦合目标下的产业扶贫模式探索——贵州省石漠化片区草场畜牧业案例研究》,《贵州社会科学》2016年第2期。

黄承伟:《习近平扶贫思想论纲》,《福建论坛(人文社会科学版)》2018年第1期。

黄承伟:《新中国扶贫70年:战略演变、伟大成就与基本经验》,《南京农业大学学报(社会科学版)》2019年第6期。

黄磊、邵超峰、鞠美庭、关杨、白雪:《西北地区小城镇水资源承载力评估及发展模式设计:以国家生态移民扶贫开发区红寺堡区为例》,《生态经济》2015年第5期。

黄启学、凌经球:《滇桂黔石漠化片区贫困农民可持续生计优化策略探究》,《西南民族大学学报(人文社会科学版)》2015年第5期。

纪严:《教育扶贫模式探究——以吉林省基础教育为例》,《现代教育科学》2014年第5期。

贾玉娇:《马克思主义视阈下中国特色社会主义反贫困战略释析》,《社会科学战线》2018年第3期。

江苏省审计厅课题组:《构建农村环境绩效审计评价指标体系》,《中国审计》2013年第18期。

姜冬梅、隋燕娜、杨海凤:《草原牧区生态移民的贫困风险研究——以内蒙古苏尼特右旗为例》,《生态经济》2011年第11期。

姜莉:《非正式约束与区域经济发展机制研究:主体功能区建设的理论探索》,《河北经贸大学学报》2013年第1期。

解安:《哑铃型产业发展模式:生态功能区发展的路径创新——以武陵山区的发展模式为例》,《新视野》2014年第3期。

解桂英、李磊、顾世祥、李游洋:《新时期云南高原农业灌溉发展趋势研究》,《人民长江》2016年第10期。

雷梅:《农村扶贫攻坚情况调查研究:基于贵州扶贫对象视角的调查报告》,《云南行政学院学报》2014年第1期。

李宝林、袁烨城、高锡章、许丽丽:《国家重点生态功能区生态环境保护面临的主要问题与对策》,《环境保护》2014年第12期。

李春玲:《"80后"的教育经历与机会不平等——兼评〈无声的革命〉》,《中国社会科学》2014年第4期。

李春玲:《高等教育扩张与教育机会不平等》,《社会学研究》2010年第3期。

李翠锦、李万明:《家庭特征、村庄特征与新疆农村动态贫困》,《新疆大学学报(哲学人文社会科学版)》2015年第1期。

李芳:《集中连片特困地区义务教育精准扶贫制度模式探究:基于帕森斯的社会行

动理论》,《华东师范大学学报(教育科学版)》2019 年第 2 期。

李国平、刘生胜:《中国生态补偿 40 年:政策演进与理论逻辑》,《西安交通大学学报(社会科学版)》2018 年第 6 期。

李国平、李宏伟:《绿色发展视角下国家重点生态功能区绿色减贫效果评价》,《软科学》2018 年第 12 期。

李国平、李潇、汪海洲:《国家重点生态功能区转移支付的生态补偿效果分析》,《当代经济科学》2013 年第 5 期。

李国平、李潇:《国家重点生态功能区转移支付资金分配机制研究》,《中国人口·资源与环境》2014 年第 5 期。

李国平、刘倩、张文彬:《国家重点生态功能区转移支付与县域生态环境质量——基于陕西省县级数据的实证研究》,《西安交通大学学报(社会科学版)》2014 年第 2 期。

李国平、石涵予:《国外生态系统服务付费的目标、要素与作用机理研究》,《新疆师范大学学报(哲学社会科学版)》2015 年第 2 期。

李国平、汪海洲、刘倩:《国家重点生态功能区转移支付的双重目标与绩效评价》,《西北大学学报(哲学社会科学版)》2014 年第 1 期。

李国平、张文彬:《最小安全标准理论研究进展及其在我国的应用》,《管理学刊》2016 年第 4 期。

李果、罗遵兰、赵志平、孙光、吴晓莆:《自然保护区生态补偿体系研究》,《环境与可持续发展》2015 年第 2 期。

李海星:《从〈贫困的哲学〉到〈哲学的贫困〉再到〈摆脱贫困〉——马克思主义反贫困理论的探索与实践》,《马克思主义与现实》2018 年第 2 期。

李锦伟、徐秋云:《贵州羌族传统生态文化述略》,《贵州民族研究》2015 年第 3 期。

李俊丽、盖凯程:《三江源区际流域生态补偿机制研究》,《生态经济》2011 年第 2 期。

李培林、王晓毅:《移民、扶贫与生态文明建设:宁夏生态移民调研报告》,《宁夏社会科学》2013 年第 3 期。

李庆雷、杨培韬、娄阳:《边境旅游资源的概念界定与分类框架研究》,《大理大学学报》2017 年第 3 期。

李如春、陈绍军:《农民合作社在精准扶贫中的作用机制研究》,《河海大学学报(哲学社会科学版)》2017 年第 2 期。

李绍东:《论生态意识和生态文明》,《西南民族学院学报(哲学社会科学版)》1990

年第 2 期。

李仙娥等:《秦巴集中连片特困地区的贫困特征和生态保护与减贫互动模式探析》,《农业现代化研究》2013 年第 4 期。

李潇、李国平:《基于不完全契约的生态补偿"敲竹杠"治理:以国家重点生态功能区为例》,《财贸研究》2014 年第 6 期。

李潇:《基于农户意愿的国家重点生态功能区生态补偿标准核算及其影响因素——以陕西省柞水县、镇安县为例》,《管理学刊》2018 年第 6 期。

李潇:《禁限规制下国家重点生态功能区农村居民受偿意愿研究》,《农业技术经济》2017 年第 8 期。

李小云、陈邦炼、唐丽霞:《精准扶贫:中国扶贫的新实践》,《中共中央党校(国家行政学院)学报》2019 年第 5 期。

李小云、于乐荣、唐丽霞:《新中国成立后 70 年的反贫困历程及减贫机制》,《中国农村经济》2019 年第 10 期。

李小云:《我国农村扶贫战略实施的治理问题》,《贵州社会科学》2013 年第 7 期。

李小云等:《农户脆弱性分析方法及其本土化应用》,《中国农村经济》2007 年第 4 期。

李小珍:《区域性整体脱贫的财税政策缺憾及完善方略》,《中州学刊》2016 年第 8 期。

李雪萍、王蒙:《多维贫困"行动—结构"分析框架下的生计脆弱——基于武陵山区的实证调查与理论分析》,《华中师范大学学报(人文社会科学版)》2014 年第 5 期。

李周、柯水发:《伙伴关系在中国土地退化治理中成功经验与政策借鉴》,《林业经济》2013 年第 8 期。

李祖扬、邢子政:《从原始文明到生态文明——关于人与自然关系的回顾和反思》,《南开学报》1999 年第 3 期。

梁兴印、陈正良:《可持续发展视野下我国生态文明建设的历史演进》,《华北电力大学学报(社会科学版)》2016 年第 3 期。

林伯强:《中国的经济增长、贫困减少与政策选择》,《经济研究》2003 年第 12 期。

林坚:《马克思、恩格斯的自然生态观论纲》,《湖南文理学院学报(社会科学版)》2009 年第 3 期。

林万龙、钟玲、陆汉文:《合作型反贫困理论与仪陇的实践》,《农业经济问题》2008 年第 11 期。

林闻凯:《论师范院校的教育扶贫》,《高教探索》2014 年第 5 期。

刘慧等：《中国西部地区生态扶贫策略研究》，《中国人口·资源与环境》2013 年第 10 期。

刘纪远、邓祥征、刘卫东、李海英：《中国西部绿色发展概念框架》，《中国人口·资源与环境》2013 年第 10 期。

刘江翔：《国家治理视域下的生态文明建设》，《闽江学院学报》2014 年第 6 期。

刘金龙、龙贺兴、杨三思、徐拓远：《国家重点生态功能区农业生态化发展的机遇与挑战》，《环境保护》2018 年第 7 期。

刘精明：《能力与出身：高等教育入学机会分配的机制分析》，《中国社会科学》2014 年第 8 期。

刘俊伟：《马克思主义生态文明理论初探》，《中国特色社会主义研究》1998 年第 6 期。

刘伟、黎洁、李聪、李树苗：《移民搬迁农户的贫困类型及影响因素分析——基于陕南安康的抽样调查》，《中南财经政法大学学报》2015 年第 6 期。

刘希刚：《马克思恩格斯生态文明思想的体系性存在及现实启示》，《科学社会主义》2012 年第 1 期。

刘晓红：《教育扶贫的产出效应研究》，《西南民族大学学报（人文社科版）》2019 年第 7 期。

刘欣、王永清：《我国重点生态功能区研究现状分析》，《世界林业研究》2014 年第 1 期。

刘燕、薛蓉：《生态文明内涵的解读及其制度保障》，《财经问题研究》2019 年第 5 期。

刘一聪：《办好教育是脱贫致富的基础工程》，《教育评论》1988 年第 1 期。

陆立军：《列宁关于无产阶级贫困问题思想再探讨》，《河南师大学报（社会科学版）》1983 年第 6 期。

罗盛锋、黄燕玲：《滇桂黔石漠化生态旅游景区扶贫绩效评价》，《社会科学家》2015 年第 9 期。

吕凯波：《生态文明建设能够带来官员晋升吗？——来自国家重点生态功能区的证据》，《上海财经大学学报》2014 年第 2 期。

吕晓、刘新平：《塔里木河流域农业生态经济耦合发展模式探析》，《生态经济》2013 年第 4 期。

马奔、丁慧敏、温亚利：《生物多样性保护对多维贫困的影响研究：基于中国 7 省保护区周边社区数据》，《农业技术经济》2017 年第 4 期。

马奔、温亚利:《生态旅游对农户家庭收入影响研究:基于倾向得分匹配法的实证分析》,《中国人口·资源与环境》2016 年第 10 期。

宁静、殷浩栋、汪三贵、刘明月:《产业扶贫对农户收入的影响机制及效果——基于乌蒙山和六盘山片区产业扶贫试点项目的准实验研究》,《中南财经政法大学学报》2019 年第 4 期。

欧健、刘晓婉:《十八大以来习近平的扶贫思想研究》,《社会主义研究》2017 年第6 期。

潘晓成:《三峡工程库区生态移民政策绩效分析及建议》,《农业经济问题》2006 年第 6 期。

彭迪云、许涵:《鄱阳湖生态经济区:建设生态文明的探索和创新》,《求实》2010年第 10 期。

彭玮:《我国精准扶贫的阶段特征、现实困境与政策创新》,《农村经济》2019 年第6 期。

祁新华、叶士琳等:《生态脆弱区贫困与生态环境的博弈分析》,《生态学报》2013年第 19 期。

羌洲、曹宇新:《民族地区教育扶贫的经验启示》,《甘肃社会科学》2019 年第 3 期。

乔瑞金、李小红:《佩珀批判生态无政府主义思想的几点启示》,《哲学动态》2012年第 5 期。

秦书生:《改革开放以来中国共产党生态文明建设思想的历史演进》,《中共中央党校学报》2018 年第 2 期。

青觉、吴春宝:《当前我国民族工作中的"人心政治"建设:意义、经验与路径》,《中央民族大学学报(哲学社会科学版)》2015 年第 3 期。

邱耕田:《三个文明的协调推进:中国可持续发展的基础》,《福建论坛(经济社会版)》1997 年第 3 期。

任世丹:《重点生态功能区生态补偿法律关系研究》,《湖北大学学报(哲学社会科学版)》2013 年第 5 期。

申曙光:《生态文明:现代社会发展的新文明》,《学术月刊》1994 年第 9 期。

沈茂英:《农村女性可行能力与生态扶贫路径探究:以川西贫困藏区为例》,《西藏研究》2016 年第 6 期。

沈茂英:《四川藏区精准扶贫面临的多维约束与化解策略》,《农村经济》2015 年第6 期。

施由明、刘清荣:《从毛泽东到胡锦涛:中国扶贫开发理论的不断深化》,《农业考古》2007 年第 6 期。

孙德超、周媛媛、胡灿美:《70 年"中国式减贫"的基本经验、面临挑战及前景展望——基于主体—内容—方式的三维视角》,《社会科学》2019 年第 9 期。

孙兆霞:《脱嵌的产业扶贫:以贵州为案例》,《中共福建省委党校学报》2015 年第 3 期。

覃建雄、张培、陈兴:《旅游产业扶贫开发模式与保障机制研究——以秦巴山区为例》,《西南民族大学学报(人文社会科学版)》2013 年第 7 期。

覃建雄:《我国限制与禁止开发区旅游扶贫创新发展研究——以秦巴山区为例》,《西南民族大学学报(人文社科版)》2015 年第 6 期。

檀学文:《完善现行精准扶贫体制机制研究》,《中国农业大学学报(社会科学版)》2017 年第 5 期。

唐超、罗明忠、张苇锟:《70 年来中国扶贫政策演变及其优化路径》,《农林经济管理学报》2019 年第 3 期。

唐丽霞、李小云、左停:《社会排斥、脆弱性和可持续生计:贫困的三种分析框架及比较》,《贵州社会科学》2010 年第 12 期。

唐丽霞、罗江月、李小云:《精准扶贫机制实施的政策和实践困境》,《贵州社会科学》2015 年第 5 期。

唐小平:《中国自然保护区从历史走向未来》,《森林与人类》2016 年第 11 期。

童星、林闽钢:《我国农村贫困标准线研究》,《中国社会科学》1994 年第 3 期。

汪三贵、郭子豪:《论中国的精准扶贫》,《贵州社会科学》2015 年第 5 期。

汪三贵、胡联:《产业劳动密集度、产业发展与减贫效应研究》,《财贸研究》2014 年第 3 期。

汪三贵:《在发展中战胜贫困——对中国 30 年大规模减贫经验的总结与评价》,《管理世界》2008 年第 11 期。

王朝明:《马克思主义贫困理论的创新与发展》,《当代经济研究》2008 年第 2 期。

王春光:《社会治理视角下的农村开发扶贫问题研究》,《中共福建省委党校学报》2015 年第 3 期。

王大超:《〈资本论〉关于贫困问题的制度分析及对我国反贫困实践的启示》,《当代经济研究》2002 年第 5 期。

王国聘、李亮:《论环境伦理制度化的依据、路径与限度》,《社会科学辑刊》2012 年第 4 期。

王海飞:《移民定居与社区发展:对河西走廊少数民族两种类型定居点的调查》,

《西北民族大学学报(哲学社会科学版)》2014 年第 3 期。

王立安、刘升、钟方雷:《生态补偿对贫困农户生计能力影响的定量分析》,《农村经济》2012 年第 11 期。

王鲁明、王军、周震峰:《循环经济示范区建设体系的理论思考》,《中国人口·资源与环境》2005 年第 3 期。

王蒙、李雪萍:《行政吸纳市场:治理情境约束强化下的基层政府行为——基于湖北省武陵山区 W 贫困县产业扶贫的个案研究》,《中共福建省委党校学报》2015 年第 10 期。

王茹、孟雪:《主体功能区绩效评价的原则和指标体系》,《福建论坛(人文社会科学版)》2012 年第 9 期。

王素梅:《环境绩效审计的发展研究:基于国家治理的视角》,《中国行政管理》2014 年第 11 期。

王习明:《新时代中西部国家重点生态功能区的乡村治理》,《山东行政学院学报》2022 年第 1 期。

王习明、高扬:《国家重点生态功能区贫困县乡村振兴之路》,《探索》2018 年第 4 期。

王习明、高邓:《党的领导:新中国消除绝对贫困彰显出的制度优势》,《武汉科技大学学报(社会科学版)》2021 年第 3 期。

王习明、张鹏程:《国家重点生态功能区贫困县的精准扶贫之道》,《海南师范大学学报(社会科学版)》2018 年第 2 期。

王习明、张慧中:《后扶贫时代国家重点生态功能区的村组治理》,《长白学刊》2020 年第 3 期。

王习明、周聪敏、王睿:《新型城镇化视野下的重点生态功能区的新农村建设——关于海南白沙美丽乡村建设的调研》,《琼州学院学报》2013 年第 6 期。

王新军、杨娟、邵超峰、黄磊:《生态文明视域下的生态移民模式设计》,《生态经济》2014 年第 7 期。

王绪琨:《从生态文明研究到生态文明学》,《河南大学学报(社会科学版)》2008 年第 6 期。

王艳、韩广富:《当代中国牧区扶贫开发存在的问题及对策》,《东北师大学报(哲学社会科学版)》2014 年第 5 期。

王有腔:《生态文明建设需要协同的十大生态关系》,《西安交通大学学报(社会科学版)》2019 年第 3 期。

王瑜、汪三贵:《农村贫困人口的聚类与减贫对策分析》,《中国农业大学学报(社会科学版)》2015年第2期。

王振宇、连家明、郭艳娇:《生态文明、经济增长及其财税政策取向:基于辽宁生态足迹的样本分析》,《财贸经济》2014年第10期。

韦仁忠:《草原生态移民的文化变迁和文化调适研究:以三江源生态移民为例》,《西南民族大学学报(人文社会科学版)》2013年第4期。

魏晓蓉:《西部限制开发区新型城镇化道路探讨:基于功能定位的视角》,《甘肃社会科学》2013年第6期。

吴殿廷、朱桃杏、王瑜、张艳平、王欣:《乡村旅游开发中的"五赢模型":以海南毛感景区规划为例》,《北京第二外国语学院学报》2012年第5期。

吴合显:《民族地区贫困与外来作物推广失误之间的关联性实证》,《云南师范大学学报(哲学社会科学版)》2015年第4期。

吴睿、王德祥:《教育与农村扶贫效率关系的实证研究》,《中国人力资源开发》2010年第4期。

吴莎、吴晓秋:《扶贫生态移民文化变迁——基于对于榕江县古州镇丰乐移民新村调研》,《贵州社会科学》2013年第6期。

吴守蓉、王华荣:《生态文明建设驱动机制研究》,《中国行政管理》2012年第7期。

武国友:《八七扶贫攻坚计划的制定、实施及其成效》,《北京党史》2011年第5期。

夏隽:《中国农村居民收入贫困线的测算及调整方法》,《市场论坛》2018年第1期。

向德平、陈艾:《连结生计方式与可行能力:连片特困地区减贫路径研究——以四川省甘孜藏族自治州的两个牧区村庄为个案》,《江汉论坛》2013年第3期。

谢光前:《社会主义生态文明初探》,《社会主义研究》1992年第3期。

谢艳红:《生态文明与当代中国的可持续发展》,《上海交通大学学报(社会科学版)》1998年第2期。

邢慧斌、刘冉冉:《集中连片特困区教育精准扶贫绩效的空间差异研究:以燕山—太行山区8个连片特困县为例》,《教育与经济》2019年第1期。

熊金仁:《农村脱贫致富与教育改革:江西泰和县有孚村教育发展调查》,《江西教育科研》1988年第2期。

徐崇温:《当代西方社会的生态社会主义思潮评析》,《马克思主义研究》2009年第2期。

徐丽媛、郑克强:《生态补偿式扶贫的机理分析与长效机制研究》,《求实》2012年第 10 期。

徐梅、李朝开、李红武:《云南少数民族聚居区生态环境变迁与保护——基于法律人类学的视角》,《云南民族大学学报(哲学社会科学版)》2011 年第 2 期。

徐映梅、张提:《基于国际比较的中国消费视角贫困标准构建研究》,《中南财经政法大学学报》2016 年第 1 期。

徐月宾、刘凤芹、张秀兰:《中国农村反贫困政策的反思——从社会救助向社会保护转变》,《中国社会科学》2007 年第 3 期。

许丽丽、李宝林、袁烨城等:《基于生态系统服务价值评估的我国集中连片重点贫困区生态补偿研究》,《地球信息科学学报》2016 年第 3 期。

郇庆治:《环境政治学视角的生态文明体制改革与制度建设》,《中共云南省委党校学报》2014 年第 1 期。

郇庆治:《论我国生态文明建设中的制度创新》,《学习论坛》2013 年第 8 期。

郇庆治:《社会主义生态文明:理论与实践向度》,《江汉论坛》2009 年第 9 期。

郇庆治:《社会主义生态文明的政治哲学基础:方法论视角》,《社会科学辑刊》2017 年第 1 期。

郇庆治:《作为一种转型政治的"社会主义生态文明"》,《马克思主义与现实》2019 年第 2 期。

杨魁孚:《关于扶贫与计划生育相结合的思考》,《中国人口科学》1996 年第 5 期。

杨丽宏:《边疆民族地区实施高等教育精准扶贫的探索与研究》,《云南民族大学学报(哲学社会科学版)》2019 年第 4 期。

杨伟民、袁喜禄、张耕田、董煜、孙玥:《实施主体功能区战略,构建高效、协调、可持续的美好家园:主体功能区战略研究总报告》,《管理世界》2012 年第 10 期。

杨增紫、张琦:《习近平精准扶贫精准脱贫思想的哲学基础与理论创新》,《贵州社会科学》2018 年第 3 期。

杨照、栾义君:《边疆地区现代农牧业发展战略研究》,《中国农业资源与区划》2014 年第 2 期。

杨振强:《精准扶贫视域下西部贫困地区农业产业发展模式研究》,《学术论坛》2017 年第 3 期。

叶兴庆、殷浩栋:《从消除绝对贫困到缓解相对贫困:中国减贫历程与 2020 年后的减贫战略》,《改革》2019 年第 12 期。

袁梁、张光强、霍学喜:《生态补偿对国家重点生态功能区居民可持续生计的影响——基于"精准扶贫"视角》,《财经理论与实践》2017 年第 6 期。

袁明宝：《压力型体制、生计模式与产业扶贫中的目标失灵——以黔西南 L 村为例》，《北京工业大学学报（社会科学版）》2018 年第 4 期。

袁朱：《国外有关主体功能区划分及其分类政策的研究与启示》，《中国发展观察》2007 年第 2 期。

张车伟：《营养、健康与效率——来自中国贫困农村的证据》，《经济研究》2003 年第 1 期。

张冬梅：《环境容量产权与民族地区利益实现》，《民族研究》2014 年第 5 期。

张海柱、王庆华、杨荣臻：《区域公共资源合作治理：经验与问题——以长白山保护开发区为例》，《天津行政学院学报》2013 年第 1 期。

张化楠、接玉梅、葛颜祥：《国家重点生态功能区生态补偿扶贫长效机制研究》，《中国农业资源与区划》2018 年第 12 期。

张惠远、刘桂环、郝海广：《中国西部环境政策回顾及建议》，《中国人口·资源与环境》2013 年第 10 期。

张慧君：《赣南苏区产业扶贫的"新结构经济学"思考》，《经济研究参考》2013 年第 3 期。

张明皓：《新时代生态文明体制改革的逻辑理路与推进路径》，《社会主义研究》2019 年第 3 期。

张铭洪、施宇、李星：《公共财政扶贫支出绩效评价研究：基于国家扶贫重点县数据》，《华东经济管理》2014 年第 9 期。

张平、李秀芬、鲍洪杰：《少数民族生态移民绩效分析——以疏勒河项目区为例》，《地域研究与开发》2011 年第 6 期。

张倩：《贫困陷阱与精英捕获：气候变化影响下内蒙古牧区的贫富分化》，《学海》2014 年第 5 期。

张荣华、郭小靓：《生态文明的社会制度基础探析》，《山东社会科学》2014 年第 1 期。

张瑞敏、张晓婵：《新中国成立初期毛泽东反贫困路径选择探析》，《中南民族大学学报（人文社会科学版）》2014 年第 5 期。

张思锋、汤永刚、胡晗：《中国反贫困 70 年：制度保障、经济支持与社会政策》，《西安交通大学学报（社会科学版）》2019 年第 5 期。

张云飞：《"生命共同体"：社会主义生态文明的本体论奠基》，《马克思主义与现实》2019 年第 2 期。

赵锋、朱一非、许媛媛：《甘肃城郊、山区农户可持续生计比较分析》，《西北人口》

2015 年第 3 期。

赵景华、李宇环：《国家主体功能区整体绩效评价模式研究》，《中国行政管理》2012 年第 12 期。

赵梅：《领导干部自然资源资产离任审计评价体系的构建》，《中国审计》2014 年第 3 期。

赵兴胜：《贫困与反贫困——集体化时代中共对乡村问题的表达与实践》，《安徽史学》2016 年第 6 期。

郑丽箫：《毛泽东邓小平江泽民的反贫困战略思想比较》，《江西社会科学》2004 年第 8 期。

郑瑞强、曹国庆：《基于大数据思维的精准扶贫机制研究》，《贵州社会科学》2015 年第 8 期。

郑瑞强、徐元刚、施国庆：《连片特困区政府减贫行为供需对接障碍与机制优化》，《青海社会科学》2015 年第 3 期。

郑长德：《基于包容性绿色发展视域的集中连片特困民族地区减贫政策研究》，《中南民族大学学报（人文社会科学版）》2016 年第 1 期。

钟大能：《推进国家重点生态功能区建设的财政转移支付制度困境研究》，《西南民族大学学报（人文社会科学版）》2014 年第 4 期。

钟茂初：《"可持续发展"的意涵、误区与生态文明之关系》，《学术月刊》2008 年第 7 期。

周爱萍：《合作型反贫困视角下贫困成因及治理——以重庆市武陵山区为例》，《云南民族大学学报（哲学社会科学版）》2013 年第 2 期。

周华连：《合作式反贫困：农村扶贫治理创新研究》，《乡村科技》2018 年第 5 期。

周克全：《甘肃民族地区生态与经济社会发展基本问题研究：基于甘肃省甘南藏族自治州的调查》，《开发研究》2014 年第 6 期。

周民良：《推动精准扶贫开发的丹凤样本》，《中国发展观察》2014 年第 9 期。

周晓露、李雪萍：《互异与共融：民间组织参与藏区贫困治理的能力比较与路径探究——基于社会资本理论的视角》，《江汉论坛》2017 年第 3 期。

朱方明、屈恩义、王弘：《我国山区贫困与反贫困状况的调查与思考：以四川通南巴地区为例》，《经济学家》2013 年第 12 期。

朱高林：《1949—1978 年中国居民生活水平的评价》，《当代中国史研究》2014 年第 2 期。

朱梦冰、李实：《精准扶贫重在精准识别贫困人口——农村低保政策的瞄准效果分析》,《中国社会科学》2017 年第 9 期。

宗诚、马建章、何龙:《中国自然保护区建设 50 年:成就与展望》,《林业资源管理》2007 年第 2 期。

左停、杨雨鑫、钟玲:《精准扶贫:技术靶向、理论解析和现实挑战》,《贵州社会科学》2015 年第 8 期。

[美]克里福德·柯布:《生态文明的实现与"杰斐逊式的社会主义"》,甘霞译,《马克思主义与现实》2012 年第 1 期。

后　记

　　本书为国家社科基金重点项目"国家重点生态功能区贫困县整体脱贫的长效机制研究"的结项成果。立项时间虽是 2017 年，但我对国家重点生态功能区扶贫问题的关注开始于 2011 年，当时我在四川和重庆一些国家重点生态功能区调研时发现，中西部国家重点生态功能区扶贫开发措施不当不仅会导致生态环境的破坏，而且会导致当地农民的生产和生活更加困难。2012 年我从西南交通大学调入海南师范大学，便将研究的重点转到国家重点生态功能区建设，并以海南岛中部山区热带雨林生态功能区为调研基地。

　　本书的封面作者虽只有我 1 人（表示本书的文责承担者），但实为集体研究的成果。首先，本书的观点和材料多来自于集体调研。与我一起调研海南岛中部山区热带雨林生态功能区的先后有张现洪、皮传美、王子愿、王明初、王睿、张鹏程、高邓、谢松波、张慧中、游贤梅、郑秋菊、白惠东、郑舒哲、莫镕蔚等；与我一起调研南岭山地森林及生物多样性生态功能区的江西省永新县的人员有杨华（武汉大学教授）、吕德文（武汉大学教授）、欧阳静（江西财经大学教授）、田先红（华中师范大学教授）、张世勇和陈辉（西北农林大学教授）、郭亮（华中科技大学教授）、朱静辉（温州医科大学教授）、刘燕舞（武汉大学教授）、袁松（浙江师范大学教授）、贺海波（湖北第二师范学院教授）等；与我一起调研桂黔滇喀斯特石漠化防治生态功能区中的贵州省册亨县和赫章县的人员先后有陈讯(贵州省社会科学院研究员)、刘升(贵州大学副教授)、杨俊(贵州财经大学教师)、张现洪等,给予帮助的还有姚金蕊(贵州开磷有限责任公司董事长)、白明政(贵州民族大学教授)等;与我一起调研川滇森林及生物多样性生态功能区中的云南省勐腊县和四川省汶川县的人员先后有罗兴佐(西南政法大学教授)、何博(云南财经大学教授)、陶自祥(云南民族大学教授)、袁俊前等;参与调研武陵山区生物多样性与水土保持生态功能区中的湖北省宣恩县和湖南省凤凰县的人员先后有张现洪、段雨、彭丽、焦婷、吴静芬、董赛男等;调研黄土高原丘陵沟壑水土保持生态功能区的宁夏回族自治区海原县的人员有张学倩等。其次,调研地的干部和群众不仅为本书提供了材料,而且还参与了本书的部分观点的讨论。海南省扶贫办杨烨副主任、五指山市委办高平主任(兼扶贫办主任)、琼中县政府办黄骏主任、贵州省农委政策调研处吴宗建处长和生态文明办敖德玉主任、册亨县民宗局潘昌华局长、白沙县组织部谭孟忠科长、白沙县元门村党支部王志加书记、白沙县罗帅村王海文主任、琼中福岛橡胶专业合作社郑忠光社长、五指山方好雾寨种养专业合作社王文国社长、册亨县秧坝村党支部黄凤培书记、宣恩县椒园镇向莲花镇长、永新县政府办肖书华主任、永新县烟阁乡左异华乡长等曾多次与我讨论。再次,本书也吸收了阶段性成果发表过程中编辑的意见、国家社科基金结项成果评审专家(尽管是匿名)的意见和人民出版社吴继平博士的修改建议。阶段性成果曾发表于《探索》《长白学刊》《湖湘论坛》《海南师范大学学报(社会科学版)》《武汉科技大学学报(社会科学版)》《山东行政学院学报》等期刊。最后,本书还受益于生态文明学术研讨会和贺雪峰团队的集体调研。

本书是在海南师范大学开始起草、在温州大学完成的。两校的领导和两个马克思主义学院的同事都为本书的最终完成给予了帮助。海南师范大学林强校长、李森副校长、戴逢国副处长、于瑾科长给予了特别的支持,海南师范大学马克思主义学院的全体教职员工都为我完成课题提供了方便。温州大学谢树华书记、赵敏校长、庄兴忠副书记给予了特别的关怀,温州大学马克思主义学院孙武安院长、王柏民书记、卓高生院长和研究生学院刘玉侠院长给予了特别的关照,温州大学科研处胡瑜处长、陈勇副处长、林玉双老师给予了特别的支持。

　　感谢全国哲学社会科学工作办公室的立项资助和"温州大学引进人才科研启动经费""温州大学社科类标志性成果培育项目""海南省 A 类学科——海南师范大学马克思主义理论建设经费"的出版资助,感谢所有支持课题完成和本书的写作与出版的人,感谢所有关怀、关照、关爱我的人! 愿所有的人一生平安、生活幸福!

温州大学北校行政楼 407 室

2022 年 12 月 1 日